U0806464

教育部人文社会科学研究规划项目(18YJA710012)

《资本论》的当代价值

——国外马克思主义学者对《资本论》辩证法的新探索

付文忠　著

山东大学出版社
SHANDONG UNIVERSITY PRESS
·济南·

图书在版编目(CIP)数据

《资本论》的当代价值 ：国外马克思主义学者对《资本论》辩证法的新探索/付文忠著. --济南：山东大学出版社，2025. 3. -- ISBN 978-7-5607-8668-1

Ⅰ. A811.23

中国国家版本馆 CIP 数据核字第 2025D6M574 号

责任编辑　邵淑君

封面设计　蓝海文化

《资本论》的当代价值

《ZIBENLUN》 DE DANGDAI JIAZHI

出版发行　山东大学出版社

社　　址　山东省济南市山大南路 20 号

邮政编码　250100

发行热线　(0531)88363008

经　　销　新华书店

印　　刷　济南乾丰云印刷科技有限公司

规　　格　720 毫米×1000 毫米　1/16

　　　　　19 印张　310 千字

版　　次　2025 年 3 月第 1 版

印　　次　2025 年 3 月第 1 次印刷

定　　价　76.00 元

版权所有 侵权必究

前　言

《资本论》是一部划时代的理论巨著，深刻揭示了资本主义的本质特征。马克思在《资本论》中展示出的思想深度与理论穿透力，被詹姆逊誉为辩证法的震撼，詹姆逊说："《资本论》自身是一个独特的历史事件，这构成了它的辩证法。"① 德里达也指出："《资本论》之所以是一部颠覆性的著作，不是指马克思用科学客观性导向的革命结论，而是指马克思得出科学知识的理论思维模式。"②这种理论思维模式就是辩证法。马克思也曾自豪地说，《资本论》的辩证方法是"德国科学的辉煌成就"③。

《资本论》的辩证法一直是马克思主义研究的热点问题。近 20 年来，伴随着 MEGA2④《〈资本论〉手稿》的陆续出版，国外学界对马克思《资本论》方法的探索异常活跃，辩证法是其重要的研究内容。从发展过程看，经历了三个阶段：1968—1988 年，《资本论》辩证法研究热兴起阶段⑤；1989—2008 年，《资本论》辩

① ［美］弗雷德里克·詹姆逊：《重读〈资本论〉》，胡志国、陈清贵译，中国人民大学出版社 2015 年版，第 110 页。

② ［法］雅克·德里达：《马克思的幽灵》，何一译，中国人民大学出版社 1999 年版，第 2 页。

③ 《马克思恩格斯文集》第 10 卷，人民出版社 2009 年版，第 236 页。

④ MEGA2 是《马克思恩格斯全集》（Marx-Engels-Gesamteausgabe）历史考证版德文版的简称，为了与 20 世纪二三十年代梁赞诺夫开创的第一个历史考证版相区别，一般称之为"第二个历史考证版"（简写作"MEGA2"）。

⑤ 相关成果有：Roman Rosdolsky，*Making of Marx's 'Capital'*，London：Pluto Press，1977；Hiroshi Uchida，*Marx's Grundrisse and Hegel's Logic*，London：Routledge，1988；Takahisa Oishi，*The Unknown Marx：Reconstructing a Unified Perspective*，London：Pluto Press，2001。

证法研究热繁荣阶段①;2008年至今,《资本论》辩证法研究热深化阶段②。欧洲大陆和英美日等国涌现出一系列有分量的研究成果,形成了一些有影响力的思潮和学派。

这些新阐释从学术史的角度可以概括为“三个转向”“两条主线”“一个核心”。“三个转向”是从历史辩证法转向空间辩证法、从对辩证法的阐释转向对辩证法的重构、从肯定的辩证法转向否定的辩证法。“两条主线”一是围绕科学性建构逻辑突出辩证法的客观性和规律性的主线,二是围绕批判性建构逻辑突出《资本论》辩证法的主体性和革命性的主线。“一个核心”是指,尽管各个学派观点相左、立场不同,但是却持有共同的价值取向:一致认同《资本论》没有过时,共同拥护辩证法在捍卫《资本论》当代价值中具有不可替代的重要意义。

本书在数十年对国外《资本论》研究最新发展的追踪研究与资料积累的基础上,对新发展进行新的考察,从理论与实践两个方面对新发展的基本特征、阐释模式、建构逻辑、难点热点问题进行总体性考察,具有一定的学术价值。已有的研究固守一维辩证法观,局限于考察《资本论》辩证法是概念辩证法还是历史辩证法或者是自由辩证法的争论;没有注意到马克思对黑格尔辩证法的三重颠倒,马克思是围绕科学逻辑、自由逻辑和批判逻辑,建构了《资本论》辩证法的三个维度。这一观点是在概括和吸收国内外最新研究成果的基础上提出来的。其学术价值有以下两点:一方面是超越了国外“一维辩证法观”研究范式的局限性;另一方面则是从三个维度把握马克思的辩证法,重新探索《资本论》辩证法的建构逻辑,有助于从新的角度评价和借鉴国外辩证法研究的最新成果,有助于从新的角度重构《资本论》辩证法。马克思《资本论》辩证法深刻阐释了“资本逻辑”的二重性,国外已有的研究系统剖析了资本逻辑的“创造性破坏”和“破坏性创造”本质特征,但是没有挖掘这些理论新成果对中国特色社会主义伟大实践的方法论意义。本课题组认为,重新认识《资本论》辩证法,对于我们更好地利用“资本的创造性”、抑制“资本的破坏性”的中国实践具有重要的现实意义。

从研究现状看,当前国外学界对马克思《资本论》辩证法的研究主要聚焦于

---

① 相关成果有:Bertell Ollman and Tony Smith, ed., *Dialectics for the New Century*, Cham: Palgrave Macmillan, 2008; Christopher Arthur, *The New Dialectic and Marx's Capital*, Leiden: Brill Academic Publishers, 2004;等等。

② 相关成果有:Fred Moseley and Tony Smith, ed., *Marx's Capital and Hegel's Logic: A Reexamination*, Leiden: Brill Academic Publishers, 2014;[意]理查德·贝洛菲尔、罗伯特·芬奇主编:《重读马克思:历史考证版之后的新视野》,徐素华译,东方出版社2010年版;[意]马塞罗·默斯托主编:《马克思的〈大纲〉:〈政治经济学批判大纲〉150年》,闫月梅等译,中国人民大学出版社2011年版;等等。

三个学派的理论争论。他们分别围绕《资本论》辩证法进行新探索，形成了三种不同的解读模式。第一种模式是以阿瑟、史密斯、莫瑞和威廉姆斯等为代表的“新辩证法”学派。该学派以“马克思理论国际研讨会”(ISMT)为平台，从1991年到2012年先后召开了22次关于《资本论》辩证方法与理论逻辑的国际研讨会，出版了11部大会论文集和十几部个人专著。他们系统论证了《资本论》及其手稿的辩证法是建构理论体系的概念辩证法，是“新辩证法”。这种新辩证法“新”在拒绝“历史辩证法”的解释。第二种模式是以奥尔曼、大卫·哈维、索亚、詹姆逊和哈索克等为代表的“历史学派”，他们不同意“新辩证法”学派的观点，认为马克思《资本论》及其手稿中的辩证法是历史辩证法，是关于生产方式矛盾运动与发展规律的辩证法。詹姆逊在《重读〈资本论〉》中指出，只有“历史方法”才能构成《资本论》的辩证法，放弃历史，辩证法就失去了基础。第三种模式是以巴斯卡、科瑞文、约瑟夫、克莱尔和若瑞尔等批判实在论者为代表的“自由辩证法”学派。他们认为马克思《资本论》的辩证法是自由辩证法，辩证法是“自由的脉搏”，不论是“历史辩证法”还是“新辩证法”都必须围绕自由逻辑进行建构。其代表作是《科学实在论与人类解放》《辩证法：自由的脉搏》《批判实在论与马克思主义》。从理论争论看，“新辩证法”学派认为，把《资本论》及其手稿的方法解读为历史辩证法，是对马克思和黑格尔的双重误读；历史学派认为，“新辩证法”学派把马克思《资本论》手稿“解读为黑格尔主义”，把《资本论》的辩证法还原为黑格尔的逻辑学是严重的方法论错位；而自由辩证法学派却认为历史学派与新辩证法学派都没有触及马克思辩证法的真正内核，不能解释人为什么需要自由。

哪一种解释模式更合理，更符合《资本论》辩证法的本真意义呢？这成为国外研究的热点和难点问题。国外研究现状的不足之处是缺乏对20年的丰富文献与成果的整体考察，没有对新出现的研究重心的三个转向、两条建构主线和一个共同的价值观进行总体性研究。

本书以国外马克思主义学者对《资本论》辩证法的最新探索为研究对象，力图完整呈现《资本论》辩证法研究的最新发展，剖析国外马克思辩证法研究的建构逻辑，阐释模式和价值取向，在此基础上概括《资本论》辩证法的理论价值与现实意义。聚焦对《资本论》研究中难点与重点问题的新探索，对近年来国外《资本论》辩证法研究最新发展进行尽可能全面的梳理；努力把握国外《资本论》辩证法研究新发展的理论逻辑，对涌现出的重要理论成果进行有深度的剖析与评价，深化对《资本论》辩证法的认识；在概括与吸收国外学者对否定《资本论》

辩证法思潮的批判等最新成果的基础上，重构《资本论》辩证法的当代价值。

国外马克思主义学者对《资本论》辩证法的解释形成了两条对立的认识主线：一条主线是追求客观性与科学性，通过辩证法论证《资本论》揭示的客观规律性；另外一条主线是主体性，坚持辩证法的革命性与批判性，通过重释《资本论》辩证法揭示其客观性背后的主体能动性。关于在实践的基础上科学性与革命性的统一问题，国外马克思主义学者在《资本论》研究中仍然存在激烈争论，这些争论是从事实判断与价值判断的对立展开的。

《资本论》辩证法阐释史的研究有大量工作需要展开，目前学界对《资本论》及其手稿中辩证法思想阐释史进行了诸多梳理，这些研究是具有一定特色的学术基础性工作，从新角度阐释了国外马克思主义学者对《资本论》辩证法的新阐释。他们应用《资本论》的基本观点与辩证方法，分析当代资本主义的新变化与新特点，揭示当代资本主义的新问题与新矛盾，应用辩证法批判当代资本主义的不公平与不正义，并且在这一研究基础上对国外马克思主义学者对《资本论》辩证法新探索给出客观评价。

对《资本论》及其手稿辩证法的研究不仅具有重要的理论价值，而且具有重要的现实意义。中国特色社会主义的核心任务是进行社会主义市场经济建设和参与经济全球化的竞争，当代中国面临的关键问题是如何认识资本、驯服资本和驾驭资本；如何更好地利用资本的创造性，更有效地抑制资本的破坏性，《资本论》的辩证法具有重要的方法论意义。《资本论》中辩证思维与辩证方法在当代仍然具有不可替代的价值，在人类解放规划重构和人类发展道路“文明转型”实践中具有重要的指导意义。

付文忠

2024年6月

目　录

导论　《资本论》及其辩证方法的再探索 …… 1

一、今天为什么还要研究《资本论》 …… 2
二、从《资本论》辩证法再出发 …… 2
三、《资本论》的拜物教辩证法 …… 5
四、"资本积累"的辩证法 …… 7
五、形式分析与空间斗争的辩证法 …… 7
六、价值转形与价值形态的辩证法 …… 8
七、金融化与资本主义危机的辩证关系 …… 10
八、虚拟资本与金融危机的辩证关系 …… 11
九、依赖资本主义与发展困境的辩证分析 …… 12
十、《资本论》的当代意义 …… 13

第一部分　《资本论》理论问题与辩证方法的再探索

第一章　奥尔曼对《资本论》辩证法的再探索 …… 17

一、奥尔曼的辩证法思想在中国的传播 …… 18
二、奥尔曼对《资本论》辩证法的解读 …… 24
三、奥尔曼解读《资本论》辩证法简评 …… 32

第二章　《资本论》拜物教辩证法再探索 …… 35

一、近年来拜物教的研究趋势 …… 35

二、马克思拜物教理论的核心内容 …… 37
三、国外左翼学者关于拜物教研究的新拓展 …… 43
四、《资本论》的理论价值与现实意义 …… 47

第三章 《资本论》"资本积累"的辩证法再探索 …… 53

一、马克思资本积累理论的学术史梳理 …… 53
二、马克思资本积累理论的基本观点 …… 55
三、列宁资本积累理论的历史逻辑 …… 57
四、罗莎·卢森堡资本积累理论再审视 …… 58
五、大卫·哈维的空间化资本积累理论 …… 60
六、资本积累若干重要问题讨论 …… 61
七、对扎伦布卡对资本积累理论新阐释的简评 …… 68

第二部分 《资本论》价值辩证法的新审视

第四章 《资本论》形式分析与空间斗争的辩证法 …… 73

一、国内外学术史综述 …… 74
二、社会形式和思维形式 …… 80
三、"价值形式"与"社会关系的组织形式" …… 82
四、对贝恩德·贝利纳新阐述的理论评价 …… 84

第五章 《资本论》价值转形与价值形态辩证关系的新审视 …… 88

一、何为价值转形问题 …… 89
二、价值转形与价值形态的辩证法 …… 92
三、马克思对价值形式的数学表达探析 …… 97
四、对佩蒂·霍卡宁价值转形理论的评价 …… 103
五、关于价值形态与价值转形问题的几点思考 …… 107

第三部分 《资本论》与金融危机的辩证批判

第六章 《资本论》中信用危机与经济危机的辩证法 …… 113

一、劳伦斯·克劳斯的信用危机理论的出场语境 …… 113

二、马克思《资本论》中信用危机理论的新探索 …………………………… 115
三、克劳斯对马克思信用危机理论新解读的启示 ………………………… 125

第七章 《资本论》中虚拟资本与金融危机的辩证法 ………………………… 129

一、虚拟资本概念的梳理 ……………………………………………… 129
二、《资本论》对虚拟资本问题的五个贡献 …………………………… 136
三、里奇亚迪论金融中介固有的债务通缩危机 ………………………… 138
四、《资本论》金融思想新阐释的现实意义 …………………………… 144
五、几点启示 …………………………………………………………… 147

第四部分 《资本论》视域下的当代资本主义危机的矛盾分析

第八章 《资本论》视域下阿根廷"粉色浪潮"陷入困境的矛盾分析 ……… 153

一、相关概念的学术史梳理 …………………………………………… 154
二、"粉色浪潮"的性质 ………………………………………………… 156
三、马里亚诺·费利兹提出的几个重要问题 …………………………… 159
四、马里亚诺·费利兹对新发展主义的分析 …………………………… 161
五、费利兹应用《资本论》分析现实的理论贡献 ………………………… 168
六、对资本主义批判的意义与当代启示 ………………………………… 170
七、研究结论 …………………………………………………………… 171

第九章 《资本论》视域下"麦道夫诉讼案"的矛盾分析 ………………… 174

一、麦道夫诉讼案 ……………………………………………………… 174
二、科琳·埃伦对麦道夫案的马克思主义解读 ………………………… 178
三、科琳·埃伦提出的几个重要观点 …………………………………… 181
四、科琳·埃伦对《资本论》当代价值的理论贡献 ……………………… 184
五、研究小结 …………………………………………………………… 189

第十章 《资本论》与当代英国劳资关系新变化的辩证分析 ………………… 191

一、零工劳动与马克思劳资关系理论的研究现状 ……………………… 191
二、马克思主义的劳资关系理论 ………………………………………… 196
三、零工雇佣形式下的劳资关系 ………………………………………… 199

四、马克思劳资关系理论对我国的现实启示 …… 205
五、结论 …… 209

第五部分　当代资本主义新变化的辩证批判

第十一章　《资本论》与当代资本主义教育制度新变化的辩证批判 …… 213

一、学术史梳理与国内外研究述评 …… 214
二、艾伦·辛格分析美国教育霸权的问题意识 …… 222
三、艾伦·辛格分析美国教育霸权的核心观点 …… 225
四、基于马克思主义立场对美国教育现状的反思 …… 230
五、艾伦·辛格对美国教育历史批判的启示 …… 234

第十二章　《资本论》与当代资本主义超期剥削的辩证批判 …… 238

一、社会保障制度的学术史梳理 …… 239
二、美国超期剥削制度的新特点 …… 248
三、从《资本论》的剥削理论角度看延长退休年龄 …… 251
四、结论 …… 255

第十三章　当代资本主义危机与反抗不平等运动的辩证法 …… 257

一、南茜·弗雷泽对 20 世纪西方解放运动的反思 …… 257
二、南茜·弗雷泽对 21 世纪解放运动的理论重构 …… 261
三、南茜·弗雷泽解放理论的最新发展及其意义 …… 264
四、结语 …… 269

结语　《资本论》的当代意义:马克思对数字化时代的预测与阐释 …… 270

一、马克思一般智力理论的核心命题 …… 271
二、马克思一般智力范畴的展开逻辑 …… 275
三、马克思一般智力理论的当代发展 …… 276
五、马克思一般智力理论的当代价值 …… 282

参考文献 …… 290

后　记 …… 294

导论 《资本论》及其辩证方法的再探索

在马克思完成《资本论》之后的150多年里，资本主义体系发生了很多变化。殖民主义、帝国主义、垄断和两次世界大战之后，出现了全球范围内的资本主义市场关系。技术的快速变化，包括自动化技术、机器人技术和高速通信技术，这是在1867年无法预见到的。然而，在许多方面，马克思的作品对资本主义体系基本动态的见解仍然和一个半世纪前一样尖锐。

2017年，国外马克思主义学者举行了纪念《资本论》出版150年研讨会，大会论文集以《对抗21世纪的资本主义：马克思〈资本论〉的启示》[①]为书名于2020年出版。这展示了国外学界对《资本论》研究的新成果，这些成果的重要贡献体现在以下三个方面。第一，对《资本论》辩证法的新阐释及对《资本论》一些重要范畴与概念的辩证发展；第二，对当代资本主义新变化、新特征进行的辩证分析；第三，对当代资本主义危机与深刻矛盾的辩证批判。

国外马克思主义研究者以马克思主义理论立场为出发点，应用马克思的辩证分析方法，在理论与实践两个方面提出了一系列不同的见解。其中既包括对马克思《资本论》重要范畴的原初分析，也包括阐释马克思的理论与方法论如何适用于当代世界形势的研究。

本书从国外马克思主义学者的最新研究成果出发，在百年未有之大变局的背景下，总结他们提出的创新性基本理论观点，重新阐释《资本论》的当代价值，建构21世纪的资本批判理论，阐释《资本论》核心思想与辩证方法对当代世界的意义。这对于更好地把握当代资本主义制度的新变化，推进21世纪马克思

① Marc Silver, ed., *Confronting Capitalism in the 21st Century: Lessons from Marx's Capital*, Cham: Palgrave Macmillan, 2020.

主义的新发展具有重要的理论价值与现实意义。

一、今天为什么还要研究《资本论》

工业化、全球化、数字化、智能化推动当代世界迅速发展，当代资本主义也发生了深刻变化，出现了一系列新特点与新形势。在这样的历史背景下，19 世纪的《资本论》还有研究价值吗？我们今天所面对的资本主义和 19 世纪马克思面对的资本主义还完全一样吗？国外马克思主义学者对这些重大理论问题作出了回答，他们认为，《资本论》没有过时，仍然是认识历史重大变迁的理论指南、把握当代资本主义新变化的方法论原则，《资本论》在当代仍然具有不可替代的价值。

马克思《资本论》的深刻思想与理论原则不仅具有鲜活的生命力与阐释力，而且《资本论》的辩证法仍然是批判当代资本主义最锐利的思想武器。《资本论》的理论立场与辩证方法仍然在启示着当代工人阶级，不要被资本主义繁荣兴旺的表面现象所欺骗，需要透过资本主义社会秩序的表面现象，应用《资本论》的理论武器剖开社会表面的蒙皮深入探查，仍然能够发现资本主义内在的矛盾、问题，看到激烈冲突与对抗的本质。事实上，这是《资本论》所揭示出的辩证法的最核心哲学方法——透过现象看本质，这也是所有科学研究的真正标志。正如马克思本人在其早期著作中所言，不能通过接受事物存在表面现象来寻找答案，或根据一个社会对自身看法、自我辩护的解释来寻找答案，必须从其他地方寻找对支撑社会环境现实的清晰理解。换句话说，需要采用一种方法来辨别构建现实的基础性关系，这就是辩证法。这是把握事物发展规律性与必然性的方法，是马克思在《资本论》中强调的剖析资本主义制度内在本质时使用的方法。

正是马克思对资本主义的精湛分析和对资本本质的深刻阐释，让《资本论》的辩证法思想不断迸发出新的时代火花。因此，在充满变化的 21 世纪，我们仍有充足的理由来研究它，让《资本论》焕发出新的生命力。

二、从《资本论》辩证法再出发

国外马克思主义学者对《资本论》的新阐释有一个鲜明特征，即强调探讨《资本论》必须搞明白一个首要的问题，那就是马克思写《资本论》的最终目的是什么。正如马克思在序言中写的那样,“这部作品的最终目的是揭示现代社会的经济运动规律”[①]。那么他到底是如何揭示的呢?是否真揭示了呢?一部分人对于这个问题不重视,认为这是问题的次要方面,但是要想真正深刻地把握马克思想要传达给时代的思想,以及领会它是否真正有助于人们的生活,我们有必要把这问题搞清楚。[②]

尽管马克思没有给“现代社会”概念下过明确定义,但他对“现代社会”的解释是非常明确的。马克思在《资本论》中明确指称“现代社会”就是资本主义社会,《资本论》的“最终目的”就是揭示资本主义社会的经济运动规律。“在马克思看来,现代的生活方式是由资本主义生产方式的发展所造就的,由资本生产造成的消极后果就是现代的灾难,离开对资本主义生产方式的深刻把握也就无法深入理解现代社会。对马克思而言,资本主义社会和现代社会不过是同一个对象的两种称呼而已。”[③]可以看出,马克思对“现代”的理解是同对资本主义生产方式的发展的理解分不开的,“现代社会”是指称资本主义的现代性。“就此而言,马克思是在生产方式的历史转换的意义上使用‘现代’概念的,指的是由于生产方式的历史发展和转换所造就的不同于以往社会的生活状态。”[④]在马克思眼中,或者在我们这些后来的读者看来,“现代社会”也可以被理解为资本主义的最新阶段或版本。由于生产方式的重大改进,每隔几十年就会出现一次更迭,当代资本主义相应地也就成了与每一个时期对应的“现代社会”,比如我们所处的21世纪,就是一个被金融资本和计算机主导的社会。计算机化、机器人化、集装箱化、核武器的扩散,以及气候变化,这些相互交织,构成了如今的复杂情形。

《资本论》辩证法把“现代社会”的运动作为其研究对象,那么“运动”又是怎么一回事呢?辩证法告诉我们,世界上的一切事物都在运动,静止是运动的特殊状态。因此,事物在某些方面和某种程度上都在变化,即使看起来完全静止的时候,依旧是充满大量对比强烈的运动和场所的变化。小到细胞中的电信号,大到星系间宏伟的移动,都是运动的生动展现。因此,《资本论》阐释资本主义社会中的独特运动形式,就不是什么奇怪的事情。马克思在这项任务中要解

---

① 《马克思恩格斯文集》第5卷,人民出版社2009年版,第10页。

② 参见牛变秀、王峰明:《“资本”究竟是什么?——基于马克思〈资本论〉及其手稿的阐释》,《学习与探索》2014年第7期。

③ 庄友刚:《马克思主义在什么意义上批判现代性》,《光明日报》2015年11月18日。

④ 庄友刚:《马克思主义在什么意义上批判现代性》,《光明日报》2015年11月18日。

决的主要问题是：资本主义是如此庞大，建构如此之复杂，各种运动形式犬牙交错、相互缠绕，谁也没有看见过资本主义的总体性运动是什么样子。推动资本主义运动的动力似乎来自四面八方，以至于根本无法确定是什么在推动资本主义运动，或者说资本主义运动的主要原因是什么。因此，伯特尔·奥尔曼(Bertell Ollman)指出，《资本论》辩证法的根本任务，就是寻找资本主义社会的"运动规律"。①

但是马克思强调这是一个充满"倾向性"的规律，尽管在大多数情况下它表现出近乎强烈的倾向，但终究有着"概率性"的因素在内。② 不过，从他收集的关于他那个时代的资本主义运作的证据(既来自一般的资本主义，也来自他所处的资本主义的"最近"阶段)，再加上它过去的先决条件的演变，马克思认为他可以预测这一运动及其可能的结果(至少是近期的)。鉴于资本主义内部这种运动的多样性，其运动规律包含了大量的矛盾，被认为是两种或多种倾向不相容发展，最终爆发为一种新的配置：矛盾一方战胜另一方，成为问题的主要矛盾。

要真正理解《资本论》，还要明白一个重要的方法论原理——辩证法。1858年的《政治经济学批判大纲》是一部马克思"自我澄清"(马克思语)的辩证法著作。"如果辩证法在马克思如何理解资本主义的过程中被证明是如此重要的话，那么对他来说，那些想要理解他的结论的人应该经历一些他在得出这些结论时所采取的步骤，这对他们来说是必须这样的。结果是一篇将近50页的未完成的文章，每一页都像《政治经济学批判大纲》那样使用了辩证法。"③奥尔曼指出，马克思的《政治经济学批判大纲》充满关于辩证法的内容，但是在《资本论》中关于辩证法的讨论就比较少了；《资本论》的叙述风格和《政治经济学批判大纲》截然不同，《政治经济学批判大纲》中的辩证法阐释，大部分没有在《资本论》中出现。"究其原因，还要从马克思创作《资本论》这部著作的真实意图说起。我们决不能忘记，马克思首先是一个革命者，赢得阶级斗争所需的准备从未离开过他的头脑。但是，教育程度不高的工人如何理解《资本论》呢？恩格斯、库格曼博士和其他朋友经常提醒马克思尽可能采取简单方式阐释《资本论》

---

① Bertell Ollman, "Marx's Ultimate Aim in Writing Capital Was", in *Confronting Capitalism in the 21st Century: Lessons from Marx's Capital*, ed. by Marc Silver, Cham: Palgrave Macmillan, 2020, p.16.

② 参见安启念：《资本主义社会基本矛盾的新特点与社会主义》，《马克思主义研究》2000年第4期。

③ Bertell Ollman, "Marx's Ultimate Aim in Writing Capital Was", in *Confronting Capitalism in the 21st Century: Lessons from Marx's Capital*, ed. by Marc Silver, Cham: Palgrave Macmillan, 2020, p.16.

的原理,马克思最终同意了这些建议。”①

正是鉴于这种情况,希望更多的马克思主义学者重新重视这个问题,重新确立辩证法在《资本论》剖析资本主义社会结构中的核心作用,这正是实现马克思在《资本论》中宣布的把现代社会的经济运动规律暴露出来的最终目标。要始终铭记这一点,因为辩证法所能带给我们的帮助,远远超出了一般人的理解。

三、《资本论》的拜物教辩证法

国外马克思主义学者中,相当多的人把马克思《资本论》中的拜物教理论作为重点讨论的对象。实际上,探讨《资本论》商品拜物教概念的方法论问题非常重要,有助于理解马克思的拜物教理论的本质。但是,很长时间以来,似乎还没有对拜物教理论的方法论问题进行比较系统且连贯的阐述。

国外马克思主义学者强调,在对拜物教的阐述中有一种疑问,他们认为只需说明价值和劳动的双重特性就可以解释拜物教,为什么还需要借助辩证法来讨论拜物教呢?为什么还需要抽离出形式的概念呢?实际上,拜物教的思想非常深刻,在以商品生产为基础的经济中,拜物教的产生是基于现实关系的倒置而构成的幻象与幻觉。离开辩证法,很难打破这个倒置而构成的幻象与幻觉。但颠倒论最初不是马克思的想法,而是在路德维希·安德列斯·费尔巴哈(Ludwig Andreas Feuerbach)的宗教批判理论中出现的。费尔巴哈的意思是,上帝的观念体现了人的创造性;但是,人又拜倒在自己创造物的脚下,这种人的创造物没有提升人,反而作为异己力量支配人、统治人。费尔巴哈的颠倒论对马克思的拜物教思想产生了巨大影响,它们之间的联系是非常明显的。正如MEGA2的编辑所说:“马克思经济理论的整个形成过程从一开始就伴随着商品拜物教理论的发展;因此,拜物教是马克思对资产阶级经济批判的不可分割的组成部分。”②按照他们的说法,马克思在关于商品拜物教的论述中达到了一个质的高度。

---

① Bertell Ollman, “Marx's Ultimate Aim in Writing Capital Was”, in *Confronting Capitalism in the 21st Century: Lessons from Marx's Capital*, ed. by Marc Silver, Cham: Palgrave Macmillan, 2020, p.22.

② Vesa Oittinen, “Marx and Commodity Fetishism: Some Remarks on Method”, in *Confronting Capitalism in the 21st Century: Lessons from Marx's Capital*, ed. by Marc Silver, Cham: Palgrave Macmillan, 2020, p.27.

关于马克思拜物教思想的辩证发展过程，马克思在《1844年经济学哲学手稿》《1857—1858年经济学手稿》《政治经济学批判》等著作中都提出了拜物教的问题，但缺乏系统化和对内在机制的详细分析。在《资本论》这部巨著中，马克思完成了对拜物教思想的建构。在《资本论》第一卷第一章，马克思以专门的一节来探讨商品的拜物教问题。马克思指出，商品从表面上看是一种很简单和平凡的东西，但如果深入分析，就会发现商品充满了"形而上学的微妙和神学的怪诞"①。马克思追问，商品这种神秘性质是从哪里来的？他分析道："商品形式和它借以得到表现的劳动产品的价值关系，是同劳动产品的物理性质以及由此产生的物的关系完全无关的。这只是人们自己的一定的社会关系，但它在人们面前采取了物与物的关系的虚幻形式。因此，要找一个比喻，我们就得逃到宗教世界的幻境中去。在那里，人脑的产物表现为赋有生命的、彼此发生关系并同人发生关系的独立存在的东西。在商品世界里，人手的产物也是这样。我把这叫做拜物教。劳动产品一旦作为商品来生产，就带上拜物教性质，因此，拜物教是同商品生产分不开的。"②后来在《资本论》第三卷中，马克思对拜物教的现象作了进一步的重要阐释。马克思概括道："资本主义生产方式的神秘化，社会关系的物化，物质的生产关系和它们的历史社会规定性的直接融合已经完成：这是一个着了魔的、颠倒的、倒立着的世界。"③这标志着马克思拜物教理论的最终完成。

马克思通过对拜物教内在矛盾的分析，深刻地揭示了拜物教的本质特征——物与物之间的虚幻的关系取代了人与人之间的真实关系。

美国马克思主义学者奥尔曼指出，马克思在《资本论》中提出的拜物教概念非常难理解，但是辩证法可以帮助我们把握马克思的拜物教概念。马克思把视现象为本质的错误称为拜物教。④ 拜物教是一种现象与本质相互颠倒的意识形态，称之为商品拜物教。当人们还不能从物与物的关系揭示出商品交换的社会关系的时候，就必然把商品关系神秘化，从而产生商品拜物教的观念。随着商品货币关系的发展，又从商品拜物教派生出货币拜物教，在资本主义商品经济条件下，货币拜物教进而又派生出资本拜物教。

---

① 《马克思恩格斯文集》第5卷，人民出版社2009年版，第88页。

② 《马克思恩格斯文集》第5卷，人民出版社2009年版，第89—90页。

③ 《马克思恩格斯文集》第7卷，人民出版社2009年版，第940页。

④ 参见[美]伯特尔·奥尔曼：《辩证法的舞蹈：马克思方法的步骤》，田世锭、何霜梅译，高等教育出版社2006年版，第100页。

四、“资本积累”的辩证法

国外马克思主义学者从新的角度讨论了资本积累问题。“资本积累”在马克思主义政治经济学中出现的频率很高，但对其进行详细的解释却不多，仿佛这是一个很容易理解的概念，不需要进行太多的解释。但实际上，“资本积累”这个概念理解起来并不容易，给出有说服力的解释也很困难。马克思在多部著作中的“资本”并不是指称生产资料，而是一种生产关系。相反，不变资本才用来指生产资料，这是一种以价值单位衡量的量。《资本论》从根本上说是为了理解资本主义的生产关系，阶级问题是根本问题。因此，在理解资本积累时，必须考虑到阶级问题，而不是生产资料问题。

通俗来讲，资本积累的实质是，在资本主义扩大再生产中，资本家利用无偿占有的剩余价值，不断扩大资本的规模和扩大对雇佣劳动的剥削，进而占有更多的剩余价值。剩余价值转化为资本，即剩余价值的资本化。资本家把从雇佣劳动那里剥削来的剩余价值的一部分用于个人消费，另一部分转化为资本，用于购买扩大生产规模所需追加的生产资料和劳动力。因此，剩余价值是资本积累的源泉，资本积累则是资本主义扩大再生产的前提条件。资本积累的主要形式表现为：一方面，剩余价值规律是资本积累的内在动力。资本家为了占有更多的剩余价值，除了提高对工人的剥削程度外，还必然增加资本量，以扩大生产的规模和剥削的范围。对剩余价值的狂热追求，驱使资本家不断地进行资本积累。另一方面，资本主义竞争和生产无政府状态的规律是资本积累的外部压力。在资本主义竞争中，大资本总是处在有利的地位，为了在竞争中一直处于有利地位，保存自己，击败对手，资本家只有不断地进行资本积累，扩大资本规模。资本主义再生产中的激烈竞争，迫使资本家不断地进行资本积累。

对价值和资本积累概念重新评价，需要理解货币理论。大家都在使用货币，但货币是什么？不仅是在资本主义生产方式中，而且在资本主义之前又是什么？货币有没有变化？这些都是重要问题，只有借助辩证法才能取得突破。

五、形式分析与空间斗争的辩证法

国外马克思主义学者创新性地讨论了《资本论》的形式概念，他们认为马克思在《资本论》中使用的“客观思想形式”和“社会形式”的概念具有非常重要的方法论意义，是把握资本主义“社会形式”概念的方法论基础。相对于历史上的普遍功能而言的历史特殊性，这种特殊性就是马克思谈到的“客观思想形式”，这是资本主义所特有的（比如说，在奴隶社会，它们就没有意义）。在《资本论》中，马克思强调，正是他对形式的特殊理解，标志着他的前辈们的政治经济学和他对政治经济学的批判之间的核心区别。在这种情况下，“形式”不是指精神上的抽象，而是指价值形式的社会（和社会生产的）现实。在这里，“形式”是指从资产阶级经济学概念中被抽象出来的特殊的社会关系，但这些关系是使“资本主义生产方式预先出现的社会财富作为‘巨大的商品集合’”所必需的。这些社会关系包括为市场进行的个性化生产，资本家和劳动者的阶级对立，以货币为流通手段的商品交换、竞争等。因此，商品形式反映了生产者对劳动总和的社会关系，作为对象之间的社会关系，这种关系存在于生产者之外。列斐伏尔曾在解读《资本论》这一观点时评论道，商品交易并没有破除交换所隐含的矛盾，反而将这种矛盾进一步扩大。[①]

2013 年法兰克福的抗议活动是一个例子。在那里，空间斗争能够揭开政治、经济和社会进程的面纱，而这些进程往往被拜物教所掩盖，这就是拜物教形式与空间斗争的辩证法。这些形式与空间的辩证法例子所暗示的内容非常丰富，在住房、移民、公共抗议和其他临场空间问题等领域，激进活动家和学者通常都没有意识到的问题，就是对空间的斗争和通过空间展开的斗争可能都是统治者拥有的权力的斗争；通过这些斗争，社会形式和思想形式的拜物教有可能被破解，而在那里瞥见潜在的社会进程，也有可能把所有的社会不公正和残酷揭露出来。[②]

六、价值转形与价值形态的辩证法

国外马克思主义学者重新加入关于马克思价值理论的讨论中，有关转化问题的论述是相当漫长的。转化问题只是关于马克思价值理论的整个讨论的一部分，它有许多转折和阶段。近几十年来，仍然有关于价值形态的讨论以及对转化问题的不同解释，使得辩论难以结束。

---

① 参见郭彩霞：《论列斐伏尔对资本主义空间矛盾性的批判》，《广西师范大学学报》（哲学社会科学版）2019 年第 3 期。

② 参见杨天乐：《资本主义城市化与空间批判：大卫·哈维不平衡地理发展理论研究》，上海师范大学硕士学位论文，2020 年。

国外马克思主义学者还把方法论问题表述为一个关于经济过程的形式和物质方面的关系问题。产品价值的一部分重新转化为资本,另一部分转化为资本家和工人阶级的个人消费,这在产品价值本身中形成了一种运动。在这种运动中,总资本的结果得到了体现,而这运动不仅是价值的替代,而且是物质的替代,它与整个社会产品的价值成分的相对比例以及它们的使用价值、物质形状有很大的关系。国外马克思主义学者认为,价值转化问题与再生产计划的关系是人们经常讨论的对象。[①] 马克思在《资本论》中对各部门之间的依赖关系作了一些补充说明。如果考虑到各部门之间的依赖关系,价值向生产价格的转变(更确切地说,是与劳动价值相关的价格的转变)比马克思在《资本论》中描述的过程更复杂。显然,这种转变也改变了投入价格,而不仅仅是不同部门的产出价格。关于再生产方案的问题与另一个有争议的问题有关,即关于"单一系统"和"双重系统"的方法。当回到马克思那里时,马克思对价值和价格进行了区分。从这个区别出发,我们可以清楚地看到,当我们分析资产阶级生产方式时,我们可以谈论一个价值体系和一个价格体系。价格是价值的一种表现形式,是价值的货币形式。然而,我们可以根据马克思的基本观点扩展这个想法,即(实际的)市场价格可能与生产价格不同。再进一步,我们还可以把自然资源和周围环境看作一个系统,它与资本主义生产系统相互联系。由此,我们得出了一个多系统的方法。显然,单一系统的论点只是把复杂的问题还原为这样的观点:在实际的资本主义经济中,只有价格是重要的,并影响着企业、工人和消费者的决策。

马克思主义的另一个常见概念就是"劳动生产率",它也是《资本论》的核心概念之一。实际上,劳动生产率(或马克思常说的"劳动生产力")是凝聚在商品中的"劳动价值"。如果没有办法衡量抽象劳动时间,即"一般"的、脱离了具体特征的劳动时间,那么谈论劳动生产率就毫无意义。通常情况下,生产结构的变化和产品的不断变化都会影响劳动生产率。与手工劳动相比,机器有助于提高劳动生产率,这一说法涉及要对抽象劳动进行定量评估。应将价值形态分析和价值形态概念与马克思主义的价值和再生产分析的数量分析更紧密地结合起来,这样才能更好地理解"劳动生产率"的概念。因此,我们需要用定性和定量研究相结合的方法,来丰富和发展《资本论》。

---

① 参见孟捷:《劳动价值论与资本主义再生产中的不确定性》,《中国社会科学》2004年第3期。

七、金融化与资本主义危机的辩证关系

马克思是第一个系统地思考自19世纪以来困扰资本主义的经济危机的性质和原因的经济学家,他的思考产生了非常深远的影响。马克思把信贷系统、中央银行及其与经济危机的关系联系起来进行考察,这是一个新的理论尝试。马克思认为,信用制度的发展使得独立的货币危机和信用危机成为可能。这一新发展导致了两个有趣的后果。第一,信贷系统的出现改变了商业周期的性质,允许出现更强劲的扩张,然后是金融问题发挥突出作用的收缩。第二,一旦企业依赖信贷来生产和销售商品,资本积累就会对信贷条件产生依赖。这使得经济扩张的速度对信贷的可得性和成本变得敏感,而信贷条件又对经济危机的严重性产生强大影响。信贷系统的出现为一个被授权的中央银行创造了条件,这个银行可以利用货币政策来调控商业周期。

为了理解马克思的危机理论,必须从了解货币和信贷概念的基本知识开始。在简单商品生产中,为了使每个商品生产者能够再生产,他们必须生产和销售商品。出售商品的收益使他们能够购买其他卖家的产品。马克思把这个过程称为"为了购买而销售"。马克思强调,即使在简单商品生产中,货币的使用也存在产生危机的可能性。卖家用他们的商品换取货币,然后,要么花掉他们赚来的钱,要么囤积一部分钱。通过持有货币,卖家成为一个"囤积者",而囤积的货币闲置着,成为不流通的商品。如果货币被持有,它就不会被花费,因此,囤积使商品的销售和购买分离。这意味着,囤积货币的反面是对商品需求的减少,使一些生产者难以甚至不可能出售他们的商品。如果一些卖家不能把他们的商品变成货币,那么他们就会发现自己没有继续购买所需商品的货币。因此,货币的囤积减少了对商品的需求,进而减少了收入,迫使购买量进一步下降。这样一来,经济危机的苗头就得以显现。[①]

马克思也从宏观经济角度看待商品"无法出售"的问题,他称之为"生产过剩"。马克思认为,当商品无法通过交换转化为货币时,所有市场的过度生产就成为一种可能。在马克思的《资本论》中,对商品需求的下降表现为对货币需求的增加。换句话说,未售出的商品可以在商品市场上堆积起来,因此,货币也被

① 参见[美]大卫·科茨:《资本主义、经济危机和社会主义:发达资本主义国家向社会主义过渡的前景》,童珊译,《海派经济学》2014年第4期。

囤积和闲置了。马克思对商品生产和交换的见解表明，危机的第一种抽象形式是由于“商品本身的蜕变，购买和销售的分离”而导致的过度生产的可能性。

要理解第二种抽象的危机形式，需要引入信贷问题。马克思通过将信贷引入商品流通过程的分析中来阐释经济危机的第二种形式。为了分析信贷，马克思假设卖方把钱借给他们的顾客。如果商品的卖方向买方提供贷款，他们不是用商品交换回货币，而是用未来支付货币的承诺（借据）来交换。[①] 通过把钱借给买方，卖方成为债权人，买方则成为债务人，并有义务在未来指定的时间支付货币。卖方（债权人）和买方（债务人）之间的信用关系，不仅改变了卖方与买方的关系（因为他们现在成了债权人和债务人），而且还改变了货币本身的性质。在使用信贷的经济中，债务问题是重要内容，货币成为一种支付手段，以解决债务问题。马克思的第二种抽象的危机形式，就建立在他对使用货币作为支付手段来解决债务的分析之上；销售与购买的分离仍然是“危机的最抽象形式”，但信贷的引入产生了第二种更具体的危机可能性。如果支付链中断，导致多次违约，就会爆发信用危机。违约的产生，就是马克思所说的“价值的衡量”与“价值的实现”的分离导致的。当商品交换变为债务时，债务合同是以货币形式写成的，代表了对所购商品价值的衡量。在支付时，货币实现了债务合同中规定的商品的价值，这两个时刻的分离造成了信贷回路的断裂。特别是，债务人未能履行其支付义务，将会引发一系列的违约行为。

马克思指出，只要货币被用来进行商品流通和作为支付手段，危机的这两种可能性就一定存在。因此，信用危机的可能性存在于所有进行商品生产的经济体中，这并不是资本主义的独有特征。

八、虚拟资本与金融危机的辩证关系

虚拟资本与金融危机的辩证关系，主要考察马克思关于金融问题的一些重要观点。[②] 马克思生活的时代，就出现了金融创新，这种金融创新导致了货币的支付手段越来越脱离“真正的货币”，结算手段也变得“越来越人为”。所谓“真正的货币”，是以真正的商品为基础，真正的货币代表着真正的商品的价值。马克思对金融危机的分析坚持三个基本观点：第一，信用对经济危机的第一个作

① 参见郝宇彪、田春生：《经济危机不仅仅是资本主义国家的问题》，《现代经济探讨》2013年第8期。

② 参见崔学东：《后凯恩斯主义的资本主义金融化理论述评》，《教学与研究》2009年第11期。

用是加速经济周期的运作，加剧经济危机的爆发；第二，银行的信用及信用货币逐步成为整个生产过程的主导因素，直接影响着再生产过程；第三，以信用为基础的再生产过程中，信用紧缩会追逐现金从而引发经济危机，但是危机的根本原因仍然在于资本增殖与消费萎缩的矛盾，信用和货币问题只是表象。马克思观察到，银行投资组合的风险增加了，银行通过发行远远超过其资本化水平的债务，创造了流动性的假象，而在资产仅仅由工业资本单一代表支持的情况下资本充足性被证明是特别脆弱的。在这种环境下，资本的获利者主要依赖于推动债务发行的市场力量，也就是说，将其他人的债权附加到工业资本的收入流上。资本形成迅速超越了自我融资世界所特有的个人预付款的规模。渐渐地，金融资本的量远远超过了其所代表的现实资本的量。在生息"资本"的梦幻世界里，货币本身似乎能够凭空产生更多的货币，金融积累被推到超出其在实际生产中所能实现的水平，从而为金融危机的出现创造了条件。

马克思认为，金融中介机构向工业生产领域提供的贷款，在已实现的劳动产品中没有得到任何价值支持，只有当预期的工业领域中生产出预期的劳动产品并且其价值得到实现时，贷款才能得到劳动产品提供的价值支持。因此，在新的生产活动中，在劳动产品的价值实现之前金融机构的收益是没有保障的。

金融在任何时候都必须与资本的能力相协调，以便在未来的日子里"剥夺"劳动和收获剩余价值。作为资本的货币的不确定性是阶级斗争本身的不确定性，这一方法论前提将马克思与后凯恩斯主义者区分开来，无论是在理解产生投机性"债务—通货紧缩"危机的力量方面，还是在提出的一系列补救措施方面。①

九、依赖资本主义与发展困境的辩证分析

国外学者从《资本论》视域分析了一些发展中国家面临的困境。在拉丁美洲一些国家存在一种特殊的社会现象，它们试图应用具有社会主义特点的治理方式发展经济，这些新探索被国外一些学者称为"粉色浪潮"。② 如新发展主义就是一种具体实践方式，它把国家视为疏导政治矛盾的力量。作为国家主导力量的一种形式，它促进了来自下层和上层的社会需求的衔接，以有助于持续的

① 参见马锦生：《资本主义金融化与金融资本主义研究：基于美国经济实证的分析》，南开大学博士学位论文，2013 年。

② 参见张晓通、苗岭：《"粉色浪潮"：拉丁美洲左翼政党的兴衰》，《国际论坛》2016 年第 4 期。

资本积累和一些收入的再分配。作为一种发展战略,它试图将社会冲突控制在资本主义社会结构的范围内,以避免或“暂停”危机。

伴随着一系列世界性的经济危机的爆发,资本主义国家内部产生了许多不可调和的矛盾,加之新自由主义的盛行,很多社会阶层的矛盾愈发突出。新自由主义危机创造了对生产和占有剩余价值的新资本主义战略的需求。阶级斗争使新自由主义统治的战术工具处于被毁灭的边缘。僵化的宏观经济体制(独立的中央银行、货币可兑换性、低实际汇率),以及残余的社会政策不再是社会控制和资本积累的有效手段,从机构中退出后,新发展主义逐渐成为其替代品。这不是某一个主导阶级规划的替代方案,而是在阶级冲突中建立起来的东西。

有一百多年历史的拉丁美洲左翼运动经历数次起伏,这次持续十多年的“粉色浪潮”也迎来了一个新的拐点。① 执政者任内政策的失误、执政党无法遏制的腐败和外生经济的冲击,造成拉丁美洲国家左翼政权的危机。阿根廷、巴西和委内瑞拉左翼的危机只是一连串区域性事件的前奏,在全球经济复苏缓慢、大宗商品价格可能继续走低的宏观背景下,其他在任的左翼政权将不可避免地面临冲击。面对这场退潮,左翼政党需要反思自己任内的表现。

十、《资本论》的当代意义

综上所述,《资本论》对当今资本主义具有很强的解释力,对于把握当代资本主义运动、变化和发展具有重要价值。

《资本论》研究的是自由资本主义时期的资本主义经济,揭示了资本主义生产方式产生、发展和灭亡的规律,创立并系统阐述了剩余价值理论。② 在自身基本矛盾推动下,资本主义经历了自由资本主义、私人垄断资本主义、国家垄断资本主义,而今发展到国际垄断资本主义阶段。在这个过程中,西方资本主义国家不断进行体制和政策调整,不断吸收和利用当代科技革命的成果,不断推动经济全球化。应当说,今天的资本主义与马克思时代的资本主义相比,已经有了不小的变化。但不管资本主义怎样变换形式,雇佣劳动制度和资本家对剩余价值的无休止追逐,仍然是这个制度的基本特征。

进入 21 世纪以来,资本主义在全球扩张的同时,内部矛盾也不断激化,出

① 参见任志江:《拉美“粉红浪潮”的兴起与衰落》,《国外社会科学》2020 年第 1 期。

② 参见袁银传:《当代资本主义核心价值观评析》,《马克思主义研究》2014 年第 6 期。

现了 2008 年的全球性经济金融危机。一些资本主义国家的政要、学界名流和企业家纷纷开始学习《资本论》,并试图从《资本论》中寻找国际金融危机爆发的原因。

2012 年,习近平到中国人民大学考察时指出:“《资本论》作为最重要的马克思主义经典著作之一,经受了时间和实践的检验,始终闪耀着真理的光芒。”① 2018 年,习近平总书记在纪念马克思诞辰 200 周年大会上再次强调:“1867 年问世的《资本论》是马克思主义最厚重、最丰富的著作。”②尽管我们所处的时代同马克思所处的时代相比发生了巨大而深刻的变化,但从世界社会主义 500 多年的大视野来看,我们依然处在马克思主义所指明的历史时代。当前,我们应该以《资本论》所阐明的科学原理为指导,深入研究当代资本主义的新变化与新特征。

① 张旭:《〈资本论〉为何始终闪耀着真理的光芒》,2017 年 10 月 11 日,http://theory.people.com.cn/n1/2017/1011/c40531-29580339.html。

② 习近平:《在纪念马克思诞辰 200 周年大会上的讲话》,人民出版社 2018 年版,第 3 页。

第一部分

《资本论》理论问题与辩证方法的再探索

第一章　奥尔曼对《资本论》辩证法的再探索

国外马克思主义学者强调探讨《资本论》必须明确一个首要的问题，那就是马克思写《资本论》的最终目的是什么。正如马克思所说，这部作品的最终目的是揭示现代社会的经济运动规律。那么，他到底是如何揭示的呢？是否真的揭示了呢？奥尔曼指出："一部分人对于这个问题不重视，认为这是问题的次要方面，但是要想真正深刻地把握马克思想要传达给时代的思想，以及领会它是否真正有助于当代人们的生活，有必要把这个问题搞清楚。"[①]

20 世纪 70 年代以来，资本主义发展较为迅猛，国际社会主义运动进入长期的低潮期，苏联模式逐渐淡出人们的视野，市场社会主义理论与实践成为当代社会主义的主要形式。辩证法一直是西方马克思主义哲学研究的重点，但是到了"分析的马克思主义"那里，就出现了对马克思辩证法的背离。为了"回到马克思"和回应、捍卫马克思辩证法的科学性，英美马克思主义研究的主要代表人物奥尔曼在新的历史条件下，对马克思的《资本论》重新进行研究。[②] 奥尔曼更多地继承了马克思政治经济学的批判进路，以"内在关系"作为辩证法的核心概念。[③] 他继承了西方马克思主义研究的辩证法传统，吸收了马克思本人的辩证法思想，并在很多地方接受了恩格斯对于辩证法的理解，形成了以内在关系哲学为基础、以抽象方法为重要组成部分的辩证法思想。他把内在关系哲学和辩

---

① Bertell Ollman, "Marx's Ultimate Aim in Writing Capital Was", in *Confronting Capitalism in the 21st Century: Lessons from Marx's Capital*, ed. by Marc Silver, Cham: Palgrave Macmillan, 2020, p.22.

② 参见陈曲：《奥尔曼对辩证法辩护的限度：从对马克思异化理论的再考察谈起》，《当代国外马克思主义评论》2017 年第 2 期。

③ 参见黄亚明、侯振武：《马克思主义辩证法的两种面向：奥尔曼与阿多诺辩证法思想之比较》，《内蒙古大学学报》（哲学社会科学版）2017 年第 5 期。

证法思想一起放进了马克思《资本论》的辩证法重建之中,并系统论述内在关系哲学与辩证法的关系,以抽象方法为重点,重新解读马克思看问题的方法、研究方法和叙述方法,以及揭示马克思逆向的历史研究方法。奥尔曼在对马克思《资本论》辩证法的解读过程中,运用辩证法界定马克思使用的概念。奥尔曼以内在关系哲学为基础对马克思辩证法的创新性重构,强化了马克思的关系范畴,对于"回到《资本论》"和重新解读、发展《资本论》哲学思想有着重要的理论意义。

奥尔曼以抽象方法分析和批判资本主义市场经济,论证社会主义的历史必然性,强调辩证法在马克思《资本论》中的重要作用。同时,他概括了马克思《资本论》辩证法的两大支柱——内在关系哲学和理论抽象方法。从这一研究路径入手,奥尔曼努力重构《资本论》的辩证法,重新阐释《资本论》的当代意义。

一、奥尔曼的辩证法思想在中国的传播

国内对奥尔曼的辩证法思想的研究有两个时期。

第一个时期主要介绍奥尔曼本人的观点,但并没有引起研究热潮。20 世纪末,奥尔曼来中国交流。1994 年 11 月 22 日,奥尔曼访问中国社会科学院马克思列宁主义研究所,介绍了西方关于马克思主义研究的最新进展,就其辩证法思想作了具体阐释。20 世纪 90 年代,奥尔曼的学术报告内容由中国学者整理后发表,但是他的辩证法思想并未得到太多的关注。

第二个时期的发展离不开国内学者对国外马克思主义的研究,代表人物有段忠桥教授和田世锭等学者。段忠桥教授翻译了很多当代英美马克思主义学者的著作,如奥尔曼的《市场社会主义:社会主义者之间的争论》。在段忠桥教授主编的当代英美马克思主义研究译丛中,他写信给奥尔曼并邀请奥尔曼列出书单,奥尔曼教授推荐了 *Dance of the Dialectic* 一书。在段忠桥教授的推荐下,田世锭前往纽约大学跟随奥尔曼教授学习,随后便翻译了奥尔曼的代表作《辩证法的舞蹈:马克思方法的步骤》一书,引起了国内学界对奥尔曼思想的关注。鲁克俭教授主编的国外马克思学译丛,对奥尔曼关于马克思辩证法思想的阐释进行了专题研究;还有王贵贤翻译了奥尔曼的《马克思的异化理论》[①],田世

① 参见[美]伯特尔·奥尔曼:《马克思的异化理论》,王贵贤译,北京师范大学出版社 2018 年版。

锭出版了《奥尔曼"内在关系辩证法"视角下的当代资本主义》专著[①]。由此，奥尔曼的辩证法思想开始得到国内学界的重视。

国内的研究大概分为以下几个方向。

有学者从整体的英美马克思主义研究发展来研究奥尔曼的辩证法思想，包括对英美马克思主义研究新发展的概括，如《当代英美社会主义研究的两个趋向》[②]和《20世纪70年代以来英美的马克思主义研究》[③]。这些研究成果揭示了当代英美马克思主义研究的新特征，提升了国内学界对当代英美马克思主义辩证法理论新发展的认识。付文忠教授认为，马克思辩证法的三个维度是体系辩证法、历史辩证法与自由辩证法。[④] 他把这三种解释看作马克思辩证法的三个维度，能够深化对马克思辩证法构成形态的认识。付文忠指出，英美马克思主义研究致力于探索三个问题：什么是马克思的辩证法？今天我们研究马克思的辩证法有什么意义？如何在实际中应用马克思的辩证法？英美马克思主义学者主要通过三条途径重新探讨这些问题：一是要回到马克思的文本，明确马克思本人所应用的辩证法是什么；二是追根溯源，回到辩证法的源头，重新审视黑格尔的辩证法；三是寻求解释辩证法的新视角，从思想史的发展过程考察辩证法。[⑤] 同时，有学者从英美马克思主义研究的角度去分析内在关系，如《英美马克思主义的新帝国主义思想：基于内在关系辩证法的考量》[⑥]一文，其对当代英美马克思主义研究发展的困境和理论研究前景进行研究。也有学者从分析马克思主义学派、现象学马克思主义对辩证法的重新阐释出发，用整体主义的研究方法，如奥尔曼认为辩证法是作为整体的东西开始的[⑦]，同时也用分析和综合的方法来加深我们对整体和部分的认识，肯定辩证法是研究马克思的明智之法，肯定辩证法对马克思主义和资本主义的桥梁性作用。

有的学者从奥尔曼辩证法本身的内在关系和抽象的角度、理论价值和现实的角度来研究奥尔曼辩证法思想，着重对奥尔曼的内在关系辩证法和其他思想

---

① 参见田世锭：《奥尔曼"内在关系辩证法"视角下的当代资本主义》，中国社会科学出版社2008年版。

② 参见段忠桥：《当代英美社会主义研究的两个趋向》，《科学社会主义》2012年第3期。

③ 参见段忠桥：《20世纪70年代以来英美的马克思主义研究》，《中国社会科学》2005年第5期。

④ 参见付文忠：《马克思辩证法的三个维度：英美马克思主义学者关于辩证法形态争论的启示》，《学术月刊》2013年第3期。

⑤ 参见付文忠：《英美马克思主义辩证法研究的新趋势》，《中国人民大学学报》2010年第1期。

⑥ 参见田世锭：《英美马克思主义的新帝国主义思想：基于内在关系辩证法的考量》，《科学社会主义》2013年第3期。

⑦ 参见张秀华：《西方马克思主义对卢卡奇辩证法的重释》，《马克思主义研究》2019年第2期。

家的观点进行比较研究，分析奥尔曼内在关系辩证法的现实方法论的指导意义，促进社会主义的发展。① 有学者认为，奥尔曼为我们理解马克思的社会现实概念提供了新的视角。②

有的学者以奥尔曼辩证法思想作为方法论指导，从方法论的角度批判"分析的马克思主义"学派对辩证法的否定，捍卫了马克思主义辩证法。有的学者从本体论和认识论的角度重构奥尔曼辩证法思想，这些研究很有新意，深化了人们对奥尔曼辩证法思想的理解。③

从当代价值的角度来研究奥尔曼辩证法思想，可以通过对奥尔曼的思想进行分析来研究辩证法的演进逻辑，通过分析奥尔曼辩证法在资本主义社会中如何揭示社会主义路径，来探讨其现实价值。

奥尔曼对马克思主义辩证法的研究开始于他的博士论文《异化：马克思关于资本主义社会中人的概念》，从博士论文到《辩证法探究》等研究成果的出现，为《辩证法的舞蹈：马克思方法的步骤》提供了理论基础，到 2003 年总结性著作《辩证法的舞蹈：马克思方法的步骤》出版，奥尔曼对辩证法的最新理解都呈现在该书中。④

在对马克思《资本论》辩证法的解释中，奥尔曼将其定义为哲学、方法和实践。在奥尔曼看来，辩证法一开始呈现为一种哲学、一种方法和一种实践，它包括本体论、认识论、研究、自我厘清、叙述、政治实践和理论实践等七个独立的阶段。⑤ 从奥尔曼对马克思辩证法理论的解释和运用中可以看出，他所关注的更多的是辩证法和辩证实践之间的内在关系。⑥ 奥尔曼指出，马克思的辩证法包含对矛盾运动的认识论，但辩证法和认识论并不等同。奥尔曼指出，内在关系哲学方法是探索《资本论》辩证法的基础。

---

① 参见田世锭、潘小明：《从抽象到具体，还是从具体到抽象再到具体？——关于马克思抽象与具体辩证法的一种反思》，谢地坤主编：《马克思主义哲学研究（第 3 辑 · 2013）》，中国社会科学出版社 2014 年版，第 53—59 页。

② 参见曾德华、孙晓艳：《马克思社会现实概念新探》，《大学教育》2016 年第 7 期。

③ 参见齐艳红：《马克思辩证法的"辩证重构"：伯特尔 · 奥尔曼对分析马克思主义的批判性回应及其局限》，《教学与研究》2014 年第 9 期。

④ 参见田世锭：《辩证哲学 · 辩证方法 · 辩证实践：关于奥尔曼内在关系辩证法的再思考》，《学习与探索》2015 年第 11 期。

⑤ 参见[美]伯特尔 · 奥尔曼：《马克思辩证法的七个步骤》，《江淮论坛》2017 年第 1 期。

⑥ 参见田世锭：《辩证哲学 · 辩证方法 · 辩证实践：关于奥尔曼内在关系辩证法的再思考》，《学习与探索》2015 年第 11 期。

（一）内在关系哲学是《资本论》辩证法的基础

奥尔曼指出，格奥尔格·卢卡奇（György Lukács）等研究者也认识到了“马克思对黑格尔唯心主义的批判中并不包含内在关系”，却没有人用内在关系哲学重构辩证法，也没有人看到内在关系哲学对于解释马克思语言使用的重要性。[①] 奥尔曼之前的学者都忽略了内在关系这一哲学基础，而奥尔曼则认为把握内在关系哲学是人们把握《资本论》辩证法的关键步骤。如果《资本论》的辩证法失去内在关系哲学的基础，那么，对资本运动的分析就失去了分析的主体和对象，就失去了资本自身作为关系性存在的意义。因此，奥尔曼把内在关系哲学作为探索马克思《资本论》辩证法思想的基础。

首先，内在关系哲学为《资本论》辩证法思想提供了研究内容。奥尔曼指出，马克思的辩证法也是他集中探讨关系问题的研究方法，研究不同资本之间的关系和同一资本在不同时期（过去、现在和将来）的关系。马克思在《资本论》中要研究的是事物及其相互关系，是对资本这种“可变的东西”发展变化的关系性研究，尤其是对构成资本主义基本关系范式的基本关系分析。这些研究使人们能够把握资本主义这个范式体系和现实的关系运动。因此，在奥尔曼看来，内在关系哲学为《资本论》辩证法思想提供了研究内容和研究对象。

其次，奥尔曼将内在关系哲学视为《资本论》辩证法思想的本体论基础。奥尔曼将内在关系哲学与抽象方法视为马克思《资本论》辩证法思想的两大支撑。齐艳红认为，奥尔曼称“内在关系哲学将事物本身存在的条件和所处的‘关系’视为该事物的本质”，马克思把世界或社会现实理解为变化与相互作用的本体论基础。[②] 这里的“关系”有两层含义。第一层含义是指社会要素本身；第二层含义是指不同要素之间的联系，即关系本身。这就意味着内在关系哲学可以表达事物之间的关系，以及把关系作为内容本身的两个方面。因此，奥尔曼说《资本论》的辩证法的鲜明特征是，“其强调运动和矛盾的版本最适合研究整个资本主义的演变”[③]。因为联系和发展的观点是马克思辩证法的总特征，矛盾是推动

---

① 参见［美］伯特尔·奥尔曼：《辩证法的舞蹈：马克思方法的步骤》，田世锭、何霜梅译，高等教育出版社2006年版，第6页。

② 参见齐艳红：《当代英美马克思主义关于辩证法与形式逻辑问题的争论：以乔·埃尔斯特和伯特尔·奥尔曼为例》，《学习与探索》2015年第5期。

③ Bertell Ollman, “Marx's ‘Ultimate Aim’ in Writing Capital Was”, in *Confronting Capitalism in the 21st Century: Lessons from Marx's Capital*, ed. by Marc Silver, Cham: Palgrave Macmillan, 2020, p.18.

事物发展的动力，运动就是联系、就是发展，发展是简单事物与复杂事物的联系、低级事物与高级事物的联系。资本主义生产关系本身的意义就已经被扩展到可以包括相关联的东西，因此，正确把握资本主义生产关系的矛盾运动，是正确把握整个资本主义发展演变规律的重要途径。可见，正确理解马克思的内在关系本体论是把握马克思《资本论》辩证法思想和社会现实的关键。

最后，内在关系哲学是人作为辩证法主体的基础。奥尔曼以内在关系哲学为支柱，把一种事物与其他事物之间的联系当作该事物本身的一部分。他把事物相互之间的内在关系看作构成社会关系的本质基础。马克思认为，“人的本质不是单个人所固有的抽象物，在其现实性上，它是一切社会关系的总和”[①]。马克思从辩证法的高度强调人类共同体的作用，强调人的本质不是一成不变的，具有社会历史性，是变化与发展的。马克思把人视为辩证法的真正主体，也就是强调实践的主体性、能动性与社会历史性。

（二）《资本论》辩证法与内在关系哲学

辩证法对内在关系哲学的揭示最具代表性的就是对整体与部分关系的理解。整体与部分的关系是所有对马克思辩证法思想解读者无法绕开的一个问题。奥尔曼认为，马克思的整体观受黑格尔影响，他认为“真理‘就是整体’”[②]，黑格尔把“每个部分当作整体的一个方面呈现出来”，并把称为“‘整体’的东西描绘成了‘绝对观念’或‘理性’”[③]。奥尔曼指出，马克思反对的是黑格尔唯心主义框架，从来没有反对关于“要素之间的关系属性、性质或系统本身所限定的事实”的辩证法思想。奥尔曼由此得出结论，马克思《资本论》的辩证法是整体性的辩证法，既是从整体出发来阐述资本主义社会的各个方面的内在关系，也是对这种资本主义生产关系内在本质的揭露。[④]

首先，辩证法揭示的是事物之间的相互联系和变化。奥尔曼在谈到约瑟夫·狄慈根(Joseph Dietgen)的思想时表示，狄慈根用黑格尔“全体即真理”的话来阐述“任何一个事物的全部真理(因为其内在关系)包含着一切真理”[⑤]。奥

---

① 《马克思恩格斯文集》第1卷，人民出版社2009年版，第505页。

② [美]伯特尔·奥尔曼：《马克思的异化理论》，王贵贤译，北京师范大学出版社2018年版，第43页。

③ [美]伯特尔·奥尔曼：《马克思的异化理论》，王贵贤译，北京师范大学出版社2018年版，第44页。

④ Bertell Ollman, “Marx's ‘Ultimate Aim’ in Writing Capital Was”, in *Confronting Capitalism in the 21st Century: Lessons from Marx's Capital*, ed. by Marc Silver, Cham: Palgrave Macmillan, 2020, p.18.

⑤ [美]伯特尔·奥尔曼：《马克思的异化理论》，王贵贤译，北京师范大学出版社2018年版，第50页。

尔曼指出，现实世界是由无限多的属性组成的整体，而属性在联系起来的过程中，在个别属性与整体属性之间的任何一个点上都可能被阻止，甚至事物和属性会相互转化。因而奥尔曼才说，辩证法所表现的就是这种相互联系和变化。①

其次，辩证规律是描述事物内在关系的方法。奥尔曼认为，第一个辩证规律是量和质的相互转化规律，它是事物转化为一种具有新性质的事物的规律，事物的这种"新性质"改变了关系，让事物表现为某种完全不同的事物。由于所有的事物被视为关系的总和，所以"量和质的转化"是一种描述某种变化的方法。② 第二个辩证规律是把事物对立和区别的性质联系在一起。奥尔曼在这里引用的是恩格斯对辩证法的论述，对立和区别的性质实际上被内在关系联系在一起，它们在逻辑上彼此之间不是相互独立的。看似相互对立的属性，其实是被内在关系联系在一起的，这就是被恩格斯表述为"两极对立的相互渗透"的辩证规律。第三个是"否定之否定"规律，呈现出的是否定与发展的内在关系。而第四个是"发展的螺旋形式"，更是与第三个规律紧密相关，它所展现的内在关系不仅是相互联系，更多地体现的是变化和发展的意蕴。

最后，辩证法是一种世界观。奥尔曼认为，辩证法的规律都来自马克思关于自在联系和变动不居的世界观。③ 辩证法揭示出的不仅是内在关系哲学的本体论内涵，还展现出一种相互联系的世界观。恩格斯指出，在辩证法的视域中，任何事物不是"非此即彼"，而是"既是此又是彼"，甚至在两个阶级之间也不存在我们在现实生活中普遍建构起来的严格界限。任何实体之间，不论是性质对立的还是数量有区别的，都存在于内在关系中，辩证法正是要把这种内在关系的世界观揭示出来。

此外，在奥尔曼看来，马克思《资本论》辩证法是以内在关系和抽象方法为支撑的。单从奥尔曼解读《资本论》辩证法的角度看，似乎《资本论》辩证法并不等同于他的内在关系哲学，但是"通过包含内在关系哲学下辩证法的规律"，"对马克思来说并不像它们的广阔的框架一样重要"④。奥尔曼认为，《资本论》辩证法的这种架构理解并不是最为重要的，对于他来说，《资本论》的抽象方法只不

① 参见[美]伯特尔·奥尔曼：《马克思的异化理论》，王贵贤译，北京师范大学出版社 2018 年版，第 73 页。

② 参见[美]伯特尔·奥尔曼：《马克思的异化理论》，王贵贤译，北京师范大学出版社 2018 年版，第 74 页。

③ 参见[美]伯特尔·奥尔曼：《马克思的异化理论》，王贵贤译，北京师范大学出版社 2018 年版，第 76 页。

④ [美]伯特尔·奥尔曼：《马克思的异化理论》，王贵贤译，北京师范大学出版社 2018 年版，第 81 页。

过是“对辩证法的运用”[①]，是方法论意义上的辩证法，现代资本主义复杂的内在关系才是理解《资本论》辩证法的核心，以内在关系为核心构建了由本体论、认识论、研究、思维重构、叙述和实践构成的《资本论》辩证法体系，从而实现了内在关系哲学和辩证法的深度统一。内在关系哲学不再作为一个独立于辩证法的类似哲学逻辑，而是一个为《资本论》辩证法提供探索架构的方法论内核。

二、奥尔曼对《资本论》辩证法的解读

奥尔曼在纪念《资本论》问世 150 周年的大会上作了一个学术报告，题目是“马克思撰写《资本论》的最终目的是什么”。“在《资本论》(第一卷)的德语版第一版的序言中，马克思写道，‘这部著作的最终目的是揭示现代社会运动的经济规律’。我再说一遍：‘这项工作的最终目的是揭示现代社会的经济运行规律。’”[②]

奥尔曼在重新解读马克思《资本论》辩证法思想时，把“抽象”表述为，抽象上升到具体的方法应该是从现实的具体出发，经由抽象进展到精神的具体，并将其运用于对当代资本主义现实的研究和叙述。西方马克思主义学者都把辩证法作为马克思对社会主义理论的重大贡献。[③] 霍华德·谢尔曼(Howard Sherman)指出，必须把马克思方法放在核心的位置上，对马克思主义的反思必须从辩证法开始。[④] 谢尔曼强调，研究辩证法，就是要研究事物如何变化和相互作用。奥尔曼指出，之所以马克思的辩证法有很多模糊之处，是因为人们不能把握辩证法所具有的三种不同的功能。[⑤] 奥尔曼将这三种功能表述为看问题的方式、探讨关系问题的研究方法以及解释问题的方法。

---

① [美]伯特尔·奥尔曼：《辩证法的舞蹈：马克思方法的步骤》，田世锭、何霜梅译，高等教育出版社 2006 年版，第 71 页。

② Bertell Ollman, “Marx's ‘Ultimate Aim’ in Writing Capital Was”, in *Confronting Capitalism in the 21st Century: Lessons from Marx's Capital*, ed. by Marc Silver, Cham: Palgrave Macmillan, 2020, p.15.

③ 参见[美]伯特尔·奥尔曼：《辩证法的舞蹈：马克思方法的步骤》，田世锭、何霜梅译，高等教育出版社 2006 年版，第 71—72 页。

④ Howard Sherman, *Reinventing Marxism*, Baltimore: Johns Hopkins University Press, 1995, p.215.

⑤ 参见[美]伯特尔·奥尔曼：《马克思的异化理论》，王贵贤译，北京师范大学出版社 2018 年版，第 71 页。

（一）抽象是其核心方法

一般而言，马克思《资本论》的方法被表述为从抽象到具体的方法，具有叙述的方法和研究的方法之分。奥尔曼也是这样做的，他在《辩证法的舞蹈：马克思方法的步骤》中，把《资本论》的抽象方法作为重要步骤单独呈现出来，将其定义为对辩证法的运用。他认为抽象是确定界限的精神活动，如果说辩证法作为观察世界一切变化和相互作用的思维方式存在，那么抽象方法则是对"如何思考变化和相互作用"的表达。作为奥尔曼辩证法的两大支柱之一，抽象无疑具有重要的作用，之前的学者们都把它作为方法论意义上的辩证法，并把它和内在关系哲学并列谈论。奥尔曼的"抽象"概念可以从以下三个方面来理解。

首先，"抽象"的定义是关键。奥尔曼认为，"抽象"是"从……抽出"的意思。具体而言，他认为，马克思是从"现实的具体—抽象—精神的具体"，抽象方法是达到精神的具体的"极好之路"。[①] 如果把抽象过程看作一个独立的过程，似乎没有什么问题，但是如果从作为方法的一部分来看，"抽象"则不可以被看作一个独立的过程。把抽象出来的东西看作"暂时被认为是独立的"，从这一角度来看，奥尔曼已经把抽象凌驾于马克思其他方法之上了。最为重要的是，奥尔曼认为的"抽象"已经不仅仅是具体—抽象—具体的一个环节，而是内含于其他所有方法中的方法了，这就构成了他方法之上的方法的第一个步骤。用奥尔曼自己的话说，"抽象"本身就是一个抽象。其从马克思的辩证法方法中抽象了它，这种方法又依次是从马克思的博大的理论中抽象出来的，而马克思的理论又依次是从他的生活和工作中抽象出来的。[②] 抽象是奥尔曼从方法中抽取出来的方法，是一个独立的过程。在奥尔曼那里，"抽象"作为方法论的意义要凌驾于其他方法之上，这也是《辩证法的舞蹈：马克思方法的步骤》中最重要的内容之一。

其次，奥尔曼对马克思《资本论》中抽象范畴的解读有助于我们理解马克思的抽象方法。奥尔曼认为，马克思使用的抽象方法有四种方式：第一，指把世界分解为我们用来思考它的精神结构的精神活动；第二，指这个过程的结果；第三，指特别不恰当的精神性建构；第四，指为前三种抽象提供客观基础的现实世

---

① 参见［美］伯特尔·奥尔曼：《辩证法的舞蹈：马克思方法的步骤》，田世锭、何霜梅译，高等教育出版社2006年版，第72—73页。

② 参见［美］伯特尔·奥尔曼：《辩证法的舞蹈：马克思方法的步骤》，田世锭、何霜梅译，高等教育出版社2006年版，第74页。

界中与资本主义的职能有关的因素的一种独特组织。[①] 奥尔曼认为前三种抽象是存在于人脑中的意义形态，而第四种则是存在于世界中的现实抽象。奥尔曼关于马克思对“抽象”使用的阐释，为我们理解马克思的抽象方法提供了必要的前提。

最后，奥尔曼以范围、概括层次、角度这三种模式重构了“抽象”范畴。奥尔曼指出，确定和突出重点的界限是抽象过程的核心，而这种界限是在三种尽管有密切联系但仍然不同的意义上同时发生的。[②] 这些意义就是奥尔曼指出的抽象的三种模式。一是“范围的抽象”，即在时间和空间上有一定界限的抽象。二是“概括层次的抽象”，即在确定范围后，抽象为了论述所属的系统需要确定一个具体的层次。三是“角度的抽象”，即在确定了范围和层次后，在关系内部确定的一个角度。奥尔曼指出：“马克思的辩证方法开始于他的认识论，贯穿于他研究问题和叙述其发现的全过程。它要求一个新阶段——让我们称之为‘思维重构’——的个性化，以作为研究与叙述的中介。”[③]抽象是马克思研究和叙述的中介，只有恰当地运用认识论中范围、概括层次和角度等抽象模式来处理具体问题，才能有效研究马克思的理论，实现思维重构和叙述的目的。

（二）马克思看问题的方式

奥尔曼指出，辩证法是马克思观察世界的方法[④]，是一种看问题的方式[⑤]。德国特里尔“卡尔·马克思博物馆和研究中心”主任彼特立克斯·波维尔也指出，马克思为我们提供了一种理解世界的方法。[⑥] 艾迪（Jean-Paul D. Addie）认为，奥尔曼对马克思辩证法的非目的论解读，能够提供一种开放的、灵活的和偶

---

① 参见[美]伯特尔·奥尔曼：《辩证法的舞蹈：马克思方法的步骤》，田世锭、何霜梅译，高等教育出版社 2006 年版，第 75 页。

② 参见[美]伯特尔·奥尔曼：《辩证法的舞蹈：马克思方法的步骤》，田世锭、何霜梅译，高等教育出版社 2006 年版，第 92 页。

③ Bertell Ollman, *Alienation: Marx's Conception of Man in Capitalist Society*, Cambridge: Cambridge University Press, 1976, p.271.

④ 参见[美]伯特尔·奥尔曼：《辩证法的舞蹈：马克思方法的步骤》，田世锭、何霜梅译，高等教育出版社 2006 年版，第 161 页。

⑤ 参见[美]伯特尔·奥尔曼：《马克思的异化理论》，王贵贤译，北京师范大学出版社 2018 年版，第 70 页。

⑥ 参见田晓玲：《马克思为我们提供了理解世界的方法：访德国特里尔“卡尔·马克思博物馆和研究中心”主任波维尔教授》，《文汇报》2008 年 11 月 10 日。

然的方式来理解基于具体和抽象之间不断相互作用的世界。[①] 奥尔曼的内在关系哲学没有否认马克思研究方法的经验特征，他指出，马克思不是从术语的含义中推论关于资本主义的认识，而是像社会科学家一样进行研究。例如，马克思因为想看一看英国即将爆发的危机将如何发展而推迟了《资本论》第二卷的写作进程。马克思对友人说："在英国目前的工业危机还没有达到顶峰之前，我决不出版第二卷。"[②]这充分体现了马克思严谨的科学态度。这一方法也存在于恩格斯的著作中，就作为认识世界之方法的辩证法向我们提供了一个明确说明。[③] 奥尔曼把这一方法表述为"先系统后历史的方法"。奥尔曼把恩格斯辩证法所具有的观察世界的方法列为马克思辩证法的功能之一。

首先，辩证法是观察自然界、人类历史和精神活动的方法。奥尔曼看到恩格斯"当我们通过思维来考察自然界或人类历史或我们自己的精神活动的时候"，首先看到的是"一幅由种种联系和相互作用无穷无尽地交织起来的画面"，其中的"一切都在运动、变化、生成和消逝"。[④] 奥尔曼指出了恩格斯在《反杜林论》中表达出的内在关系哲学下的辩证法思想，把它视为运用辩证思维观察自然界、人类历史和精神活动的方法，并指出这一方法最早是由赫拉克利特(Heraclitus)表述出来的。

其次，辩证法是把握世界细节的内在关系的方法。奥尔曼指出，虽然辩证法的这种观察世界的方法最早是由古希腊哲学家提出来的，但是他们只把握了现象的总体画面的一般性质，却不能解释细节，那么也就无法看清总体画面本身。对于隐藏在背景中的总体画面的细节，只能从运动、变化和联系的角度去把握。对于这些细节的研究非常重要，奥尔曼强调，没有细节很难把握总体画面，要把握细节，必须从现实世界的具体事物的运动、变化与发展过程中把握，虽然黑格尔也想通过细节把握总体，但黑格尔考察的是精神运动的发展与变化，因此，黑格尔的方法无法正确把握现实世界。必须克服黑格尔辩证法"头足倒立"的错误，才能重新建立一个正确的观察世界的方法。

最后，辩证法的基本形式构成了马克思观察世界的方法。辩证法观察世界

---

① Jean-Paul D. Addie, "Stuck inside the Urban with the Dialectical Blues Again: Abstraction and Generality in Urban Theory", *Cambridge Journal of Regions Economy and Society*, Vol.13, No.3 (2020), pp.575-592.

② 《马克思恩格斯全集》第34卷，人民出版社1972年版，第345页。

③ 参见曾德华:《奥尔曼对当代资本主义的批判》,《华北电力大学学报》(社会科学版)2016年第3期。

④ 《马克思恩格斯文集》第9卷，人民出版社2009年版，第385页。

的方法的构成框架是由黑格尔完成的,"黑格尔的辩证法是一切辩证法的基本形式"①。在马克思和恩格斯那里,尤其是恩格斯,非常明显地表述了这一方法的构成。奥尔曼指出,两千多年的详细研究让黑格尔以及他之后的马克思和恩格斯提出了一个更广义上的概括,即任何事情都交织在一起,而且变动不居,辩证法所表现的就是这种相互联系和变化。在奥尔曼看来,黑格尔、马克思和恩格斯的辩证法思想之间的联系是密切的,甚至把辩证法的基本形式的关系扩展到过去和未来的一切辩证法形态中。辩证法观察世界的方式主要体现在事物的相互联系和变化上,并用"运动"代替了这两种描述,适用于"自然界中和人类历史中的运动"和人类"思维的运动"。② 因而,奥尔曼认为,辩证法作为马克思观察现实的理论工具,从根本上影响了他研究主体的方法和观察结果的组织方法。

(三)马克思《资本论》叙述的辩证法

《资本论》叙述的辩证法是"马克思向他的读者说明这种关系的方法"③。马克思援引《星期六评论》的话语称,"叙述方法'使最枯燥无味的经济问题具有一种独特的魅力'"④。马克思对资本主义现实的叙述方法是基于过去—现在—未来的时间在先原则进行的。因此,奥尔曼特别关注这一方法。

《资本论》辩证法是"叙述关系"的方法。奥尔曼指出,对马克思来说,解释总是与澄清各种关系有关;解释有助于其他人了解某人通过科学发现的"潜在的基础",当人们看到"作为关系的事物的时候",马克思"力图向他的读者提供一种现实的'观念的反映'"。⑤ 在奥尔曼看来,这集中体现在马克思对"关系"(verhältnis)的论述上。"关系"一词在《资本论》中出现得极为频繁,但是常被非德语读者用"条件""系统""结构"代替,从而丢失了其在马克思哲学中的重要性。⑥ 辩证法就是研究事物内部与事物之间的关系、联系,所以奥尔曼强调能够

① 《马克思恩格斯文集》第10卷,人民出版社2009年版,第280页。

② 参见[美]伯特尔·奥尔曼:《马克思的异化理论》,王贵贤译,北京师范大学出版社2018年版,第74页。

③ [美]伯特尔·奥尔曼:《辩证法的舞蹈:马克思方法的步骤》,田世锭、何霜梅译,高等教育出版社2006年版,第165页。

④ 《马克思恩格斯文集》第5卷,人民出版社2009年版,第19页。

⑤ 参见[美]伯特尔·奥尔曼:《辩证法的舞蹈:马克思方法的步骤》,田世锭、何霜梅译,高等教育出版社2006年版,第165—166页。

⑥ 参见[美]伯特尔·奥尔曼:《辩证法的舞蹈:马克思方法的步骤》,田世锭、何霜梅译,高等教育出版社2006年版,第90页。

从关系的角度进行描述的事物也都能够用辩证法的语言描述出来，因为辩证法就是一门关于联系与发展的学说。辩证法除了需要思维活动，还需要用语言描述出来，辩证法的语言描述需要术语的支持。“要素”“运动”“矛盾”“中介”“规定”等术语是《资本论》辩证法首要的表达方式。“关系”一词虽然没有在马克思辩证法的术语表中，但是“允许它承担这类特殊的角色”[①]。“关系”连同辩证法的其他术语一起构成了《资本论》独特的叙述方法。

理解马克思关系性的语言方式能够有效地理解《资本论》的叙述方法和表达的内容。《资本论》中的叙述方法是通过辩证法“术语”叙述的方法。奥尔曼考察了马克思独特的叙述方法。马克思用辩证法进行叙述有两个突出特点：一是叙述的每一个主体都是从不同角度进行的；二是叙述的每一个主体都是通过探索它在不同时间、不同环境中具有不同形式来进行的。[②] 奥尔曼说这种叙述方法的一个突出例证就是“价值”形式的发展过程，经历了从劳动到商品、货币、资本、利润、利息、地租、工资等形态的变化。马克思试图反映这样的现实，在这里，所有事物都作为相互关系中的基本要素而被联系起来了。[③]

《资本论》的组织材料方法是马克思辩证法叙述方法的重要方面。马克思《资本论》辩证法的叙述方法在不同角度、不同时间、不同环境中，会呈现出不同形式的叙述特点。奥尔曼指出，马克思《资本论》为了给他所发现的现实建立一个真实的反映，他的方法是组织材料和选择辩证运动的术语。

由此可见，奥尔曼除了注重选择术语的研究外，还把组织材料看作马克思《资本论》叙述方法的另一个重要方面。一方面，组织材料既是历史的，又是辩证的。[④]《资本论》为这两种思路都提供了大量的例证，阐明辩证法无非是阐释历史发展过程的历史辩证法。在所考察的历史时期中（阶级历史、资本主义或现代资本主义）阐明各要素的内在关系，但是《资本论》中把价值、劳动、资本和利息结合起来的辩证联系，只是在世界史上某一个特定时期中有用，所有的发展都是各种相互依存的条件的暂时方面。另一方面，组织材料的辩证方式。这些材料的每一个要素都被看作本质上是同一事物的另外一种形式，通过根本不

① [美]伯特尔·奥尔曼：《马克思的异化理论》，王贵贤译，北京师范大学出版社 2018 年版，第 70 页。

② 参见[美]伯特尔·奥尔曼：《辩证法的舞蹈：马克思方法的步骤》，田世锭、何霜梅译，高等教育出版社 2006 年版，第 167 页。

③ 参见[美]伯特尔·奥尔曼：《辩证法的舞蹈：马克思方法的步骤》，田世锭、何霜梅译，高等教育出版社 2006 年版，第 168 页。

④ 参见[美]伯特尔·奥尔曼：《马克思的异化理论》，王贵贤译，北京师范大学出版社 2018 年版，第 166 页。

同的角度,把同一事物“作为‘同样的’提出来”,这样,奥尔曼就把所有的事物和要素都看作相互关系统一体中的基本要素而被联系起来。[①] 奥尔曼通过对《资本论》辩证法叙述语言的研究,以及在叙述方法中所采用的组织材料和所选择的术语的研究,概括了《资本论》的叙述语言的特点:每一个主体的叙事角度都不相同,而且在不同时间和不同环境中也具有不同的表达形式。

(四)《资本论》辩证法的三种形态

奥尔曼指出,《资本论》的辩证法首先是从揭示资本的内在关系开始的,其次是一个对资本的抽象过程,最后是揭示资本的本质与变化规律。“如果马克思没有借助于他那被广泛讨论但却鲜为人理解的辩证法,从其内在关系哲学的基础开始,这种哲学将马克思试图‘揭示’的所有运动视为内在关系的相关方面,然后是一个抽象的过程,使他能够专注于(或挑出,或突出)其中的任何部分,以便在考虑中的问题需要时给予特别关注。如果没有这样一种认识,即世界上的一切事物都直接或间接地与其他事物相关,而在很大程度上是在这种关系的帮助下随着时间的推移而演变的,那么马克思计划的范围和鲜明特征就不可能被理解。”[②]奥尔曼认为马克思的研究顺序是遵循“现在—过去—未来—现在”的逻辑原则进行的。

首先,辩证法的研究方法是一种经验性的方法,研究方法不同于叙述方法。研究必须占有材料,分析它的各种发展形式,探寻这些形式的内在关系。只有完成占有材料,“现实的运动才能适当地叙述出来”[③],经验性的内容才能在观念上呈现出来。奥尔曼指出,内在关系哲学的论述丝毫没有否定马克思研究方法的经验特征。马克思的经验哲学方法的四个方法论原则为:充分地占有材料、分析衍化过程、探寻内在联系和关注细节。[④] 充分地占有材料即从历史和现实两个层面全面、准确地掌握经验性事实,分析衍化过程即分析资本主义生产方式衍化过程,探寻内在联系即探寻资本主义生产方式中不同因素之间的内在联系。这种经验性的哲学方法同样是一种向后看的、认识总结事物已经完成的发

---

① 参见[美]伯特尔·奥尔曼:《辩证法的舞蹈:马克思方法的步骤》,田世锭、何霜梅译,高等教育出版社 2006 年版,第 168 页。

② Bertell Ollman, “Marx's ‘Ultimate Aim’ in Writing Capital Was”, in *Confronting Capitalism in the 21st Century: Lessons from Marx's Capital*, ed. by Marc Silver, Cham: Palgrave Macmillan, 2020, p.15.

③ 《马克思恩格斯文集》第 5 卷,人民出版社 2009 年版,第 22 页。

④ 参见宫敬才:《论马克思独具特色的经验哲学方法》,《河北学刊》2018 年第 3 期。

展历史的方法。[①] 同时，“向后看”的认识方法与“向前看”方法相互补充，当我们仅仅从事“向前看”的探索性、创造性研究时，这种单一“向前看”的方法是不够用的，往往需要用“向后看”的方法来补充。

其次，《资本论》辩证法是对资本内在关系各种方式的研究。奥尔曼把马克思的辩证法思想理解为整体的辩证法，而整体无法脱离部分独立存在。对于资本内在关系想要实现联系功能的各个部分的界定，是马克思试图用他所谓的“抽象力”来解决的问题。抽象方法解决了研究资本的要素问题，这些资本要素本身似乎就是一个整体，它们共同组成一个相互依存的整体，或者作为一个更大整体的一部分。在这个整体中，马克思研究每一部分的方式都是多角度转换的。在奥尔曼对资本主义的分析中，资本是一个角度，劳动充当了另一个角度，价值又是一个角度，还有许多这样的角度。

最后，《资本论》辩证法聚焦于资本主义本质的研究。奥尔曼指出，“正是马克思力图把握资本主义‘本质联系’的工作使马克思主义成了科学”，“正是这种关系在理解凝聚在‘本质’中的任何系统或要素时起着决定性的作用”[②]，因而“本质”与“现象”的关系不容忽视。经验性的研究充足地把握了现象。虽然本质包含着现象，但又超越了现象，它们并不会直接合二为一。马克思理解事物的本质不是固定不变的，而是取决于正在被思考的问题的动态的变化，“马克思正是通过这个范畴有选择地强调这一方面或另一方面”[③]。动态的“本质”被翻译成具有稳定性特征的“核心”(core)或“结构”(structure)。《资本论》科学地揭示了现象背后的基础，实现了其聚焦于“本质”的研究方法。奥尔曼指出，研究的辩证法旨在探寻抽象要素之间以及抽象要素本身的内在关系，叙述的辩证法则是马克思向读者详细阐述这种关系的手段。马克思的研究方法和叙述方法这两个方面都受益于黑格尔的辩证法思想。[④] 马克思严格区分了叙述逻辑与研究过程，其叙述出来的资本逻辑是对资本实际运行过程精细研究的结果，是关注细节方法论历史唯物主义的展现。

---

① 参见安启念：《新编马克思主义哲学发展史》，中国人民大学出版社2015年版，第63页。

② [美]伯特尔·奥尔曼：《辩证法的舞蹈：马克思方法的步骤》，田世锭、何霜梅译，高等教育出版社2006年版，第163页。

③ [美]伯特尔·奥尔曼：《辩证法的舞蹈：马克思方法的步骤》，田世锭、何霜梅译，高等教育出版社2006年版，第164页。

④ 参见宫敬才：《重建马克思经济哲学传统》，人民出版社2018年版，第280页。

三、奥尔曼解读《资本论》辩证法简评

在奥尔曼看来，马克思需要内在关系哲学为辩证法提供分析哲学的架构，并将其运用于对资本、人性概念、异化理论、历史观等的理论构建和分析中。内在关系哲学的架构成为马克思辩证分析资本主义社会必不可少的因素。对以内在关系为核心的辩证法的精彩表述，使奥尔曼成为内在关系辩证法的权威代表，除他以外，哈维、福斯特和哈索克的辩证法思想同样属于内在关系辩证法。[①]总体而言，内在关系辩证法包括内在关系、抽象和逆向历史研究的方法这三方面的内容。内在关系辩证法对整个西方马克思主义产生了重大的影响，并成为当代西方马克思主义辩证法的核心形态和历史节点，对生态学马克思主义、女权主义马克思主义等流派产生了重要影响。[②] 同时，奥尔曼把解读的马克思辩证法思想运用于政治经济批判和教育实践中，从而展现了马克思辩证法思想的强大的理论价值和实践意义。

（一）理论贡献

奥尔曼的辩证法是整体的辩证法，这一理论特点经常被学者用来与卢卡奇的总体性辩证法和路易·阿尔都塞(Louis Althusser)的结构辩证法进行比较。奥尔曼提出的内在关系辩证法试图综合卢卡奇和阿尔都塞的合理因素，同时又克服它们各自的片面性，进而维护马克思主义科学性和革命性相统一的理论旨趣。[③] 他最为重要的贡献是以内在关系哲学强化了马克思的关系范畴，并在此基础上维护了马克思理论的整体性，为“回到马克思”作出了一定的贡献。

首先，内在关系哲学强化了马克思的关系范畴。奥尔曼的内在关系哲学为马克思主义哲学提供了一个被关系所连接的现实观，任何事物的现在都和它自己的过去、未来以及周围的环境处在内在关系的整体中。奥尔曼指出，马克思在学术上关注的是资本主义，而且在研究这一社会的过程中自然而然地运用了

---

① 参见田世锭：《辩证法：西方马克思主义研究的新前沿——基于〈新世纪的辩证法〉的分析》，《中国人民大学学报》2012 年第 3 期。

② 参见田世锭：《英美辩证法马克思主义哲学研究》，中国社会科学出版社 2013 年版，第 2—3 页。

③ 参见黄继锋：《总体性辩证法—结构辩证法—内在关系辩证法：西方马克思主义对马克思辩证法的三种解释比较》，《理论视野》2011 年第 2 期。

社会关系。[①] 其中最具代表性的就是马克思关于“资本”的分析，资本同样可以看作自己的过去、现在和未来的时间上的前后关系体，它产生和发展的前提以及未来都成为构成它本身的一部分。奥尔曼进一步推论，马克思把事物当成关系，除非这个结论能够得到辩护，否则关于社会关系的解释就需要改变。内在关系哲学确证和加强了马克思关系范畴的地位和作用。

其次，奥尔曼对《资本论》辩证法的研究有助于马克思哲学思想的解读和发展。奥尔曼对马克思哲学思想进行了整合，以内在关系哲学为理论框架和基础，以抽象方法为工具，对马克思使用的语言、人性概念、异化理论、历史观等进行了深入细致的分析，拓宽了马克思辩证法的应用语境，同时扩展了马克思辩证法的理论空间。奥尔曼以其独特的辩证法思想凸显了马克思辩证法的当代性、批判性，为建构新时代的马克思主义思想理论体系和发展中国特色社会主义理论提供了新的理论视角和理论材料。同时，他把内在关系哲学看作连接马克思思想整体的桥梁和纽带，是抵制对马克思理论攻击的有力武器。

最后，奥尔曼辩证法是为“回到马克思”做的一次成功的尝试。以奥尔曼为代表的英美马克思主义学者成为维护马克思辩证法和马克思主义哲学的重要力量。奥尔曼对《资本论》辩证法思想的研究有助于更好地论证马克思辩证法思想存在的必要性和有效性，有助于恰当地理解、评价和应用马克思辩证法思想。奥尔曼的辩证法思想及其应用理论，也为中国马克思主义的创新和发展提供了可借鉴的理论资源。

（二）不足之处

奥尔曼对《资本论》辩证法的阐释既有理论创新，也有理论局限性。这种复杂性要求我们在借鉴国外马克思主义学者的研究成果时，既不能全盘接受，也不能只根据某些话语片段就否定批判，必须从整体性出发，科学地、辩证地看待奥尔曼对《资本论》辩证法的具体研究结论。

首先，必须从哲学传统的高度来理解东西方学者在辩证法上的反思，毕竟不同哲学传统之间的差异是很大的。对奥尔曼来说，他更关心的是《资本论》辩证法在社会领域的应用，而不是社会与自然之间的辩证法。而对中国学者来说，中国传统文化与辩证法有一种先天的契合性。在中国儒家和道家的思想

---

① 参见[美]伯特尔·奥尔曼：《马克思的异化理论》，王贵贤译，北京师范大学出版社 2018 年版，第 35 页。

中，都有一种朴素的思想，即无论在自然还是人生的领域中，任何事物发展到极端，就有一种趋向，即朝反方向的另一极端运动。《周易·丰》中表述为“日中则昃，月盈则食”，在《道德经》中则有“反者道之动”的说法。

其次，要勇于抛弃奥尔曼在《资本论》辩证法研究中存在的一些问题。在这里并不是从一般意义上否定奥尔曼对《资本论》辩证法反思的价值性，而是强调奥尔曼对《资本论》辩证法的解读是从西方哲学传统出发的，所以他考虑的重点问题与中国学者关注的问题存在较大不同。奥尔曼呼吁放弃市场经济，而我们正在大力发展市场经济。因此，我们不能以他提出的问题为问题，更不能抓住他的某些具体论断来反驳我们对《资本论》辩证法的反思。实际上，在当代中国的语境中，《资本论》辩证法的表达方式也具有中国特色。

综上所述，只有《资本论》辩证法才能在恰当的范围、层次和角度认识世界与改造世界，从而正确认识当今资本主义的新变化与新特征。如果说社会从来没有如此充满着辩证法，那么阻止我们理解正在发生的事情的努力也从来没有如此切实可行或有效——所有这些都使辩证的意识在现在比以前要更加不可缺少。[①] 在国外马克思主义学者的研究史中，奥尔曼继承了西方马克思主义强调《资本论》辩证法重要作用的传统，对马克思主义研究中忽视《资本论》辩证法的倾向进行了抵制与批评。为了更有效地研究当代世界的新情况、新变化、新问题，英美马克思主义学者对《资本论》辩证法的研究正在向更广泛的学术领域延伸。追踪他们的研究动向，对深化我们的国外马克思主义研究具有重要的意义。[②] 而奥尔曼对《资本论》辩证法的强调，对辩证法在分析当今资本主义、揭示当今资本主义的命运中的作用的强调，本身就具有十分重要的理论价值和实践意义。

---

① 参见[美]伯特尔·奥尔曼：《辩证法的舞蹈：马克思方法的步骤》，田世锭、何霜梅译，高等教育出版社 2006 年版，第 204 页。

② 参见付文忠：《英美马克思主义辩证法研究的新趋势》，《中国人民大学学报》2010 年第 1 期。

第二章 《资本论》拜物教辩证法再探索

马克思认为，劳动产品的商品形式，"把生产者同总劳动的社会关系反映成存在于生产者之外的物与物之间的社会关系……成了可感觉而又超感觉的物或社会的物"[①]。所以，劳动产品一旦作为商品来生产，就带上了拜物教性质，拜物教是同商品生产分不开的。马克思是对拜物教最严厉的批判者。从《科隆日报》的"社论"到《资本论》，马克思对拜物教问题展开了鞭辟入里的剖析。为了探寻破除拜物教的方法和道路，马克思对拜物教展开了政治经济学批判。马克思对拜物教的政治经济学批判是一种辩证法的批判，在此意义上，辩证法实则是一种更深层次的资本主义社会批判方法。左翼学者维萨·奥蒂宁（Vesa Oittinen）集中讨论马克思的商品拜物教理论，其目的是试图论证以及重新评价拜物教理论对政治经济学批判方法论问题的意义。[②]

一、近年来拜物教的研究趋势

马克思把商品拜物教描述为一种客观的思想形式，而资本主义生产关系的本质就隐藏在其中。通过证明商品拜物教不是起源于价值决定的内容，而是起源于作为商品的劳动产品的形式，马克思把商品拜物教置于具体的历史环境

① 《马克思恩格斯全集》第 44 卷，人民出版社 2001 年版，第 89 页。

② Vesa Oittinen, "Marx and Commodity Fetishism: Some Remarks on Method", in *Confronting Capitalism in the 21st Century: Lessons from Marx's Capital*, ed. by Marc Silver, Cham: Palgrave Macmillan, 2020, pp.25-46.

中，并在《资本论》德文第二版中进一步阐述。[①]

(一)《资本论》中拜物教概念的辩证法意涵

拜物教理论是马克思致力于研究“社会形式”所具有的“拜物教性质”而创立的理论，是马克思哲学理念具体化的重要成果，是哲学界研究马克思主义哲学的新的理论基点。[②] 拜物教理论中有着丰富的辩证法意涵，它不仅包括一般与个别、具体与抽象的辩证法，而且通过阐释商品交换的抽象形式，得出了形式相对于内容的独特关系。[③] 比较费尔巴哈和马克思的观点，马克思吸收了费尔巴哈宗教异化学说中的一些合理成分，在分析商品拜物教的经济根源时，也分析了宗教形式的历史演变，但不像费尔巴哈那样偏重于分析人的感性直观活动，他以经济关系分析为基础，强调社会生产实践。[④] 王晓升从真实与虚假的辩证法角度指出，马克思的拜物教理论要求借助感性直观的东西来超越感性直观的东西，从关注“存在者”走向关注“存在”。[⑤] 周露平指出，马克思拜物教批判的目的是从现象和本质两个层面还原拜物教的形成机制和运行规律，通过消灭资本和雇佣劳动的方式完成经济拜物教超越。[⑥]

(二)《资本论》中的辩证分析方法

王亚南认为，《资本论》中的方法就是辩证法，其他方法是从属于辩证法的。当马克思把辩证唯物主义应用到社会生活方面时，他假定，社会历史和自然一样，是按照辩证规律发展的。在整个人类社会的一般关系中，他把资本主义社会当作一个段落来考察。用这样的观点来看资本主义社会，最先就要排除掉资产阶级经济学家把资本主义社会看成永恒不变的，或者只有数量上变化的形而上学的方法。而适用这种不断变革、不断发展的方法，就是辩证法。[⑦] 吴传启则

---

① Vesa Oittinen, “Marx and Commodity Fetishism: Some Remarks on Method”, in *Confronting Capitalism in the 21st Century: Lessons from Marx's Capital*, ed. by Marc Silver, Cham: Palgrave Macmillan, 2020, p.26.

② 参见刘召峰:《拜物教批判理论与马克思的资本批判》,《马克思主义研究》2012 年第 4 期。

③ 参见孔明安:《论商品拜物教中的辩证法意蕴》,《马克思主义与现实》2014 年第 2 期。

④ 参见李建平:《新自由主义市场拜物教批判:马克思〈资本论〉的当代启示》,《当代经济研究》2012 年第 9 期。

⑤ 参见王晓升:《真实与虚假的辩证法:马克思的拜物教批判理论之启示》,《南京大学学报》(哲学社会科学版)2017 年第 4 期。

⑥ 参见周露平:《马克思的拜物教批判:在哲学与经济学之间》,《马克思主义与现实》2017 年第 6 期。

⑦ 参见王亚南:《〈资本论〉的方法》,《经济研究》1962 年第 12 期。

认为，把《资本论》的逻辑简单概括为辩证法而排除其他方法是错误的。他认为，抽象上升到具体的方法是《资本论》中的方法，是一种基本的辩证方法。而且马克思的分析方法体现了综合与分析、历史与逻辑抽象上升到具体的综合运用，这些才是《资本论》的方法的实际运用，而不能简单地将其概括为辩证法。[①] 谢翔认为《资本论》的方法是辩证唯物主义与历史唯物主义。[②] 田光认为《资本论》方法是一个方法系统。[③] 这些观点是对王亚南与吴传启的观点的补充。

在第二国际和第三国际期间，拜物教在马克思的经济理论构想中处于相当边缘的地位。无论是卡尔·考茨基(Karl Kautsky)、列宁还是安东尼奥·葛兰西(Antonio F. Gramsci)，都没有过多地关注过拜物教这个概念。在苏联解体后，拜物教这一概念开始了新的主题化。2006 年，安托万·阿图斯(Antoine Artous)出版了《马克思的拜物教》一书，随后阿兰·比尔(Alain Bihr)在第五届国际马克思大会上发表了一篇讨论拜物教的论文。比尔强调，拜物教概念的发展确实构成了资本的结构轴之一、红线之一。同样，米夏埃尔·海因里希(Michael Heinrich)也在《政治经济学批判：马克思〈资本论〉导论》中说他有一章内容对拜物教进行了更详细的阐述。然而，尽管阿图斯、比尔和海因里希都理所当然地强调了被忽视的马克思的拜物教分析的重要性，但在维萨·奥蒂宁看来，以上学者的研究并没有抓住拜物教作为马克思政治经济学批判的“红线”这一点。

二、马克思拜物教理论的核心内容

(一)马克思拜物教理论的辩证发展过程

在《资本论》第一卷出版之前，马克思的全部作品中只有零星的对于拜物教的评论。在 1867 年出版的《资本论》中，并没有单独一章讲拜物教。事实上，直到 1872—1873 年马克思写《资本论》第二版时，他才写下了关于拜物教理论的具体论述。

---

① 参见吴传启：《由抽象上升为具体是辩证的认识方法》，《哲学研究》1962 年第 4 期；吴传启：《关于〈资本论〉的方法问题》，《哲学研究》1963 年第 2 期。

② 参见谢翔：《〈资本论〉方法形成过程浅析》，《江西社会科学》1983 年第 4 期。

③ 参见田光：《马克思建立〈资本论〉结构的三个基本方法》，《学术月刊》1981 年第 10 期。

1.第一阶段(1850—1860)

早在19世纪50年代末,特别是60年代初,马克思就曾在他对商品的分析中提到拜物教。实际上,在《政治经济学批判大纲》中,马克思就曾使用"拜物教"这个术语来建构政治经济学批判。MEGA2的编辑认为马克思在政治经济学研究早期阶段就已开始发展拜物教理论,并指出:"马克思经济理论形成的整个过程,从一开始就伴随着商品拜物教理论的发展,因此这是马克思对资产阶级政治经济学批判不可分割的组成部分。"①他们还认为,由于马克思在《政治经济学批判大纲》中已经提出了劳动的双重性质,他在对商品拜物教的论述中达到了"质的更高层次",所以拜物教在马克思政治经济学经济理论研究的早期阶段就得到充分关注。

2.第二阶段(1860—1867)

马克思用一般的术语来描述事实:在资本主义中,人与人之间的社会关系以物化的形式出现。在1863—1865年的手稿中,马克思谈到了资本关系发展为生息资本时所假定的"最外化和最拜物教的形式"。整个过程的公式化表述是M-M′,其中M代表"钱",M′代表钱生产出了更多的钱。简单地说,就是一个货币能够生产出更多货币的公式。在生息资本的形式下,货币似乎变成了自我产生的,完全不需要生产和流通过程的帮助,就能产生更多的货币。资本表现为一种神秘的、自我创造的利益之源——自身增殖的源泉。"因此,在生息资本中,这种价值的自我扩展、货币产生更多货币,以其纯粹的状态显现出来;在这种形式下,它不再带有其起源的任何标记。社会关系是在物、金钱与自身的关系中得到完善的。这里我们看到的只是形式而没有内容,也不是货币变成资本的实际转换。就像劳动力的情况,货币的使用价值是它创造更多价值的能力——一种大于它所包含价值的能力。作为货币的货币是潜在的自我扩展的价值,并借出——这是这种单一商品的销售形式,货币的功能是创造价值和产生利息。"②

马克思指出:"在生息资本上,这个自动的拜物教,即自行增殖的价值,会生

① Vesa Oittinen, "Marx and Commodity Fetishism: Some Remarks on Method", in *Confronting Capitalism in the 21st Century: Lessons from Marx's Capital*, ed. by Marc Silver, Cham: Palgrave Macmillan, 2020, p.30.

② Vesa Oittinen, "Marx and Commodity Fetishism: Some Remarks on Method", in *Confronting Capitalism in the 21st Century: Lessons from Marx's Capital*, ed. by Marc Silver, Cham: Palgrave Macmillan, 2020, p.29.

出货币的货币，就纯粹地表现出来了，并且在这个形式上再也看不到它的起源的任何痕迹了。”[①]尽管马克思将资本描述为“自动拜物教”令人印象深刻，但它还没有包含对拜物教现象本身的解释，这只是一种冷静的描述。[②] 事实上，马克思在这里使用了“拜物”这个词，在某种意义上，这只是费尔巴哈对宗教批判的一个借鉴。马克思对拜物教现象的解释与费尔巴哈关于上帝概念起源的解释逻辑相似：以一种颠倒的形式表现了人类的本质，它只不过是人类本质的外化。马克思描述价值创造过程如何导致了“生产关系的扭曲和外化”，工人创造了商品，但是商品并没有显示出工人的本质力量，而是反过来贬低工人、压迫工人。在《1863—1865 年的手稿》中，马克思在资本流通的层面讨论拜物教，他还没有在商品的交换过程中讨论出现的事物拜物教问题，尽管他已经提到了拜物教的一个本质特征，即“社会形式”。这里的“社会形式”是指，资本的利润是“作为一种事物与自身关系的实现形式”，这种“实现形式”是一种颠倒的“社会形式”，因此，拜物教是异化的一种形式。

在《1863—1865 年手稿》的末尾，马克思对拜物教问题作了进一步的重要考察，后收录在《资本论》第三卷的第 48 章，标题为“三位一体公式”。马克思再次批判了“神秘化”思想在资本主义生产方式中的呈现，在这种生产方式中发生了“社会关系向事物的转换”，创造了“一个令人陶醉的、扭曲的、颠三倒四的世界，在这个世界里，资本家和地主既是社会人物，同时又直接作为纯粹的事物在鬼混”[③]。马克思深刻指出，资本是货币自身的扬弃，货币拜物教的颠倒在于将商品的物质属性连同商品的社会属性一并消融了，从而以货币本身作为世界的起点和终点；同样，在货币成为资本以后，货币的两重性也就被作为中介本身给扬弃了。[④] 这里，“三位一体”的整个图景就出现了，它的历史性就是商品、货币、资本的“三位一体”，它的现实性就是在资本那里形成的资本利息、地租和劳动工资的“三位一体”。

---

① 《马克思恩格斯全集》第 25 卷，人民出版社 1974 年版，第 441 页。

② Vesa Oittinen, “Marx and Commodity Fetishism: Some Remarks on Method”, in *Confronting Capitalism in the 21st Century: Lessons from Marx's Capital*, ed. by Marc Silver, Cham: Palgrave Macmillan, 2020, p.29.

③ Vesa Oittinen, “Marx and Commodity Fetishism: Some Remarks on Method”, in *Confronting Capitalism in the 21st Century: Lessons from Marx's Capital*, ed. by Marc Silver, Cham: Palgrave Macmillan, 2020, p.30.

④ 参见王文扬：《马克思对资本主义的宗教批判：〈资本论〉的三重拜物教批判》，《现代哲学》2011 年第 5 期。

3.第三阶段(1867—1873)

MEGA2 的编辑们把马克思的拜物教理论描述为一种直接的理论发展,一种从一开始就指向商品拜物教概念的理论发展过程。奥蒂宁不认同这样的理论判断,他认为马克思拜物教概念的发展过程与 MEGA2 编辑们的解释正好相反,马克思并不是一开始就指向拜物教概念。马克思直到 1870—1872 年才对拜物教理论作了最后的修改并完成,当时他正在准备《资本论》第二版德文版本(这是《资本论》法文版本的基础,马克思同时监督法文版本的翻译,进行一些更改和添加)。[①] 这一版中描述商品拜物教的章节为该理论带来了一些重要的新元素——在某种程度上,人们可以说在 1870—1872 年,马克思的经济思想产生了突破。在这一版中,拜物教的性质与价值形式的辩证关系被系统阐述,并被赋予了更为独立的地位。毫无疑问,马克思对拜物教的阐释提升到了一个新的水平,展示了如何通过辩证的解释方法解决资本主义生产方式幻境所造成的棘手问题。

(二)拜物教与价值形式辩证法

马克思论述价值形式辩证法时,出现了一个不可回避的问题:为什么强调辩证法描述价值形式的发展如此重要?毕竟简单地说一下商品价值的二重性,把商品价值与使用价值的关系阐释出来,或者更进一步把商品生产过程中劳动二重性问题说清楚好像就已经足够了。但马克思在《资本论》第二版序言中称,他在带有黑格尔式辩证法表达的基础上,在《资本论》中插入了一个关于商品拜物教的解释,表面上看似乎打破了价值理论辩证论述的连续性,但实则是凸显了拜物教理论的重要性。

MEGA2 的编辑们解释了拜物教理论在马克思思想发展中的重要性,指出马克思将商品拜物教描述为一种客观的思想形式,资本主义生产关系的本质来源于劳动产品转变为商品的形式,而不是来源于价值决定的内容,但是,通过商品拜物教,资本主义生产关系的本质被掩盖了。他们还总结了拜物教理论的几个重要观点,其核心思想是商品形式将生产者之间的社会关系表现为事物之间的关系。他们进一步指出了一个具有决定性意义的事实,即商品拜物教并非源

---

① Vesa Oittinen, "Marx and Commodity Fetishism: Some Remarks on Method", in *Confronting Capitalism in the 21st Century: Lessons from Marx's Capital*, ed. by Marc Silver, Cham: Palgrave Macmillan, 2020, p.30.

于价值决定的内容，而是源于其形式（商品的社会形式）。因此，这里有一个运作中的形式和内容的辩证法，也是黑格尔早已深刻阐述过的辩证法。但出于某种原因，编辑们并没有阐释《资本论》第二版中的拜物教理论与马克思的辩证论述方法有什么关系。

因此，奥蒂宁提出了一个新问题——如果直接阐释价值和劳动的双重性质可能会简单得多，为什么马克思还要费心于辩证法的阐释呢？为什么对拜物教的讨论会偏离价值形式的连续阐述？因为拜物教理论的基本思想是，在一个以商品生产为基础的经济体中，拜物教包括基于真实关系颠倒的幻觉。颠倒命题原本不是马克思的思想，而是在费尔巴哈的宗教理论中出现的。虽然马克思在这里没有提到费尔巴哈，但他们之间的联系是非常明显的。在1867年版《资本论》附录中，马克思已经对商品世界和宗教世界进行了比较。

简而言之，拜物教所产生的幻觉，在于人们将自己的社会关系设想为事物（商品）之间的关系。实际上，商品是社会劳动的产物，但拜物教使人们把商品看成具有人类特征的独立的代理人。这是一种人与人之间的社会关系，但在这里对他们来说，这种社会关系是事物之间关系的一种幻影般的形式。然而，不久之后，马克思称，这种"自动"只是表面上的，不是真实的，因为出现了一个悖论或矛盾。如果商品所有者想成为资本家，他必须按其价值出售商品，但在这一过程结束时，必须从流通中收回比开始时投入的资本更多的价值。这是一种矛盾，马克思在《资本论》中是如何解决这一矛盾的？

马克思给出的解释是："要从商品的消费中取得价值，我们的货币占有者就必须幸运地在流通领域内即在市场上发现这样一种商品，它的使用价值本身具有成为价值源泉的独特属性，因此，它的实际消费本身就是劳动的对象化，从而是价值的创造。货币占有者在市场上找到了这样一种独特的商品，这就是劳动能力或劳动力。"[①]因此，价值的实际消费本身就是劳动的体现，因而也是价值的创造。换句话说，正是无偿劳动的剩余价值使得资本出现，以及在最后的例子中，使整个资本主义经济的出现成为可能。资本主义实际上并不是由明显的价值和资本的自动流动支持的，相反，它是由劳动力作为商品和剩余价值来源的可用性支持的。上述马克思给出的解释，清楚地显示了拜物教概念的批判功能。这说明资本主义经济的"表面"现象并不能直接反映真实的本质，反而扭曲了它。马克思称这种扭曲为"交换条件"，这意味着它具有倒置的特征，即颠倒。

① 《马克思恩格斯全集》第44卷，人民出版社2001年版，第194—195页。

正是因为这种结构认同，马克思才将拜物教比作宗教，而根据费尔巴哈的逻辑，正是这种颠倒创造了拜物教。在资本主义社会和生产过程中的拜物教现象被证明存在之后，就有可能讨论出取代拜物教的方案。[1]

（三）马克思《资本论》的辩证法

《资本论》第一章涉及价值理论，这对该著作的读者们来说是一个挑战。马克思这么做的原因是反经验主义，这就要求人们必须能够区分事物的表面和真实，甚至要求人们对现代科学的公认方法进行实质性的修正。马克思这样谈论这一整合的原则："在形式上，叙述方法必须与研究方法不同。研究必须充分地占有材料，分析它的各种发展形式，探寻这些形式的内在联系。只有这项工作完成以后，现实的运动才能适当地叙述出来。这点一旦做到，材料的生命一旦观念地反映出来，呈现在我们面前的就好象是一个先验的结构了。"[2]

马克思在这里明确区分了研究的"分析"阶段和呈现结果的"综合"部分。他所谓的"辩证法"首先指的是综合，在分析完成并准备好必要的构件之后，这一步就成为可能。第一步，分析阶段，即研究对象的解构，这是一个只发生在研究者头脑中的过程；第二步，阐述阶段，旨在说服读者。该阐述没有给分析结果增添任何新内容，只是让这些分析结果有一个新的呈现顺序。

（四）马克思对《资本论》辩证方法的解释

第一，马克思在《资本论》第二版的后记中对分析方法与综合方法所作的区分，应该被理解为对黑格尔辩证法的批判。在黑格尔的客观唯心主义辩证法中，分析和综合构成了不可分割的统一体，因为思维和思维的规定不是一种外在于对象的东西，而是对象的本质。而马克思认为思维过程是对客观事物运动过程的反映，历史唯物主义的基本立场是，坚持认为主观辩证法是对客观辩证法的反映，主观辩证法与客观辩证法是辩证统一的。马克思早在《政治经济学批判大纲》导言中强调了研究对象和研究方法，即从抽象到具体的论述，不应被理解为具体本身的形成，所以在方法问题上，马克思努力建构历史唯物主义的辩证法。马克思的反经验主义并不意味着他会低估或轻视事实的实证研究，恰

---

① Vesa Oittinen, "Marx and Commodity Fetishism: Some Remarks on Method," in *Confronting Capitalism in the 21st Century: Lessons from Marx's Capital*, ed. by Marc Silver, Cham: Palgrave Macmillan, 2020, p.33.

② 《马克思恩格斯全集》第 23 卷，人民出版社 1972 年版，第 23—24 页。

恰相反。经验材料的收集和评估是研究的分析阶段,辩证的论述形成了第二阶段。

第二,对马克思来说,资本家从工人手中榨取剩余劳动力这一事实的经验性陈述只不过是一种事实问题;要证明它是一种权利问题,就需要进行辩证的演绎。在这方面,马克思对辩证法的运用也不同于黑格尔。对马克思来说,辩证法不是绝对的方法。当需要时,批判性调查的结果可能会以朴素的语言呈现。

三、国外左翼学者关于拜物教研究的新拓展

如前所述,《资本论》第一版还没有关于拜物教的特定章节,第一章只论述商品,没有内部划分,而是形成一个连续的整体。在第二版中,第一章分为四部分,分别论述商品的两个因素、商品中所表达的劳动的双重性、价值形式或交换价值、"商品的崇拜性及其秘密"。马克思在1867年出版了《资本论》第一版之后,立即感到有必要对第一章进行修改,第二版的主要修改就是对第一章进行更加详细的划分。马克思开始为第一章编写附录,作为单独的文本添加到1867年版末尾的附录中,在附录中马克思讨论了价值,认为其表达形式以倒置为特征,维萨·奥蒂宁对此给出了新阐释。

(一)商品拜物教是价值倒置的结果

马克思确认了价值倒置过程中所包含的内容,呈现这些内容并不需要借助费尔巴哈式的类比,这些颠倒是可以观察到的,因为感性和具体"只是抽象和一般的一种形式",而不是相反。

第一,解释了价值倒置的原因。正如马克思之前的讨论所表明的那样,价值形式是由商品为市场生产时所获得的等价形式创造的。等价形式不是其自然形式,事实上它是完全独立的。在马克思反复使用的例子中,二十公升的亚麻布相当于一件外套,尽管它们在物质上是不同的。人类劳动创造了等价关系,使不同的商品具有了"价值同一性",可以相互交换。通过等价形式,出现了双重性:我们一方面拥有产品(商品)的"自然形式",另一方面拥有其"等价形式",正是这种口是心非造成了一系列的颠倒。

第二,马克思列出了在四种情况下的"特性的等价形式"。第一个倒置是使用价值变成了它的对立面,成为价值的表现形式。换言之,"自然形式"经历了

一种交换，并成为一种“价值形式”。尽管马克思没有明确强调这一点，但很明显，商品拜物教的可能性已经在等价形式所产生的“特性”的第一个实例中形成了。一种产品，比如说一件外套，它除了有作为一件衣服的自然特性（可以抵御天气的变化）外，还有另一个特性，即拥有交换价值，它已经是一种交换条件，可以与主人和酒转化为基督的食物和血液相媲美。但正如前面提到的，还有进一步的逆转。

第二个倒置的特点是，具体劳动成为其对立的、抽象的人类劳动的一种表现形式。例如，外衣是由裁缝制作的，因此可以说，在外衣中体现了一种具体的人类劳动形式，这正是裁缝的工作。但等值形式不注重裁缝的具体劳动，它一般只对人类劳动感兴趣，这构成了等价关系的基础。因此，裁缝的作品只是抽象劳动的一个实例，一种外观形式。马克思强调在商品生产过程中等值形式对具体劳动与抽象劳动进行了颠倒，无差别的抽象劳动成为价值的表达方式。

第三个倒置的特点与之前的等价形式所创造的特征非常相似：在这里，私人进行的劳动成为其对立面的表现形式，即社会劳动的形式。

第四个倒置有这样一个特点，商品形式的拜物教在等价形式中比在相对价值形式中更明显。这是迈向完全拜物教的最后一步。在相对价值形式中，一种商品的价值，比如说一件外衣，只能通过它与其他商品的关系来表达。外套仍然是一件外套，其作为外套的自然形式与其价值形式之间的二元论依然清晰。因此，相对价值形式总是以另一种商品为中介。

换句话说，在同等形式中，以相对价值形式存在的中介消失，商品的社会特征似乎是它的自然特征，1867 年的《资本论》附录总结了商品拜物教是“等价形式的特殊性”的结果。①

（二）消除拜物教才能实现马克思的“自由王国”

在 1867 年出版的《资本论》中，马克思只是简短地提到了一个非异化社会的观点，在这个社会中，拜物教并不存在。在这样的社会中，人们在日常工作生活中的关系是“透明的理性”。在《资本论》德语版第二版中，关于非拜物教社会的描述更详细了：现在让我们想象一下，通过变革，一个由自由的个人组成的社会，共同使用生产资料进行工作，在这种社会中，所有不同个体的劳动都被有意

① Vesa Oittinen, “Marx and Commodity Fetishism: Some Remarks on Method”, in *Confronting Capitalism in the 21st Century: Lessons from Marx's Capital*, ed. by Marc Silver, Cham: Palgrave Macmillan, 2020, p.33.

识地作为共同体的联合劳动加以运用。这样一个自由个体的社会,其生产方式与商品生产方式大不相同。这一点在马克思的类比中变得很明显:我们假设,仅仅是为了与商品的生产进行类比,每个生产者在生存资料中所占的份额是由他的劳动时间决定的。在这种情况下,劳动时间将起到双重作用。它按照一定的社会计划被分配,保持了不同种类之间的适当比例。另外,它也可以用来衡量每个人承担的共同劳动的份额,以及在总产品中分配给个人消费的份额。在这种情况下,关于个体生产者的劳动和产品的社会关系是完全简单易懂的,不仅是关于生产的,而且是关于分配的。在未来的非拜物教社会中,劳动的所有特征将会重复出现,但不同的是,它们是社会性的,而不是个体性的。这样的社会就不会退回到资本主义之前的时代,在那个时代,个人的依赖性形成了社会的基础。未来的社会不会承认这种个人依赖性,而是保留资本主义的一般劳动和具体劳动的二元论。然而,不同之处在于,劳动的普遍性不再以商品交换为中介,也就不会出现拜物教。这就是马克思关于"自由王国"的观点,但要描绘出"自由王国"的详细图景,需要人们摘下拜物教的眼镜,用自己的眼睛直接看待人类社会才有可能。

(三)马克思与黑格尔辩证方法的区别

德国著名的"新马克思阅读"学派(也被学界称为"《资本论》逻辑学派")学者汉斯-格奥尔格·巴格豪斯(Hans-Georg Backhaus)注意到了马克思与黑格尔的区别,他认为马克思在强调拜物教作用的同时,在其著作中抹去了黑格尔辩证法的痕迹。"新马克思阅读"学派试图证明马克思和黑格尔的方法之间存在密切联系。然而,在巴格豪斯看来,马克思不断深化的洞见只是对原有黑格尔主义的"庸俗化"和"背叛"。根据巴格豪斯的说法,"庸俗化"开始于1867年版《资本论》中关于价值形式的附录,其最终结果是,通过《资本论》第二版"庸俗化"和历史化的文本,导致了一种简单商品生产理论的出现,从而放弃了价值和货币的辩证法理论。巴格豪斯甚至说,马克思在他后期的政治经济学著作中试图"隐藏"他的辩证方法。显然,巴格豪斯的解释是基于这样一种假设:马克思以黑格尔的方式应用辩证方法,即通过类别的辩证运动来呈现资本主义的整个现实。巴格豪斯甚至责备马克思在其主要著作中没有成功地以令人信服的方式做到这一点,拜物教理论只是价值形式辩证法的延续,它是从第四个"特性"的等效形式推导出来的。拜物教理论只是价值形式辩证法的延续,然而巴格豪斯的批评仅依据1867年版的《资本论》,他没有考虑这样的事实,即在1872年版的《资本论》中，拜物教是通过盲目崇拜形式明确表现出来的，马克思的这些新阐释就是价值形式的辩证论述。由此可见，马克思在1867—1872年修正了他对拜物教理论在政治经济学批判中的地位的观点。

当海因里希评论说，马克思对拜物教的分析构成了政治经济学批判的前提，海因里希对这个问题的解释是正确的。换句话说，拜物教理论不是马克思对政治经济学范畴辩证阐述的结果，而是它的前提。这种解释意味着颠倒了巴格豪斯的阅读，因为巴格豪斯的阅读是黑格尔式的，所以只能遵循马克思颠倒黑格尔的方法，把巴格豪斯"头脚倒立"的解读颠倒过来。因此，对资本主义生产方式范畴的辩证阐述，好像一开始就把这些范畴的拜物教形式视为真实的。事实上，正如马克思反复强调的那样，观念的颠倒只是现实颠倒的反映。

马克思分析了M-C-M（商品—货币—商品）和C-M-C（货币—商品—货币），并得出消费如何导致矛盾的结论。最后，他通过暗示事情的实际情况指出了如何走出矛盾。他论述了货币向资本的转换：在简单流通中，在C-M-C中，商品的价值达到了一种与其使用价值无关的形式，即货币的形式。但现在相同的价值在M-C-M中循环，或是资本的流通，突然价值成为一个独立的东西，具有了自己的运动，获得了自己的生命过程。货币和商品仅仅是其形式上的假定，这种价值应该被认定为"主体"。当然，这也是拜物教的一种表达。马克思通过重复与宗教异化的比较明确了这一点，他在1873年版《资本论》第一章末尾就做过这样的比较。通过论证对经济范畴的拜物教性理解如何引起矛盾，对（表面的）价值运动的辩证论述，最终引出了一个解决方案：M-C-M实际上是资本的一般公式，因为它在流通领域内看起来是初步的。马克思指出，实际上商品和货币的辩证法与现实的关系是显而易见的。这一事实在资本的一般公式的后一个M中得到了深刻的表达。也就是说，价值的增长是由剩余价值的增加引起的。因此，价值"辩证法"的秘密就是对劳动的剥削，这种剥削在人与人之间形式上平等的社会关系的表面上是看不见的。1858年2月22日，马克思在写给拉萨尔的信中说："自己打算开始写一部关于经济学的著作，这是从1844年开始对经济学的'十五年的研究'结晶，第一次公开面向普通读者的努力。"[①]《资本论》（1867年及以后版本）中的"辩证法"首先涉及论述的形式。马克思在《资本论》第二版的后记中明确地区分了研究（调查）和论述（陈述）。这一区别

① 张一兵：《马克思：我一生的黄金时代的研究成果——〈政治经济学批判〉一书的最初构想》，《中共福建省委党校（福建行政学院）学报》2022年第3期。

已被大量讨论。调查已经揭示了资产阶级经济的基本特征,从而揭示了古典政治经济学和庸俗政治经济学的幻觉。批判在这一阶段已经发挥了主要作用,可以说,这为辩证的论述创造了条件。当这些条件被创造出来时,通过引导读者经历不同阶段的辩证转向,展示了资本主义经济表面上的拜物教幻象是如何在商品形式和劳动剥削中产生的。

维萨·奥蒂宁认为这与黑格尔对辩证法的理解有着至关重要的区别。黑格尔的逻辑实际上只是一种解释。在黑格尔那里,批判考察的前一个阶段或多或少是不存在的。这是因为黑格尔通常敌视康德(康德实际上是他的主要对手)的批判意图,在创造二元论和防止最终合成的作用中,他认为康德的批判意图是消极的。换言之,从马克思身上可以看出的关键分析时刻,在黑格尔身上发展得很弱。相反,他的目标是与现有世界和解。这是黑格尔拒绝启蒙运动遗产的结果。对黑格尔来说,18 世纪的激进哲学过于片面的唯物主义和无神论;在反对旧制度偏见的斗争中,它毫无道理地与宗教彻底决裂。虽然黑格尔不是保守派,但他承认传统的重要性。他希望有一个更高程度的综合,以便调和启蒙运动和基督教的矛盾。在早期著作中,马克思已经谴责了黑格尔辩证法哲学中的妥协方面,很明显,保守性甚至构成了黑格尔方法论遗产中马克思无法接受的一个部分。马克思对黑格尔辩证法的唯物主义批判,主要是拒绝构成黑格尔整个哲学纲领基础的客观唯心主义。在这方面,马克思回到启蒙思想批判纲领产生的"二元论",并在康德哲学中达到顶峰。笔者认为值得强调的是,左派黑格尔主义者以主观主义的方式解释了批判的思想,我们不应该在他们的立场上去看待马克思的批判立场,而是应该在启蒙运动和康德哲学的这一连续体中去看待这一批判立场。

四、《资本论》的理论价值与现实意义

(一)重视《资本论》的方法

恩格斯早就指出,马克思主义并非教条,而是方法。卢卡奇也认为,"正统的马克思主义并不意味着无批判地接受马克思研究的结果。它不是对这个或那个论点的'信仰',也不是对某本'圣'书的注解。恰恰相反,马克思主义问题

中的正统仅仅是指方法"[①]。可以说，马克思主义从根本上来说是一种认识世界的方法论，坚持马克思主义经济学，从根本上来说就是坚持马克思主义经济学的方法论，特别是《资本论》的方法。[②] 然而，现实情况却不容乐观——"人们对《资本论》中应用的方法理解得很差"[③]。虽然马克思进行的政治经济学批判的方法众多，但这些方法无不以唯物史观为基础，将唯物辩证法贯穿始终。这既是马克思研究方法根本异于国民经济学和古典哲学的思维方法的原因所在，更是其政治经济学批判科学性的表征。马克思留给后世的不是"本本"、不是"教条"，而是方法，这也是我们从马克思处汲取营养的源泉。

（二）从回应时代问题中保卫《资本论》

资本主义有着固有的、难以克服的矛盾，所以必会引发资本主义国家持续不断的危机，然而资本主义国家也会迅速实施一系列"调节"措施来缓和危机。由此，资本主义总会呈现出一片"繁荣"的景象。"历史终结论"便是在对资本主义虚假繁荣绝对自信的基础上提出的。然而，2008 年金融危机的冲击却"打脸"了历史终结论和资本主义完美论。历经危机之后，我们必须从资本主义的"迷梦"之中清醒过来，必须坚持马克思的基本观点，必须坚持《资本论》中对于资本主义的科学批判法则，必须依靠马克思的批判利刃透视社会现实……简单地说，就是要在对时代问题的解答之中保卫《资本论》。

一方面，回应资本主义社会的诸多问题，捍卫《资本论》的基础理论。资本主义世界是一个充满矛盾的世界，劳动致富和劳动者贫困、工作日的控制和延长、减少人数和增加产量、节约和浪费、价值的增殖和丧失之间的"两歧"，无不是以辩证规则的形式体现出来的。[④] 资本主义社会也是一个"危机丛生"的世界，积累过剩、全球社会的两极分化、国家合法性和政治权威面临的危机、可持续发展危机等是资本主义不可回避的问题。[⑤] 随着国际金融危机和主权债务危机的爆发，资本主义国家引以为傲的"制度优势"黯淡无光，资本主义发展模式也逐渐走下"神坛"。运用马克思留给我们的政治经济学批判这一批判利器，我们可

---

① ［匈牙利］卢卡奇：《历史与阶级意识》，商务印书馆 1999 年版，第 47—48 页。

② 参见林岗、张宇：《〈资本论〉的方法论意义》，《当代经济研究》2000 年第 6 期。

③ 《马克思恩格斯全集》第 43 卷，人民出版社 2016 年版，第 845 页。

④ 参见付文军：《论马克思批判资本主义经济"二律背反"现象的逻辑理路》，《中南民族大学学报》（人文社会科学版）2016 年第 5 期。

⑤ 参见［美］威廉·I. 罗宾逊：《全球资本主义论：跨国世界中的生产、阶级与国家》，高明秀译，社会科学文献出版社 2009 年版，第 191 页。

以清晰地发现现代资本主义正身陷危机之中。“身处危机”之中的人们，欲从危机之中“脱困”，选择《资本论》中的方法与理论回应当代资本主义的诸多问题是明智之举。也正是借《资本论》之力来回应问题和解决问题，方能使得《资本论》得到人们的认可。也正因此，我们可以旗帜鲜明地捍卫马克思的理论成果。

另一方面，回应我们社会主义建设过程中的诸多问题，保卫《资本论》的相关成果。《资本论》是一个开放的理论体系，它指导我们的社会主义建设。在社会主义建设过程中，如何处理好市场经济与社会主义性质的问题、如何处理好法治与市场的关系问题、如何处理好效率和公平的关系问题、如何处理好社会主义初级阶段的矛盾问题……都是亟待解决的重大基本问题。在向马克思求教的过程中，我们形成了具有中国特色的社会主义理论体系，在将《资本论》与中国特色社会主义实践相结合的过程中，我们形成了中国特色社会主义政治经济学。这都是在保卫马克思、保卫《资本论》的过程中形成的理论成果，是马克思主义基础理论的“当代效力”的凸显。任何一门科学领域中的大家都是哲学家和历史学家，都有自己的世界观和历史观，因而都从自己的角度，运用自己的方法去认识世界和揭示历史，经济学家也不例外，他们用自己的经济理论去揭示世界真相和历史趋势。马克思正是这样一位集哲学家、历史学家、经济学家于一身的科学大家。科学绝不是简单地证伪或证实的活动。相反，它是以质疑为起点、以批判为特点、以探索为路径、以发现为标志的极为复杂的社会实践系统；科学作为发生在秩序与混沌、已知和未知、过去和未来、现实与梦想之“边缘”的独特的社会实践，一定会以特定的形式转化为推动人类社会前进的革命性和历史性的创新力量。① 虽然我们如今的生活环境与生活方式等都与马克思所处的时代有着较大的差异，但《资本论》中的思想依旧能够指导我们的行动。《资本论》的“当代在场”再次彰显了马克思主义的影响力，也再次提醒我们要对《资本论》及其相关理论开展深入而持续的研读。

（三）《资本论》的价值不会过时

一旦以“资本内在否定性”为方法论，将目光投向当代资本的全球化生产与积累，我们就会发现，《资本论》之所以“过时”，就是因为虚拟经济和非资本主义的市场经济这两大超出《资本论》范围的现象。

首先，看虚拟经济。资本扩张的无限性与空间扩张的有限性是资本生产永

① 参见杨志、王岩编著：《〈资本论〉解读》，中国人民大学出版社2015年版，第48页。

恒的内在矛盾。马克思指出："无论哪一个社会形态，在它所能容纳的全部生产力发挥出来以前，是决不会灭亡的；而新的更高的生产关系，在它的物质存在条件在旧社会的胎胞里成熟以前，是决不会出现的。"[①]因此，资本会不断地扩张，当一地一国成为限制时，资本开拓出世界市场；当物质生产成为限制时，工业资本就转向金融资本。金融资本不仅有利于资本在物质生产领域内部的自由流动，而且有利于在物质生产领域与非物质生产领域之间、在地理空间和社会空间之间、在全球范围内自由流动和迅速切换。资本越是迅速地流转，越是能够以时间换得空间。[②] 从这个意义上说，布雷顿森林体系的瓦解正是资本内在否定性在空间生产中的必然结果——货币摆脱了价值形态的束缚，为资本生产赢得了巨大空间。然而，虚拟经济摆脱了实体经济的制约吗？我们看到，正如《资本论》用"价值补偿"和"实物补偿"建立起资本的循环和周转，任意一个补偿没有实现都会引发经济危机那样的后果，虚拟经济出现后，我们仍然需要从价值（包括虚拟价值）和使用价值两个方面来考察资本总循环，从"价值补偿"和"使用价值补偿"两个方面来考察经济总量平衡，当然，补偿机制要复杂得多。

其次，看非资本主义市场经济。在生产与积累的全球化循环和国际利润率平均化的推动下，由于工资的国际差异和不发达国家的高剩余价值率，国际价值和国际市场价格的形成，实际上是一个价值由落后国家向发达国家转移的过程。这种国际上的价值转移，导致参与国际分工的国家富国愈富、穷国愈穷。落后国家走社会主义道路，用社会主义的国家资本与资本主义的跨国资本竞争，是打破这一不平等积累结构的唯一可能。因而非资本主义市场经济，与其说是意识形态的选择，不如说是落后的民族国家作为资本的人格化参与国际市场竞争的必然选择。

在"资本包含内在否定性"视域里，中国的社会主义市场经济具有世界历史意义。根据意大利经济学家乔万尼·阿里吉（Giovanni Arrighi）对资本扩张和霸权循环的研究，在利润竞争的压力下，资本的物质扩张阶段必将自我否定，让位于金融扩张阶段，而严重的金融危机又将引发全球秩序失衡，这时，一个有能力恢复全球秩序的新霸权大国应运而生。[③] 阿里吉认为，世界霸权从美国转移到中国的时代来临了，由于中国是一个社会主义市场经济国家，这一次的权力

---

① 《马克思恩格斯选集》第2卷，人民出版社2012年版，第3页。

② 参见沈斐：《资本的内在否定性与空间的脱域性》，《哲学动态》2011年第8期。

③ 参见[意]乔万尼·阿里吉：《漫长的20世纪：金钱、权力与我们时代的起源》，姚乃强、严维明、吴承义译，社会科学文献出版社2022年版，第473—474页。

转移将给人类带来曙光。[①] 阿里吉的分析有一定道理。对于“霸权大国”，就其为特定资本积累结构提供世界货币体系和贸易体系等的作用而言，不过是积累体制内在要求的一种调节方式。作为世界上发展最迅猛的经济体，作为负责任的社会主义大国，中国具备维护世界秩序的勇气和担当。但是，从历史上看，无论是热那亚、荷兰，还是英国、美国，“霸权”的确立均与资本的生产空间密切相关。中国不会像那些霸权国家一样，开辟殖民地以实现资本输出和商品输出。中国目前面对的，一方面是随着生产力的巨大发展国内积累的使用价值，另一方面是在国际金融战争中所处的劣势地位。中国的唯一出路是，从使用价值生产和价值生产的结合，以及使用价值实现与价值实现的结合两个方面全面超越传统发展模式，先通过经济结构转型、技术创新推进实体经济的发展，再通过金融创新推进虚拟经济的发展。只有在两条战线上都取得胜利，阿里吉所期待的人类曙光才会显现。[②]

列宁说：“虽说马克思没有遗留下‘逻辑’（大写字母的），但他遗留下《资本论》的逻辑。”[③]确实，只要资本仍然生产着与自身相对抗的力量，只要资本主义在世界范围内仍然生机勃勃，《资本论》的时代意义就一直存在。

价值形式辩证法是《资本论》辩证法的具体存在形态，是关于价值形式这一特殊主体运动过程的辩证反思。辩证法发展到价值形式辩证法，不仅解决了社会历史的同质化问题，更直接解决了辩证法本身的抽象性问题，让社会历史与辩证法都呈现出具体性的外观。辩证法是关于主体自主运动的辩证反思，这是辩证法存在的一般形式。作为一般形式的辩证法提供了一种辩证思维，其本身不具有现实性的力量。只有当辩证法具体发现特殊的主体时，具有批判力量与分析力量的现实辩证法才能出现。价值形式辩证法作为《资本论》中辩证思维的具体呈现，是以马克思现实地发现资本主义生产方式内的特殊主体——价值形式为前提的。资本主义生产方式是价值形式自主运动过程的现实表达，价值形式辩证法是对这一运动过程的辩证反思。价值形式在资本主义生产方式内的运动不是抽象的、直接的，而是以过程中介的方式体现在运动过程的每一个环节，同时又不完全是环节本身。这样价值形式辩证法就通过资本主义生产方

---

① 参见[意]乔万尼·阿里吉：《漫长的20世纪：金钱、权力与我们时代的起源》，姚乃强、严维明、吴承义译，社会科学文献出版社2022年版，第473—474页。

② 参见沈斐：《考察世界经济的双重经济学视角：兼论资本内在否定性的外在表现》，《当代世界与社会主义》2012年第1期。

③ 《列宁全集》第55卷，人民出版社2017年版，第290页。

式内的各种具体存在而呈现出来，这就体现为《资本论》中经济范畴的排列。商品—交换价值—价值—货币—资本，价值形式是这些范畴的全部，同时又不是具体的某一个，价值形式变换着身份出现在运动过程的始终。马克思洞察了主体之于过程的特殊性，发现了价值形式的秘密，即价值形式本身的运动就是资本主义生产方式的内涵运动。价值形式之所以可以变换各种身份而又不是其中的任何一种，根源在于它本质上是一种形式规定。形式没有固定的外壳，它的抽象本性决定了它可以模拟任何存在而又不是其中的任何一种。而这种抽象的形式恰恰是资本主义生产方式的主体，因此资本主义生产方式在本质上是抽象的。形式规定是资本主义生产方式的主要规定，一切存在首先必须表现为形式，这也就是说它本质上不是它所表现的形式。这样，资本主义生产方式就是二重化的，形式与内容是分离的。这种二重化导致了资本主义生产方式的畸形存在。资本主义生产方式的畸形是特殊社会历史发展的产物。资本主义生产方式作为人类史前史的最后形态，是一个过渡性的社会形态。压迫性生产方式穷尽了社会历史发展的物质性力量的全部内涵，同时又不愿放弃压迫性的本质，垂死挣扎，最后必然就转向了对抽象形式的崇拜与利用。抽象的形式规定是压迫性生产方式的最后一根救命稻草，同时也是压倒压迫性生产方式的最后一根稻草。这样，资本主义生产方式就表现为外强中干的外貌、中心虚空的样式。马克思发现了资本主义生产方式的秘密，立足于辩证思维建构了价值形式辩证法。价值形式辩证法就像一把钥匙，它不仅直接解决了辩证法本身的抽象性问题，更直接让马克思对于现实与历史的判断有了坚实的逻辑基础。

第三章 《资本论》“资本积累”的辩证法再探索

马克思《资本论》中的积累理论对理解资本主义的历史趋势非常重要，有一些人认为“资本积累”理论似乎在马克思的著作中非常容易理解，这种观点是不客观的。要清楚地理解“资本积累”理论的深刻内涵，必须从主体的角度，而不是从生产资料和固定资本方面去理解。马克思将《资本论》的理论建立在纯粹、完全的资本主义世界里，事实上马克思关于资本积累的理论与其简化的假设是相悖的，其提供的只是对一个纯粹的资本主义世界的理解。美国左翼学者保罗·扎伦布卡(Paul Zarembka)列举了罗莎·卢森堡(Rosa Luxemburg)、约翰·维克斯(John Weeks)等人对资本积累理论的发展。卢森堡侧重于对非资本主义经济模式的关切，而维克斯更注重完全的资本主义语境的前设与价值理论之间的矛盾。无论是哪一种思考，都至少说明马克思的“资本积累”概念仍有进一步探讨和阐释的理论空间。①

一、马克思资本积累理论的学术史梳理

马克思资本积累理论批判地继承和吸收英国古典政治经济学中的合理成分，是在吸收了先贤的政治、经济和文化等方面的思想基础上发展而来的。威廉·配第(William Petty)、亚当·斯密(Adam Smith)、大卫·李嘉图(David Ricardo)都是英国古典政治经济学的主要代表人物。

---

① Paul Zarembka, “Late Marx and the Conception of ‘Accumulation of Capital’”, in *Confronting Capitalism in the 21st Century: Lessons from Marx's Capital*, ed. by Marc Silver, Cham: Palgrave Macmillan, 2020, p.47.

(一)威廉·配第的劳动价值理论

配第在《赋税论》中第一次提出了价值论,并将商品的价值分为“自然价格”和“政治价格”。[①] 政治价格即时涨时落的市场价格,而市场价格时涨时落的中心就是自然价格。他还提出了“自然价值”这一概念,即用货币表示的自然价格,也就是我们现在所理解的价值。而且他认为价值的源泉是劳动,即商品生产时所消耗的劳动时间。他说,假如一个人能够在生产一蒲式耳谷物的时间内,将一盎司从秘鲁的银矿采出来的白银运到伦敦来,那么后者便是前者的自然价格。[②] 马克思评价说,“配第已经意识到他的发现的重要性及其在具体应用上的困难。因此,为了达到某些具体的目的,他也试走另一条道路”,即“必须找出土地和劳动之间的自然的等同关系,以便价值可以随意‘在二者之一,或者更好是在这二者中’表现出来”。[③]

(二)亚当·斯密的资本积累理论

亚当·斯密的资本积累思想与分工有着密切的关联。他的资本积累思想主要集中在《国富论》第二篇。马克思评价说:“在亚·斯密那里,政治经济学已发展为某种整体,它所包括的范围在一定程度上已经形成。”[④]斯密已经认识到劳动是财富的源泉,他认为全社会的劳动分为两类,第一类是生产性劳动,能够增加物的价值,创造财富,促进积累;第二类是非生产性劳动,不能增加物的价值反而消耗财富,阻碍资本积累和财富增加。两者的比例决定经济发展态势,经济增长取决于第一类劳动的增长,这类增长需要增加资本维持劳动者的增长,还需要提高劳动生产率。分工是提高效率与资本积累的动力,资本积累最终使国家财富增加。[⑤] 斯密认为商品价值分为劳动工资、资本利润和土地地租,也就是只分解为不变资本和剩余价值,这最终成为斯密不可打破的障碍。斯密无意识地认识到剩余价值也是社会总产品价值的一部分,认识到劳动分为提供消费资料和生产资料的劳动,还分析了两大类劳动之间的转化问题。但他把资本主义商品价值都分解为收入,忽视了不变资本,把个人消费与生产消费混为

---

① 参见朱炳元、朱晓:《马克思劳动价值论及其现代形态》,中央编译出版社 2007 年版,第 37 页。

② 参见[英]威廉·配第:《配第经济著作选集》,陈冬野等译,商务印书出版社 1972 年版,第 48 页。

③ 《马克思恩格斯全集》第 20 卷,人民出版社 1971 年版,第 254 页。

④ 《马克思恩格斯全集》第 26 卷,人民出版社 1972 年版,第 181 页。

⑤ 参见何爱平、张志敏等:《马克思主义经济学与西方经济学的比较研究》第二辑,中国经济出版社 2012 年版,第 55—56 页。

一谈，这就使他对这一问题的分析是混乱的、不成体系的。

（三）大卫·李嘉图的资本积累理论

李嘉图十分关心生产，他认为要发展生产力就必须重视资本积累。资本积累有两种方法：一是在支出不变时增加利润，在利润不变时减少支出，提高劳动效率，降低工资，增加利润；二是减少非生产性消费，提高农业劳动效率。劳动力的供给是无限的，经济增长的关键是资本积累，而利润是资本积累的唯一来源。他认为，在资本主义条件下，利润既是资本积累的源泉，又是资本积累的唯一动力。因此，积累是为了生产，而且也唯有这样，才会产生利润。① 在生产问题上，受斯密教条的影响，他把商品价值全部分解为工资和剩余价值。但是他也认识到能够转化为资本的只是三种收入中的两种，即利润和地租，也就是剩余价值。他认为，资本积累和生产规模的扩大必然导致利润率的下降，只要利润总量增加，扩大再生产就可能继续进行，也就是资本主义扩大再生产的界限是利润，而且是利润总量的下降。他的这种证明建立在土地收益递减的理论基础上，他最终宣布土地所有者阶级的存在是资本主义扩大再生产的障碍。但是他又主张扩大土地的年产量，增大投资，实行谷物自由贸易，以扩大再生产。

二、马克思资本积累理论的基本观点

资本积累理论是马克思主义政治经济学的重要组成部分。马克思关于资本积累理论的阐述贯穿《资本论》三卷。资本积累理论的整体意义不仅表现在它的宏观结构方面，更重要的是表现在马克思对资本积累理论研究的逻辑思维进程和整体方法方面。资本积累一般规律是马克思资本积累理论的核心内容。

（一）资本积累的实质、形式与发展趋势

在《资本论》中，关于资本积累理论，马克思首先分析了资本积累的内涵、实质、形式、后果、发展趋势。在分析商品转化为货币、货币转化为资本、资本转化为剩余价值的基础上，马克思强调资本是带来剩余价值的价值，是对资本主义生产关系的反映。在对资本主义再生产的两种形式（简单再生产和扩大再生产）的分析中，马克思分析了资本积累的内涵、实质、形式、后果。马克思指出：

① 参见罗良文：《大卫·李嘉图与现代西方发展经济学》，《经济评论》1993 年第 2 期。

“把剩余价值当做资本使用，或者说，把剩余价值再转化为资本，叫作资本积累。”[①]因为要积累就必须把一部分剩余价值转化为资本，用于追加劳动力和生产资料，投入到生产过程中去。从这个意义上说，资本积累的实质就是资本主义扩大再生产。剩余价值的资本化，意味着“以商品生产和商品流通为基础的占有规律或私有权规律，通过它本身的、内在的、不可避免的辩证法转变为自己的直接对立物”，即资本主义占有权规律，“资本家用他总是不付等价物而占有的他人的已经对象化的劳动的一部分，来不断再换取更大量的他人的活劳动”。[②] 因此，无论资本有机构成变化与否，资本积累都会对工人阶级产生极大的影响。资本有机构成不变、资本积累增加时，资本对劳动力的需求增长，需求超过供给，工人工资得到提高，但是，“由于资本积累而提高的劳动价格，实际上不过表明，雇佣工人为自己铸造的金锁链已经够长够重，容许把它略微放松一点”[③]，而且“工资的增大至多也不过说明工人必须提供的无酬劳动量的减少。这种减少永远也不会达到威胁制度本身的程度”[④]。

（二）社会资本再生产的资本运动过程

资本积累是在资本运动中进行的，一个货币额转化为生产资料和劳动力，这是执行资本职能的价值量所完成的第一个运动。但仅仅这样是不够的，因为这个运动是在市场上、在流通领域内进行的。资本运动还必须进入生产过程，生产出包含原预付资本加上剩余价值的商品，然后再投入流通领域，把这些商品的价值实现为货币，再把这些货币重新转化为资本。资本就是在资本运动的这样周而复始地进行的过程中积累起来的。正是基于这样的认识，马克思分析了资本循环、资本周转和社会资本再生产。马克思认为，“资本在它的循环中所采取的不同的形式和这个循环本身的各种形式”[⑤]，以及“资本的不同组成部分（固定资本和流动资本）怎样在不同的时间以不同的方式完成各种形式的循环”[⑥]，都是积累的条件。作为社会总资本的组成部分的各个单个资本的流通过程，也就是社会总资本的流通过程，也是资本积累的条件。此外，资本积累还会

① 《马克思恩格斯文集》第5卷，人民出版社2009年版，第668页。
② 《马克思恩格斯文集》第5卷，人民出版社2009年版，第673页。
③ 《马克思恩格斯文集》第5卷，人民出版社2009年版，第714页。
④ 《马克思恩格斯文集》第5卷，人民出版社2009年版，第715页。
⑤ 《马克思恩格斯文集》第6卷，人民出版社2009年版，第391页。
⑥ 《马克思恩格斯文集》第5卷，人民出版社2009年版，第391页。

在资本的运动过程中，随着资本主义生产机制内部作用的发挥而趋于深化。

（三）资本主义生产方式条件下资本积累的内在矛盾

马克思以对资本积累的一般理论分析和资本运动过程的分析为基础，通过揭示利润率下降规律，进一步分析了资本主义生产方式条件下资本积累的内在矛盾。前面的分析使我们看到，资本积累的增加对于劳动者来说要么是提高工资（但工资决不会超出固定的范围），要么是形成相对过剩人口。而在对资本主义生产方式条件下资本积累内在矛盾的分析中，马克思则进一步对资本积累的增加给资本家阶级所带来的后果进行了分析，他认为，资本积累以及随之而来的资本积聚，“使社会资本的绝对利润量日益增加，使它的利润率日益下降”①，利润率的下降又会加速资本的积聚，并通过对小资本家的剥夺，对那些还有一点东西可供剥夺的直接生产者的最后残余的剥夺，来加速资本集中。因此，对于资本主义生产方式来说，“利润率的下降在促进人口过剩的同时，还促进生产过剩、投机、危机和资本过剩”②。利润率的下降和绝对利润量的同时增加，就是利润率不断下降规律的内容，正是这个规律的作用，使得资本主义生产方式中存在着生产扩大与价值增殖之间的冲突，存在着人口过剩时的资本过剩，而这些矛盾是生产力和生产关系之间的矛盾在资本主义社会日益尖锐化的明显表现，也是资本主义的历史制约性的明显表现。正因为如此，马克思强调：“资本主义生产的真正限制是资本自身。”③马克思对资本积累内在矛盾的具体分析，反映了资本主义生产方式发展的历史趋势。

三、列宁资本积累理论的历史逻辑

19 世纪末 20 世纪初，随着生产力的发展，世界主要资本主义国家逐渐由自由竞争阶段发展到垄断阶段。这时，俄国社会开始走上资本主义道路。列宁潜心研究，一方面参阅了大量文献资料，做了大量的实践工作；另一方面则借鉴了以霍布森为代表的第二国际理论家的研究成果，比如《帝国主义研究》《金融资本》《资本积累论》《帝国主义》等，在批判吸收的基础上提出了自己的帝国主义理论，发展了马克思的资本积累理论。

---

① 《马克思恩格斯文集》第 7 卷，人民出版社 2009 年版，第 243—244 页。

② 《马克思恩格斯文集》第 7 卷，人民出版社 2009 年版，第 270 页。

③ 《马克思恩格斯文集》第 7 卷，人民出版社 2009 年版，第 278 页。

首先,列宁的帝国主义理论体系是资本全球化历史发展到帝国主义阶段的必然结果。他明确指出垄断是帝国主义的根本经济特征,是帝国主义的实质,说明了金融资本就是银行资本,指出垄断组织和金融资本统治的确立是帝国主义的标志。其次,列宁根据当时资本主义发展的实际情况和对帝国主义经济特征与历史地位的分析,论述了垄断资本主义阶段的帝国主义的五大具体特征:"(1)生产和资本的集中发展到这样高的程度,以致造成了在经济生活中起决定作用的垄断组织;(2)银行资本和工业资本已经融合起来,在这个'金融资本'的基础上形成了金融寡头;(3)和商品输出不同的资本输出具有特别重要的意义;(4)瓜分世界的资本家国际垄断同盟已经形成;(5)最大资本主义大国已把世界上的领土瓜分完毕。"①相较于卢森堡,列宁更强调资本主义内部具体特征的变化。在列宁看来,这个具体变化就是资本主义正日益由自由竞争的资本主义走向垄断资本主义,因而他所揭示的"垄断"特征在当下仍然适用,帝国主义的基本特征仍然是由生产集中发展所带来的必然结果——垄断。

四、罗莎·卢森堡资本积累理论再审视

面对帝国主义时期资本的全球扩张和第二国际的新变化,罗莎·卢森堡从马克思的再生产图式出发,研究资本主义如何依赖于非资本主义环境来实现其内部无法消化掉的剩余价值,从资本主义对非资本主义的剥削、依赖和同化中,揭露出资本主义自身的矛盾性,并指出具有和谐性的社会主义必将取代资本主义。

罗莎·卢森堡指出,帝国主义是一个政治名词,是用来表达在争夺尚未被侵占的非资本主义环境的竞争中所进行的资本积累的……这并不是说,资本主义实际上必然达到这个顶点,只是进入帝国主义的倾向本身即已表现各种形态,这些形态将使资本主义最后阶段成为一个灾难的时期。② 通过分析马克思的扩大再生产图式可以发现,有一部分剩余价值在资本主义内部无法实现。马克思的扩大再生产图式由两大部类组成,分别是生产资料的生产和消费资料的生产。每个部类又分别由C(不变资本)、V(可变资本)、M(剩余价值)三部分组成,扩大再生产图式展现了这六个部分的比例关系。就这样,六个部分相互交

① 《列宁全集》第27卷,人民出版社2017年版,第401页。

② 参见[德]罗莎·卢森堡:《资本积累论》,彭尘舜、吴纪先译,生活·读书·新知三联书店1959年版,第359页。

换，相互补充，从而形成了一个流动的环。也就是说，无法在资本主义内部找到有支付能力的需求来消化资本主义扩大再生产所产生的全部剩余价值。除去需要维持正常生活和生产的资本家和工人的消费需求外，还有被资本家节约下来的一部分剩余价值由于无产阶级需求或支付能力有限而无法实现。[①]

那么，多余的有支付能力的需求在帝国主义阶段应该去哪里寻找？卢森堡指出，资本主义生产方式无法完全依靠自身来解决剩余价值的实现问题。她认为，资本主义需要通过非资本主义环境来寻找多余的有支付能力的需求。马克思在尝试解决这个问题时，提出了货币储藏，通过货币储藏来实现多余的剩余价值，于是问题就转向了货币的来源。但卢森堡认为问题并不在于货币，而在于这种需求如何产生。卢森堡指出，资本主义生产，并不在乎生产物的享用，而在乎剩余价值的积累。剩余生产物在国内既然没有需要，资本就闲置着而没有积累的可能。然而，在那些资本主义生产尚不发达的外国，非资本主义阶层，或则自愿的，或则被强迫的，产生了新的需要。[②] 从对历史和现实的考察来看，这部分剩余价值确实是通过非资本主义环境实现的。在资本主义的发展史中，资本主义不断地开辟国外市场、抢夺殖民地，去其他领域寻求各种资源，而在非资本主义环境中恰好可以找到需求市场，也能找到持续生产更多剩余价值的劳动群众和生产资料。

资本主义将内部的矛盾转移到了非资本主义国家以缓和危机，但矛盾并没有真正解决，反而带来了更加复杂的国际局势，资本的矛盾性必然导致资本主义被具有和谐性的社会主义取代。资本主义一方面依赖非资本主义国家来缓和其危机，另一方面又剥削和消灭非资本主义国家，比如资本主义国家通过国际借款、保护关税和军国主义等政策入侵和改变非资本主义国家的性质，一步步瓦解其生产方式和社会形态，使非资本主义国家逐渐向资本主义过渡。而随之发生的，是非资本主义国家的抵触和反抗，由此导致经济、政治和生态等多重危机在全球范围内爆发，使国际局势变得更加错综复杂。在自己的生命史中，资本主义本身是一个矛盾，它的积累运动带来了冲突的解决，但同时，也加重了冲突。[③]

---

① 参见卢映西：《罗莎·卢森堡资本积累理论的成就、误区与启示》，《经济纵横》2021年第4期。

② 参见[德]罗莎·卢森堡：《资本积累论》，彭尘舜、吴纪先译，生活·读书·新知三联书店1959年版，第341—342页。

③ 参见[德]罗莎·卢森堡：《资本积累论》，彭尘舜、吴纪先译，生活·读书·新知三联书店1959年版，第346页。

五、大卫·哈维的空间化资本积累理论

大卫·哈维(David Harvey，也译作戴维·哈维)立足于资本主义的全球化实践,坚持马克思主义的立场,从空间维度剖析了资本积累的新特征,即资本借助自身流动性,频繁利用时空修复策略在全球范围内布展,通过优势地位剥夺全球财富,最终得以转嫁资本主义危机。

(一)资本积累的本质呈现:剥夺性积累

剥夺性积累理论是哈维在研究马克思的资本原始积累理论后所提出的创新性表达。原始积累不仅存在于资本主义诞生前,而且在当代一直持续着,只是相较于赤裸裸的暴力形式的原始积累而言,当代资本主义的资本积累内在蕴含的剥夺性更为隐蔽,以相对平和的方式给不发达地区带来动荡与不安。资本主义逻辑集中体现为资本家为追求更多的剩余价值,通过货币资本在广阔的全球空间寻找有利可图的投资机会,正如马克思指出,“资本害怕没有利润或利润太少,就像自然界害怕真空一样”[①],哈维强调,剥夺性积累既是经济的全球化过程,同时也是军事、政治、文化的全球化过程。

(二)资本积累的运动过程:三级循环与时空修复

当代资本主义社会历经深刻变革,演变出独特的资本循环模式,哈维立足于对《资本论》的研究,梳理并总结出资本的三级循环形式,指出资本只有时刻保持循环与周转才能获得更多的剩余价值。资本在空间上的三级循环,意味着资本在过度积累之后仍积极对外寻求新的投资机会,于是时空修复策略成为资本缓解危机的重要手段。资本的第一级循环是资本积累的基础。第二级循环是第一级循环的历史性呈现,在这一阶段,国家政权、信用体系和金融机构对单个资本家的投资给予帮助,以缓解资本过度积累的难题。但是资本的痼疾在这一阶段依旧难以消除,资本过度积累的问题依旧会出现,并出现新一轮的资本危机。因此,资本在空间上出现了第三级循环,就是马克思强调的“通过时间消灭空间”的冲动,“资本一方面要力求摧毁交往即交换的一切地方限制,征服整

① 《马克思恩格斯文集》第5卷,人民出版社2009年版,第871页。

个地球作为它的市场”①。

(三)资本的空间化过程:现代城市建设

在哈维看来,城市化从来都是吸收资本剩余和剩余劳动力的前沿阵地,它凭借着对空间、场所的变更和使用进一步推动资本积累。首先,城市空间深受资本积累逻辑的影响。哈维指出,城市化运动极大地拓展了城市空间,不仅仅是简单地凭借商品在空间上的流动而推动积累,而且还凭借不断创造和生产出的空间场所来推动积累。② 其次,资本积累动力下的城市化蕴藏着深刻的危机。城市发展面临着城市人口激增、住房资源分配不均、贫富差距扩大、失业率居高不下等诸多问题。这意味着,资本推动下的过度城市化内在包含着城市危机的风险。哈维基本沿袭了马克思对资本积累理论的分析,并在此基础上,从资本主义城市空间构型的塑造、变化和面临的矛盾入手来分析资本积累问题,从而深入考察资本积累与城市化进程互动关系,这无疑是一次理论上的创新。

六、资本积累若干重要问题讨论

马克思的资本积累思想是马克思政治经济学体系的精髓,是贯穿马克思政治经济学的线索。对这一思想的探讨主要从以下几个方面进行。

(一)资本积累问题仍然是重点问题

国外对资本积累思想的研究更多的是从资本积累的过程方面进行研究,更侧重于资本积累的结果。对资本积累垄断问题的研究始于 20 世纪,目前仍在继续,其中以卢森堡及其追随者与马克思主义帝国主义理论的真正创始人鲁道夫·希法亭(Rudolf Hilferding)、布哈林、列宁之间的论战较为激烈,除此之外“人民资本主义”学派对这一问题还在讨论中。这一论战始于帝国主义阶段,卢森堡认为,帝国主义是用来表达争夺尚未被侵占的非资本主义地区的一个政治名词,资本积累只有在资本主义市场外部才能完成。列宁则认为,垄断只是资本主义资本积累的一种新的方式。垄断是资本集中的必然结果,而且垄断不仅

---

① 《马克思恩格斯文集》第 8 卷,人民出版社 2009 年版,第 169 页。

② 参见[美]戴维·哈维:《叛逆的城市:从城市权利到城市革命》,叶齐茂、倪晓晖译,商务印书馆 2014 年版,第 43 页。

发生在工业生产领域，金融资本的垄断更能说明帝国主义的本质。[①] 希法亭提出了他的金融资本理论，金融资本对内实行国家干预，对外实行保护关税和帝国主义政策，对关税的保护加速了资本的集中与垄断。[②] “人民资本主义”学派，主要代表人物有贝利、纳德勒、蔡勒、加尔布雷思等，他们认为资本主义的企业已经通过股权让渡使人民拥有企业的所有权，管理权限也转移到了管理阶层，利润也是为广大人民所拥有，生产资料的所有权分散到了人民手中。其中贝利的《没有财产权的权力》和纳德勒的《人民资本主义》较为著名。

20 世纪初，马克思主义学派主要分为两个派别，一派强调资本主义生产的无组织状态和比例失调是导致周期性经济危机的基本原因，另一派强调危机的根源在于资本主义剥削所造成的消费不足和实现困难。卢森堡是后一派的代表人物。杜冈、布哈林、希法亭等均属于“比例失调派”。杜冈认为只要生产的比例合适，危机便不会发生。布哈林则认为消费因素也是生产比例失调的组成部分。也有少数经济学家采用比较综合的方法，以一种或两种观点为基础，同时考虑其他问题，如欧内斯特·曼德尔（Ernest Mandel）、霍华德·谢尔曼等。之后保罗·斯威齐（Paul Sweezy）给出比例失调不能作为危机理论的主要证明，他认为消费增长落后于消费品产量增长的固有趋势是危机必然发生的根源。之后斯威齐和保罗·巴兰（Paul Baran）合作出版了《垄断资本》一书，把消费不足进一步发展成资本主义长期停滞的理论。其中保罗·斯威齐的《资本主义发展论》最为著名。之后的探讨把利润率下降问题提到首位。大卫·耶菲（David Yaffe）、欧内斯特·曼德尔、安瓦尔·谢赫（Anwar Shaikh）等坚持把资本有机构成和剩余价值率作为决定利润率的主要变量，用利润率下降来说明周期性的经济危机和资本主义经济停滞时期。约瑟夫·吉尔曼（Joseph Gelman）把资本积累规律的变动逻辑推断转向统计验证。日本经济学家伊藤诚把马克思的危机理论分为两类四种：一类是商品过剩理论，包括非均衡论和消费不足论；另一类是资本过剩理论，包括劳动力短缺论和资本有机构成提高论。[③]

西方对资本积累理论的研究呈现多元化的局面，出现了很多学派，各学派研究方式也各不相同，有凯恩斯的资本边际效率论，希克斯、罗宾逊的资本积累论，萨缪尔森的资本净生产率，加尔布雷思、斯图尔特等的知识资本论；经济增

---

① 参见列宁：《帝国主义是资本主义的最高阶段》，人民出版社 2012 年版，第 3—40 页。

② 参见[德]鲁道夫·希法亭：《金融资本》，李琼译，华夏出版社 2013 年版，第 380—420 页。

③ 参见[日]伊藤诚：《论马克思的积累理论——对威克斯的答复》，外国经济学说研究会编：《现代国外经济学论文选》第六辑，商务印书馆 1984 年版，第 102—117 页。

长模式也出现了哈德罗—多马模型、新古典模型、新增长模型等。

资本边际效率是凯恩斯《就业、利息和货币通论》中的三大基本规律之一，用来预测投资预期的利润率。凯恩斯认为提高边际效率或者降低利息率都能促进市场繁荣，刺激投资。[①] 希克斯主要从产量的供给和进货量的需求之间的相互关系论述资本积累对价格和工资变动的影响。萨缪尔森认为，资本具有一个可以用每年的百分比变动来表示的净生产率。加尔布雷思认为，知识资本是一种动态的资本。斯图尔特认为，知识资本由人力资本、结构资本和顾客资本构成。斯威比认为知识资本是一种无形资产。哈罗德实质上把凯恩斯经济学动态化、长期化，他认为政府应该通过调控实现充分就业，以达到储蓄率与投资率同步增长，实现经济稳定增长。多马则强调，只有通过技术进步而不是储蓄，才能实现经济的稳定增长。新增长模型认为内生过程中的技术进步是经济持续增长的决定因素。

（二）资本积累理论要解决的主要问题

首先是马克思资本积累概念的边界问题。“马克思在《资本论》中所提供的是对一个完全资本主义世界的理解。”[②]马克思在《资本论》中指出：“为了对我们的研究对象在其纯粹的状态下进行考察，避免次要情况的干扰，我们在这里必须把整个贸易世界看做一个国家，并且假定资本主义生产已经到处确立并占据了一切产业部门。”[③]资本积累涉及更多的工薪劳动者，“积累过程本身是资本主义生产过程的一个内在要素。积累过程包含着重新创造出雇佣工人……”[④]，因此必须考虑资本主义向非资本主义经济模式的渗透。而资本积累不可能在单一的、完全的资本主义世界中被理解。马克思晚期的研究重点是非资本主义生产模式的渗透问题，即研究再生产的公式。詹姆斯·怀特(James D. White)指出资本积累对马克思而言不能表明资本创造了它自己的前提，也不表明它创造

---

① 参见[英]约翰·梅纳德·凯恩斯：《就业、利息和货币通论》，徐毓枬译，商务印书馆 2014 年版，第 80—130 页。

② Paul Zarembka, “Late Marx and the Conception of ‘Accumulation of Capital’”, in *Confronting Capitalism in the 21st Century: Lessons from Marx's Capital*, ed. by Marc Silver, Cham: Palgrave Macmillan, 2020, p.50.

③ 《马克思恩格斯文集》第 5 卷，人民出版社 2009 年版，第 670 页。

④ 《马克思恩格斯全集》第 49 卷，人民出版社 1982 版，第 122 页。

了市民社会，而这用马克思关于资本主义发展的图式无法解释。[1] 扎伦布卡认为如果将资本积累的理论问题与非资本主义生产形式的渗透问题割裂开来，就不能解决这个问题。

其次是罗莎·卢森堡的资本积累理论为何被忽视的问题。卢森堡继承了马克思关于资本渗透历史的研究，她指出资本主义模式在历史的语境中崛起，要基于不断发展的历史背景下的社会条件。她直面剩余价值的实现问题，指出即便不考虑资本的循环流通，剩余价值也能实现。而她的理论被学界忽视了，扎伦布卡列举了列宁、考茨基、布哈林等人对其理论的批评，探讨了卢森堡著作招致批评的原因有哪些，并指出学界对其理论的忽视限制了马克思主义理论的发展。

最后是马克思价值概念的界定问题。约翰·维克斯提出，倘若所有的生产不能在完全的资本主义经济语境中得到彻底实现，那么马克思的价值理论就必须被我们抛弃。而价值是马克思从理论上理解资本主义生产模式的根基，维克斯分析了马克思的价值理论与价值之不充分的实现之间的不相容性，提出价值是在一个比资本主义更宽泛的语境下使用的。他对马克思政治经济学进行再反思，借用阿尔都塞对资本主义生产模式具有结构性的因果关系的定义，表明马克思的价值范畴是基于社会条件的，是在比资本主义更宽泛的语境下使用的。

（三）扎伦布卡对资本积累问题的解答

1.“资本积累”不可能在单一的资本主义世界中完成

扎伦布卡提出，在马克思主义政治经济学中“资本积累”似乎是一个不言而喻的概念。但事实上资本积累概念的含义是模糊的，古典经济学家把资本归为生产资料，马克思沿用了其对“资本积累”的定义，但他多部冠以“资本”之名的著作，并非指生产资料。《资本论》所做的是为资本主义中的社会生产关系提供一种理解，因此马克思的资本积累概念必须联系阶级来理解，而且马克思是基于一个完全的资本主义世界提出资本积累概念的。扎伦布卡列举了《资本论》第一、二卷中对资本主义世界的简化假设，提出马克思的资本积累概念与完全的资本主义世界是相冲突的，资本积累概念意指雇佣工人以及所需的生产资料

---

① J. D. White, *Karl Marx and the Intellectual Origins of Dialectical Materialism*, London: Macmillan, 1996, p.196.

在数量上的增长。扎伦布卡指出，在《资本论》的手稿中谈到积累过程包含着重新创造出雇佣工人，《资本论》第一卷中指出“资本的积累就是无产阶级的增加”①。由此提出问题——增长的劳动力是从哪里供给的呢？马克思给出的答案是：“这或者是使从前尚未被资本主义生产所支配的那一部分人口，如妇女和儿童，从属于资本，或者是使由于人口自然增长而增多的大量工人从属于资本。”②但在第一卷中却把额外劳动量的解决方法简化为：“资本主义生产的机制也已经考虑到了这一点，因为它把工人阶级当做靠工资过活的阶级再生产出来，让他们的通常的工资不仅够用来维持自己，而且还够用来进行繁殖。”③

扎伦布卡接着指出，马克思把人口增长视为额外劳动力的一个主要源泉，但事实上全球的人口增长率对于资本积累来说是远远不够的。因此，扎伦布卡大胆设想，为了满足资本积累而增加的劳动力供给，应该是来自非资本主义模式被持续不断地渗透，并把这归因为“无产者化的进程”，并把这一过程与农业社会的瓦解联系起来。④

扎伦布卡认为马克思也清楚地认识到这一持续不断的无产者化，在马克思未出版的《直接生产过程的结果》的草稿中，非资本主义模式的渗透应该成为《资本论》第一卷的结论，但在最终出版时却摒弃了这一部分，因此我们也要对未出版的这一草稿进行深入的考量。扎伦布卡接着列举了詹姆斯·怀特的《尼古莱·季别尔与卡尔·马克思》文章片段及马克思在1870年写给恩格斯的信等，证明在《资本论》第一卷出版之后马克思着重研究前资本主义社会，并把俄国作为研究对象，试图理解“不用增加所雇用工人的人数，即不用增加劳动力的量”⑤这一前提下的资本渗透的形式以及界限(资本主义与传统农业社会的关系问题)。

2.马克思的资本再生产理论不能与非资本主义生产形式相割裂

通读《资本论》第二卷可知，马克思并没有继续研究非资本主义生产模式的渗透问题，而是着手研究再生产的公式。马克思指出：“为了从简单再生产过渡到扩大再生产，第Ⅰ部类的生产要能够少为第Ⅱ部类制造不变资本的要素，而

---

① 《马克思恩格斯文集》第5卷，人民出版社2009年版，第709页。

② 《马克思恩格斯文集》第8卷，人民出版社2009年版，第543页。

③ 《马克思恩格斯文集》第5卷，人民出版社2009年版，第670—671页。

④ Paul Zarembka, “Late Marx and the Conception of ‘Accumulation of Capital’”, in *Confronting Capitalism in the 21st Century: Lessons from Marx's Capital*, ed. by Marc Silver, Cham: Palgrave Macmillan, 2020, p.60.

⑤ 《马克思恩格斯文集》第6卷，人民出版社2009年版，第564页。

相应地多为第Ⅰ部类制造不变资本的要素。”[①]扎伦布卡通过分析从简单再生产过渡到扩大再生产，指出工人的消费生产及生产资料、生产数量的变化，指出随着资本积累的进行，第Ⅰ部类与第Ⅱ部类都发生了实质性的增长，而每一部类中的资本的有机构成却保持不变。由此也表明，马克思在计算资本积累条件下的再生产公式时，无法回避工薪劳动者始终是被需要的这个事实。扎伦布卡又列举了马克思对于再生产公式的讨论，借用怀特的话表明其图式不能解决资本不能创造其发展所需的劳动力等难题，并表明自己的观点，即只要马克思未将资本积累相关理论与非资本主义生产形式的渗透问题割裂开来考察，他就不能解决这个难题。[②]

3.资本的全球扩张中剩余价值的实现问题

扎伦布卡指出，马克思的《资本论》与卢森堡的《政治经济学导论》有着完全不同的理论起点。[③] 对卢森堡而言，资本主义生产模式是在一种历史的语境中崛起的。扎伦布卡接着讨论了卢森堡最重要的《资本积累论》与随后的《反批判》为何会招致批评。卢森堡的《资本积累论》对马克思主义政治经济学所做的最为深邃的贡献是直面剩余价值的实现问题。扎伦布卡列举了卢森堡对于剩余价值实现所提出的疑问，如果没有资本—工薪劳动这一关系的扩充，资本的有机构成难道不能持续提升吗？不变资本难道不能持续增长并且完全地吸收未用于资本家消费的那部分剩余价值吗？即便机器生产当中出现了技术变革，劳动时间的增长也并非显而易见。当更多的工薪劳动者被归为资本家所控制或拥有的生产资料时，当剩余价值用于资本主义的全球扩张与统治时，剩余价值就能够克服不充分的市场所带来的难题。最后，得出结论：即使不考虑资本的循环流通，剩余价值也能实现。

4.卢森堡著作中资本积累理论被忽视的原因

扎伦布卡列举了列宁、考茨基、布哈林等人对卢森堡资本积累理论的批评。列宁曾直言卢森堡在资本积累问题上是错误的。即便考茨基本人在批评其他

---

① 《马克思恩格斯文集》第6卷，人民出版社2009年版，第559页。

② Paul Zarembka, “Primitive Accumulation in Marxism, Historical or Trans-Historical Separation from Means of Production?”, in Werner Bonefeld, *Subverting the Present, Imagining the Future*, New York: Autonomedia, 2008, pp.67-75.

③ Paul Zarembka, “Late Marx and the Conception of ‘Accumulation of Capital’”, in *Confronting Capitalism in the 21st Century: Lessons from Marx's Capital*, ed. by Marc Silver, Cham: Palgrave Macmillan, 2020, p.62.

学者时使用了近似于卢森堡的论证，但他并没有给予卢森堡著作客观评价。布哈林对卢森堡的诋毁，导致在很长一段时间内学界对卢森堡的理论进行全面否定。而扎伦布卡复核布哈林对于卢森堡的评注，发现布哈林完全忽视了卢森堡的"货币介于其他两种东西之间"的说法，他把卢森堡对"积累"的定义误解为"货币资本的积累"。[①] 众多学者通过各种方式，对卢森堡的著作进行攻击，制造出了一种"反对"其著作的膜拜。卢森堡最后一部著作《资本积累论》与马克思晚年关于俄国社会研究之间的关联也被忽视。学界对卢森堡关于资本积累的理论的忽视与误解，导致其对马克思资本积累图式（资本再生产不能在完全资本主义世界实现，必然涉及非资本主义生产模式）的发展被搁置，阻碍了马克思资本积累理论的发展。

5.马克思价值范畴的语境超越了资本主义

扎伦布卡概述了维克斯的主张：如果所有的生产不能在完全的资本主义经济语境中得到彻底实现，那么马克思的价值理论就必须被抛弃。维克斯在论证自己的观点时展示了自己对马克思价值概念的确切理解，指出价值的实现就关涉商品资本通过出售向货币资本的转化。扎伦布卡接着指出，如果价值实现过程失败了，就意味着一部分劳动时间是社会所不需要的，暗示某些工薪劳动没有转化为价值，因此价值概念将被瓦解。因此扎伦布卡认为资本主义之外的外部市场应该被引入。他指出维克斯的论证包含明显缺陷：假设货币的社会基础不一定与资本主义发生关联，没有阐述"货币"的含义以及"货币"与"价值"之间的关系。他认为维克斯的论证缺乏一个清晰的、与价值无涉的货币概念，因而其论证是空泛的。他在分析维克斯论证的缺陷后提出了自己的观点：马克思谈论的抽象劳动发生在工薪劳动与资本的关系中，在这一关系中，已经出售了其劳动时间的工人被资本家告知该完成哪些实际劳动，因此我们不需引入额外的"普遍化的劳动时间"概念，价值不能长期实现，并不必然与一个运用于资本主义生产模式的价值概念相悖。如果价值不能实现，即某些劳动时间是不被社会需要的，价值概念就要被瓦解，实现了的抽象劳动时间将由货币这一因素来决定，因此资本主义之外的市场应该被引入。[②]

---

① Paul Zarembka, "Late Marx and the Conception of 'Accumulation of Capital'", in *Confronting Capitalism in the 21st Century: Lessons from Marx's Capital*, ed. by Marc Silver, Cham: Palgrave Macmillan, 2020, p.57.

② JohnWeeks, "A Note on Underconsumptionist Theory and the Labor Theory of Value", Science & Society, Vol.46, No.1(1982), pp.60-76.

扎伦布卡还认为，马克思使用的经济学范畴必须被理解为是基于社会条件的，要推导出价值概念，分析对象不仅是单纯的资本—工薪劳动关系，还应该再加上非资本主义生产模式的渗透。[①] 其实早在1858年，马克思在价值问题方面就关注到后无产阶级化了，他指出价值"是在一定的社会经济发展的基础上才能产生出来"[②]。扎伦布卡对于马克思的政治经济学进行再反思，借助阿尔都塞的评论，指出经济学范畴并不需要因循固守其历史用法，在资本主义语境中，这些范畴就应该由资产阶级社会的结构来规定，我们在讨论资本对非资本主义社会的渗透时，必须考虑其历史性语境。最后指出要探讨"价值"和"资本积累"的关系，必须论及货币理论，而货币在资本主义生产模式中是什么？在这一模式之前又是什么？扎伦布卡以提出疑问结束文章，来暗示马克思资本积累理论仍存在着研究空间，需要作出新的阐释。

七、对扎伦布卡对资本积累理论新阐释的简评

扎伦布卡在讨论资本积累理论时，开篇就透过纷繁复杂的表象，抓住事物本质，指出整部《资本论》要做的是为资本主义中的社会生产关系提供一种理解，阶级问题才是其最根本的议题，马克思的资本积累概念并不是指生产资料或者不变资本，必须联系阶级来对其进行理解。

扎伦布卡提出马克思的资本积累概念与《资本论》完全的资本主义世界的前设是相冲突的，表明资本积累不可能在单一的、完全的资本主义世界中完成。随着资本积累的进行，第Ⅰ部类与第Ⅱ部类都发生了实质性的增长，而每一部类中的资本的有机构成却保持不变，这表明资本主义无法创造出自身所需要的劳动者，更多的工薪劳动者始终是被需要的，即便机器生产中发生技术变革，而工人使用先进机器生产出更多的价值，对更多的工薪劳动者的需求也是显而易见的，因此现代资本家们宣称随着科技的进步，机器将完全取代工人的言论是不可能完全实现的。

众多学者由于误解卢森堡对"积累"的界定，导致其被批判，随后扎伦布卡等学者为卢森堡正名，引发了学界对卢森堡资本积累图式的研究，从而推动了

---

① Paul Zarembka, "Late Marx and the Conception of 'Accumulation of Capital'", in *Confronting Capitalism in the 21st Century: Lessons from Marx's Capital*, ed. by Marc Silver, Cham: Palgrave Macmillan, 2020, p.52.

② 《马克思恩格斯文集》第10卷，人民出版社2009年版，第158—159页。

马克思主义理论的发展。扎伦布卡强调马克思提出的价值概念是基于当时的社会条件,因此要理解其价值概念,必须放到当时的历史性语境中。[①] 扎伦布卡指出维克斯的价值抛弃论缺乏立足点,没有界定"货币"概念以及"货币"与"价值"的关系。还指出维克斯的观点激发我们去关注价值之于实现,指出价值概念如何规避成为新李嘉图主义式的价值概念,补充和丰富了马克思价值概念的内涵,指出马克思所使用的经济学范畴都要理解为是基于社会条件的。扎伦布卡在最后表明对马克思"资本积累"概念审慎考察而揭示出的问题,如"剩余价值向货币的转化和这个货币的贮藏需要一个很长的时间"[②],因此包括货币理论等都需要被重新审视,明确马克思主义理论仍然需要进一步研究、进一步发展。

资本积累思想是马克思探讨资本主义生产模式的重点,贯穿于马克思政治经济学及其批判的始终。扎伦布卡详细梳理了马克思从 1844 年到 1867 年的政治经济学著作,阐明了马克思的"资本积累"概念的由来,即从最初在亚当·斯密和大卫·李嘉图的范式下理解"资本积累",到随后的"价值""劳动力""抽象劳动"等概念的提出,直至 1867 年《资本论》出版,最终马克思认为劳动本身是不能被生产和销售的,资本积累的实现借助的是劳动力的积累。

不过,马克思并未解答资本积累何以实现的问题,这对于后世来说就成了一个未完成的开放式问题。针对这一问题,列宁和卢森堡都曾试图给出解答,而这两种解答分别代表了 20 世纪马克思主义者们的两个不同路径。最后,扎伦布卡认为在斯密和李嘉图的范式下研究资本积累问题,实质上导致了马克思资本积累思想研究停滞不前。这些认识为研读《资本论》提供了一个新的视角,即以资本积累何以实现为切入点来研读;同时,随着 20 世纪资本主义的迅速发展,尤其是金融危机后,我们对马克思《资本论》的研究应将问题的核心立足于资本积累问题。

马克思的资本积累概念建立在完全的资本主义世界的前设上。在完全的资本主义生产模式中无法解决其对雇佣工人的需求的满足问题,所以资本积累必然涉及资本主义对非资本主义的渗透问题,也因此"资本积累"不能在完全的资本主义世界中被理解。在马克思身后,卢森堡、维克斯等人都回应了马克思理论中的上述难题,卢森堡关注非资本主义经济模式的渗透,维克斯更关注价

---

① Paul Zarembka, "Value: Marx's Evolution and Luxemburg's Legacy", in *Rosa Luxemburg: A Permanent Challenge for Political Economy*, ed. by Judith Dellheim and Frieder Otto Wolf, Cham: Palgrave Macmillan, 2016, pp.55-91.

② 《马克思恩格斯文集》第 6 卷,人民出版社 2009 年版,第 551 页。

值概念的范畴问题。这些讨论与思考，表明马克思的资本积累概念以及马克思的政治经济学仍存在着探讨和阐释的理论空间。以下是针对所要解决问题的结论。

第一，马克思一直试图解决《资本论》中资本积累概念存在的问题。马克思在《资本论》草稿中已经考虑到资本积累涉及非资本主义生产模式，虽然在《资本论》第一卷中将这个结论简化了，但从马克思晚期研究俄国等的资料中可知马克思已经关注到后无产阶级化，他在生命最后一刻还在研究资本主义生产模式如何“不用增加所雇用工人的人数”①。由此可知，马克思本人知道其资本积累概念是基于简化设定的完全资本主义世界，存在着不完善之处，并一直在试图解决这一问题，但这并不能完全否定马克思的资本积累概念，而是要将概念放在一定的社会条件、历史语境中去理解。

第二，学界应注重卢森堡对于马克思资本积累概念的发展。卢森堡通过研究资本主义的扩大再生产与剩余价值及资本积累之间的内在关系，及其对非资本主义经济模式的关切，真正推动了对资本积累问题的进一步思考。而一些学者长期对卢森堡的理论的诋毁与忽视，导致学界对资本积累问题的研究偏离了方向，使得资本积累理论没有得到进一步发展与完善。

第三，理解马克思的价值范畴要基于社会条件。价值是马克思从理论上理解资本主义生产方式的根基，经济学范畴并不需要因循固守其传统用法，在资本主义语境中，这些范畴就应该由资产阶级社会的结构来规定。资本主义生产方式在历史的语境中崛起，意味着那些理论范畴不仅基于社会条件，还基于不断发展的历史背景下的社会条件。

---

① 《马克思恩格斯文集》第6卷，人民出版社2009年版，第564页。

第二部分

《资本论》价值辩证法的新审视

第四章 《资本论》形式分析与空间斗争的辩证法

当今世界，全球化趋势不可逆转，资本主义通过全球化开始采用更加隐秘的方式进行资本扩张。在资本逻辑的主导下，资本积累以极快的速度进行扩张、渗透和转型，获取利润。在此背景之下，为了保证经济全球化顺利发展，维护世界经济稳定，我们需要回到《资本论》，考察当代资本主义生产方式新变化和资本积累的新特点。

《资本论》出版距今已有150余年，其中包含着丰富的形式分析和空间斗争思想。资本主义经过数百年的发展，资本逻辑经过若干变化之后具有新的时空特征，但《资本论》中的形式分析和空间斗争思想结合新时代的新实践，再次焕发出新的生机与活力。随着经济全球化和科学技术的发展，资本获取利润的方式已经发生了新的变化，已由"空间中事物的生产"向"空间本身的生产"转移。① 20世纪70年代以来，空间成为资本的载体，空间生产成为资本增殖的方式。② 所以，以马克思在《资本论》中的空间理论为基础，在空间斗争中找到一条有希望挑战客观的思维形式以及资本主义社会形式的途径，揭露全球化背后的资本逻辑，对未来人类发展具有重要意义。在全球化的背景下，资本主义采取了更加隐蔽的方式在全世界进行扩张。为了揭开资本主义拜物教的面纱，伯恩德·贝利纳(Bernd Belina)从《资本论》中找到一种有效的方式，即在空间斗争中揭示拜物教、批判资本主义、揭示资本主义的剥削本质。国内对于空间理论的研究主要集中在资本与空间关系问题、资本与城市空间问题、空间生产理论三个方面，国外研究集中于空间生产理论、城市空间和空间转向三个方面。伯恩

---

① 参见[法]列斐伏尔：《空间：社会产物与使用价值》，包亚明编：《现代性与空间的生产》，上海出版社2003年版，第47页。

② 参见陈建华：《中国城市空间生产与空间正义问题的资本逻辑》，《学术月刊》2018年第7期。

德·贝利纳对《资本论》形式分析和空间斗争思想重点阐述了两个“形式”的版本:新马克思阅读运动和资本主义晚期的空间理论。贝利纳坚持马克思主义的立场,从唯物主义历史观出发阐述空间斗争的新方式,对中国特色社会主义新时代的城市建设提供了重要的启示。

一、国内外学术史综述

我国学者认为马克思理论体系中蕴含着丰富的空间思想,国内对《资本论》中的空间斗争思想的研究主要围绕三个方面展开。

(一)关于资本与空间关系问题的研究

在资本与空间的关系问题上,部分国内学者将空间视为资本的条件或者资本的某种形态。张晶晶从历史唯物主义出发,挖掘资本与空间的内在联系,她认为空间是资本扩张的外部因素,也是生产剩余价值的前提条件,维系着资本主义生产和再生产过程,并作为物化的生产要素,直接参与资本运作和剩余价值生产过程。[①] 任平从资本视角入手,指出资本作为一种生产方式,通过积累占有空间,并通过商品、货币的自我增殖进行空间的无限扩张,空间为资本的生产和流通创造了条件,并随着资本的扩张而无限扩大。在马克思的视野中,资本不仅是一种历史的生产方式,而且是一种空间的生产方式。[②] 孙全胜在马克思对资本主义经济运作机制批判的基础上进一步批判了资本支配社会空间生产机制,指出资本主义让资本关系渗透进社会空间,实现了抽象劳动对感性劳动的支配。[③] 资本对空间的控制使得资本家掌握了社会经济命脉,抓住了空间的管理权,这就会导致空间资源分配不平等,进而导致空间发展的危机。资产阶级夺取劳动资料,占有劳动力,为其空间上的扩张准备了条件。孙江剖析资本主义生产方式后,认为在工业资本主义生产方式占统治地位的社会里,城市空间繁杂的现象背后总是隐藏着稳定的秩序——资本对空间的宰制。[④] 在空间生

---

① 参见张晶晶:《马克思空间批判思想的内在机理及启示:基于〈资本论〉及其手稿的研究》,《理论导刊》2021年第11期。

② 参见任平:《论空间生产与马克思主义的出场路径》,《江海学刊》2007年第2期。

③ 参见孙全胜:《论马克思社会空间批判的三重逻辑》,《华北电力大学学报》(社会科学版)2021年第5期。

④ 参见孙江:《工业资本主义时代资本宰制空间的路径分析》,《苏州大学学报》(哲学社会科学版)2009年第5期。

产的舞台上，资本才是真正的总导演。空间生产受资本逻辑的支配，资本扩张在发展形态上表现为对空间的占有和重组。吴耀国从价值实质、价值量、空间实体三方面进行的价值阐述表明，空间在资本主义经济体系中开始向资本臣服，因此对空间的价值批判成为整个资本主义生产空间批判的重要组成部分。[①] 李春敏认为，土地是自然空间的代表，是资本的最初积累方式，土地的资本化是资本空间化的重要前提。资本通过不断地变化生产方式，产生不同的剩余价值，就会对土地这一自然空间赋予不同的资本价值。[②] 资本的本性是不断地进行空间扩张，由乡村扩大到城市，再由城市发展到区域，最终实现资本的全球化扩张。总而言之，资本可以破除空间的固有屏障而又塑造空间，改变空间特性，并进一步控制空间。

(二)关于资本与城市空间问题的研究

在资本与城市空间的问题上，包亚明通过解读马克思的城市观，指出城市空间具有双重性质，它既具有对资本主义剥削的体现，又具有积极意义。孙全胜认为，工业化生产包含着城市空间生产，城市空间生产的背后推动力量是资本增殖逻辑。[③] 城市空间的规划和建设都是工业生产的结果，也是全球化背景下资本主义扩张的必然结果。城市空间生产理论延续了马克思社会批判理论，是从空间的维度对马克思主义的补充说明，这有助于帮助我们分析中国城市化中存在的现实问题。任平总结了中国城市哲学的十年出场过程，探索出今天城市问题主要是资本空间化、空间资本化及资本逻辑造就自身形态创新而造成的。[④] 庄友刚指出，城市的建构和发展是空间生产中最具有代表性的领域，空间生产的实质就是把社会生产中的各要素集合起来，重新构建适合资本增殖的社会空间，而作为空间生产的基本内容和主要表现领域，城市的历史发展状况体现和代表着空间生产发展的历史水平。[⑤] 所以在一定历史条件下对城市发展的剖析，应指向对这一特定历史阶段的社会生产关系的批判。孙江在分析工业资

---

① 参见吴耀国：《从"价值的空间"到"空间的价值"：〈资本论〉中的价值概念与空间意识》，《西南大学学报》(社会科学版)2015 年第 5 期。

② 参见李春敏：《今天我们如何理解"空间"：兼论马克思空间分析的未来性》，《教学与研究》2024 年第 8 期。

③ 参见包亚明：《消费文化与城市空间的生产》，《学术月刊》2006 年第 5 期。

④ 参见任平：《走向空间正义：中国城市哲学原创出场十年史的理论旨趣》，《探索与争鸣》2020 年第 12 期。

⑤ 参见庄友刚：《唯物史观视野中的空间生产、城市发展与人类解放》，《河北学刊》2011 年第 4 期。

本主义生产方式主导的空间生产分裂后指出，机器大工业造就的城市凭借强大的劳动生产力建立了对乡村的“霸权”，把一部分人变成城市动物，把另一部分人变成乡村动物，乡村从属于城市。[①] 资本造成了城乡分离，并使得二者之间的矛盾进一步深化。高鉴国指出，空间生产的发展由城市空间生产开始，而资本不满足于城市这一狭小的空间，所以向更大的空间进行扩张，把城市和乡村、城市和城市连接起来，使得空间生产跨越到地域层次。在资本主义条件下，城市空间结构的建立是以资本增殖为目的，资产阶级利用城市空间的优势来维护自身利益和统治。同时，资本作为城市空间里的主宰者对资本主义城市进行控制，把城市变为物化空间。这样，资本主义就把城市当作一种空间化统治的产物。[②]

（三）关于空间生产理论的研究

我国学者从20世纪90年代开始关注空间生产的问题，主要是对列斐伏尔和大卫·哈维等西方学者的理论研究。以周穗明《新马克思主义先驱者》、陈学明《西方马克思主义教程》为例，他们肯定了列斐伏尔在西方马克思主义流派中的重要作用。孙全胜在《论马克思“空间生产”政治批判伦理的三重维度》开篇就指出“空间生产”作为一种理论和资本运作模式是由列斐伏尔提出的，这种“空间生产”理论继承了马克思的“空间生产”观点。[③] 李春敏指出，列斐伏尔将空间分析与全球化、都市化以及日常生活结合在一起，开创了空间研究的新视野，并且认为列斐伏尔从社会空间出发，试图对历史唯物主义进行空间化改造，并寻找革命出路。[④] 刘怀玉在《〈空间的生产〉的空间历史唯物主义观》中认为，列斐伏尔的《空间的生产》为我们提供了分析历史唯物主义在当代空间化的解释方法，它在三个方面给予我们重要启示：一是突破传统马克思主义的理论模式，强调空间问题意识；二是以空间与生产、社会与空间两对范畴双向互释的视角，奠定了历史唯物主义空间化解释的逻辑基础；三是以空间历史为主线阐明

① 参见孙江：《空间分裂：工业资本主义时代空间生产的对抗性特征》，《苏州大学学报》（哲学社会科学版）2021年第4期。

② 参见高鉴国：《新马克思主义城市理论》，商务印书馆2006年版，第45—55页。

③ 参见孙全胜：《论马克思“空间生产”政治批判伦理的三重维度》，《太原理工大学学报》（社会科学版）2021年第6期。

④ 参见李春敏：《列斐伏尔的空间生产理论探析》，《人文杂志》2011年第1期。

历史唯物主义的空间视野与空间的社会历史内涵。[①] 在《列斐伏尔“空间生产”理论研究述评》一文中，孙全胜对国内外关于列斐伏尔空间生产的观点进行逻辑梳理，认为目前国内学界对列斐伏尔空间生产的研究尚未形成一个总体性的完善的研究范式，因此，目前国内“空间生产”研究需要进一步加强，尤其是要加强空间生产的伦理维度，努力建构一个完善的空间理论体系。[②] 对于大卫·哈维的空间生产理论，张文树认为，哈维坚定马克思主义立场，从整体上反思了《资本论》的空间思想，探寻了资本主义空间构型的生产机理和内在矛盾，但是由于《资本论》解读方面对哈维造成的视域上的局限性，导致其空间批判思想也难以避免“空间拜物教”之嫌。[③]

国外学者也对《资本论》中的空间理论进行了研究和重新解读，国外关于《资本论》中的空间理论和空间斗争思想的研究主要围绕三个方面展开。

1.关于空间生产理论问题的研究

资本主义在世界范围内的扩张是马克思主义理论研究的一个持久的主题。列斐伏尔、哈维等人的研究不仅“激活”了《资本论》中的“空间基因”，而且为马克思主义的理论创新拓展出新的“生产空间”。[④]

首先是列斐伏尔的空间生产理论。列斐伏尔对马克思主义视野下的空间生产理论进行了扬弃，他在《空间的生产》中指出，生产空间主要是表现在具有一定历史性的城市的急速扩张、社会的普遍都市化，以及空间性组织的问题等各方面。[⑤] 因此，在空间生产这一过程中，空间不仅是被生产出来的结果，而且也是一个能动的再生产者。[⑥] 具体来说，列斐伏尔的空间生产理论主要体现在三个方面：一是对空间社会属性的进一步阐释。他认为空间从来就不是空洞的，它往往蕴含着某种意义。在这种意义上，每一个社会、每一种生产模式和每一种特定的生产关系都会生产出自身独特的空间。二是从政治经济学的角度对资本主义空间进行了批判，指出空间在资本主义社会关系的生产中扮演着重

① 参见刘怀玉：《〈空间的生产〉的空间历史唯物主义观》，《武汉大学学报》（人文科学版）2015 年第 1 期。

② 参见孙全胜：《列斐伏尔“空间生产”理论研究述评》，《中共宁波市委党校学报》2017 年第 2 期。

③ 参见张文树：《大卫·哈维对〈资本论〉空间思想的解读及其现实意义》，《东南学术》2020 年第 4 期。

④ 参见胡乐明：《资本积累、阶级斗争与空间生产：一个文献综述》，《山东社会科学》2014 年第 9 期。

⑤ 参见包亚明主编：《现代性与空间的生产》，上海教育出版社 2003 年版，第 47 页。

⑥ 参见胡乐明：《资本积累、阶级斗争与空间生产：一个文献综述》，《山东社会科学》2014 年第 9 期。

要角色。三是基于空间生产角度的都市问题思考。空间的重组是战后资本主义发展以及全球化进程的一个核心问题，世界资本主义发展的一个重要特征就是全球范围内工业社会向都市社会转变的不可逆性。尽管列斐伏尔从三个方面对马克思空间生产理论做了发展与批判，但他对空间生产理论的描述始终离不开社会制度的土壤，也离不开马克思主义理论这一科学的理论研究工具。总之，资本主义是列斐伏尔空间生产理论的中心范畴，而他的空间生产分析是与资本生产逻辑鲜明对立的，这就使得他一直徘徊在马克思主义传统之中。

其次是哈维对空间生产理论的扬弃。哈维认为，资本主义价值体系的传播及其相关的主体间时空，常常伴随着激烈的斗争，以使不同的人民适应社会，从而进入暗含在工业组织中时空秩序网络。资本主义发展把一种时间和空间的定义强加给人们。[①] 哈维的观点很明确，资本积累的直接表达形式就是空间扩张，他认识到了资本主义的空间不平衡，并提出空间不平衡是资本主义危机的一个重要诱发因素。在《社会正义与城市》这部著作中及后来的研究中，哈维通过重读马克思的《资本论》，并有选择地借鉴列斐伏尔的《都市革命》，重新思考了地理学和城市问题。在这一理论层面，哈维将帝国主义和城市进程视为资本发生质变的时刻。他在《新帝国主义》和《后现代的状况》中指出，资本逻辑是由市场经济法则来运行的，资本通过变革社会关系、提高生产率来实现自身利益的最大化。哈维对资本的灵活积累做了深入的分析，他认为，正在发展中的灵活积累体制采用了新的组织形式和新的技术，而这种创新就是一种空间策略。由于空间生产与资本主义生产方式的分析在历史唯物主义的理论体系中没有具体展开，哈维试图把空间及空间生产作为积极的因素整合到历史唯物主义之中，从而建立历史地理唯物主义。总之，哈维通过对《资本论》的解读，在对马克思主义视野下的空间生产理论反思的基础上形成自己的空间理论建构。这种空间生产理论是对马克思空间思想的继承与发展，同时他在研究中拓宽了马克思资本积累思想的理论视野，丰富了历史唯物主义的空间维度。

2.关于城市空间问题的研究

城市空间关系到生活的方方面面，资本的扩张导致城市空间被资本所掌控，城市矛盾日渐突出。围绕城市空间问题的研究，代表性的学者及其著作包括苏贾《第三空间》、大卫·哈维《巴黎城记：现代性之都的诞生》、列斐伏尔《空

---

① 参见[美]戴维·哈维：《正义、自然和差异地理学》，胡大平译，上海人民出版社2015年版，第254页。

间的生产》等。这些学者认为，马克思对空间的深刻见解体现在关于城乡对立、劳动分工、城市空间划分等的论述中。城市的发展使得农村人口向城市转移，使得城市人口密集，生产消费等领域愈加集中。在哈维看来，资本主义城市化无疑是某种已经对象化了的欲望、知识和实践的力量，构成了资本主义再生产的基本条件，资本主义通过一般意义上的空间生产和特殊意义上的城市化来吸收剩余价值和剩余产品，对维持资本积累起了关键作用。① 哈维还描绘了一系列资本主义社会不公的现象：第一，财富的积累和贫困的积累同在；第二，环境的恶化；第三，资本主义增长达到极限。② 哈维在描写法国1852—1870年对巴黎城市的改造时，主要体现出了城市空间的阶级矛盾。城市中住所按照等级分层，城市中的劳动者在城市建设中投入了最大的劳动，作出了巨大的贡献，但是因为收入低、地位低而受到城市空间的排挤，贫富差距和不平等的分配关系导致阶级矛盾尖锐。空间生产的本质就是阶级关系的生产，这直接导致阶级关系的对立，阶级矛盾在城市化过程中日益尖锐化。城市和乡村是人类集聚的两种空间，是人类经过实践而形成的阶级性的空间形态。随着资本在空间的流动，城乡之间的空间矛盾也不断演变发展。《城市经验》和《巴黎，现代性之都》这两部著作最为恰当地体现了哈维在1970—1980年的不同研究取向。在这两部著作中，他以对地租和建筑环境的分析作为切入点，研究了用来界定巴黎等城市区域的生产和再生产集群。③

3.关于空间转向问题的研究

列斐伏尔的《空间的生产》的出版标志着后现代理论的开始，西方社会批判开始进入一种空间转向。列斐伏尔在晚年时把视线转向空间维度，他认为，空间不是客观空洞的，而是具有社会属性。此后美国学者弗雷德里克·詹姆逊(Fredric Jameson，也译为弗雷德里克·詹明信)对后现代空间转向的研究论述较多。他认为，时间化与空间化是现代主义和后现代主义的重要区别，他在《晚期资本主义的文化逻辑》中指出，如果时间化是理解现代主义的关键，那么空间

---

① 参见[美]大卫·哈维：《跟大卫·哈维读〈资本论〉》，谢富胜、李连波译，上海译文出版社2016年版，第297页。

② 参见林承园：《西方新马克思主义空间理论与〈资本论〉空间理论的比较分析》，《北方丛论》2018年第1期。

③ 参见[英]斯蒂芬·基普弗：《马克思主义的空间理论和城市问题：英文文献导读》，李秀玲编译，《国外理论动态》2021年第3期。

化则是打开后现代主义的钥匙。[①] 后现代空间理论将马克思主义与现代地理学分析相结合，推动了当代空间理论的发展。他指出，从平淡感到某种新的永久的现在：我们分析的这一轨道暗示了后现代主义现象的最终的、最一般的特征，那就是，仿佛把一切都彻底空间化了，把思维、存在的经验和文化的产品都空间化了。[②] 詹姆逊认为，晚期资本主义全球化的扩张模式与以往的合并统治不同，它产生了跨国形式的空间结构。在《后现代都市状况》中，美国学者迪尔认为列斐伏尔和詹姆逊都强调了空间的重要性，他们有相似之处，但也有区别。相对而言，詹姆逊对空间过度强调，而列斐伏尔则把时间与空间放到同样重要的位置上，认为社会建构离不开时间与空间的结合。而在《后现代的状况》一书中，哈维将后现代主义发展为一种"文化—地理后现代主义"，认为后现代是一种文化经验与再现的重大转变，其深层根源是城市政治—经济机制的空间转变。

总之，国内外学术界对空间与资本问题的研究主要从城市空间、空间生产和空间转向等角度对资本主义展开剖析与批判，在空间的方式中揭示资本主义的实质，并在空间斗争中探索出一条与资本主义斗争的道路。然而，随着全球化的进一步发展和现代科学技术的突飞猛进，资本主义世界出现了很多新的变化和新的特点，马克思在《资本论》中提出的空间理论需要进行与时俱进的更新，然而目前的一些理论研究却已经落后于现实发展，还有一些理论研究零散杂乱、不成体系。伯恩德·贝利纳将在空间维度之下，借助形式分析和空间斗争的新途径，力图在空间斗争中发现一种方法来挑战客观的思维形式以及资本主义的社会形式，从而进一步剖析资本主义本质及其规律的历史逻辑，辨析资本主义的生产方式和生产关系，探索空间维度在当代社会的实践逻辑价值，为共产主义的实现在空间中探究出一条新的道路。

二、社会形式和思维形式

伯恩德·贝利纳在《形式分析、空间和空间斗争》这篇文章中指出，可以在空间斗争当中找到一条有希望挑战客观的思维形式以及资本主义社会形式的

① 参见周立斌、王彦婷、东江莉：《〈资本论〉空间经济的隐匿与凸显：一个马克思主义的后现代地理学的视角》，《〈资本论〉研究》2020年第0期。

② 参见詹明信：《晚期资本主义的文化逻辑》，张旭东编，陈清侨等译，生活·读书·新知三联书店1997年版，第1页。

途径。在此之前，首先讨论了“客观的思维形式”和“社会形式”这两个概念。[①] 马克思用“社会形式”来指称一定的社会发展阶段，在关于“三大社会形式”的论述中，通过“最初的社会形式”“第二大形式”“第三个阶段”等用语，我们就可以理解：形式就是阶段，社会形式就是社会发展阶段，也就是社会形态。[②] 通过对《资本论》的研读，梳理马克思关于“价值形式”和“客观的思维形式”的最初论述，阐明马克思对于“形式”的特殊理解，如文章中所讲，这里的“形式”接受了“一个在马克思的社会化过程中的全新的意义”，在这里“形式”现在代表与历史普遍功能相对应的历史特殊性。马克思所说的“客观的思维形式”对资本主义来说是其特有的。

对“形式”的理解进一步涉及社会形式和思维形式，正如马克思指出的，“世俗基础使自己从自身中分离出去，并在云霄中固定为一个独立的王国”[③]，其论述了社会形式和思维形式的关系。伯恩德·贝利纳在重新考察社会形式和思维形式的关系时，提到了“新马克思阅读”的批判及其出现的背景。新马克思阅读这一思想运动脱胎于法兰克福学派，其基本理论探索是立足《资本论》及手稿，重建马克思的价值形式理论，从而为法兰克福学派的社会批判理论奠定政治经济学基础。新马克思阅读的支持者与批判者的争论，让人想起结构主义与马克思主义和人文主义与马克思主义之间的其他争论，并涉及德国国家起源的争论。

了解了资本主义的社会形式和思维形式，再重新回到空间问题，以《资本论》中的空间理论为依据，结合阿尔弗雷德·索恩-雷特尔（Alfred Sohn-Rethel）、大卫·哈维、尼尔·史密斯（Neil Smith）和列斐伏尔等人关于空间的理论思想。雷特尔认为抽象是真实的，因为它源自人类的行为，而不是人类的思考，他认为使用价值的抽象是商品交换的一种客观的、自然的功能。由此，哈维把独立形式存在的抽象看作抽象的人类思维形式，提出恰当地概念化空间的问题，应该通过人类对空间的实践来解决。换句话说，对于空间的本质所产生的哲学问题，没有哲学上的答案——答案在于人类实践。[④] 尼尔·史密斯提出

---

① Bernd Belina, “Form Analysis, Space, and Spatial Struggle”, in *Confronting Capitalism in the 21st Century: Lessons from Marx's Capital*, ed. by Marc Silver, Cham: Palgrave Macmillan, 2020, p.69.

② 参见刘召峰：《社会形态、经济的社会形态、社会形式：马克思社会形态理论的核心概念考辨》，《浙江大学学报》（人文社会科学版）2020 年第 6 期。

③ 《马克思恩格斯选集》第 1 卷，人民出版社 1995 年版，第 55 页。

④ David Harvey, *Social Justice and the City*, London: Edward Arnold, 1973, p.12.

了自然和空间实际上都是在由社会结构所决定的环境中产生的;列斐伏尔批评了抽象空间既是虚假意识又是客观性的虚假观点,并将这种抽象虚假与商品形式以及随之而来的同质化和可交换性联系起来。这些关于空间的新看法是对马克思空间思想的批判继承与创新发展,有助于在空间斗争中揭露资本主义虚伪的面纱,指导无产阶级推翻现存的资本主义社会空间,建立共产主义社会空间,为保障人民群众的空间利益提供理论支持。[①]

三、"价值形式"与"社会关系的组织形式"

对于"客观的思维形式"和"价值形式"的关系,德国左翼学者贝恩德·贝利纳以货币形式为切入点阐述了货币是实现历史上社会生产的生产关系的客观思维形式。[②] "客观的思维形式"对于资本主义来说是特有的。贝利纳在文章中指出,在《资本论》里面,"形式"并不是指精神上的抽象,而是指价值形式的社会物质现实。马克思通过价值形式揭露了资本主义生产方式隐藏在表象之下的本质,在资本主义社会形式中重新发现了辩证法的现实根基,这些发现加深了人们对资本主义社会的理解。无论是"客观的思维形式"还是"价值形式",它们都系统地产生于社会实践当中。

"客观的思维形式"和"价值形式"分别属于"思维形式"和"社会形式"的子范畴。按照马克思的理解,阶级是资本主义社会的结构性存在,也是独特的社会形式的结果。因此,对资本主义社会阶级的分析,首先必须基于对资本主义社会形式的分析。[③] 所以在分析资本主义的社会形式时,马克思将社会形式分析(在经济和国家理论方面)与一种发展的、辩证的形式方法联系在一起,这种辩证的形式方法并不以代理人的意向为基础,它强调不能脱离自身的世俗基础的结构性约束,社会形式不是偶然的,而是带有必然性。而思维形式则在相同的过程中,"超越个体的"形式构成了面对给定个体的形式,并构成了"必要的虚假意识"的基础。马克思的形式分析对于剖析资本主义社会形式有着十分重要的意义,也进一步表明了社会形式与思维形式之间的关系,即主体通过实践建

---

① 参见孙全胜:《论马克思"空间生产"政治批判伦理的三重维度》,《太原理工大学学报》(社会科学版)2021年第6期。

② Bernd Belina, "Form Analysis, Space, and Spatial Struggle", in *Confronting Capitalism in the 21st Century: Lessons from Marx's Capital*, ed. by Marc Silver, Cham: Palgrave Macmillan, 2020, p.71.

③ 参见林青:《〈资本论〉的"形式分析"与马克思"政治哲学"》,《厦门大学学报》(哲学社会科学版)2020年第2期。

立起社会关系，形成一定的“社会形式”，并在这个社会形式的影响之下产生相应的“思维形式”。简而言之，价值形式更像是“形式执行的具体任务”，而社会形式包括经济形式、政治形式、法律形式等，其目的是维护资本主义的阶级统治。正是这些社会形式构成了“可处理的”基本的社会对立，“也就是说，资本主义组织社会关系的方式并不会解决对抗，但是把对抗引导到结构化的过程中，这样他们就可以在实践中把所有的紧张局势以及所有可能和实际的斗争都纳入这些过程中。尽管社会关系看起来好像是确定的和永恒的，但社会形式‘从根本上来说是不稳定的’”①。

讨论了政治和法律形式之后，贝利纳提到了“新马克思阅读”的出现背景。德国“新马克思阅读”运动始自 20 世纪 60 年代，运动奠基者巴克豪斯和莱希尔特都曾在当时阿多诺的社会学研究研讨课上学习。这一以马克思的价值理论为核心的研究活动延续至今，影响巨大。其支持者和批判者的争论触及了诸多理论问题，争论的核心是关于形式分析的正确理解问题。

从各方的争论中，贝恩德·贝利纳总结道：“我们需要非常认真地对待我们所生活的社会形式以及随之而来的思维形式，因为克服资本主义的任务需要找到方法来揭示对于占主导地位的（客观的）思维形式的崇拜，要攻击与他们交织在一起的社会形式，就需要揭开他们的拜物教的面纱。”②

要挑战资本主义，就必须克服在资本主义社会形式下形成的思维形式崇拜，只有对资本主义提出质疑，才能进一步对整个社会提出质疑。要攻击资本主义的社会形式，就需要揭开资本主义拜物教的面纱。在资本主义社会中，拜物教作为存在的意识，侧重点在于拜物教成了人的表象自主活动和虚假自由活动得以可能的途径，人的各种活动只有在接受拜物教的前提下才是可能的。③拜物教成为一种社会意识，在生活中指导着人们的行为方式，它积极地参与了社会存在的生成和改变，甚至成为社会存在的基础和条件。拜物教是异化现象的一种类型，人与人的社会关系异化为物与物的关系。④ 因此，要对资本主义进

---

① Bernd Belina, “Form Analysis, Space, and Spatial Struggle”, in *Confronting Capitalism in the 21st Century: Lessons from Marx's Capital*, ed. by Marc Silver, Cham: Palgrave Macmillan, 2020, p.74.

② Bernd Belina, “Form Analysis, Space, and Spatial Struggle”, in *Confronting Capitalism in the 21st Century: Lessons from Marx's Capital*, ed. by Marc Silver, Cham: Palgrave Macmillan, 2020, p.80.

③ 参见鲍金：《拜物教为什么是“客观的思维形式”？——抽象视阈中的马克思拜物教批判再阐释》，《马克思主义与现实》2013 年第 6 期。

④ 参见刘召峰：《马克思的拜物教概念考辨》，《南京大学学报》（哲学·人文科学·社会科学版）2012 年第 1 期。

行批判就必须揭开资本主义拜物教的面纱，揭示资本主义剥削的本质。然而全球化的发展、科技的进步等使得资本主义的剥削关系都被表面的“劳资报酬”掩盖了。为了更加直接地揭示资本主义的不平衡，贝利纳呼吁从空间斗争中找到一种很有前途的方法来挑战客观的思维形式以及资本主义的社会形式。以雷特尔、大卫·哈维、尼尔·史密斯和亨利·列斐伏尔等人关于空间的著作为理论研究点，以 2011 年夏天特拉维夫-雅法的抗议重建、“封锁占领法兰克福”运动两个事件为例，强调具体空间的斗争需要超越拜物教的抽象空间，从而在空间斗争中看到效果。[①] 空间斗争继续发展就会成为反对资本主义的运动，在这里，现实的人的解放就是其生存空间的解放，是人与空间相互开放的多重视野的开启。[②] 最终，贝恩德·贝利纳得出结论：“在空间中的斗争可能是特权场所，在那里可以打破对社会形式和思想形式的崇拜，并且在那里人们可以瞥见潜在的社会过程及其所有的不公正和残酷。”[③]

四、对贝恩德·贝利纳新阐述的理论评价

当下全球化已经成为不可逆转的趋势之一，人类生产生活的方方面面似乎都受到全球化的影响，人类活动的各个领域、各个层次的“作为”和“不作为”似乎都可以从全球化中得到解释，全球化俨然成为人类一切活动和价值判断的终极标准。

在此背景下，贝利纳立足于马克思主义的基本立场，以《资本论》为主要研究对象，坚持以马克思主义的方式和方法看待问题、解决问题。他从自己所擅长的历史地理唯物主义、城市地理学、政治地理学领域出发，结合马克思主义的理论和方法，研究了雷特尔、大卫·哈维、尼尔·史密斯和亨利·列斐伏尔等人对于马克思空间理论的继承与发展，在空间斗争中找到一种有希望挑战资本主义客观的思维形式以及资本主义的社会形式的方法。在整个过程中，贝利纳坚持唯物史观的立场，客观地分析了《资本论》中的各种形式，结合实际情况阐明社会形式和思维形式之间的关系，指出了克服资本主义的任务就是要打破对于

① 参见张一兵：《元哲学：走向使用的社会空间理论——列斐伏尔〈空间的生产〉解读》，《学术界》2024 年第 7 期。

② 参见李春敏：《论马克思空间分析的现象学之维：兼论马克思与空间现象学的对话》，《河北学刊》2022 年第 1 期。

③ Bernd Belina, “Form Analysis, Space, and Spatial Struggle”, in *Confronting Capitalism in the 21st Century: Lessons from Marx's Capital*, ed. by Marc Silver, Cham: Palgrave Macmillan, 2020, p.85.

资本主义思维形式的崇拜，要批判资本主义的社会形式就需要揭开其拜物教的面纱。批判空间拜物教意识可以直接打通批判工业资本主义以来一切资本主义社会意识形态的通道，动摇资本主义社会合法性的基础。[①] 坚持矛盾分析法，透过现象看到本质，不被资本主义的表象所欺骗，坚决抵制一切形式的拜物教。贝利纳在空间斗争中找到的这种挑战资本主义的方式，为"两个必然"的实现提供了新的帮助，也为在空间斗争中实现共产主义提供了一种新方法和新思路。

现代资本主义在《资本论》出版后的150多年里已经深入到全球各个角落，资本主义长期以来实际地通过空间殖民化来维持其生存与发展，同时也加剧了今天全球的不平衡发展。[②] 面对全球化背景下资本主义世界发生的新变化和产生的新特点，如何从错综复杂的经济、政治、文化、生态、社会等方面的诸多表象中寻求资本主义的真实面貌显得尤为重要。越来越多的新马克思主义学者开始运用"空间维度"进一步分析当代资本主义。

第一，"空间维度"有利于我们把握当代资本主义复杂的空间现象，丰富历史唯物主义的空间维度。时代不断地进步，社会不断地发展，当前距马克思在《资本论》中提出空间理论已经过去150多年。《资本论》空间理论是建立在马克思劳动价值论基础，反映特定历史时期，即资本主义时期，而非永恒范畴下的空间理论。[③] 要随着时代的发展不断补充和完善空间理论。如今空间对资本主义的发展所起的作用越来越重要，在空间中揭示资本主义社会的内在固有的矛盾，探索社会历史发展规律，空间的灵活性和形式的多样性为我们把握当代资本主义复杂的现象提供了实践武器。

第二，通过"空间"可以进一步剖析资本主义本质及其规律的历史逻辑，重新辨析资本主义的生产方式和生产关系，解释资本主义的存续机制和权力控制模式，探索"空间维度"在当代社会的实践逻辑价值，进一步揭示马克思"两个必然"蕴含的深刻现实意义。同时，在全球化背景下，通过"空间维度"分析资本主义社会的新变化，寻找革命的主体力量，展望未来发展前景，有助于我们在国际范围内扩大马克思主义相关研究的影响力。

第三，资本主义的发展使得各个国家不断融入世界体系中，资本主义的世界市场将整个世界连成一个整体。资本逻辑的时空变化不仅通过资本主义国家的空间资本化进程影响全球经济生产，而且一个国家发生的资本波动会对整

① 参见孙江：《工业资本主义时代的空间拜物教批判》，《学习与探索》2010年第1期。

② 参见张文树：《大卫·哈维对〈资本论〉空间思想的解读及其现实意义》，《东南学术》2020年第4期。

③ 参见林承园：《〈资本论〉空间理论探析》，《政治经济学评论》2019年第5期。

个世界不断资本化的市场体系产生巨大影响。在全球生产和世界空间资本化一体化的联动“夹攻”之下，空间资本化越发激烈，资本主义在空间上的不平衡化也表现得越来越突出。此时加强对于空间的重视，提高空间斗争的能力，对于维护本国经济乃至世界经济稳定都具有重要的作用。

第四，通过“空间”揭示资本无序扩张的秘密。国家应该用相关制度把资本逻辑限制在积极的范围之内，在地方政府与资本之间矗立起一道“隔离墙”，规范资本逻辑。通过对晚期资本主义空间理论的研究，在空间中发现资本主义的各种不平衡现象，从而揭示在全球经济一体化发展之下日益被“等价交换”和“工资报酬”掩盖的资本主义的本质，揭示被世界市场整体繁荣发展的虚假现象所遮蔽的资本主义的基本矛盾，为批判资本主义、阐述对“两个必然”的理解提供一种新思路，这些措施对当代社会健康发展具有重要意义。

贝恩德·贝利纳通过对《资本论》的解读梳理出马克思在《资本论》中关于“形式分析”的论述，突出了“客观的思维形式”和“社会形式”。“客观的思维形式”是在一定的“社会形式”下形成的，是维护社会形式的；“社会形式”的形成、发展也要受到这一时期“客观的思维方式”的影响。要批判资本主义，就必须打破在资本主义社会形式下形成的对资本主义的思维崇拜，要攻击资本主义的社会形式就必须揭开资本主义拜物教的面纱。等价交换的背后所隐藏的是一种不等价的交换关系，是人和人之间的一种剥削关系，这才是真正的关系，而表面上看起来真实的等价交换关系实际上是虚假的。[①]

《资本论》蕴含着丰富的空间形态，首先从地理空间而言，它是具有资本属性的生产场所，这是空间最基本的意思，即它是一种由对象所在位置构成的点和区域的客观事物[②]，人们在空间中生产、商品在空间中流通、资本在空间中增殖等。其次从政治空间而言，它是具有政治关系属性的集合。社会空间是包含一切社会关系的集合，马克思对资本主义社会剥削性质的消极分析，以及对自由发展的积极诉求使社会空间的政治属性更加丰满。[③] 马克思分析资本主义空间，一方面是为了揭露资本主义剥削、压迫的本质；另一方面是希望在空间实现个人全面而自由的发展，实现共产主义。最后从空间转换而言，需要从空间资本化转向空间政治化。在资本主义空间中，因为资本主义的生产形式推动资产

---

① 参见王晓升：《真实与虚假的辩证法：马克思的拜物教批判理论之启示》，《南京大学学报》（哲学社会科学版）2017 年第 4 期。

② 参见冉思伟：《当代空间问题的辩证向度研究》，浙江大学出版社 2018 年版，第 5 页。

③ 参见程远航：《〈资本论〉的“空间逻辑”》，《辽宁工程技术大学学报》（社会科学版）2020 年第 3 期。

阶级借助空间统治工人阶级，所以空间包含所处资产阶级社会的资本和政治双重属性。随着实践的发展，马克思的空间理论也在不断地丰富，列斐伏尔、哈维等学者对《资本论》中空间理论的补充与发展，进而形成了空间生产理论，这对于城市空间发展产生了重要影响，对于中国城市哲学知识体系的构建和中国特色新型城镇化的建设有着重大的意义。

中国特色社会主义进入新时代，《资本论》中的空间理论得到进一步发展。结合国内外学者对空间理论的探索，空间正义问题得到了越来越多的关注。空间正义的范畴是多元复杂的，需要从历史性、现实性等各个角度去考察，只有以正义为视角，才能提出符合时代特征的空间批判理论，才能弄清空间研究的伦理问题，为空间研究提供新方向。① 空间正义涵盖了不同的领域，不仅有生态正义、政治正义、文化正义，还有空间正义、城市正义、建筑正义等。因此，要实现空间正义，就必须从空间的角度考察资本逻辑。当今中国经济快速发展，城镇化发展日新月异，中国城市空间生产要尊重城市化发展规律，努力协调各方面利益，提高城市化发展质量，提升城市的文化水平，保障不同群体的空间利益，尽力平衡空间资源分配，努力实现空间正义。

① 参见孙全胜:《空间正义的价值诉求及实现路径》,《学术交流》2020 年第 12 期。

第五章 《资本论》价值转形与价值形态辩证关系的新审视

对马克思的价值论讨论，特别是关于价值转形问题的讨论和辩论的历史已经非常漫长。学者们讨论提出了许多问题，其中一个焦点是：马克思在《资本论》中阐释价值的实质、尺度和形式的问题过程中对价值理论核心问题的分析。在这些理论争论中，有一些方面往往被高估，而另外一些方面被忽视。如果重点是价值的形式，那么价值过程的度量、物质和物质条件有时会被低估；如果强调生产过程的技术条件，那么价值形式的变化和蜕变往往被忽视。这些理论需要找到正确的阐释路径，需要在价值理论中综合不同方面。佩蒂·霍卡宁(Pertti Honkanen)的理论触及了这一重要的方法论问题，特别是再生产方案和线性生产模型问题，“同时”推理和“顺序”推理的关系问题，以及“货币”价值理论有关的相互作用问题。

佩蒂·霍卡宁是芬兰研究马克思主义经济理论的学者，他在探讨《资本论》中的价值辩证法问题时主要从五个方面展开。第一，主要从两个不同的角度论证马克思对价值实质、形式以及货币理论的分析，佩蒂·霍卡宁指出要注重从物质形态出发得出结论和理论推论。[①] 第二，通过谈“反同时主义”(“继承主义”)、“同时主义”来探究在价值转形过程中联立方程的使用，他首先通过举例表明在《政治经济学批判》的价值、价格理论中使用联立方程或矩阵代数等数学公式不是一件新鲜事，进一步得出顺序模型并不能反映资本主义许多过程的连续性，也不能说明其“不断破坏的转变”的生活事实，而这只有建立联立方程才

① 参见景芳：《正确认识马克思劳动价值论的实质与历史价值》，《青海师范大学民族师范学院学报》2011年第2期。

可以明确说明。他最后指出要与顺序性揭示转换共同承担抓住资本主义现实的任务。[①] 第三，主要讲述了马克思的理论包含一个数学系统，可以通过运用模型、统计和概率推理来分析资本主义的运行规律，发现剩余价值的来源。第四，主要探究从再生产方案到投入产出模型中使用哪种数学方式是有效的。他认为在发展马克思主义政治经济学时，学会使用矩阵代数、线性生产系统或联立方程来理解资本主义经济的复杂过程是必要的。[②] 第五，主要探讨对许多所谓的变换问题进行研究后，在简单再生产假设下求解方法的关键是需要考虑部门间的依赖性。[③]

一、何为价值转形问题

所谓“转形问题”，就是指马克思在《资本论》中的“价值向生产价格转形”的论证方法问题。庞巴维克怀疑马克思关于转化后的价格总和仍然等于价值的表述站不住脚；鲍特凯维茨等认为，马克思的转化程序有一个错误，因为当他把产品的价格从直接价格转化为生产价格时，没有把投入也做同样的转化；也有人认为，马克思的转化程序在逻辑上就有问题，直接价格和生产价格是两个分开而无关紧要的现象，因而导致《资本论》第一卷和第三卷之间的一个巨大矛盾。在“价值转形”问题的历史发展中，米克的经济学理论推导有深度的参考意义。之所以选择米克模型，是因为它是在对“博氏模型”和“温氏模型”两者的提炼上建立起来的，能够更好地说明斯威齐建立的流派思路。在米克的逻辑设定上表明，价值向生产价格转化形成的逻辑，是一种交换比率在多个层次上的转化形式，物化后的劳动存在一个比率，当它进入到发达资本主义时期，它就将逐步转化为生产价格比率。[④]

马克思对价值转形问题的研究始于《1857—1858 年经济学手稿》。在手稿中，平均利润率的概念被首次提出。资本主义竞争的必然结果是，剩余价值的

---

① 参见王湲、王志林：《恩格斯〈伦敦来信〉对资本主义的批判及其现实意义》，《长江论坛》2021 年第 6 期。

② 参见沈民鸣：《简单再生产条件下的价值转形问题：基于资本周转速度的影响》，《财经科学》2008 年第 11 期。

③ Pertti Honkanen, “The Transformation Problem and Value-form: Methodological Comments”, in *Confronting Capitalism in the 21st Century: Lessons from Marx's Capital*, ed. by Marc Silver, Cham: Palgrave Macmillan, 2020, p.92.

④ 参见李梦凡：《价值转形研究：基于 TSSI 模型的拓展分析》，《当代经济研究》2020 年第 7 期。

一部分从一个资本家手中转到另一个资本家手中。[①] 马克思在构建科学劳动价值论的过程中，解决了李嘉图学派遗留的两大难题。其中之一就是由商品生产的社会必要劳动时间决定的商品价值，与市场竞争中形成的要素报酬均等的生产价格不一致。在《资本论》第三卷中，马克思运用利润率平均化和生产价格范畴，构建了商品价值到生产价格的转形理论，讨论了二者之间内在的逻辑联系，进而证明商品的生产价格建立在劳动价值论基础之上。马克思在《资本论》第三卷第八、九、十章中系统地阐述了生产价格理论。这三章固然是一个整体，但各章所要实现的分析目标却不同。第八章分析作为转形过程起点的商品价值体系的特征；第九章分析作为转形过程终点的生产价格体系的特征，并阐述两个体系的区别与联系；第十章则分析从起点到终点的转形过程。近年来，对马克思的价值转形问题的研究越来越多，提出的转形解法也是各有千秋。在唯物辩证法基本原则指导下，在科学抽象法、逻辑方法和历史方法的基础上，数学方法对经济分析具有十分重要的作用。[②]

马克思主义价值理论是后来的马克思主义学者根据马克思主义的基本原则和方法以及经典作家的一些相关思想，在反思当代社会主义实践中的问题并总结经验教训的过程中创建的，其中中国的马克思主义学者起到了重要的作用。在当今价值理论和价值哲学的世界地图中，以中国学者为主要代表提出的马克思主义价值理论占据重要的地位，许多观点尤其是基础理论方面的一些观点受到其他国家的学者的尊重和重视。国内学者坚持和发展马克思的劳动价值理论，分别从价值创造、价值实现和价值分配等各方面对马克思的劳动价值理论进行了创新性的探索和研究，取得了突破性的研究成果，为马克思劳动价值论研究作出了重大理论贡献。[③] 国内学者往往以图表模型和数学方程组模型分析扩大的马克思价值转形模型，阐释要素投入生产价格化的转形问题。[④]

国内学者以扩大的马克思价值转形模型为基本参照系，对历史上各种有影响力的转形分析理论进行分析，取得的一系列研究成果具有极高的学术研究价值。国内学者中不得不提的是丁堡骏教授的研究成果，“丁堡骏解法”更符合马克思的价值转形本意，更具有科学性。丁堡骏教授在构建简单的马克思价值转

① 参见魏峰：《均衡与投入转形：再论价值转形问题的真伪》，《经济学家》2018 年第 6 期。

② 参见荣兆梓：《转形问题研究三大偏误的历史总结》，《经济纵横》2020 年第 1 期。

③ 参见魏旭：《马克思价值转形问题再研究：历史过程与逻辑过程统一的视角》，《经济社会体制比较》2018 年第 5 期。

④ 参见张忠胜：《莫斯利和莱伯曼“转形问题”新近争论评析及启示》，《当代经济研究》2020 年第 6 期。

形模型基础上，创造性地提出了扩大的马克思价值转形模型。其对转形起点、转形投入和不变性方程等关键问题的把握是十分准确的，并取得了突破性的成果。能够自己创立一个模型科学地解释转形问题，是许多转形问题的研究者长期追求的目标。

需要说明的是，中国的价值理论研究是以理论探究的方式，从厘清价值问题、价值观念到底是什么的角度来立足的；而它所阐明的道理，它所坚持的马克思实践唯物主义方法，促使人们挣脱多年来形成的教条主义、机械主义的思维方式，理性地、合理地理解价值问题，吸取我们在过去的社会主义实践过程中经常犯的一些错误教训，反思极左教条主义迷信思想长期占统治地位的原因；它所蕴含的、标举的上述深层价值观念和道理，为我国改革开放、建立社会主义市场经济和依法治国提供了相应的理论依据和基本观念。马克思主义价值理论研究、价值转形研究与其他理论研究一样，首先是在思想界、理论界产生影响，然后延伸到决策层，再辐射到文化宣传方面，最终影响整个社会。也正是与中国问题、与改革开放形势的这种耦合，使得中国马克思主义价值理论研究的影响远远超出了哲学理论的范围，成为推进中国社会转型和变革的重要力量。①

价值转形是西方马克思主义经济学家对马克思经济理论研究的一个重要课题。西方现代价值论的兴起，在根源上是与反对科学霸权主义联系在一起的，即反对只从科学的角度理解人与世界的关系。外国学者用鲍特凯维茨模型开辟了运用数学方法研究和表述马克思劳动价值论的先河。通过文献研究可知，国外学者往往对社会主义经济与资本主义经济进行比较，通过论述二者的实际功能来指出不能用单一的经济理论概括所有的经济体系，从而得出应该用不同的模型来分析不同类型的经济体系及其存在的问题的结论。② 此外，国外学者建立的经济数学模型往往包含了非常复杂的经济现象，比新古典经济学理论更加复杂且贴近现实。例如，新古典经济学理论认为，资本可以在不同企业之间自由转移，同时生产能力每年以确定的速率下降。国外学者的模型普遍可以得出资本自由转移条件下生产能力非均等下降的结论，在此基础上进一步将马克思的简单再生产模型看作一个解释资本主义剥削现象的抽象模型。在这个模型中，劳动者可以在不同工作之间自由流动，这一点与资本主义经济是相同的。在简单商品生产经济中，价值决定均衡交换比例。结果，假定这个简单

---

① 参见荣兆梓、李帮喜、陈旸：《马克思主义广义转形理论及模型新探》，《马克思主义研究》2016 年第 2 期。

② 参见熊晓琳、周江霞：《马克思价值转形理论的分析与思考》，《江西社会科学》2016 年第 1 期。

商品生产经济与现实资本主义经济具有相同的生产技术，则可以用这个均衡交换比例与现实资本主义经济的均衡生产价格作比较。[①]

二、价值转形与价值形态的辩证法

对于马克思价值理论的探究，特别是在关于转形问题的文本中，学术争论是非常复杂的。150 多年前，马克思在 1864—1865 年的手稿中完成了转形问题的论述，更确切地说是关于生产价格与价值的关系。关于这个问题的争论已经持续了 100 多年。从 1907 年波特凯维茨的文章开始，甚至从 1896 年米尔普福德特的文章开始，至少有两本书专门讲述了这些辩论的历史。

(一)价值转形与价值形态的发展史

1992 年，夸斯对此问题发表了一篇长达 150 页的评论。法国学者杰拉德·约兰达(Gérard Jorland)在 1995 年出版的《资本的悖论》一书中，用 350 多页的篇幅描述了转形问题的历史。[②] 安瓦尔·谢赫写道：“奇怪的是在马克思的《资本论》第三卷出版以来的近八十年里，一个主要的理论问题，不出名的‘转形问题’从未得到满意的解决。”[③]迄今似乎也没有达成解决转形问题的一致意见。迪亚兹和韦拉斯科称，布罗迪是第一个为这个问题提供迭代解决方案的。事实上，哈尔科夫和柴田已经用迭代的形式表述了它，但是在数字例子的帮助下。对于沃尔夫冈在这场争论中扮演的角色，也存在着一些争议。[④] 早在 1896 年，他就第一个用联立方程的形式提出了这个问题；而在这两年前，《资本论》第三卷出版了。

关于马克思价值理论的讨论有很多转折和阶段，转形问题只是其中的一部分。[⑤] 近几十年来，有新李嘉图理论的挑战，也有一些马克思主义内部关于价值

---

① 参见沈民鸣：《论价值转形与再生产的关系》，《当代经济研究》2016 年第 1 期。

② 参见肖峰：《从机器悖论到智能悖论：资本主义矛盾的当代呈现》，《马克思主义研究》2021 年第 7 期。

③ Anwar Shaikh, “Marx's Theory of Value and the ‘Transformation Problem’”, in *The Subtle Anatomy of Capitalism*, ed. by Judith Schwartz, Santa Monica: Goodyear Publishing Company, 1977, p.106.

④ 参见赵庆元、李江璐：《新时期马克思劳动价值论争论的主要问题及其解析》，《南京政治学院学报》2013 年第 2 期。

⑤ 参见任毅：《资本主义悖论性贫困：马克思的批判与扬弃》，《湖北社会科学》2020 年第 1 期。

形式和对转换问题的不同解释，这使辩论难以结束。这是一场至今还在继续的旷日持久的讨论，引发了许多关于马克思经济学理论和马克思主义研究方法的重要问题的探索。

生产者价值理论认为，价值的源泉在于生产领域，物品的价值是在生产过程中创造的。劳动价值论和要素价值论均属于生产者价值理论，它们都是站在生产者的立场上，从生产领域寻找价值的源泉，但具体到价值究竟是哪种生产要素创造的，劳动价值论与要素价值论出现了分歧。[①] 劳动价值论认为，只有劳动才创造价值，物品的价值量是由生产该物品所耗费的劳动量决定的，这是价值源泉问题上的“一元论”。要素价值论则认为，生产过程是劳动、资本和自然力（尤其是土地）的共同作用，劳动、资本和土地都参与了创造价值的活动，因此，劳动、资本和土地这些生产要素共同成为价值的源泉，这是价值源泉问题上的“多元论”。

劳动价值论和要素价值论都从生产领域寻找价值的源泉，都认为价值是由生产中所耗费的要素决定的。抛开意识形态的因素，劳动价值论和要素价值论之间不存在不可逾越的鸿沟。一元价值论和多元价值论不过是不同时期生产的特点在理论上的不同反映。在简单商品时代，当土地私有权还没有出现，从而使土地无须支付报酬时，其生产商品的耗费主要就是劳动，由生产者根据自己的耗费来看待物品的价值。因此，劳动价值论就符合那个时代的特点。随着土地私有权的出现以及生产对资本依赖的加强，生产某种物品的耗费除了劳动以外，土地和资本也必须加以考虑，要素价值论的出现就成为很自然的事情。[②]

无论是劳动价值论，还是要素价值论，都是从生产者的角度看待价值，很少从消费者的角度看待价值，这是与当时整个社会的生产、消费状况相一致的。[③] 古典经济学家生活的时代，社会生产力水平还很低下，在生产和消费关系上，主要矛盾不是产品的销售问题，而是如何生产出更多的产品，可以说是生产者主权时代。生产者价值理论是生产者主权在价值理论上的必然表现。佩蒂·霍卡宁对涉及的一些问题进行了讨论，特别是与再生产方案、线性生产模型以及“同时”和“顺序”推理有关的关系。其中，佩蒂·霍卡宁特别强调了价值形式理

---

① 参见张帅、张世明：《再论要素创造价值论的理论缺陷》，《商业经济研究》2015 年第 30 期。

② 参见葛浩阳：《劳动价值论与要素价值论、效用价值论及供求价值论的比较研究》，《改革与战略》2015 年第 7 期。

③ 参见孙峰：《论生产要素按贡献参与分配原则的劳动价值论依据：兼论学界劳动价值论依据研究面临的“两难困境”》，《南京政治学院学报》2016 年第 6 期。

论与转化问题的联系。

（二）价值形式与价值转形的辩证关系

首先，佩蒂·霍卡宁认为，在讨论关于马克思价值理论的相互竞争或对立时可以把不同的观点放在一个更加普遍的框架中。[①] 在《资本论》中，马克思规定了研究任务是分析价值的实质、衡量价值的大小，以及区分价值的形式；此外，马克思还批判李嘉图等古典学派代表人物忽视了对价值形式的分析。马克思的思想有助于考察在当前讨论中的一些观点和流派。因此，根据马克思的观点，新李嘉图学派只是片面地研究价值形式的定量方面[②]，他们在很大程度上忽视了关于价值的形式和实质问题，以及关于马克思主义货币理论的问题。

值得一提的是，我们反对的不是马克思主义政治经济学的量化研究，而是用现象层面的量化研究来取代甚至否定对事物本质的追问。事实上，量化研究不仅是准确刻画现象的必要手段，也是揭示隐藏在现象背后的本质的重要条件。与当下流行的量化研究不同，佩蒂·霍卡宁关于市场价值的量化研究，始终围绕"揭示价值本质"这个目标来展开。这样的量化研究为马克思主义政治经济学的发展提供了一个有价值的样本。尤其要强调的是，佩蒂·霍卡宁提出很多具有创意和学术价值的观点，值得学界认真对待。

其次，佩蒂·霍卡宁认为，价值形式者往往走向另一个极端，低估了价值实质和定量分析。海因里希的"货币价值理论"导致了人们对转形问题的冷漠。海因里希指出，不可能定量地比较生产的价值和价格。这是一个合乎逻辑的结论——从他的观点来看，依靠时钟、抽象劳动时间是不可能进行经验测量的。[③] 如果不能测量抽象劳动时间，如果它不能被量化，那么劳动价值与一般价格和特殊生产价格的关系就不清楚了。因此，正在处理的方法学问题也可以作为经济过程的形式和物质方面的关系问题。[④]

佩蒂·霍卡宁认为，当我们谈到诸如生产价格、利润率、利润下降趋势、地租等问题时，这是很重要的一点。即我们必须认识和研究生产的"物质形态"，

---

① Pertti Honkanen, "The Transformation Problem and Value-form: Methodological Comments", in *Confronting Capitalism in the 21st Century: Lessons from Marx' Capital*, ed. by Marc Silver, Cham: Palgrave Macmillan, 2020, p.92.

② 参见程正军、张国圣：《新李嘉图主义国际贸易理论评介》，《经济学动态》1997 年第 12 期。

③ 参见胡莹、刘静豌：《价值理论的发展：从李嘉图到马克思》，《当代经济研究》2021 年第 4 期。

④ 参见论卫星：《资本经济一般：马克思主义经济学发展的新课题》，《现代财经（天津财经大学学报）》2011 年第 2 期。

才能对这些问题得出一些结论和作出理论推论，这些结论和理论推论比价值、货币和资本最抽象的命题更加具体。当我们研究社会资本时，我们必须考虑到不同生产部门之间的相互联系。[①] 在评估利润率或资本构成的趋势之前，对技术发展的不同形式和道路有一定的了解也是很重要的。当我们开始思考与地租有关的问题时，我们必须了解一些关于自然资源及其在不同生产部门的劳动过程中所占份额的基本知识。在这个框架下，佩蒂·霍卡宁在下一部分继续评论了关于“同时”和“顺序”推理的争论。[②]

（三）价值转形的形式化分析：“同时”和“顺序”的辩证关系

莫斯利和单时间系统解释（Temporal Single System Interpretation，TSSI）的捍卫者，拒绝在价值转换过程中使用联立方程，或对联立方程持怀疑态度。特别是在单时间系统解释（TSSI-approach）方法中，“反同时主义”就像是信仰的核心原则。只允许或接受“顺序的”或“时间的”过程，有趣的是，这种讨论并不新鲜。[③] 经济学家波特凯维茨曾在他 1907 年的论文中提及了这个问题，只不过使用了不同的术语。波特凯维茨解释一种方法时，提到该方法是描述系统中各种因素相互制约，而不是先后形成一长串因果关系。马歇尔在《经济学原理》序言中指出马克思是一个“现实主义者”，马克思也理解在经济体系中各种元素或因素是“相互制约”的。

事实上，我们在马克思的手稿中发现，其非常明确地提到了“同时主义”，或者是经济体系中各种元素或因素是“相互制约”的。在《资本论》1863—1867 年的手稿中，有一节是关于“流通与再生产”的，可以发现有相当长的一段内容是关于再生产过程中的时间的继起性。[④] 马克思强调在整个再生产过程中，在生产不同商品的生产过程的时间的继起性与和空间的并存在性同时发挥作用，这就是佩蒂·霍卡宁所说的并行性。当考虑到生产过程相互依赖、相互制约的不同商品时，就会上升一个层次。商品的不同阶段的生产过程是同时的、平行的，

① 参见张衔：《马克思社会资本再生产理论中国化探索：回顾与思考》，《当代经济研究》2019 年第 12 期。

② 参见唐正东：《政治经济学批判的唯物史观基础》，《哲学研究》2019 年第 7 期。

③ Pertti Honkanen, “The Transformation Problem and Value-form: Methodological Comments”, in *Confronting Capitalism in the 21st Century: Lessons from Marx's Capital*, ed. by Marc Silver, Cham: Palgrave Macmillan, 2020, p.96.

④ 参见张红山、孙晓迪：《〈资本论〉新发表手稿对“生产价格”理论的完善》，《当代经济研究》2021 年第 5 期。

尽管作为中间产品的一部分商品在同一时间内总是经过劳动的。这里的特征是所有生产过程的连续的同时性、不断的邻接性或并行性，无论它们的产品彼此之间是否可能具有支配与服从或相互依赖的关系。当然，这不是对再生产的正式的数学分析，也与生产价格的讨论没有直接的联系。相反，它是我们在研究复杂的复制过程时所面临的理论问题的口头表述。① 但《资本论》第二卷简短地提到了生产过程的同时性和邻接性。② 马克思在分析资本不同部分的流通时，详细探讨了资本的不同部分如何在流通中相互依赖、相互影响，形成一个有机整体。这种共存不仅指资本在空间上的并存，更指其在时间上的连续和在逻辑上的相互依赖。

在《政治经济学批判》中，马克思非常明确地提到了价值和价格理论中的"同时"推理。在以交换价值和发达流通为前提的现代生产中，一方面是价格支配生产，另一方面是生产决定价格。③ 我们注意到，在实际的资本主义生产体系中，各部门之间是相互依赖的——这种依赖与其说是一种例外，还不如说是一种规律。④ 当需要石油来生产钢铁和需要钢铁来生产石油时，显然，钢铁的价值（劳动价值）和价格（生产价格）都相应地依赖于石油的价值和价格，反之亦然。这样的系统可以用联立方程或矩阵代数来描述或用数学公式来表示。⑤ 马克思的再生产方案是朝这个方向迈出的一步，但与现代数学的可能性相比，它们是相当简单的工具。⑥

正如佩蒂·霍卡宁提到的，这些讨论并不新鲜。佩蒂·霍卡宁还参考了大卫·莱伯曼（David Laibman）在 2000 年的一篇文章中得出的结论，要建立对主流理论的马克思主义替代，首先需要保留概念的全面性和互补性的辩证意识。⑦ 资本主义的许多过程是连续的，不断的破坏和转变是生活的事实。但单是顺序模型并不能反映这一点，联立方程模型实际上抓住了资本主义经济的一个重要

---

① 参见欧阳英：《〈资本论〉中的生产工具理论及启示》，《哲学研究》2021 年第 9 期。

② 参见罗雄飞、徐泽林：《关于〈资本论〉研究对象及相关问题的再认识》，《经济纵横》2021 年第 3 期。

③ 参见萧诗美：《马克思政治经济学批判中的法哲学主题和马克思法哲学的内在性证明》，《哲学动态》2021 年第 8 期。

④ 参见付文军：《〈资本论〉及其手稿的研究进路与理论自觉》，《天府新论》2021 年第 1 期。

⑤ 参见赵建：《马克思论生产连续性的重要性：基于〈资本论〉的理解》，《中国经济问题》2018 年第 4 期。

⑥ 参见陶为群、陶川：《马克思扩大再生产模型的多参数线性规划与解》，《数量经济技术经济研究》2012 年第 10 期。

⑦ 参见朱鹏华、王天义：《马克思的社会资本再生产理论创作历程》，《马克思主义理论学科研究》2018 年第 3 期。

方面:原子分离的控制单元之间的相互依赖。最后,佩蒂·霍卡宁指出,同时性揭示结构、顺序性揭示转换,两者都必须承担抓住资本主义现实的任务,并以此来继续讨论数学在马克思著作中的作用。①

三、马克思对价值形式的数学表达探析

马克思从科学的立场观点和方法出发,以“全世界无产者联合起来”为根本目标,为了探索现代社会的经济运动规律,比较系统地研究了数学,并在此过程中将解放全人类的理想信念扎根于坚如磐石的科学基础上。② 马克思强调,一种科学只有在成功地运用数学时,才算达到了真正完善的地步。③ 马克思对数学的系统研究同其理解资本主义生产方式的根本目标相辅相成,正是基于此,马克思才将数学视为研究政治经济学不可或缺的重要手段和方法,进而上升为精神修养的“重要伴侣”。马克思对数学的热爱反映了他将崇高的理想同个人旨趣有机结合,并以满腔热情投入到解放全人类的伟大斗争中。

(一)佩蒂·霍卡宁论数学在马克思价值理论中的作用

佩蒂·霍卡宁认为,马克思的理论包含着一个数学系统,诸如它的基本原理可以用一些简单的公式来表示。基本变量是固定资本 c、可变资本或劳动力价值 v 和剩余价值。利用这些符号,可以计算出一些中心值:剩余价值率 m/v、利润率 $m/(c+v)$、资本价值构成(c/v)。这些符号在《资本论》的不同部分的不同语境中使用,既象征着个体资本(或一般资本)的稳定,也象征着社会资本的稳定。④ 在大多数情况下,社会资本分为两个部门:消费资料的生产部门和生产资料的生产部门,其生产总值分别表示为 $c_1+v_1+m_1$ 和 $c_2+v_2+m_2$。一般来说,马克思使用这些符号作为货币数量,同时表示抽象的劳动时间。⑤ 虽然在理

① Pertti Honkanen, “The Transformation Problem and Value-form: Methodological Comments”, in *Confronting Capitalism in the 21st Century: Lessons from Marx' Capital*, ed. by Marc Silver, Cham: Palgrave Macmillan, 2020, p.92.

② 参见唐坚:《〈资本论〉的数学逻辑解析》,《决策探索》(下)2020 年第 6 期。

③ 参见[法]保尔·拉法格、[德]威廉·李卜克内西:《回忆马克思》,马集译,人民出版社 1954 年版,第 73 页。

④ Pertti Honkanen, “The Transformation Problem and Value-form: Methodological Comments”, in *Confronting Capitalism in the 21st Century: Lessons from Marx' Capital*, ed. by Marc Silver, Cham: Palgrave Macmillan, 2020, p.97.

⑤ 参见于志洪:《卡尔·马克思的数学故事》,《中小学数学》(初中版)2018 年第 12 期。

论价值、转换问题、利润率下降的趋势和危机理论方面存在着许多讨论和争议，但这些符号和公式在理解马克思理论方面是不可或缺的。① 当然，每个使用这些公式的人都应该知道这些不同概念的理论实质，但这是典型的数学推理，概念的原始意义是给定的。当然，马克思所用的数学工具，并没有被这些简单的公式和符号所穷尽。地租、资本周转率等是已经或可以使用数学推理的其他主题。马克思恩格斯全集版对数学在马克思著作中的作用问题提出了一些新的见解。恩格斯在编辑《资本论》第二卷第四册时省略了这一节。马克思对数学的兴趣是众所周知的，但有时人们认为，主要涉及微积分的《马克思数学手稿》与马克思的经济学研究完全无关。然而，1861—1863 年手稿中，我们发现了这样的注释(评论)，这是一个数学问题。② MEGA2 编辑研究专家卡尔-埃里希·福尔格拉夫(Carl-Erich Vollgraf)指出，1862 年 10—11 月，马克思在 1861—1863 年经济学手稿的第 XV 笔记本中写下了他对高数的期望：资本不是简单的数字。它不是简单的商品，而是自乘的商品；不是简单的量，而是量的比例。它是作为本金、作为既定的价值同作为剩余价值的它自己的比例。③

商品的交换蕴含着价值量交换的数量关系，奠定了剩余价值论的数理基础。马克思指出："交换价值首先表现为一种使用价值同另一种使用价值相交换的量的关系或比例。"④从商品价值量决定因素讲，马克思指出："一种商品的价值同其他任何一种商品的价值的比例，就是生产前者的必要劳动时间同生产后者的必要劳动时间的比例。"⑤在剩余价值比率问题上，马克思提到了需要使用数学方法运算常数和变量，通过数学加减符号阐释价值的内在联系。显然，马克思是想通过数学公式使他对于剩余价值的创造和来源的论证更加清晰。马克思在撰写《资本论》第三卷时运用纯代数分析方法阐释利润率和剩余价值率的关系，并给出数学方程式实现变量分析与经济规律一致性的耦合。马克思认为："当利润和剩余价值在数量上被看做相等时，利润的大小和利润率的大小，就由在每个场合已定或可定的单纯数量的关系来决定。因此，首先要在纯粹数学的范围内进行研究。"⑥

---

① 参见李振华：《对马克思货币理论的思考》，《山西大学学报》(哲学社会科学版)1998 年第 3 期。

② 参见于志洪：《卡尔·马克思的数学故事》，《中小学数学》(初中版)2018 年第 12 期。

③ 参见[德]卡尔-埃里希·福尔格拉夫：《马克思与数学》，张凤凤、周思成译，《政治经济学报》第 8 卷，经济科学出版社 2017 年版，第 82 页。

④ 《马克思恩格斯全集》第 42 卷，人民出版社 2016 年版，第 23 页。

⑤ 《马克思恩格斯全集》第 42 卷，人民出版社 2016 年版，第 26 页。

⑥ 《马克思恩格斯文集》第 7 卷，人民出版社 2009 年版，第 58 页。

必须从固定资本中抽象化,固定资本的价值只能在定价过程中再现。有必要将剩余价值视为可变资本的增量。马克思采用数学模型等经济分析方法进行理论推导,把经济现象中变量和常量结合,从数理上推导符合经济学发展规律的结论,并尝试推动经济学数理分析进程。马克思运用数学模型把地租变量联系在一起,表述绝对地租、级差地租、地租总额、市场价值、生产价格等范畴的数量关系。他从土地等级、肥力、产量、投资、利润等变量,阐释超额利润率的根源,并以数据表格计算和数学模型的数理逻辑论证地租不同形式、不同情况的理论体系。尽管马克思没有明确提出经济学数理分析的概念和思想,但他围绕地租问题使用的数学方法和模型已经表明数学模型对阐释经济学原理的重大价值。[①] 在分析积累与工资水平的关系时,马克思还使用了数学表达式,用数学表达式来说:积累率是自变量,而不是因变量;工资率是因变量,而不是自变量,这是数学演绎法阐述的一个很好的例子。[②]

佩蒂·霍卡宁指出,另一个更实质性的例子是利润率下降趋势。在这里,我们必须处理许多变量之间相当复杂的相互作用:劳动生产率、资本构成、剩余价值率和利润率。马克思的分析备受争议,它不是无可反驳的,也不是完整的,但很快,这个问题的措辞就表达了数学推理中的某种野心。不幸的是,在《1863—1865 年手稿》和《资本论》第三卷中,这一工作没有完成。[③] 这一问题是一个多维动态问题,仅用简单的算术方法来研究它并不是很有成效。20 世纪 70 年代,有一个关于马克思作为"数学经济学家"的讨论,非常著名的是森岛通夫的评价:"在我看来,马克思在数学经济学的历史上应该和瓦尔拉斯一样高。"[④]这种说法可能有些夸张,但也并非毫无根据。斯莫林斯基指出,尽管马克思在他的经济学著作中没有使用先进的数学方法,但他作为那一代的经济学家,对数学还是非常感兴趣的,而且他在数学方面博览群书。在马克思已出版和未出版的著作中,都找不到任何反对数学经济学的观点。我们找到一个由奎

---

① 参见韩喜平、刘雷:《马克思的数学研究及其在政治经济学中的运用》,《经济问题》2024 年第 8 期。

② Pertti Honkanen, "The Transformation Problem and Value-form: Methodological Comments", in *Confronting Capitalism in the 21st Century: Lessons from Marx' Capital*, ed. by Marc Silver, Cham: Palgrave Macmillan, 2020, p.98.

③ Pertti Honkanen, "The Transformation Problem and Value-form: Methodological Comments", in *Confronting Capitalism in the 21st Century: Lessons from Marx' Capital*, ed. by Marc Silver, Cham: Palgrave Macmillan, 2020, p.99.

④ Michio Morishima, *Marx's Economics: A Dual Theory of Value and Growth*, Cambridge: Cambridge University Press, 1974, p.2.

阿斯(Quaas)撰写的更近期的描述,他写道,马克思虽然不是天生的数学家,这是他把自己限制在主要的数值例子和简单的代数相互依赖的基础。然而,事实是,如果没有定量相互依赖的正确分析表述,马克思就不可能实现将剥削作为资本主义社会的一个系统属性的目标。① 奎阿斯还强调了马克思政治经济学先驱阐释者对定量的论述非常薄弱,最近的一项研究也指出了马克思对统计和概率推理的兴趣。在关于马克思的《资本论》方法论的文献中,在关于"新资本论"的文献中,这些定量方面的内容很少被提及或强调。② 一个例外是金德里希·泽勒尼(Jindrich Zeleny)的早期著作,他非常明确地指出数学和形式逻辑的公理推导在马克思的分析中所起的作用。③ 根据他的观点,马克思所做的分析,在细胞的形式和从属的作用下,与其他方法一样,包含某些方法,这些方法类似于现代建模、数学化和公理化演绎的方法。在每一种情况下,重要的是要看到数量和数量推理是马克思经济理论(政治经济学批判)的重要组成部分。④

对此,佩蒂·霍卡宁指出,我们不能忽略一个中心结论,即剩余价值是由另一个量——剩余劳动(总劳动时间与必要劳动时间之差)来解释和决定的量。马克思的伟大发现之一是发现了剩余价值的来源,并将其从日常生活中表现出来的不同形式——商业利润、利息、地租等中分离出来。

(二)从再生产方案到投入产出的数学模型

佩蒂·霍卡宁认为,早在马克思制定再生产方案之前,马克思就对简单再生产得出了重要的结论(在《1861—1863 年手稿》中,也就是在他写第三卷手稿之前),例如,"A 产品(消费品)的总量等于社会总收入。然而,社会的总收入代表的是社会在一年中增加到现有固定资本上的总劳动时间。至少,当我们建立

---

① Pertti Honkanen, "The Transformation Problem and Value-form: Methodological Comments", in *Confronting Capitalism in the 21st Century: Lessons from Marx' Capital*, ed. by Marc Silver, Cham: Palgrave Macmillan, 2020, p.99.

② Pertti Honkanen, "The Transformation Problem and Value-form: Methodological Comments", in *Confronting Capitalism in the 21st Century: Lessons from Marx' Capital*, ed. by Marc Silver, Cham: Palgrave Macmillan, 2020, p.99.

③ Pertti Honkanen, "The Transformation Problem and Value-form: Methodological Comments", in *Confronting Capitalism in the 21st Century: Lessons from Marx' Capital*, ed. by Marc Silver, Cham: Palgrave Macmillan, 2020, p.99.

④ Pertti Honkanen, "The Transformation Problem and Value-form: Methodological Comments", in *Confronting Capitalism in the 21st Century: Lessons from Marx' Capital*, ed. by Marc Silver, Cham: Palgrave Macmillan, 2020, p.100.

一个简单再生产系统时（在价值方面，如劳动价值），必须考虑到这个等式。这是关于净生产、生产总值和总劳动时间关系的一个重要结论：至少在简单再生产的情况下，净产品的价值（劳动价值）等于社会创造的总价值（总劳动时间）"[①]。现在这是一个在数学术语方面很容易（形成）阐述的关系：如果 $\boldsymbol{x}$ 是生产总值的向量，$\boldsymbol{y}$ 是净产品的向量，h 是直接必要劳动乘以产生使用价值所需的时间，$\boldsymbol{v}$ 是劳动价值的向量，那么 $\boldsymbol{vy}=\boldsymbol{x}h$。在古典经济学家的不同表述中，很难找到像马克思给出的那样明确的结论。如果我们以主观价值理论为出发点，这个公式很难理解。然而，它是理解马克思主义国民经济核算的基础。[②]

马克思把社会分工和生产分化的深化（不仅在消费品的生产上，而且在生产资料的生产上），都看作资本主义的一个重要发展趋势。在相对较少的工人的帮助下，机械按一定比例增加了原材料、中间产品、劳动工具等的数量。这些原材料和中间产品的加工分成无数的部门，社会生产多样化增加了。工厂制度对社会分工的影响远比制造业大得多，因为它在更高的程度上提高了制造业的生产率。很明显，无论是直观上还是数学上，社会劳动分工的深化，生产部门之间越来越复杂的相互联系，都限制了平均利润率。在每个部门或大多数部门中，其他生产部门的依赖性越来越复杂。在现代工业中，分包商系统和分包商的亚分包商系统，可以是非常多样化和多领域的。当然，这个深化社会分工的过程不是直接的，而是偶然的，或者说在许多方面是偶然的。然而，社会分工深化的趋势是明显的，它限制了平均利润率，并最终降低了最高利润率。

最后，佩蒂·霍卡宁指出，当我们试图在当代发展马克思主义政治经济学，并试图理解资本主义经济的复杂过程时，对矩阵代数、线性生产系统或联立方程的普遍厌恶是不合理的。马克思的再生产计划是一项伟大的发明[③]，它至少在一定程度上启发了数理经济学的发展，尤其是线性生产模型的发展。如果我们拒绝或怀疑随后的数学工具的发展，并淡化马克思再生产方案的重要性，那么至少在转换问题的背景下，我们的态度是有点奇怪的。

---

① Pertti Honkanen, "The Transformation Problem and Value-form: Methodological Comments", in *Confronting Capitalism in the 21st Century: Lessons from Marx' Capital*, ed. by Marc Silver, Cham: Palgrave Macmillan, 2020, p.101.

② 参见孙小礼：《马克思数学手稿：宝贵的历史文献》，《北京大学学报》（哲学社会科学版）2003 年第 2 期。

③ Pertti Honkanen, "The Transformation Problem and Value-form: Methodological Comments", in *Confronting Capitalism in the 21st Century: Lessons from Marx's Capital*, ed. by Marc Silver, Cham: Palgrave Macmillan, 2020, p.105.

(三)再生产方案与价值转换的关键问题

佩蒂·霍卡宁在对许多所谓的变换问题进行研究后,给出了在简单再生产假设下的求解方法,即如果不假设简单再生产,那么至少要假设部门之间的依赖关系。“转换问题与再生产方案的关系是经常讨论的对象。在所谓的新解释的背景下,《资本论》第三卷比制订复制计划的第二卷手稿写得更早(正是在第二卷手稿里形成了再生产方案)。”[①]这似乎是对马克思没有在再生产计划的背景下阐述转化问题这一事实的解释。马克思使用了一个五部门模型,在这个模型中,部门之间的依赖关系没有明确说明。例如,马克思没有说明哪些部门生产生产资料,哪些部门生产一般消费品,哪些部门生产工资品或特殊奢侈品。然而,马克思对部门之间的依赖(关于在生产中消费的商品,一种特定的商品)做了一些额外的评论,马克思评论道,这可能是一个错误。

马克思没有假设,至少没有明确地假设部门之间的依赖关系,这一事实在对于转形问题的各种解释中经常被忽视。一个例外是米克,他写道,马克思“故意”假设五部门例子中的任何一种商品都不会进入其他部门的生产。也许“故意”这个词在这里只是一种推测,我们并不确切地知道为什么马克思在写第三卷时作出了这样的隐含假设。[②] 波特凯维茨是最早批评马克思解决方案的人之一,他在1907年的第一篇文章中指出,马克思列举例子中的数字是“完全武断的”。然而,他建立了一个满足简单再生产条件的模型,对马克思的原始形象做了一些小的改变,并将五个部门合并为三个部门。[③]

因此,波特凯维茨在他的第二篇文章中明确地写道,他在他的三扇区模型中假设了简单再生产。哈尔科夫和柴田的早期模型也假定了相关部门。哈尔

① Pertti Honkanen, “The Transformation Problem and Value-form: Methodological Comments”, in *Confronting Capitalism in the 21st Century: Lessons from Marx's Capital*, ed. by Marc Silver, Cham: Palgrave Macmillan, 2020, p.105.

② Pertti Honkanen, “The Transformation Problem and Value-form: Methodological Comments”, in *Confronting Capitalism in the 21st Century: Lessons from Marx's Capital*, ed. by Marc Silver, Cham: Palgrave Macmillan, 2020, p.105.

③ Pertti Honkanen, “The Transformation Problem and Value-form: Methodological Comments”, in *Confronting Capitalism in the 21st Century: Lessons from Marx's Capital*, ed. by Marc Silver, Cham: Palgrave Macmillan, 2020, p.105.

科夫有一个生产生产资料、消费品和奢侈品的三部门模型。[①] 柴田在他的迭代(反复)中使用了一个双部门模型。同样有趣的是,甚至在波特凯维茨的文章之前,杜冈-巴拉诺夫斯基就在他的"向后"转变的例子中假设了简单再生产。[②] 此外,在二战后的许多数学讨论中,简单再生产一直是关于变换问题的各种说法的起点或假设。然而,正如温特尼茨所指出的那样,这并不是一个必要的假设。[③] 关键问题是需要考虑到部门间的依赖性。因此,在福莱的双部门模型中,假设部门之间存在相关性(生产钢铁和小麦需要钢铁),但它不受简单再生产条件的限制。[④] 如果转换算法在更一般的再生产模型中是有效的,那么它在简单复制的情况下也是有效的。

四、对佩蒂·霍卡宁价值转形理论的评价

自《资本论》出版以来,这一巨著对人类历史进程产生了深远影响。2008 年爆发的经济危机再次激发了全世界人民对它的普遍关注。在这一背景下,跟随佩蒂·霍卡宁的脚步重新回顾梳理《资本论》是一件十分有意义的事情。佩蒂·霍卡宁用马克思主义的基本立场观点、辩证法的矛盾分析方法以及资本论的相关价值理论等对当代资本主义展开批判,对《资本论》当代价值新阐释作出了进一步的理论贡献,具有十分重要的意义与价值。

(一)价值分析方法对解析当今资本主义经济的意义

政治经济学批判是马克思解剖资本主义的理论武器,佩蒂·霍卡宁便试图从马克思的政治经济学批判中导引出一种批判政治理论。文章中无处不显示着佩蒂·霍卡宁的观点,即马克思从人类解放角度对资本主义关系的批判是极具政治意蕴的。佩蒂·霍卡宁看到资本主义统治的秘密就在于"商品的价值形式"。因为价值的生产是由社会必要劳动时间决定的,而价值的实现则通过市

---

① Pertti Honkanen, "The Transformation Problem and Value-form: Methodological Comments", in *Confronting Capitalism in the 21st Century: Lessons from Marx's Capital*, ed. by Marc Silver, Cham: Palgrave Macmillan, 2020, p.106.

② 参见刘开云:《马克思、恩格斯反对经济学"数学化"吗:与尹世杰同志商榷》,《统计与决策》2008 年第 3 期。

③ 参见丁堡骏、黎贵才:《转形问题研究的马尔科夫过程解法之迷途:评森岛通夫转形问题的解法》,《中国社会科学》2007 年第 6 期。

④ 参见丁堡骏:《转形问题研究》,《中国社会科学》1999 年第 5 期。

场完成，因此，市场中的每个人都身处一种不确定的、强制的客观统治之中。虽然佩蒂·霍卡宁正确指出这种“抽象统治结构”是资本主义下不自由的根基，但他既误认了“抽象统治”的来源，也没有说明抽象统治与阶级统治的关系。[①] 实际上，以商品交换—价值形式为基础的客观统治具有两种效应：一是资产阶级和无产阶级都屈从于这种客观统治，因此，资本家对劳动的剥削是客观统治机制的必然结果；二是这种客观统治强化了在直接生产过程中资本对劳动的阶级统治。[②] 所以，资本主义中的阶级统治是内在于客观抽象统治之中的。基于此，必须进行彻底的社会革命才能真正实现人类解放。

今天的资本主义与马克思时代的资本主义相比，已经有了不小的变化。但无论资本主义怎样变换形式，雇佣劳动制度和资本家对剩余价值的无休止追逐，仍然是这个制度的基本特征。[③] 从国际金融危机来看，许多西方国家经济持续低迷、两极分化加剧、社会矛盾加深，说明资本主义固有的生产社会化和生产资料私人占有之间的矛盾依然存在，但表现形式、存在特点有所不同。国际金融危机发生后，不少西方学者也在重新研究马克思主义政治经济学、研究《资本论》，借以反思资本主义的弊端。[④] 他们又会感叹《资本论》仍然适用。进入 21 世纪以后，资本主义在全球扩张的同时，内部矛盾也不断激化，爆发了 2008 年国际金融危机，一些资本主义国家的政要、学界名流和企业家纷纷开始学习《资本论》，并试图从《资本论》中寻找国际金融危机爆发的原因。当然，毕竟时代不同，我们不能拘泥于《资本论》的某些结论，但只要资本主义的社会性质不发生根本改变，《资本论》对于资本主义经济规律的本质分析就不会过时。[⑤]

（二）佩蒂·霍卡宁对《资本论》价值问题新阐释的现实意义

佩蒂·霍卡宁围绕劳动价值论深入分析了资本主义社会统治的内在机制

---

① Pertti Honkanen, “The Transformation Problem and Value-form: Methodological Comments”, in *Confronting Capitalism in the 21st Century: Lessons from Marx' Capital*, ed. by Marc Silver, Cham: Palgrave Macmillan, 2020, p.107.

② 参见白暴力、董宇坤：《马克思主义经济学科中的数学建设》，《中国特色社会主义研究》2005 年第 2 期。

③ 参见何玉芳、张晓：《马克思政治经济学批判的四重内涵及其当代价值：基于对〈资本论〉的解读》，《思想战线》2021 年第 5 期。

④ 参见亓为康：《〈资本论〉经济危机理论的整体性透视及其当代价值》，《天府新论》2021 年第 3 期。

⑤ 参见孙亚南、王兴芬：《〈资本论〉及其手稿中的创新思想与当代价值》，《当代经济研究》2019 年第 8 期。

及其引发的当代危机，同时回应了学术界的质疑。[①] 首先，霍卡宁指认了马克思的政治经济学批判对于重构当代资本主义批判的重要方法论意义。他指出，马克思为我们提供了一种历史的、具体的分析方法。因此，资本主义首先应被理解为一种历史的具体的社会生活形式和在全球性历史建构中形成的一种历史的、具体的抽象统治形式，且其自身不断发生着深刻变化。随后他基于劳动、时间、价值概念剖析了资本主义抽象统治的实质。在马克思看来，资本主义中的劳动构成了一种新的相互依存形式，即个人的劳动发挥着获得他人劳动产品的拟客体性的手段功能，这是一种历史的、具体的社会中介形式。因此，资本主义中的劳动具有二重性：一是物质形式的劳动，二是历史的、具体的社会中介活动。与劳动直接相关的便是价值。马克思明确区分了财富与价值，前者由生产数量决定，后者则是时间性的，由社会必要劳动时间决定。因此，资本主义的时间是由特殊的社会中介形式历史地具体地建构起来的内在时间，它构成了资本主义的抽象统治结构。然而，价值在随时间动力向前发展的同时，也变得越来越不合时宜，从而引发危机。

《资本论》对市场经济历史起源的分析，为破解社会主义与市场经济有机结合这一"世界难题"提供了重要思想渊源和理论基点。商品是市场经济的细胞和元素，马克思对于商品产生的历史过程的分析，可以看作他对于市场经济历史起源的分析。在佩蒂·霍卡宁看来，商品产生的条件，一是社会分工，二是存在不同利益主体。由于有了社会分工，才产生了交换的必要。社会分工使商品占有者的劳动成为单方面的，又使他的需要成为多方面的。[②] 劳动单一性和需要多样性的矛盾，只有通过交换来解决。这种交换要采取商品交换的形式来进行，因为交换双方是不同的利益主体。不同利益主体之间通过混合所有制经济实现利益相通和共同繁荣，这是社会主义基本经济制度的重要实现形式。这一观点为市场经济与社会主义之间架起了一座桥梁，为实现社会主义市场经济理论创新，创建中国特色社会主义政治经济学提供了一个理论基点。[③]

---

① Pertti Honkanen, "The Transformation Problem and Value-form: Methodological Comments", in *Confronting Capitalism in the 21st Century: Lessons from Marx's Capital*, ed. by Marc Silver, Cham: Palgrave Macmillan, 2020, p.119.

② Pertti Honkanen, "The Transformation Problem and Value-form: Methodological Comments", in *Confronting Capitalism in the 21st Century: Lessons from Marx's Capital*, ed. by Marc Silver, Cham: Palgrave Macmillan, 2020, p.118.

③ 参见张燕喜：《〈资本论〉为什么有"当代价值"》，《理论视野》2017 年第 12 期。

(三)佩蒂·霍卡宁对市场经济运行机制的价值分析的方法论意义

佩蒂·霍卡宁分析了当前两种危机(环境恶化和劳动社会的终结)的原因及其可能出路。他指出,价值的时间维度构成了一种以生产率为核心的"发展"模式,资本对物质财富的疯狂追求加速了对原材料和能源的损耗,进而加速了对自然的破坏。也就是说,资本在追求无限积累的过程中忽视了自然的有限性。[①] 同样,资本推动的社会知识的快速积累促使科技在生产中发挥着越来越大的作用,同时促使创造价值的劳动本身趋于消失,最终导致无产阶级劳动变得不合时宜。而对于当代社会的未来出路,佩蒂·霍卡宁则在文中表示,马克思更倾向于一种基于资本主义内在矛盾张力的可能性,即资本本身会产生出未来社会的因素,但它又迫使人们面对越来越严酷的抉择——社会主义还处于初级状态。[②]

为市场而生产是市场经济的本质特征,市场的不断扩大是市场经济不断发展的基本条件。一种新产品问世以前,人们并没有对这种产品的直接需求,可是一旦它进入市场,就会引发人们产生新的消费需求。市场成为创造需求进而开辟生产新领域的先导。通过市场决定资源配置能够不断推动生产向深度和广度发展。[③] 佩蒂·霍卡宁认为,既然市场经济存在于特定社会,那么对市场运行进行调控的政府就是这一特定社会的代表,它既为市场经济发展提供服务,同时也要求和规定着市场经济的发展方向。市场经济的发展既要求发挥市场机制在资源配置中的决定性作用,也要求发挥政府对市场经济运行的调控作用。[④]

例如,马克思在《资本论》中对英国政府制定资本主义工厂法及其作用的论述就是如此。学习《资本论》中所蕴含的这一思想,对于深刻理解习近平总书记提出的"充分发挥市场在资源配置中的决定性作用,更好发挥政府作用"的科学

---

① Pertti Honkanen, "The Transformation Problem and Value-form: Methodological Comments", in *Confronting Capitalism in the 21st Century: Lessons from Marx' Capital*, ed. by Marc Silver, Cham: Palgrave Macmillan, 2020, p.119.

② 参见张旭:《〈资本论〉的当代价值》,《马克思主义研究》2017年第10期。

③ 参见王天义:《论〈资本论〉的当代价值》,《当代经济研究》2013年第11期。

④ 参见唐珏岚、刘志广:《〈资本论〉及其当代价值国际研讨会综述》,《上海行政学院学报》2008年第1期。

论断，具有重要意义。[①]

五、关于价值形态与价值转形问题的几点思考

1995年后，新古典经济学的理论体系逐渐进入中国，被不少学者接受为主流经济学、现代经济学。真正了解新古典经济学和真正了解马克思《资本论》劳动价值理论的人深知，马克思《资本论》价值理论的科学性是无可争辩的。

（一）对价值理论的再思考

马克思的价值理论既是一种科学的微观经济理论，也是一种科学的宏观经济理论。[②] 价值理论的发展经历了生产者价值理论、消费者价值理论和供求决定论三个阶段。[③] 生产者价值理论和消费者价值理论的重点在于说明价值的源泉，两者的理论分歧在于对价值源泉认识的不同，即物品的价值是源于生产领域还是源于消费者对物品的主观感受。供求决定论的中心则是市场价格的形成，其意义在于把生产者价值理论和消费者价值理论综合起来，使关注点从价值本身转到了更具现实意义的市场价格形成上。[④]

价值理论的发展是生产和交换发展的必然结果。价值理论是生产和交换实践在人们认识上的反映。当生产力水平还十分低下，人是生产过程中的主要要素时，人们自然把价值的源泉归为劳动；随着生产的发展，资本的作用越来越重要，自然会改变人们对价值的看法，从而把资本同劳动一起当作价值的源泉；当财富的增加还没有从根本上受到需求的制约时，人们就在生产领域寻求价值的源泉；当财富的增加越来越受到需求的制约时，人们对经济问题的研究自然从生产领域转向流通领域，用消费和需求说明价值；随着经济的不断发展，人们发现单纯从生产和消费的角度无法解决价值问题，供求决定论应运而生。[⑤] 价值理论这种从片面走向综合的过程，是不同时期生产和交换的不同特点的具体

---

① 参见何元锋、李香菊：《〈资本论〉在当代中国的现实意义和重要价值》，《甘肃社会科学》2014年第1期。

② 参见王峰明、王璐源：《蒲鲁东的价值理论：基于马克思劳动价值论的评析》，《当代经济研究》2022年第1期。

③ 参见陈建华：《马克思价值形态理论的形成与发展》，《深圳大学学报》（人文社会科学版）2003年第3期。

④ 参见任太增：《对价值理论的分析与思考》，《中州学刊》1999年第6期。

⑤ 参见陈建华、陈雪莹、陶秦青：《马克思价值形态理论的形成研究》，《当代经济研究》2016年第6期。

反映。理论的发展总是从片面走向综合，作为后人，对前人的理论只能是否定之否定。只有通过否定之否定，理论才能从片面走向全面，才能适应不断发展的经济生活。供求决定论从生产、消费两个方面说明价值，现在看来是全面的、综合的。但供求决定论同样需要发展，由于管理、知识等在生产中的作用日益重要，供求决定论中的供给曲线的构成也应随之变化。从生产者的角度看，生产中耗费的要素不仅增多了，而且不同要素在价值(创造)过程中的地位也发生着重大变化，这时生产者对自己产品价值的评价不仅要考虑劳动、资本等传统要素的耗费，更要考虑产品的技术含量和知识含量。如此，技术、知识含量高的产品具有更高的价值就成了必然。

价值理论是经济理论的基础，马克思的价值理论为解释资本主义生产方式随时间推移出现的复杂性和特殊性提供了基础。理论只有随着实践的发展而发展才有生命力。在市场经济条件下，只有生产出来被市场接受的使用价值才是真正的财富；财富的创造不仅是劳动的结果，也是诸多要素共同作用的结果。要发展生产，增加财富，不仅要注意生产、供给，更要注意消费和需求；不仅要重视劳动的作用，更要重视资本、土地、管理、技术、知识等要素在财富增值过程中的作用。既然参加财富创造的是多个生产要素，那么在分配上每个要素的所有者得到相应的收入也是十分自然的。[①]

(二)从《资本论》中探究价值转形的缘起

佩蒂·霍卡宁对《资本论》中价值转形与价值形态问题进行了新探索，因而我们有必要梳理一下《资本论》中此方面的相关论述。首先，在《资本论》第一卷中，随着价值形式、资本、剩余价值等范畴的出现和演化，马克思揭示了价值转形的发生过程；在《资本论》第二卷中，从资本循环与周转到社会总资本的再生产，马克思揭示了价值转形的深化过程；在《资本论》第三卷中，随着市场价值转化为生产价格、剩余价值转化为利润，以及利润转化为平均利润，马克思揭示了价值转形的定型过程。[②] 在《资本论》第一卷中，马克思对“价值转形”的分析就已经开始。比如，商品的二因素与劳动的二重性，价值与价值形式，货币与资本，这些都是《资本论》第一卷中的重要范畴。随着这些范畴的出现和演化，“价

---

① 参见任太增：《对价值理论的分析与思考》，《中州学刊》1999年第6期。

② 参见赵磊：《马克思的“价值转型”始于何时？——以〈劳动价值论与资本主义经济中的非均衡和不确定性〉为例》，《党政研究》2019年第5期。

值转形"过程渐次展开。[①] 由此可以看到,《资本论》第一、二、三卷的逻辑线条就是价值从最抽象的范畴开始,逐渐展开、演绎为各种具体范畴的过程,也就是价值从劳动这个逻辑起点出发,逐渐演化为现象层面的价值形式(价格)的转化过程——"价值转形"过程。

"价值转形"过程贯穿于《资本论》第一、二、三卷的逻辑之中,并成为连接整个《资本论》的基本主线:具体劳动转化为抽象劳动,私人劳动转化为社会劳动,个别价值转化为社会价值,货币转化为资本,简单再生产转化为扩大再生产。由此可知,《资本论》的叙述方法是从抽象(概括)回到具体(演绎),也就是从价值的逻辑起点(劳动),逐步展开为价值的表象(价值形式)。这个叙述过程就是"价值转形"的过程。

(三)需要升级与价值转形

从马克思主义视野中的需要升级与价值转形的角度来看,价值是满足需要的对象属性,是客观的;对价值的认识则是对主体需要和对象属性之间关系的认识,是主观的。既然人的需要是历史生成的、有层次有结构的体系,那么现实的价值必然也是一个具有时代特点的、有层次有结构的体系。[②] 生产水平决定需要状况,需要层次和结构决定价值体系的层次和结构。在物质短缺的时代,经济价值制约乃至决定着社会价值、政治价值和文化价值,在资本主义市场经济条件下货币价值观和资本价值观甚至成为自由、平等和公平、正义等价值的基础;而在产能过剩和资本过剩的时代,那些无法用物质更无法用货币和资本来满足的需要,使得社会价值、政治价值、文化价值乃至生态价值凸显出来。[③] 中国特色社会主义进入新时代以后,全面发展和自由发展成为新的价值尺度。有待满足的是"人民日益增长的美好生活需要",而不单纯是那些能够用货币数量和经济增长率衡量的物质需要。"美好生活需要"中有很大一部分是无法用货币价值或者经济价值来衡量的,但是所有需要的满足都体现在对全面发展和自由发展的价值追求中,全面发展和自由发展由此成为社会主义价值体系变革的方向。当前阶段,有必要从对经济转型与经济发展的重新认识出发,明确《资

---

① 参见赵磊:《马克思的"价值转型"始于何时?——以〈劳动价值论与资本主义经济中的非均衡和不确定性〉为例》,《党政研究》2019 年第 5 期。

② 参见曹萍萍、徐晓红、李壮壮:《中国数字经济发展的区域差异及空间收敛趋势》,《统计与决策》2022 年第 3 期。

③ 参见王关义:《〈资本论〉中货币本质论》,《兰州学刊》1998 年第 6 期。

本论》中价值转形对理解社会主义价值体系变革的重要意义。[①]

总之，佩蒂·霍卡宁对《资本论》价值转形与价值形态问题的新探索为我们打开了认识《资本论》的新大门。同时，也时刻提醒我们，《资本论》是一定历史阶段的产物，它没有穷尽关于资本主义经济的真理，更不可能穷尽关于社会主义经济的真理，而是开辟了一条认识真理的正确道路。列宁明确指出："我们决不把马克思的理论看做某种一成不变的和神圣不可侵犯的东西；恰恰相反，我们深信：它只是给一种科学奠定了基础，社会党人如果不愿落后于实际生活，就应当在各方面把这门科学推向前进。"[②]中国特色社会主义的伟大实践和中华民族的伟大复兴，呼唤着中国特色社会主义理论的创新和发展。我们要努力建设和发展具有中国特色、中国风格、中国气派和时代特点的经济理论，这种理论必须以马克思主义为指导。马克思的《资本论》无疑是这种理论的重要思想基础和理论指导。[③] 忽视了这一重要的理论基础，就难以实现理论上的自觉、自信、自强，就难以坚持和发展中国特色社会主义的伟大事业。

---

① 参见唐世平、张雨亭：《经济发展的新制度经济学：一个根本性的批判》，《经济社会体制比较》2021年第6期。

② 《列宁全集》第4卷，人民出版社2013年版，第160页。

③ 参见王永章：《失业根源的颠倒：新自由主义的政治经济学批判——〈资本论〉失业理论的当代价值》，《宁夏社会科学》2017年第4期。

第三部分

《资本论》与金融危机的辩证批判

第六章 《资本论》中信用危机与经济危机的辩证法

国外马克思主义学者进一步探讨了马克思关于资本主义经济危机的观点。马克思是第一个系统地思考困扰资本主义的经济危机的经济学家。在《资本论》研究中，国外学者把马克思关于信贷系统、中央银行以及它们与经济危机的关系的思想联系起来探索，这是一个新的尝试。这些新探索对于理解当代资本主义金融危机爆发的原因具有重要的理论价值与现实意义。

一、劳伦斯·克劳斯的信用危机理论的出场语境

1825 年，英国银行发生挤兑，随后爆发经济危机。这是一场产生于生产领域，由复杂的信用体系推波助澜的经济危机。纽约州立大学古西堡分校的劳伦斯·克劳斯(Laurence Krause)教授，在分析这场经济危机爆发的原因和过程时，对马克思《资本论》中金融危机的思想进行了新的思考，主要分析了信用体系是如何影响危机的，以及中央银行在经济危机中应该扮演怎样的角色，发挥什么样的作用。克劳斯的这些新思考进一步发展了马克思的金融危机理论。

克劳斯以英国为实体案例，对 19 世纪中叶金本位制度下发生的信用危机进行了解读和分析。[①] 在金本位货币制度下，货币发挥购买流通的作用，极大增强了生产买卖等经济活动的活力，卖家成功售出商品获得货币，成为经济健康向好的一个关键条件，如果不能则表示出现了生产过剩。随着社会对于生产发

① Laurence A. Krause. "Marx's Musings on Financial Crises: Credit and Crises in the Mid-Nineteenth-Century Gold Standard", in *Confronting Capitalism in the 21st Century: Lessons from Marx's Capital*, ed. by Marc Silver, Cham: Palgrave Macmillan, 2020, p.153.

展的要求，货币开始发挥支付手段的作用，信用成为以货币体系为基础而又似乎独立于货币体系的另一个资本市场。① 私人信用、银行信用和纸面资产等信用工具打造了一个信用体系，这个信用体系极大地缩短了经济发展周期，这也意味着繁荣和衰败的交替周期变化了，不仅是时间的问题，更大的影响是繁荣时更加火热、衰败时更加凋敝。信用体系中的中央银行获得了行使货币政策的权力，目的是调整信用体系中的问题，减少信用危机带来的经济衰退。就像在货币体系中的简单生产过剩过程中货物无法兑换成等值的货币一样，信用体系中的纸面资产也无法兑换成十足的货币或者黄金，有价证券开始被大量抛售以获得黄金，但是银行库存黄金无法支付信用体系创造的“虚拟”货币量，那么便产生由挤兑导致的信用危机。② 在危机发生前，拥有货币政策行使权的银行，也就是中央银行，开始着手解决货币兑换的问题，中央银行成为信用危机中影响经济危机持续时间和强度的关键，成为整个信用系统的轴心。③ 危机发生后，信用体系崩溃到一定程度，就会到达“马克思时刻”，此时中央银行更是成为解决危机的关键。因此，金本位制度下，信用危机的发生是必然的，其发生的逻辑是有迹可循的，同时它持续的时间和经济衰败的程度与社会信用体系有很大关系，中央银行在这个过程中发挥重要的调节作用。

马克思提出经济危机理论以来，西方资本主义市场经济体制下的学者们对此展开了激烈的讨论。根据学者们对马克思经济危机理论探讨的热度，具有代表性的研究分为三个阶段。第一阶段，20 世纪 70 年代之前。格罗斯曼作为较早系统研究马克思经济危机理论的领头者，在《资本主义制度的积累和崩溃的规律》(1929)中提出了崩溃理论。40 年代，斯威齐试图证明经济危机是由于消费不足引起的，将马克思经济危机理论发展到一个新的阶段。第二阶段，20 世纪 70 年代至 2000 年。70 年代，韦斯科普夫基于马克思经济危机理论，将其分为三个流派：资本有机构成提高理论、劳工实力增长理论、实现失败理论。80 年代，阿特维尔对马克思经济危机理论的研究较为深入，他提出了五大理论：比例失调理论、工资提高理论、消费不足理论、国家财政危机理论、资本有机结构的提高。汉森细致地研究了资本主义崩溃的思想史，奥康纳则提出了全新的经济

① 参见钟雨培、王峰明：《资本主义信用危机的成因及其传导机制探析》，《当代经济研究》2020 年第 11 期。

② 参见田思思：《〈资本论〉视阈下当代国际金融危机的成因分析》，《才智》2014 年第 33 期。

③ Laurence A. Krause, “Marx's Musings on Financial Crises: Credit and Crises in the Mid-Nineteenth-Century Gold Standard”, in *Confronting Capitalism in the 21st Century: Lessons from Marx's Capital*, ed. by Marc Silver, Cham: Palgrave Macmillan, 2020, p.157.

危机理论分类。90年代中期，西蒙·克拉克（Simon Clarke）在《马克思的危机理论》一书中将马克思经济危机理论划分为三种情况：消费不足论、比例失调论、与利润率下降相联系的危机理论。[①] 1997年，一场规模较大、波及范围较广的亚洲经济危机爆发，罗伯特·布伦纳（Robert Brunner）重新研究了1929—1933年美国经济大萧条，提出只有站在历史的高度来看待经济危机的表现，才能领悟其中的联系。[②] 第三阶段，21世纪以来。2008年国际金融危机爆发，布伦纳的历史视角重新回到经济学家们的视野中，西方资本主义国家的一些学者对其进行深入的研究，如约翰·福斯特（John Forster）的《过度竞争是根本问题吗?》、大卫·麦克南尼（David Mcnally）的《世界经济中的动荡》等。

二、马克思《资本论》中信用危机理论的新探索

国际上对马克思经济危机理论的讨论很多，这些讨论中既有激进的也有保守的，在讨论的过程中还演变出了众多的派别。具有鲜明特点和代表性的人物有：卡尔·考茨基，德国和国际工人运动理论家；爱德华·伯恩斯坦（Eduard Bernstein），改良主义建立者之一；鲁道夫·希法亭，对金融资本进行了细致的阐述；著名的马克思政治经济学家亨里克·格罗斯曼（Henryk Grossman），把马克思的经济理论和数量相联系，结合实证来验证；著名的日本马克思主义经济学家伊藤诚，通过分析马克思的经济危机理论相关著作，对经济危机的产生过程进行分析，并在马克思经济危机理论的基础上发表了自己的看法，他认为马克思经济危机理论分为资本过剩理论和商品过剩理论，而这两种理论在逻辑上是相互对立的。[③]

众多派别的理论研究成果，丰富和发展了马克思的经济危机理论，但是马克思经济危机理论的相关研究仍然存在许多不足，存在许多需要解决的问题。因为在不同的时代背景下、不同的政治经济环境下，对马克思经济危机理论的研究侧重点不同，存在一定的约束性和限制性，特别是对马克思关于信用危机与经济危机关系的研究还比较薄弱，相关研究文献比较少，二者的关系有待于

---

① 参见柴鹏、孟媛：《论国外马克思主义视野中的美国金融危机：站在马克思〈资本论〉的视角下》，《现代交际》2016年第12期。

② 参见[美]罗伯特·布伦纳：《繁荣与泡沫：全球视角中的美国经济》，王生升译，经济科学出版社2003年版，第1页。

③ 参见[日]伊藤诚：《价值与危机》，宋群译，中国社会科学出版1990年版，第79页。

深入探讨，马克思信用危机理论在经济危机分析中的作用仍然是一个很重要的研究课题。克劳斯试图通过对《资本论》信用危机进行新探索，弥补经济危机研究中的“薄弱环节”。

（一）资本主义信用体系的二重性

克劳斯用《资本论》中的马克思主义经济学理论对信用危机的生成过程进行了阐述，并提出了几个核心问题。这些问题对于当代《资本论》的新阐释具有重要理论意义。克劳斯对信用体系、中央银行及其与经济危机的关系进行了分析和整合，对信用体系和中央银行在经济危机中所扮演的角色进行讨论。信用体系产生于货币体系但是又似乎独立于货币体系，打造了一个极其有活力的资本市场。克劳斯对“信用体系是如何被打造出来的”这个问题进行了阐述；信用体系被打造出来后，信用危机也随之而来，克劳斯对“信用危机是如何产生的”这个问题进行了详细论述。信用危机发展到一定程度成为严重的金融危机，将一个部门作为一个经济部分，则全行业全市场都会遭受危机，将一个国家看作一个经济区域，则会出现本国的黄金流失。[①] 克劳斯对复杂危机是如何产生的进行了详细的推导；中央银行作为信用体系的重要组成部分和货币政策的执行者，克劳斯认为中央银行应在危机中发挥一个好的轴心作用，这也是一个应继续讨论的问题。[②] 资本主义经济从大航海时代开始，经历两次工业革命，其经济形势和经济制度都跟随着时代而升级。信用体系的出现是资本主义经济发展到一定程度的产物，极大地促进了社会的再生产，为生产部门带来了充足的货币供应，但也使危机的破坏性明显增强。[③] 克劳斯整合了马克思的经济学观点，对信用体系在危机中扮演什么角色这一问题进行了讨论。

（二）信用体系是如何打造的

信用产生于货币，马克思认为最初的“私人信用”是伴随商品交换产生的。在商品的买卖中，卖家出售商品得到货币，买家失去货币得到商品，这样完成一次购买行为，此时的货币发挥着流通手段的作用。而且要强调的是，卖家和买

---

① Laurence A. Krause, “Marx's Musings on Financial Crises: Credit and Crises in the Mid-Nineteenth-Century Gold Standard”, in *Confronting Capitalism in the 21st Century: Lessons from Marx's Capital*, ed. by Marc Silver, Cham: Palgrave Macmillan, 2020, p.159.

② 参见李冬：《马克思虚拟资本理论下金融危机分析》，《经济研究导刊》2021年第28期。

③ 参见钟雨培、王峰明：《资本主义信用危机的成因及其传导机制探析》，《当代经济研究》2020年第11期。

家的货币不仅用来购买生活资料，同时也用来购买生产资料以进行下一次生产。但是货币并不是任何时候都是足够的，有时候对于需要购买生产资料的买家，他们手中的货币可能是不够的，但是由于他们可观的生意情况和向好的经济形势，不出意外在未来能够获得一些货币。[①] 以远期的货币支付为担保，买家可以不用现时支付货币而是赊账商品，简单商品交易中的信用就这样产生了。在这个过程中，货币行使了一个全新的职能——偿还债务的支付手段，买方和卖方转变为债务人和债权人。

商品的买卖和商品信用的清偿都是商品经济的产物，商品的买卖并非资本主义经济所独有的。但是资本主义在后续的发展中将信用工具打造成了一个体系，极大地盘活了经济市场，然而却也带来了不安的因素。克劳斯以 19 世纪 20 年代英国的货币制度为具体案例进行分析，这就要先提及英国在 19 世纪 20 年代实行的混合金本位制，"金属储备"代替了足值的金属货币，背靠"金属储备"的纸币成了资本主义扩张的重要工具。[②] 英格兰银行显然超发了纸币，并且超发的纸币要比所能兑换的黄金多得多，正常情况下所有持有纸币的人不会同一时刻将纸币兑换成黄金，因此在经济运行中纸币也代表了所能兑换的黄金的财富量，超发部分就是危机发生的最基础的隐患。

克劳斯认为，马克思将 19 世纪 20 年代后一段时间的信用体系划分成三个完整的组成部分，并且每一部分都在 19 世纪中期的金本位危机中发挥了重要作用。第一部分是马克思所称的"信用货币"，它是由信用体系产生的"内生"货币，产生于货币流通的私人资产。第二部分是借贷市场，当货币信用发展到一定的程度、实体经济需要大量货币供给时，货币借贷市场应势而生，贷款市场为公司这个资本主义经济的组织形式提供了源源不断的货币供应。就这样，资本主义原始积累的落后方式被淘汰，商业、掠夺、殖民这些积累货币的方式，被直接向货币市场和资本市场借贷货币替代。第三部分所指的是票据和有价证券等"纸面资产"，这些纸面资产在马克思看来是虚构的，在投机交易里，它们与社会经济的生产关联性不大。克劳斯认为，与信用来自商品经济而并不独属于资本主义经济的认知有差池的是，英国资本主义将信用体系打造成自己再生产的附庸和工具。

---

① 参见陈中伟、朱方明、贺立龙：《货币运动与金融危机：马克思的警告》，《经济问题》2015 年第 4 期。

② Laurence A. Krause, "Marx's Musings on Financial Crises: Credit and Crises in the Mid-Nineteenth-Century Gold Standard", in *Confronting Capitalism in the 21st Century: Lessons from Marx's Capital*, ed. by Marc Silver, Cham: Palgrave Macmillan, 2020, p.157.

信用货币在马克思的时代有三种形式:银行票据、银行存款和汇票。能够流通便意味着这些信用货币可以在经济运行中发挥支付作用。当这些私人的信用货币在金融市场中有足够信心时,信用货币便可以发挥转移支付的便捷作用,成为货币持有者手中代替部分货币的资产。信用货币的兑换能力与发行者有关,银行的票据由银行进行兑付,银行存款以银行账户里的资金为担保,汇票以开票人的资产作为基础。一旦无法进行有效兑付,那就无法进行流通,信用货币就没有了价值,这也就是说,虽然有价证券等新的金融工具俨然成为一种商品,但是一旦无法兑付,也就成了废纸,因此信用货币的源头依旧是货币。这三类信用货币中最好的代表是汇票,它有着其他两种类型信用货币所不能达到的流通度。这一特点体现在汇票在兑付成为货币前,可以贴现给货币市场和资本市场的买家以及时获得需要的现金,而买家持有汇票将在未来获得一笔票据约定的、要比贴现获得的资金更多的现金。[①] 贴现的使用使得票据成为一种高流动性的资产,并且可以通过操作获得投机收入。兑付的时间间隔和投机操作使原本复杂的金融市场变得更加捉摸不透,为后来的信用危机埋下隐患。[②]

当信用活动发展到一定程度时,资本主义的借款人成为资本投资的资本家,他们通过放贷来实现收益,银行体系在这时便应运而生,马克思称银行系统是资本主义生产方式所产生的最发达的产品,银行资本家用货币榨取实业经营者的剩余价值,成了“货币资本家”。[③] 这种有组织的专业体系为工商业提供了充足的资本,随之建立起来的货币借贷市场使利率成为借贷活动中的中心角色,利率的微小变动能够深刻地影响到商品市场的再生产、货币市场对持有货币的需求。

克劳斯认为,马克思开创了关于在发达金融体系中纸面资产的性质和作用的理论先河,在金融行业高度发展的今天仍然没有过时。资本家们不仅将自己的货币作为金融游戏的一部分,更是吸收社会各阶层的货币进行资本运营。资本家将社会各阶层的货币聚拢,转变成金融商品投放到金融市场进行交易,股票、债券等有价证券的背后是实际的资本价值,但其价格有自己独有的市场规律,在市场交易中,持有者的信心成为价格波动的重要因素,因此这些纸面资产

---

① 参见王力:《后金融危机时代的马克思主义省思》,《当代世界与社会主义》2015 年第 5 期。

② 参见周肇光:《从马克思经济危机理论看当前世界金融危机的必然性:读马克思〈资本论〉的几点体会》,《广东社会科学》2010 年第 5 期。

③ Laurence A. Krause, “Marx's Musings on Financial Crises: Credit and Crises in the Mid-Nineteenth-Century Gold Standard”, in *Confronting Capitalism in the 21st Century: Lessons from Marx's Capital*, ed. by Marc Silver, Cham: Palgrave Macmillan, 2020, p.160.

是一种投资和投机工具。在有价证券等纸面资产出现的时候，信用体系已经达到了高度发展的程度，货币与有价证券成为财富持有者的选择，利率就成为持有者关注的重要指标。利率的波动成为金融活动和信用体系震动的一部分。

克劳斯通过横向论述马克思对于货币体系进行三部分划分以及纵向讨论信用体系发展呈现出的新特点、新形势、新工具，对 19 世纪中期英国金本位制度下的信用体系进行分析，分析的目的则是解释信用危机发生的原因和信用体系在危机发生时扮演的角色。

（三）信用危机发生的深层原因

信用产生于商品市场，信用危机的产生与货币有着根本上的联系。马克思所讲的危机的第一种抽象形式是由于"商品本身的变形、买卖的分离"[①]而产生的生产过剩的可能性。第二种抽象形式是由于价值的衡量和实现无法得到匹配而产生违约的可能性。马克思认为，货币的流通作用存在，第一种抽象形式就一定存在，货币的支付作用存在，第二种抽象形式就一定存在，二者提供了危机爆发的可能性而非必然性。在论述信用体系发展的过程中，劳伦斯解释了从爆发的可能性到爆发的过程。[②]

社会生产应该是这样的：出售商品，获得货币，其中一部分货币将用于购买生产资料进行再生产，但是有一部分货币是被用来囤积的，囤积的货币被持有者把控。社会生产力达到了更高的水平，购买生活资料和生产资料不需要如此多的货币，但是要销售商品的卖家对于买家持有货币的态度即购买意愿是滞后的，相对过多或者绝对过多的商品无法销售出去，就表现为社会的购买力下降，社会对商品的需求减少。卖家无法获得相应的收入，就无法用货币去购买他所需要的原材料和消费品，社会购买力进一步下降，无法出售商品的问题蔓延开来，危机的第一种抽象形式发生。马克思称这种商品卖不出去的现象为"生产过剩"。[③] 在这个过程中，公众对于货币持有的态度成了关键一环。首先，货币实现了商品交换时空维度上的分离，于是生产和消费在这种便捷的一般等价物的催化下充满了活力，并且商品不再成为财富的首要象征，货币成为财富的象

① Laurence A. Krause, "Marx's Musings on Financial Crises: Credit and Crises in the Mid-Nineteenth-Century Gold Standard", in *Confronting Capitalism in the 21st Century: Lessons from Marx's Capital*, ed. by Marc Silver, Cham: Palgrave Macmillan, 2020, p.157.

② 参见周书俊、傅李琦：《马克思经济危机理论的当代意义：基于"金融-实体"经济危机理论的反思》，《理论学刊》2015 年第 12 期。

③ 参见李峥钰：《马克思主义经济危机理论对当代金融危机的诠释》，《中国商贸》2014 年第 32 期。

征。所以从这个时候开始，持有货币的态度成为金融市场上波动的关键因素，信用危机的发生也贯穿着是否要将虚拟资产转化为货币这个问题。因此，货币本身造就了货币持有者对于持有货币的动机。其次，公众如果选择持有货币，则会发生货币的囤积，在市场上流通的货币变少，显然这对于扩张的经济是不利的。在社会公众持有财富形式的问题上，显然他们会选择在未来有流通性、能够保值增值的资产，这个原则同样适合于信用体系里的货币资本市场。

在使用信用的经济中，买方和卖方成为债务人和债权人，依旧是买卖分离。通过信用搭建的债务债权关系一旦在未来无法偿付，那就会产生违约的风险。在危机的第二种抽象形式中，买卖的分离和货币的支付手段成为危机发生的先天条件。即使能够按时在远期进行偿付，绝对数量的货币也可能因为战争、黄金储备变化等问题贬值，那么债权人在远期将无法获得当初想要在远期实现的价值。债务严重违约、价值实现链条断裂、社会信用崩溃，使得信用体系遍布经济领域的社会爆发了连锁反应，爆发严重的信用危机。

（四）信用体系在信用危机中扮演的角色

克劳斯所论述的1825年英国的经济危机是一次典型的生产过剩经济危机。这次经济危机爆发于货币危机，股票行情猛烈下跌，信用关系遭到严重破坏。随之银行挤兑发生，银行纷纷倒闭，英国的黄金储备流失。[①] 1926年，工商业危机达到高潮，大量商品滞销，物价暴跌，购买力低下，随之而来的是企业破产、工人失业。这是现代资本主义的第一次经济危机。1825年以前英国因为开展工业革命正处于经济高速增长期，机器取代人力、对国外进行开发使财富不断流入英国，对于拉丁美洲开发的股票债券，英国人表现出过热的海外投资热情。拉丁美洲国家发行的主权债券在19世纪20年代早期非常抢手，如Anglo Mexican公司的股票价格在一个月内由33英镑上升到了158英镑。[②] 英国人疯狂购买拉丁美洲的国家债券并且对开发南美洲公司的股票看好，在交通和通信不发达、企业上市不规范的那个年代，无疑形成了一个巨大的经济泡沫。实际上，并非所有开发公司在拉丁美洲都是盈利的，甚至有的公司成立时用不存

---

① Laurence A. Krause, "Marx's Musings on Financial Crises: Credit and Crises in the Mid-Nineteenth-Century Gold Standard", in *Confronting Capitalism in the 21st Century: Lessons from Marx's Capital*, ed. by Marc Silver, Cham: Palgrave Macmillan, 2020, p.162.

② 参见［美］唐·摩根、詹姆斯·纳隆：《1825年恐慌与不可思议的金融骗局》，赵文博译，《金融市场研究》2015年第6期。

在的国家名字来蒙骗投资者，也并非所有的债券都盈利。1825 年年初，倒闭的公司数量已稍显异常。不过，此时倒闭并未形成风潮，大多数人仍欣喜于财富膨胀的乐观景象，少数人的警觉并没有受到沉溺于经济上涨的大多数人的重视。经济危机首先重创了生产流通领域，10 月从事美洲原棉贸易的萨缪尔·威廉斯公司倒闭，此公司作为英国棉纺织业的巨头，其倒闭的后果可想而知。紧接着，英国的波尔银行停止付款，其代理的地方银行在伦敦的金融业务受到重击，银行挤兑的浪潮开始，关于银行倒闭的消息充斥于新闻和报纸。随后作为欧洲和拉美债务的大型代理商之一的高德施密特公司倒闭，这使得公债市场和货币市场出现了严重恐慌，公债在高德施密特公司倒闭后一开市就出现大跌。倒闭的主要影响是在外国市场，所以几乎没有哪个公司的倒闭会比它更普遍地让全球每个角落感受到。上述三起巨头公司倒闭案分别涉及棉纺织业、银行、海外证券三个行业，反映了此次危机的严重性。仅就银行业而言，从 1825 年 12 月到 1826 年 5 月破产的地方银行共 71 家，其中 1825 年 12 月份就有 30 家。[①]

这次危机是从生产流通领域开始的，通过信用体系蔓延至其他生产部门。19 世纪 20 年代，资本主义的高度发展已经使得资本主义世界产生了完整且复杂的信用体系，因此这场现代资本主义经济制度下的经济危机与信用体系的运行有密切的联系。

在信用体系不断发展的过程中，金融世界越来越复杂，信用危机发生的具体原因也越来越值得缜密思考。克劳斯在论述信用体系发展的过程中，解释了信用体系在危机爆发中扮演的角色。

票据等信用资金有很明显的能够导致危机发生的缺点。首先，汇票等票据是可以进行流通的，但贴现市场的票据显然流动性不如货币，因此对于汇票人远期偿付能力并不看好的持票人可能会更愿意持有贴现获得的票额稍小的货币。其次，货币的升贬值、公众对于票据的态度使得汇票可以作为投机的工具。投机活动使得原本就复杂的金融市场更加无法预测，这极大地增加了信用危机发生的可能性。[②]

银行信用体系的建立极大地促进了货币在市场上的流通，信用工具在银行的支持下迅速发展。银行家集中社会各阶层的储蓄并将储蓄变成可以贷出的货币资本，银行体系的出现几乎将整个社会参与储蓄的民众纳入到了信用体系

① 参见徐滨：《一八二五年英国金融危机中的政府应对及制度变革》，《历史研究》2017 年第 5 期。
② 参见史英哲：《金融危机和马克思主义话语“复活”》，《思想教育研究》2017 年第 7 期。

所涉及的领域，全社会的经济财富信用体系息息相关。[①] 银行建立的有组织的货币市场为工商业提供数量充足的廉价货币供其使用，改变了经济生产周期，使经济扩张更加明显，使经济衰败更加严重。在经济高涨的时间里，放款人看好未来的经济形势，认为在未来可以按约定收回贷款，但现实并不是如此，这种盲目的投资行为逐渐为危机的爆发填满炸药桶，仅仅需要一次偶然事件，就能够刺破经济泡沫，点燃危机和恐慌的炸药桶。

债券和股票等有价证券，将社会各阶层的民众财富资本化，点燃了公众的投资热情。与银行体系不同的是，有价证券不经过银行这个金融服务机构，投资者可以直接选择把自己持有的货币换成他们信任的股票，投资的热情更加火热，并且投资的盲目性变大了。与实际的商品不同，金融产品并没有真实的价格，并且独立于实际的商品世界，但是它也有自己的一套规律：它的价格与公众对它的态度息息相关，当投资者对它失去信心时，它将一文不值。

信用体系究竟在危机发生的过程中扮演了怎样的角色呢？结合上面的分析：第一，信用体系创造了杠杆，为工商业提供了充足的货币供应，用贷款的方式替换了需要相当长的时间才能完成的原始积累，使资本主义的经济生产周期变得更短，大量投资引发的生产过剩和虚假繁荣为危机的爆发埋下伏笔。[②] 第二，信用体系将社会各阶层、各行业的财富联系在一起，牵一发而动全身，不仅在国内，而且牵扯到资本所涉及的各个领域。一旦一个地方出现了危机恐慌，那便可能蔓延至整个资本主义世界。第三，信用体系在运作的过程中，公众的心理成为一项事关经济发展的重要因素。公众所获得的信息是滞后的，他们的投资喜好可能跟着滞后的信息变化，这为投机行为提供了契机，而投机行为让原本就很复杂的金融市场更加莫测。[③] 第四，信用体系让挤兑成为货币行业危机发生的重要表现。通过挤兑引发信用体系的崩溃，公众根据收集到的信息而选择他们信任的资产，既可以是货币、证券，也可以是黄金。英格兰银行发行票据是以黄金为支点的，但是会存在超发的现象，而债券则是用未来货币偿付、证券用盈利后的货币偿付，公众将在不同时期判断这些资产的价值。但黄金现值是明确的，而且可以很便利地从银行兑换属于自己的黄金，因此在恐慌发生的时候，与未来不知能否偿付的货币和大跌的股票相比，黄金成为公众最信任的

---

① 参见陈中伟、朱方明、贺立龙：《货币运动与金融危机：马克思的警告》，《经济问题》2015年第4期。

② 参见钟雨培、王峰明：《资本主义信用危机的成因及其传导机制探析》，《当代经济研究》2020年第11期。

③ 参见李冬：《马克思虚拟资本理论下金融危机分析》，《经济研究导刊》2021年第28期。

资产，公众纷纷去银行取出自己的黄金。而黄金是银行在贷款时和借款时的信用指标，有越多的黄金储备则意味着银行的信用越坚挺，但是公众取走黄金，引发了连锁反应，挤兑开始蔓延，失去了黄金储备，信用体系就失去了最牢固的地基，恐慌便开始蔓延。[①] 第五，信用体系改变了经济周期的波动，让经济高涨时更加高涨，让经济衰败时更加衰败，在高涨时期，每一笔投资都被看好，源源不断的货币被投放到资本市场，这使资本主义世界呈现出经济上升的趋势，但是随着生产过剩的出现，虚假的繁荣景象消失，大量投资没有被偿还，公司的倒闭随着信用体系蔓延至经济社会各处，无论是程度还是广度都大大加深。

（五）复杂危机和黄金流失是如何产生的

克劳斯认同马克思的观点，1825 年危机是一场复杂的危机，之所以这么说，是因为它是多个领域危机的混合物，涉及商品市场的生产过剩、信用体系中的挤兑和违约、英格兰银行的货币危机。

克劳斯对复杂危机的产生进行了推理，认为危机一旦从某个领域开始，就会蔓延变成复杂危机。假设纺织产业首先出现生产过剩，未售出商品，库存堆积，生产者无法售出货物获得货币，无法购买原材料进行生产，也无法持续地给工人支付工资。[②] 同时，社会的分工形成的产业链也会因为一个行业的生产过剩而受到严重打击，因为一个行业的生产过剩问题会蔓延到该行业的供应商、批发商和零售商，导致更大的生产和就业下降。

紧接着商品市场点燃了金融市场危机的火花，导致了金融市场的危机发生。信用体系利用杠杆为扩张的资本提供资金，相互交织的债务债权网络使得一个资本家可能既是一家公司的债权人，也是另一家公司的债务人。因此，一旦一家公司关闭，倒闭的风险会沿着信用网络如同病毒似的传播到信用世界，最后引发多米诺骨牌效应，整个资本主义经济的信用体系中支付承诺链条崩溃。此时公众对于投资的热情将会跌至冰点，从而在虚假繁荣时期原本可以通过吸收公众的投资来掩盖一些经营问题的办法现在也无法使用了。在这个多重违约的过程中，随着对经济形势的深入了解，公众开始纷纷要求偿还债务。而金融机构在面对违约风险时，也提出了解决问题的措施。信贷机构考虑到违

① 参见史英哲：《金融危机和马克思主义话语“复活”》，《思想教育研究》2017 年第 7 期。

② Laurence A. Krause, “Marx's Musings on Financial Crises: Credit and Crises in the Mid-Nineteenth-Century Gold Standard”, in *Confronting Capitalism in the 21st Century: Lessons from Marx's Capital*, ed. by Marc Silver, Cham: Palgrave Macmillan, 2020, p.165.

约和损失,开始限制信用供应、拒绝发放新的贷款、停止对汇票进行贴现,也就是说,信贷机构开始减少信用资金的贷出,减少自己放出的货币量,但是这种行为却使得对于投资环境变化敏感的公众变得更加恐慌。

银行贷款的难度增加,信用市场收缩衰退,借钱获得资金的成本上升,工商业没有足够的货币进行投资发展,而其中缺钱的公司甚至低价兜售自己的商品和资产来偿还债务和支付工资。如此,生产过剩的问题更加严重了,原本来自商品市场的生产过剩经过信用体系的作用后更加严重,商品库存积压、企业倒闭、劳动力市场疲软,信用体系出现了多种困难迹象。

几乎所有人都可以确定地感受到危机即将到来,作为投资者的公众开始选择他们最信任的资产进行持有,在对未来经济形势极度不看好的情况下,他们对于用纸面资产兑换现金或者黄金的比率标准宽松了许多。当恐慌存在时,投资人不再考虑国债或者是证券让他们损失了多少,而是选择尽快将这些信用资产出售出去换回货币,以免在未来危机持续加深的时候所有的纸面资产荡然无存。而且处理了这些棘手的信用工具,他们在大危机中可以停止投资,将损失减少到最小。

复杂危机在英国国内导致经济疲惫,也影响到英国的资本国际收支平衡。克劳斯解释说,马克思的推理并没有清楚地解释本次危机黄金流失的问题,但是马克思认为黄金流失的原因有两个:一个是国际收支逆差,另一个是信用危机发生后产生了货币危机。马克思对于黄金外流的解释与1825年的英国黄金危机基本相符。尤其是第二点原因,克劳斯认为是对英镑的挤兑引发了英国黄金外流,导致了1825年的黄金危机。

在解释这个复杂危机产生的过程的最后提到,信用体系如果不能及时调整,危机发展到更严重的地步,就可能崩溃,并且迫使资本主义世界回归以黄金为基础的货币体系。严重的危机会破坏信用体系,迫使一个复杂的、使用信用体系的经济体回归到货币起源的经济状态,金银等金属货币成为最受信任的货币,信用体系暂时退出,黄金等贵金属成为唯一可靠的支付手段,克劳斯将危机中的这个点称为“马克思时刻”。在“马克思时刻”到来之前,危机如何解决,则取决于央行的反应。

(六)中央银行在危机中应该做什么

信用体系赋予了中央银行权力。由于信用体系已经打造了一个货币市场和资本市场,市场需要规范的组织和政策,英格兰银行在这个复杂的信用体系中便充当一个货币政策制定者。在信用体系不健全的情况，而经济活动交易行为大多使用现金货币时，中央银行的作用是持有足够的黄金储备来发行货币，来保持币值稳定和公众对其的信心。[①] 在加入信用体系后，随着危机逐渐深入到社会经济生活的方方面面，公众便对纸币能够兑换成足值的黄金失去信心，会尽可能地将手中的纸币或者银行券兑换成黄金进行持有，挤兑行为导致了创造杠杆和信用资金的贷款银行倒闭，同时也在耗尽英格兰银行的黄金储备。

中央银行在信用体系的发展中掌握了货币制度和信用制度的武器，在保护信用体系的时候，英格兰银行可以改变利率和信用的可获得性。英格兰银行用来影响环境的主要工具是设定贴现率，决定从银行购买多少和何种质量的票据。[②] 因此，中央银行在信用危机发生时，能够利用自身的权力对资产的相互兑换进行调节。

英格兰银行在这次经济危机中的做法是划时代的，因为在这次的危机处理中，银行采取了积极应对的做法。面对蜂拥而至的挤兑客户，英格兰银行尽其所能兑付，但同时也提高了兑现票据的资格要求。同时，英国政府采取向市场注入流动资金、发行财政部汇票、废除小面额钞票、改革银行业体制等应对举措，对于缓解危机、防范未来风险发挥了不可否认的积极作用。[③]

克劳斯在分析英格兰银行的举措时，提到了在解决危机的过程中中央银行要面临一个两难的选择，如果真的像马克思警告的那样，货币危机是由于中央银行的黄金储备的外部流失，那么为了支持以黄金为基础的货币体系，央行需要收紧货币政策，迫使黄金流入。当然，选择这个可能会有破坏信用体系的风险。其实，也存在放弃黄金支持信用体系的选择，但是这会扰乱所有的关系。

三、克劳斯对马克思信用危机理论新解读的启示

马克思概括了资本主义现代信用制度的二重性："信用制度固有的二重性质是：一方面，把资本主义生产的动力——用剥削他人劳动的办法来发财致富——发展成为最纯粹最巨大的赌博欺诈制度，并且使剥削社会财富的少数人

① 参见钟雨培、王峰明：《资本主义信用危机的成因及其传导机制探析》，《当代经济研究》2020 年第 11 期。

② 参见周书俊、傅李琦：《马克思经济危机理论的当代意义：基于"金融-实体"经济危机理论的反思》，《理论学刊》2015 年第 12 期。

③ 参见徐滨：《一八二五年英国金融危机中的政府应对及制度变革》，《历史研究》2017 年第 5 期。

的人数越来越减少；另一方面，造成转到一种新生产方式的过渡形式。正是这种二重性质，使信用的主要宣扬者，从约翰·罗到伊萨克·贝列拉，都具有这样一种有趣的混合性质：既是骗子又是预言家。"[①]马克思的这一思想影响深远，对认识金融危机具有深刻的启发性。

克劳斯结合《资本论》的基本原理对 1825 年的英国经济危机进行了分析，主要用经济周期理论、危机理论、货币论的观点对信用体系、中央银行及二者与危机的关系进行阐释。克劳斯的解释证明了马克思的经济周期理论和危机理论在今天仍适用，尤其是在当今经济全球化、经济资本化的趋势下仍适用。中央银行在金融高度发达的今天应该积极发挥作用，放任经济主体盲目发展是不可取的。

马克思在《资本论》中揭示了经济周期的规律，资本主义经济周期会在高涨和衰败中反复进行，随着经济的发展，生产方式和货币制度有所改变，但是依旧摆脱不了经济周期的束缚。[②] 究其根源，是货币、商品经济、资本扩张、信用的本质特点所导致的，在市场经济的条件下中央政府对整个国家的金融业进行合理管控，成为减少危机危害的关键。

克劳斯表示，马克思试图将货币理论和真实案例的分析整合到一个统一的复杂危机理论中，同时马克思对金融和货币尤为重视，在今天看来这也不过时甚至可以说有利今世。[③] 重视实践和联系、运用矛盾分析法的马克思主义研究方法在对这场经济危机的研究中体现出来。坚持联系的观点，马克思在解释危机理论时并非仅仅着眼于银行挤兑本身，而是找到了商品市场、信用市场、国际市场之间的联系，在整个资本主义经济世界中解释这一问题；马克思坚持矛盾的研究方法，他首先能够认识到信用危机发生的本质依旧是生产过剩，与之前发生的经济危机不同，这次危机信用体系达到了之前没有的程度，如 17 世纪郁金香泡沫事件中信用并未发挥明显作用，是商品市场的投机导致了金融危机，马克思抓住了这次与以往不同事件的主要矛盾，就是研究信用体系以及信用体系的管理者。[④] 其次，马克思的研究是矛盾的特殊性和一般性的统一。马克思

---

① 《马克思恩格斯文集》第 7 卷，人民出版社 2009 年版，第 500 页。

② 参见周肇光：《从马克思经济危机理论看当前世界金融危机的必然性：读马克思〈资本论〉的几点体会》，《广东社会科学》2010 年第 5 期。

③ Laurence A. Krause, "Marx's Musings on Financial Crises: Credit and Crises in the Mid-Nineteenth-Century Gold Standard", in *Confronting Capitalism in the 21st Century: Lessons from Marx's Capital*, ed. by Marc Silver, Cham: Palgrave Macmillan, 2020, p.157.

④ 参见古文强：《马克思〈资本论〉对解决当前金融危机的启示》，《湖南农机》2010 年第 5 期。

总结自己的一般危机理论，但同时他也从英国所处时代和期间发生的历史事件入手，既得到一般的抽象危机理论，也解释1825年危机的具体原因，这种重视矛盾特殊性的研究精神，为马克思理论与时俱进打下了坚实的基础。最后，马克思坚持实践的观点，将本次真实事件的分析融入复杂危机理论，用实践检验了理论。克劳斯提到了一个教训，由马克思主义启发的对实际存在的危机的分析，如果不以无数的现实作为基础，就无法对我们当下时代的危机进行全面的分析。马克思主义的研究方法是动态的、与时俱进的，只有运用一般原理结合时代因素，才能对当下潜伏的危机因素进行认知。

从克劳斯对1825年英国经济危机的分析中可以得到如下结论：首先，货币诞生成为一般等价物的时候，其持有者必然会比较货币与其他资产的价值，无论是商品还是有价证券。因此在信用体系建立后，居民的持币态度成为信用体系良好运行的一个晴雨表。银行挤兑更多的是来自公众滚雪球式的恐慌，因此在信息时代，避免经济危机的发生首先要减少这种偶然性小事件引发公众恐慌，这就需要银行等金融机构及时收集信息，让投资者理性投资，打造良好的投资市场信息环境。[①]

其次，中央银行作为货币政策的行使者，除了预防危机，还需要在经济衰败期对金融资产的相互兑换进行调节，避免出现挤兑，既要保护货币体系，也好保护信用体系。在信用体系的建设发展中，要对开展金融业务的公司进行严格的审核，打造健康的金融市场环境。在现代经济条件下，信用体系依旧在经济发展过程中发挥着不可替代的作用，金融监管体系在世界范围内得到了加强，完全自由放任的经济政策被放弃，对信用的监管成为共识。随着信用工具的升级，央行对宏观经济的调整也越来越有效，央行的货币政策可以对利率进行调节，进而影响货币借贷的成本。显然，市场经济条件下对经济的管理要遵循市场规律。

再次，信用体系是一把双刃剑，在带来巨大货币供应潜力的同时也隐藏着巨大的破坏性。2008年国际金融危机与马克思分析的复杂危机基本一致，当雷曼兄弟的金融高塔倒下，金钱的巨幕被撕碎时，整个资本主义世界的所有生产部门遭到了巨大冲击，危机传递和扩大的关键就是巨量的无法按时偿付的次级贷款。[②] 应正确利用信用体系，引导社会资本流入促进社会发展的领域，而不是

---

① 参见周书俊、傅李琦：《马克思经济危机理论的当代意义：基于“金融-实体”经济危机理论的反思》，《理论学刊》2015年第12期。

② 参见田思思：《〈资本论〉视阈下当代国际金融危机的成因分析》，《才智》2014年第33期。

流入投机的游戏中,发挥信用体系的正向作用。[①]

最后,金融危机在发生时往往会伴随经济泡沫,当经济泡沫被刺破时就会出现爆发式的金融危机。从1825年英国经济恐慌的过程中我们可以发现,盲从的投资往往会导致经济泡沫,当投资是连续的,亏损的被投资的公司可以用新债去弥补经营上的失误,但往往会导致泡沫越来越大。[②] 因此,在投资市场,要做好动态的市场监管,防止经济泡沫因为盲目投资而持续扩大。

① 参见钟雨培、王峰明:《资本主义信用危机的成因及其传导机制探析》,《当代经济研究》2020年第11期。

② Laurence A. Krause, "Marx's Musings on Financial Crises: Credit and Crises in the Mid-Nineteenth-Century Gold Standard", in *Confronting Capitalism in the 21st Century: Lessons from Marx's Capital*, ed. by Marc Silver, Cham: Palgrave Macmillan, 2020, p.162.

第七章 《资本论》中虚拟资本与金融危机的辩证法

全球信息技术飞速发展,加速了虚拟资本的全球扩张。在人们沉浸于虚拟资本所创造的财富幻象中时,经济的泡沫与市场的风险也在不断酝酿,随之而来的全球性金融和经济危机,也让虚拟经济成为全球学者关注的焦点。约瑟夫·里奇亚迪(Joseph Ricciardi)的《马克思论金融中介:未来劳动支配中的金钱货币》以新时代的立足点探索马克思虚拟资本理论,深入剖析马克思对动产信用公司的批判,从中提炼出剩余劳动的必要性,分析马克思认为金融中介固定和错误配置资本的原因,揭示在金融危机面前央行作为"最后贷款人"进行干预是没有效果的,国家债务只是用国家的虚拟资本代替私人资本的坏账,指出马克思认为金融中介加速了资本主义资产的重组和集中,最后提出马克思认为金融中介在阶级斗争中扮演着明确的政治角色。里奇亚迪抽丝剥茧,层层递进,以崭新的视角切入对马克思虚拟资本理论的探究,赋予马克思《资本论》中的虚拟资本理论新的时代价值与意义。

一、虚拟资本概念的梳理

(一)国外学者关于马克思虚拟资本理论的研究

最早提出"虚拟资本"概念的是英国银行家威廉·里瑟姆(William Leatham),他在《关于通货问题的通信》中指出汇票通过单纯流通手段制造出了虚拟资本。马克思并未对虚拟资本给出明确的定义,他在《资本论》第三卷第五篇中对生息资本、利息、信用和虚拟资本进行了系统的研究。依据马克思的观点,虚拟资本是伴随着生息资本和银行信用制度的不断发展而产生的,虚拟资本本身并不具备价值，但是在资本的流通循环中，却产生了剩余价值。这种剩余价值的产生并非基于虚拟资本自身，而是产业资本家或商业资本家所获剩余价值的价值转移。

洛仁·戈尔德纳(Loren Goldner)以马克思的虚拟资本理论为基础，对虚拟资本进行归纳完善。在《虚拟资本与资本主义终结》中提出，虚拟资本应该是在社会必要劳动时间内重新生产它们超过其自身价值的，并且全部能够产生收入的资产的资本化现值，而不局限于有价证券、土地租金等纸质所有权凭证所超过的全部剩余价值。①

弗朗索瓦·沙奈(François Chesnais)非常认可马克思对虚拟资本主要形式的观点，并且指出在商业往来中，纯粹的信用货币和股票以及国债券占有非常重要的地位。哈耶克认为，虚拟资本在一定程度上能够影响企业经营的持续性，甚至造成企业倒闭。他在《价格与生产》中也曾提及马克思的一些观点，认为当生产过剩而资本相对稀缺时，则会引发信用危机，以及爆发经济危机。

(二)国外学者对《资本论》中虚拟资本理论的研究

多年以来，国外马克思主义学者对虚拟资本的论述基于马克思虚拟资本理论，其中许多论述是对马克思虚拟资本理论的进一步阐释及深化。

卢森贝将对虚拟资本概念的阐释置于马克思虚拟资本理论的内涵范围内解读。作为苏联马克思主义经济学家，卢森贝在20世纪30年代出版的著作《〈资本论〉注释》(一至三卷)中对马克思《资本论》进行了系统详尽的介绍和阐释，对马克思虚拟资本概念从广义和狭义层面展开了分析。卢森贝认为，马克思在对银行资本的绝大部分给予虚拟资本归类时，是从广泛意义层面入手的，其所言的马克思的广义虚拟资本，即无黄金担保的银行券，拥有者以此作为增加银行资本的重要方式，同时银行家也利用无任何真实贵重实物为担保的私人信用方式增加资本，以吸收利息形式的剩余价值。卢森贝认为马克思从狭义层面对虚拟资本的分类，主要体现在公债券、股票和债券形式上，公债券也即国债，以非生产的国家信用为支撑，而企业股票及债券同以信用为基础的股份资本密切关联。它们都建基于生息资本，只是在虚拟性的性质上存在差别。② 公

---

① 参见[美]洛仁·戈尔德纳:《虚拟资本与资本主义终结》，谷明淑、姜伟译，《国外理论动态》2008年第6期。

② 参见[苏]卢森贝:《〈资本论〉(第3卷)注释》，赵木斋、朱培兴译，生活·读书·新知三联书店1963年版，第296页。

债券相较于股票及债券甚至难以同现实资本的运行相对应，因此是一种纯粹的虚拟资本。卢森贝进一步强调借贷资本同虚拟资本的关联，认为前者为后者的存在提供条件，但在根本性质及资本运作形态等方面，两者存在很大差异，不能将虚拟资本和借贷资本等同。总之，卢森贝对马克思虚拟资本展开的分析，主要基于虚拟资本的"直接基础"进行探讨，即呈现的是金本位制背景中虚拟资本的显现形态。这固然有时代因素，但就虚拟资本的发展趋向而言，由于受所处时代的限制，卢森贝在对马克思理论作出解释的同时，对虚拟资本内涵理解的思路不免有局限，正如有学者所言，现实资本必须直接和黄金等贵重物品相挂钩，显然这是一种口径较窄的虚拟资本理解思路。①

奥地利学者希法亭基于对马克思虚拟资本理论的理论创新，对虚拟资本的认识进一步深化。他透过对当时垄断资本主义经济现象的观察，指出虚拟资本的收益性、流动性及独立性等特征，并借助对信用及股份公司的分析，发现并创造性揭示了"创业利润"概念，对其将生产中带来利润的资本向虚拟的带来利息的资本的转化的实质进行了阐释，认为这是虚拟资本及其运作在经济生活中成为关键经济现象的突出体现。② 希法亭基于马克思虚拟资本及收入资本化理论，发展了马克思的理论，进而为完善马克思主义关于股份公司理论作出了贡献。希法亭所处时代，虚拟资本在信用经济支撑下已逐渐占据经济活动的核心位置，以信用经济为基础的虚拟资本占据了经济活动的主导位置，尤其当逐渐转换为产业资本的银行资本被虚拟资本所有者掌控时，垄断条件下的银行资本同产业资本具备了深度融合的条件，"金融资本"便伴随产业垄断达到资本控制经济生活的"权利巅峰"。③ 金融资本概念的提出，以及对金融资本的货币表现实质及借贷资本和虚拟资本的表现形式的论述，有助于推进对虚拟资本的认知、发展及研究深化。但正如《金融资本：资本主义最新发展的研究》中所总结的，就整体而言，希法亭的理论是"流通决定的体系"④，不能从本质层面揭示借贷资本的实质，其否认利息率下降的发展趋势，未能厘清利润率同利息率之间

---

① 参见马晓强：《产业发展动力论：基于虚拟资本与产业互动的视角》，中国经济出版社2008年版，第40页。

② 参见[德]鲁道夫·希法亭：《金融资本：资本主义最新发展的研究》，福民等译，商务印书馆1994年版，第109页。

③ 参见[德]鲁道夫·希法亭：《金融资本：资本主义最新发展的研究》，福民等译，商务印书馆1994年版，第252页。

④ [德]鲁道夫·希法亭：《金融资本：资本主义最新发展的研究》，福民等译，商务印书馆1994年版，第9页。

的关系。

列宁立足马克思虚拟资本理论语境下的金融资本理论，对金融资本理论做了深度论述。列宁金融资本理论的一个重要渊源是马克思关于集中、垄断及信用的理论。[①] 信用是马克思虚拟资本理论的重要内容，是马克思虚拟资本理论生成的关键分析基础，这是我们能够就马克思虚拟资本理论语境来考察列宁金融资本理论的重要缘由。列宁金融资本理论主要体现在《帝国主义是资本主义的最高阶段》(1916)中，其中对金融资本的历史生成、金融资本在资本主义发展的帝国主义阶段所起的核心作用以及金融资本的发展对帝国主义未来命运的重要决定作用等方面展开论述。列宁在希法亭对金融资本论述的基础上，补充完善了对金融资本的定义，其最重要的突破和贡献在于概括了垄断资本主义即帝国主义的五大基本经济特征，并由此对垄断资本主义形成过程中历史与逻辑相统一的方法作了科学阐述。列宁认为："生产的集中；从集中生长起来的垄断；银行和工业日益融合或者说长合在一起，——这就是金融资本产生的历史和这一概念的内容。"[②]虚拟资本在其逻辑作用下不断促进生产和资本集中，这是经济活动中垄断现象产生的重要助推力，而垄断的经济运作形态中金融资本的运作机制使其越发具有虚拟性，大量货币资本的集中垄断为以"剪息票"资产阶级为生的和以金融资本为经济基础的垄断资本主义国家的生成提供条件，进而赋予帝国主义掠夺性、寄生性、腐朽性特征。列宁在对金融资本理论及帝国主义的论述中得出结论，认为金融资本是资本的最高形态和纯粹形态，借助金融资本扩张的帝国主义是资本主义的最高阶段，"是过渡的资本主义，或者更确切些说，是垂死的资本主义"[③]。

(三)国内学者关于虚拟资本概念的研究

国内学者关于虚拟资本概念的研究取得了不少成果，推进了我们对虚拟资本的认识。国内学界主要探讨了什么是虚拟资本、其有何特点、虚拟资本产生的原因有哪些、虚拟资本在现实经济活动中有哪些表现形式、虚拟资本与实体资本有什么关系等理论问题。

---

① 参见朱炳元：《列宁金融资本论：理论来源、基本内涵与当代视野》，《毛泽东邓小平理论研究》2016 年第 8 期。

② 《列宁全集》第 27 卷，人民出版社 2017 年版，第 362 页。

③ 《列宁全集》第 27 卷，人民出版社 2017 年版，第 437 页。

1.虚拟资本的实质研究

关于虚拟资本的含义研究，徐加胜认为，马克思将以有价证券形式存在的并且能够定期带来收入的资本称为虚拟资本。[①] 而吴志明认为，马克思笔下的虚拟资本不仅包括商业证券、公共有价证券等，还应包括货币定义中的存款和外汇。[②] 叶祥松、晏宗新认为，马克思阐述了信用和银行制度在资本主义生产方式基本矛盾发展中的历史地位，并从生息资本的拜物教性质出发，展现了虚拟资本的实质。[③] 而朱炳元则认为，按照马克思的分析，虚拟资本是依据资本的收入按一定比例虚构出来的，如股票、债券和证券等。[④]

2.虚拟资本产生原因研究

郑千千、朱炳元认为，根据马克思的分析，生息资本的客观存在以及利息范畴独立化的出现，为虚拟资本的形成与存在提供了一定的经济基础。[⑤] 而吴江、温新德则认为，依据马克思的分析，正是由于信用制度的高度发展和货币资本化的演变才产生了虚拟资本。[⑥]

3.虚拟资本表现形式研究

一是认为虚拟资本以具体的形式而存在，如徐加胜认为马克思在论述虚拟资本时列举了股份制企业股票和债券以及国债券等具体的形式[⑦]；二是认为虚拟资本以抽象的形式存在，如徐充、张志元认为马克思笔下的虚拟资本主要存在信用形式上的虚拟资本和收入资本化形式上产生的虚拟资本这两种形式[⑧]。

4.虚拟资本特点的研究

刘艳萍、陈璇认为，市场主体投机的行为造成了价格的无序波动，而市场主体进行预测的行为，又使价格运动呈现出周期回归的特点。[⑨] 而赵海宽则认为，

---

① 参见徐加胜:《马克思虚拟资本理论对我国经济建设的启示》,《理论学刊》2005 年第 12 期。

② 参见吴志明:《对虚拟资本概念的若干思考》,《现代情报》2004 年第 10 期。

③ 参见叶祥松、晏宗新:《当代虚拟经济与实体经济的互动:基于国际产业转移的视角》,《中国社会科学》2012 年第 9 期。

④ 参见朱炳元:《马克思主义虚拟资本理论与金融危机课题成果介绍》,《思想政治教育研究》2015 年第 1 期。

⑤ 参见郑千千、朱炳元:《马克思虚拟资本理论及其现实意义》,《苏州大学学报》(哲学社会科学版) 2010 年第 4 期。

⑥ 参见吴江、温新德:《简析虚拟资本及其表现形式》,《商业经济研究》2008 年第 30 期。

⑦ 参见徐加胜:《马克思虚拟资本理论对我国经济建设的启示》,《理论学刊》2005 年第 12 期。

⑧ 参见徐充、张志元:《马克思虚拟资本理论的逻辑蕴涵与当代价值》,《学术论坛》2010 年第 5 期。

⑨ 参见刘艳萍、陈璇:《马克思理论视角下虚拟资本神秘性剖析》,《新西部》(理论版) 2016 年第 18 期。

按照马克思的分析，虚拟资本是建立在实体资本运动的基础上的，但是它又可以独立于实体资本，呈现出独特的运动规律。[①]

5.虚拟资本与实体资本关系研究

有的学者认为虚拟资本是由实体资本衍生而来的，并可以进一步衍生。张志元认为，按照马克思的理解，虚拟资本的概念是由实体资本衍生而来的，而且其可以进一步衍生成更高级形态的虚拟资本。其以有价证券为载体，能够带来收入，是生息资本的社会化产物。[②] 徐充、张志元认为，马克思论述的虚拟资本与投入生产领域的机器、厂房等真实资本不同，不是真正的资本，而是现实资本的纸质复本。现实资本能够创造剩余价值，而虚拟资本独立于现实资本之外，是由现实资本衍生而来并且还可以进一步衍生成更高级的虚拟资本。[③]

有的学者认为虚拟资本在运动形式上与实体资本不同，具有相对独立的运动形式。杨慧华认为，只有实体资本得到有效的运作，才能实现虚拟资本的价值增殖。实体资本的运作推动了虚拟资本的产生，是独立出来的另一套资本。[④] 而孙妍认为，马克思笔下的虚拟资本与实体资本存在矛盾运动现象，其既建立在实际资本的基础上，又与实际资本相对独立，二者间形成了相对独立的二重运动。[⑤]

（四）国内学者对《资本论》中虚拟资本理论的研究

国内学者立足于《资本论》原著，对虚拟资本的内涵的理解不尽相同，主要有以下几种观点。

一是广义、狭义观。张仲芳认为，《资本论》中虽然没有非常明确地界定虚拟资本的概念，但是可以将《资本论》中描述的，以股票、债券等形式存在的资本归为狭义的虚拟资本，而将加入银行的借贷信用、有价证券、投机票据等形成的资本归为广义的虚拟资本。[⑥]

二是资本收益观。杨凤娟认为，《资本论》中将虚拟资本界定为，能够为所

---

① 参见赵海宽：《虚拟资本及其积极作用》，《金融研究》2000 年第 3 期。

② 参见张志元：《传承与超越：马克思虚拟资本理论的再认识》，《当代经济管理》2010 年第 8 期。

③ 参见徐充、张志元：《马克思虚拟资本理论的逻辑蕴涵与当代价值》，《学术论坛》2010 年第 5 期。

④ 参见杨慧华：《试述马克思虚拟资本理论的现实意义》，《经济师》2009 年第 3 期。

⑤ 参见孙妍：《马克思虚拟资本理论视角下的虚拟资本运动分析》，《经济研究导刊》2017 年第 33 期。

⑥ 参见张仲芳：《虚拟资本、虚拟经济与金融危机：基于马克思〈资本论〉》，《经济论坛》2009 年第 22 期。

有者带来一定的收益,并以有价形式存在的资本。①

三是信用衍生观。叶祥松认为,随着商业的不断发展,银行信用制度也在不断完善,马克思认为高度发展的信用制度是虚拟资本产生的必要基础。② 而郑伟林认为,马克思在《资本论》中认为,虚拟资本产生于不限于银行信用的发展,借贷资本的不断发展也是其产生的因素之一。③

关于《资本论》中虚拟资本的表现形式,国内学者也进行了研究。第一,从虚拟资本具体形式和抽象形式角度的研究。杨凤娟认为,马克思在《资本论》中把虚拟资本的最初形态(即主要形式)界定为债券、股票等有价证券。④ 而王林佳认为,根据马克思的论述,《资本论》中的虚拟资本分为三类:股票和企业债券、国债、通过证券化产生的有价证券。⑤ 朱炳元、陈冶风则认为,《资本论》中主要从国债券、股票、各种商业票据、银行存款这四种形式进行了具体的阐述。⑥ 张志元则认为,《资本论》中的虚拟资本的债权债务关系,主要是基于信用关系和契约关系,以受法律保护的所有权证书的形式存在。⑦ 学者们对《资本论》中虚拟资本特点也进行了研究。朱炳元认为,《资本论》中的虚拟资本具有虚拟性、寄生性、投机性、高风险性和运行的周期性的特点。⑧ 而张志元认为,《资本论》中的虚拟资本是一种资本商品,具有资本和商品的性质。⑨

学者们提出了《资本论》中虚拟资本与实体资本相联系的观点。丰少春认为,《资本论》中的虚拟资本反映的一般经济关系仍是商品经济的产物,与发达信用制度分不开。⑩ 而朱炳元认为,恩格斯在整理《资本论》第三卷时对马克思虚拟资本理论的某些观点进行了修正和补充。按马克思的原意,虚拟资本的产生以交通和信息的不发达为前提。而恩格斯发现,由于工业的迅速发展,资本

---

① 参见杨凤娟:《马克思的虚拟资本理论与现代虚拟资本的特征》,《当代经济研究》2006 年第 5 期。

② 参见叶祥松:《从马克思的虚拟资本理论到现代虚拟经济》,《学术研究》2013 年第 6 期。

③ 参见郑伟林:《虚拟资本与经济危机:重读〈资本论〉》,《云南财经大学学报》(社会科学版)2010 年第 6 期。

④ 参见杨凤娟:《马克思的虚拟资本理论与现代虚拟资本的特征》,《当代经济研究》2006 年第 5 期。

⑤ 参见王林佳:《金融服务实体经济论:基于马克思虚拟资本理论视域》,《福建金融》2018 年第 11 期。

⑥ 参见朱炳元、陈冶风:《〈资本论〉中的虚拟资本理论研究》,《马克思主义与现实》2019 年第 1 期。

⑦ 参见张志元:《传承与超越:马克思虚拟资本理论的再认识》,《当代经济管理》2010 年第 8 期。

⑧ 参见朱炳元:《马克思主义虚拟资本理论与金融危机课题成果介绍》,《思想政治教育研究》2015 年第 1 期。

⑨ 参见张志元:《传承与超越:马克思虚拟资本理论的再认识》,《当代经济管理》2010 年第 8 期。

⑩ 参见丰少春:《关于证券市场问题的思考:学习马克思〈资本论〉虚拟资本理论》,《长白学刊》1992 年第 5 期。

主义产生了新的变化，由于各种股票买卖的进行，交易所逐渐成为虚拟资本赖以存在和发展的重要载体。①

综上所述，国内学界对《资本论》中虚拟资本理论的研究取得如下重要认识。其一，《资本论》中的虚拟资本具有虚拟性、寄生性、投机性、高风险性和运行的周期性的特点。其二，《资本论》中的虚拟资本具有独立的运动形式，从现实资本中分离出来，导致资本具有双重存在形式。其三，马克思笔下的虚拟资本一方面有助于现实资本的积累，另一方面具有脱离现实资本而自我膨胀的本能。其四，《资本论》第三卷中详细剖析了生息资本的运动过程，揭露了其与现实运动相分离的表面性特征，认为生息资本只是幻想的虚拟资本，本身并无价值。

二、《资本论》对虚拟资本问题的五个贡献

20 世纪七八十年代以后，经济自由化的浪潮在全球席卷开来，全球金融市场迅速发展，金融产品在世界范围内快速膨胀。经济全球化的扩张促进了世界金融市场的一体化发展，全球经济逐渐走向金融化、虚拟化，世界经济发展的虚拟化趋向凸显，虚拟经济在国民经济体系中日渐占据统治地位。进入 21 世纪，发达资本主义国家借助金融技术的革新，持续推进金融创新，多样性金融衍生品等高级虚拟资本形态不断被推出并运用于资本逐利，世界主要发达资本主义国家的经济结构逐渐呈现“倒金字塔式”，实体经济同虚拟经济的发展严重失衡，虚拟经济的无限扩张致使其远远脱离实体经济能够支撑的范围。资本主义经济虚拟化程度的加深，造成了资本主义实体经济萎缩，激化了资本主义国家中的阶级矛盾，加剧了社会贫富分化，并诱发了新型资本主义经济危机——虚拟经济危机的产生。虚拟资本产生于现实资本，但并不完全依附于现实资本，它可以独立于现实资本甚至控制和掠夺现实资本。② 因此，对于虚拟经济和资本主义虚拟经济危机的研究，便有了重要的理论价值和现实意义。

约瑟夫·里奇亚迪是一位左翼经济学学者，通过马克思对动产信用公司的

---

① 参见朱炳元：《恩格斯与虚拟资本理论》，《马克思主义与现实》2010 年第 6 期。

② 参见景玉琴：《马克思虚拟资本思想探微》，《天津师范大学学报》(社会科学版)2019 年第 6 期。

研究提出了马克思在虚拟资本方面的五个贡献，并对其加以研究和阐述。[①]

第一，金融中介所创造的虚拟价值的债务通缩逻辑。金融中介促进了金融对社会财富在其生产实现基础之外的倍增的要求。因此，金融正常运作中投机的驱动力使经济容易陷入债务通缩危机。然而，与后凯恩斯主义分析相反，债务通缩危机的核心被理解为一场强加工作的危机。凯恩斯认为债务人与债权人之间的所有永久关系形成资本主义的最终基础。对马克思来说，完全取决于资本在未来的日子里约束劳动和兼并剩余价值的能力。这种阶级权力的行使具有内在的不确定性。[②] 虚拟资本造成一种假象，似乎在实际生产中除了现实资本，还存在另一种独立于现实资本的资本。它们不仅可以不断地获取收益，更为重要的是，这个收益可以进行资本化转化，资本家们通过买卖这种所有权证书以保证收益。[③] 里奇亚迪试图揭示这个假象，探究资本积累的实质。

第二，债务通缩金融动力学中关于剩余劳动的必要性。里奇亚迪提出，马克思认为，如果没有对剩余劳动的控制，动产信用公司持有的证券作为资本，只构成了这么多毫无价值的纸张，在文中详细阐述了马克思在生产资本循环中成功实施剩余劳动的必要性。[④]

第三，探究马克思认为金融中介固定和错误配置资本的原因。里奇亚迪围绕与金融中介机构确保储蓄最优分配给最终资金使用者的正统观念相反，马克思认为，金融中介机构的日常运作扭曲了企业内部和部门需求宏观构成方面的资本分配。[⑤] 这一观点解释了金融中介在资本分配方面存在的固定资本和错误配置资本的问题。

第四，关于“最后贷款人”与国家债务的虚拟性。沃尔特·贝格霍特

① Joseph M. Ricciardi, “Marx on Financial Intermediation: The Promise of Money as Command Over Future Labor”, in *Confronting Capitalism in the 21st Century: Lessons from Marx's Capital*, ed. by Marc Silver, Cham: Palgrave Macmillan, 2020, p.179.

② Joseph M. Ricciardi, “Marx on Financial Intermediation: The Promise of Money as Command Over Future Labor”, in *Confronting Capitalism in the 21st Century: Lessons from Marx's Capital*, ed. by Marc Silver, Cham: Palgrave Macmillan, 2020, p.180.

③ 参见唐琪钧:《〈资本论〉中虚拟资本理论研究》，扬州大学硕士学位论文，2020年。

④ Joseph M. Ricciardi, “Marx on Financial Intermediation: The Promise of Money as Command Over Future Labor”, in *Confronting Capitalism in the 21st Century: Lessons from Marx's Capital*, ed. by Marc Silver, Cham: Palgrave Macmillan, 2020, p.180.

⑤ Joseph M. Ricciardi, “Marx on Financial Intermediation: The Promise of Money as Command Over Future Labor”, in *Confronting Capitalism in the 21st Century: Lessons from Marx's Capital*, ed. by Marc Silver, Cham: Palgrave Macmillan, 2020, p.80.

(Walter Bagehot)提出了“最后贷款人”的概念，认为国家凭借其吞并国家税收收入的权力，可以弥补证券持有人的债权。通过将私人金融义务转换为通过税收服务的国家义务，最后贷款人被认为可以在流动性危机中恢复信心并制止恐慌。[①] 但是，里奇亚迪认为这一观点寄希望于虚拟资本的注入是没有希望的。

第五，阶级关系对虚拟资本的影响。约瑟夫·里奇亚迪写道：“提高金融问题中阶级分析的知名度，特别是在货币和资本循环的交会点，并从《政治经济学批判大纲》中引入马克思关于货币作为未来劳动支配权的见解。”[②]这些是发展马克思金融理论的重要途径，因此探讨阶级关系对虚拟资本的影响，以及虚拟资本在阶级斗争中扮演何种角色，也是里奇亚迪想要解决的重要问题。

三、里奇亚迪论金融中介固有的债务通缩危机

（一）金融中介所创造的虚拟价值的债务通缩逻辑

虚拟资本的生成具有历史性。约瑟夫·里奇亚迪写道：“在1856年6月至1857年12月期间，马克思为《纽约每日论坛报》撰写的58篇文章中，有13篇是直接向法国的动产信用公司发表的。”[③]里奇亚迪首先利用数据引出马克思对动产信用公司的看法：佩雷尔式的联合投资银行不可避免地会产生不良影响，将产业积累转移到证券公司手中，即收购他人资本以刺激交易所证券交易中的投机风潮。之后进一步作出解释：动产信用公司活跃在市场的两端，一方面收购他人的资本，另一方面通过收购的资本刺激交易所证券交易中的投机风潮，并且在这个过程中推高了自己证券的价值。另外，无论是下跌还是上升，动产信用公司可以通过自己的账户重复对同一证券的波动进行投机，来收集发起人的利润。这是从其购买的长期工业票据的应收利息与支付的“重新包装”的利息

① Joseph M. Ricciardi, “Marx on Financial Intermediation: The Promise of Money as Command Over Future Labor”, in *Confronting Capitalism in the 21st Century: Lessons from Marx's Capital*, ed. by Marc Silver, Cham: Palgrave Macmillan, 2020, p.80.

② Joseph M. Ricciardi, “Marx on Financial Intermediation: The Promise of Money as Command Over Future Labor”, in *Confronting Capitalism in the 21st Century: Lessons from Marx's Capital*, ed. by Marc Silver, Cham: Palgrave Macmillan, 2020, p.80.

③ Joseph M. Ricciardi, “Marx on Financial Intermediation: The Promise of Money as Command Over Future Labor”, in *Confronting Capitalism in the 21st Century: Lessons from Marx's Capital*, ed. by Marc Silver, Cham: Palgrave Macmillan, 2020, p.181.

之间的差额中获得的利润，该票据同时发行短期和较小面值的负债。这种对利润的金融追求不仅加速提升营业额，还使金融中介由“中介”转向“投机”，并对金融机构的偿付能力、流动性和资本充足率提出了挑战。约瑟夫·里奇亚迪指出：“马克思观察到，银行投资组合的风险构成增加，发行远远超出资本化范围的债务的权力提供了流动性的假象。”[①]事实也证明，当资产仅仅由工业资本的纸质代表也就是虚拟资本支持时，资本充足率非常低下。在这种情况下，“获胜”的关键在于市场力量。由于财产的运动和转移是以股票的形式进行的，因而交易所里的博弈实质上是狼吃羊的游戏。而运用债务发行来利用市场力量，便是将其他人的所有权附加到工业资本的收入流中，这样资本的形成便迅速超越了以自我融资为特征的个人规模，像滚雪球一样越来越庞大。

约瑟夫·里奇亚迪强调，马克思认为动产信用公司制造了虚拟的价值，而这种虚拟的价值又催生了虚拟资本的成长。发行自己的票据的权力就是将债务货币化的权力。动产信用公司站在储户和投资者之间，用自己的票据向公众借款，而发行该票据的目的是用自己的借款购买未来的工业票据。这种资本组织对未来经济产生了深远的破坏性影响：“首先，由于相同金额的资本担保，信贷银行的债券在名义上能够获得票据面额上的固定收益，但该资本的可变现价值取决于交易所的报价。该行唯一的支持是其微不足道的固定资本以及一笔工业票据，一旦在恐慌的阵痛中清算，这些票据的票面价值可能瞬间消失。其次，马克思认为，产生虚拟资本的权力可以通过剥夺生产性行业的资本来削弱总积累，从而助长赌博的景象。”[②]由此可知，马克思认为这种金融中介所创造的虚拟价值不仅脆弱不堪，而且由此产生的债务通缩如赌博一般可以慢慢掏空生产性行业的资本。对马克思来说，这种虚构的债务分层的核心问题是金融积累本身具有独立的动力，完全脱离了实际生产资本的积累。在这种情况下货币本身通过无中生有产出更多货币，而金融积累则超出了其在实际生产中实现的基础，金融危机的产生出现苗头。

虚拟资本的产生没有改变资本追逐利润的本性，但是却改变了资本追逐利润的方式。“金融债权的积累与实际财富的积累不同。因此，金融中介的虚拟

---

① Joseph M. Ricciardi, “Marx on Financial Intermediation: The Promise of Money as Command Over Future Labor”, in *Confronting Capitalism in the 21st Century: Lessons from Marx's Capital*, ed. by Marc Silver, Cham: Palgrave Macmillan, 2020, p.182.

② Joseph M. Ricciardi, “Marx on Financial Intermediation: The Promise of Money as Command Over Future Labor”, in *Confronting Capitalism in the 21st Century: Lessons from Marx's Capital*, ed. by Marc Silver, Cham: Palgrave Macmillan, 2020, p.183.

资本形成了一个债务悬崖，助长了投机性金融积累，最终超过了实际积累并崩溃，导致严重的通货紧缩，使资本贬值，摧毁了对财富的虚拟所有权，并使这些资本的持有者破产。马克思在动产信用公司中看到的是经典的'债务-通缩'危机的种子，但他探究的不仅仅是资产价格和债务之间的关系。马克思将金融机构资本特征的虚拟性与在产业资本循环中支配剩余劳动的问题联系起来。"①

（二）金融中介固有的债务通缩危机的核心

关于金融中介固有的债务通缩危机的核心问题，约瑟夫·里奇亚迪着重指出两点：第一，金融资本的积累采取货币形式（M-M′）来实现增殖；第二，工业资本的积累通过对生产条件行使纯粹的支配权和强加剩余劳动来进行。金融积累的形式是增殖即货币。"马克思认为，为了让货币发挥其资本的作用，必须通过不断增加货币来立即兑换和保持其资本价值——这项任务只能通过与活劳动的交换来完成。"②所以，为了实现资本的不断增殖，实业家会寻求外部融资从而扩大对生产性资本和劳动的支配，进而扩大业务。虚拟资本作为实体资本的纸质复本，其发展必须以实体资本为基础，虚拟资本偏离实体经济过度膨胀必然诱发经济危机。在这种情况下，货币资本投资于拨款，而不是积累。价值的流通表现为货币的再分配或货币作为收入的流通，而不是货币作为资本的流通。但是，约瑟夫·里奇亚迪又指出："实业家寻求外部融资，以扩大对生产性资本和劳动力的控制，从而扩大业务。然而，马克思认为，金融中介机构向工业提供的贷款在已实现的生产中没有支持，只是在工业中未来劳动产品实现的预期下提供的。对金融资本扩张所提供的新生产条件的控制是不安全的，直到新的生产经营中剩余劳动力的实现，才能验证与金融工具相关的未来收入的要求，以及与工业资本潜在积累相关的回报。"③

所以，"马克思认为，如果没有对剩余劳动的控制，动产信用公司持有的证

① Joseph M. Ricciardi, "Marx on Financial Intermediation: The Promise of Money as Command Over Future Labor", in *Confronting Capitalism in the 21st Century: Lessons from Marx's Capital*, ed. by Marc Silver, Cham: Palgrave Macmillan, 2020, p.184.

② Joseph M. Ricciardi, "Marx on Financial Intermediation: The Promise of Money as Command Over Future Labor", in *Confronting Capitalism in the 21st Century: Lessons from Marx's Capital*, ed. by Marc Silver, Cham: Palgrave Macmillan, 2020, p.182.

③ Joseph M. Ricciardi, "Marx on Financial Intermediation: The Promise of Money as Command Over Future Labor", in *Confronting Capitalism in the 21st Century: Lessons from Marx's Capital*, ed. by Marc Silver, Cham: Palgrave Macmillan, 2020, pp.182-183.

券作为资本，只构成了这么多毫无价值的纸张"[①]。但是，这并没有阻止银行促进虚拟资本积累和债务的分层。当纸质资本被定位为"流动信贷"债券时，这种纸质代表的资本就获得了自己的生命，并转化为更多的货币资本。由此产生的流动性再次作为货币资本进入工业贷款中，即进一步购买工业票据，进而将其进一步资本化。在这种循环下产生了一个根本性的问题："在随后贷款时，固定资本债权产生的货币价值是作为资本预付款，还是仅仅作为收入流通?"[②]对于个人金融中介机构来说，借出的资金理应得到回报，但是支付的利息必须从借款人产生的剩余价值中扣除，借款人必须有效地调动劳动才能负担得起。

贯穿《资本论》的主线是剩余价值理论。从整个社会财富积累的角度来看，生息资本只有在实现了剩余劳动的情况下，才能实现自己的资本化，否则这种情况就不会出现。也就是说，新创造的剩余价值必须按照与经济实力相对应的比例在工业资本家和金融资本家之间实现共同占有。如果不是由于创造新价值而支付利息，而是由于清算借款人资产而支付利息，那么贷款的计息资本将仅仅表现为将现有价值的所有权从借款人转移给贷款人。在这种情况下，货币资本相当于投资于拨款，而不是积累，无法实现增殖。这样，货币就会作为收入流通而不是作为资本流通。里奇亚迪用这种区别说明，金融危机与货币资本循环的崩溃有关，这种货币资本充当简单流通的交换媒介。"当金融债权的积累超过了实际财富的生产时，金融债权的'悬置'就无法再支配必要的剩余劳动来验证其作为资本的存在——从流通中收回的价值大于预付价值的总和。因此，这些贬值的债权仅用于收回预付初始价值的一部分。"[③]就金融债权而言，虽然这些债权在金融危机之前作为资本被提出，但在之后，它们只是重新流通了现有的价值存量。而这就是金融中介在产生资本主义资产集中方面的核心作用。

由此可见，资本主义的生息资本是产生虚拟资本的条件和动因。约瑟夫·里奇亚迪总结道："总之，马克思强调，成功完成生息资本循环 M-M′的前提是在

① Joseph M. Ricciardi, "Marx on Financial Intermediation: The Promise of Money as Command Over Future Labor", in *Confronting Capitalism in the 21st Century: Lessons from Marx's Capital*, ed. by Marc Silver, Cham: Palgrave Macmillan, 2020, p.185.

② Joseph M. Ricciardi, "Marx on Financial Intermediation: The Promise of Money as Command Over Future Labor", in *Confronting Capitalism in the 21st Century: Lessons from Marx's Capital*, ed. by Marc Silver, Cham: Palgrave Macmillan, 2020, p.185.

③ Joseph M. Ricciardi, "Marx on Financial Intermediation: The Promise of Money as Command Over Future Labor", in *Confronting Capitalism in the 21st Century: Lessons from Marx's Capital*, ed. by Marc Silver, Cham: Palgrave Macmillan, 2020, p.186.

生产资本循环中成功实施剩余劳动。没有这一点，金融危机是内在的，资本贬值，资本积累沦为纯粹的挪用，现有价值存量只是重新分配。正是金融中介的虚拟资本与工业资本领域的剩余劳动之间的这种联系，构成了马克思分析金融中介固有的债务通缩危机的核心。”①

(三)探究马克思关于金融中介机构错误配置资本的剖析

约瑟夫·里奇亚迪反复强调一个重要观点：马克思认为，在宏观构成方面，金融中介机构的日常运作扭曲了企业内部和部门需求的资本配置。马克思通过说明金融中介机构的工作原理表明，由此产生的资本固定化，不可避免地会中断现有生产资本的持续再生产。在阶级冲突的压力下，票据证券由于长期处于生产之外，而且不受特定用途的约束，极大地保证了资本的灵活性。资本必须保持流动性，才能“在空间和部门上对工人阶级的生产活动以及不断变化的消费需求构成作出反应，从而使资本贬值并摧毁其所有者”②。但是，约瑟夫·里奇亚迪指出，以货币价值形式存在的资本“流动性”本质上是不稳定的。生息资本运动是“钱生钱”“货币生货币”的运动，而虚拟资本就是收入的资本化。③所以，当出现这样一个问题，即涉及“贷款人愿意以给定的价格(利息)放弃其货币价值的时间量与借款人以给定的回报和效率实现价值增量生产所需的时间量之间的协调”④时，资本循环协调和生产的必要性便不可避免地要面对金融资本的幻象：不用通过生产与消费的麻烦性环节，资本就能直接获得增殖。因此，约瑟夫·里奇亚迪最后得出结论：金融资本必然会盲目扩张，会推动大规模的建筑投资，“由此会造成高价值住房建设的‘生产过剩’，投资难以变现，导致资

---

① Joseph M. Ricciardi, “Marx on Financial Intermediation: The Promise of Money as Command Over Future Labor”, in *Confronting Capitalism in the 21st Century: Lessons from Marx's Capital*, ed. by Marc Silver, Cham: Palgrave Macmillan, 2020, p.187.

② Joseph M. Ricciardi, “Marx on Financial Intermediation: The Promise of Money as Command Over Future Labor”, in *Confronting Capitalism in the 21st Century: Lessons from Marx's Capital*, ed. by Marc Silver, Cham: Palgrave Macmillan, 2020, p.185.

③ 参见钟利琼、曾友中:《马克思虚拟资本理论的意蕴及当代价值探析》,《马克思主义哲学研究》2018年第1期。

④ Joseph M. Ricciardi, “Marx on Financial Intermediation: The Promise of Money as Command Over Future Labor”, in *Confronting Capitalism in the 21st Century: Lessons from Marx's Capital*, ed. by Marc Silver, Cham: Palgrave Macmillan, 2020, p.185.

本停滞，银行衰落”[①]。约瑟夫·里奇亚迪的这种看法具有预见性与创新性。

（四）关于“最后贷款人”与国家债务的虚拟性

资本主义生产方式确立以后，适应资本主义生产发展要求的信用形式也在发展，除了前面提到的商业信用以外，还出现了国家信用和银行信用。[②] 在金融恐慌的背景下，大量索赔人试图兑现票据价值，以直接控制实际价值。约瑟夫·里奇亚迪引入沃尔特·贝格霍特将央行视为“最后贷款人”的理念，即“国家凭借其吞并国家税收收入的权力，可以弥补证券持有人的债权”[③]。但是对马克思来说，这种虚拟资本的注入所带来的希望微乎其微。于是同样的问题再次出现：这种金融计划中的资金是继续作为资本推进，还是仅仅作为收入流动？国家债务的引入解决了当前流动性不足的不确定性，用未来的不确定性来代替。通过这种方式，为全球金融债权积累导致的信心崩溃并由此带来的金融危机提供了一个短期的解决方案，但这只是在更大范围内将潜在危机转移到未来去实现。虽然在危机中国家的担保可以让个别债权人变得“完整”，但这只是将损失负担分配给了整个社会。

另外，约瑟夫·里奇亚迪还提出：“阶级力量的平衡性太过脆弱，带来了明确的社会压力：一方面，由于工人阶级拒绝接受与新税收或通胀相关的购买力损失，国家积极干预救助虚拟资本的权力受到社会限制。另一方面，由于工人阶级拒绝接受与破产企业伴随的失业率上升相关的收入损失，国家救助容易发生道德风险的经济单位的能力受到社会限制。”[④]最后，约瑟夫·里奇亚迪指出：“就货币的吸引力而言，具有内在价值的货币的存在并不能解决信用机制的困

① Joseph M. Ricciardi, “Marx on Financial Intermediation: The Promise of Money as Command Over Future Labor”, in *Confronting Capitalism in the 21st Century: Lessons from Marx's Capital*, ed. by Marc Silver, Cham: Palgrave Macmillan, 2020, p.185.

② 参见朱炳元、陈冶风：《〈资本论〉中的虚拟资本理论研究》，《马克思主义与现实》2019 年第 1 期。

③ Joseph M. Ricciardi, “Marx on Financial Intermediation: The Promise of Money as Command Over Future Labor”, in *Confronting Capitalism in the 21st Century: Lessons from Marx's Capital*, ed. by Marc Silver, Cham: Palgrave Macmillan, 2020, p.186.

④ Joseph M. Ricciardi, “Marx on Financial Intermediation: The Promise of Money as Command Over Future Labor”, in *Confronting Capitalism in the 21st Century: Lessons from Marx's Capital*, ed. by Marc Silver, Cham: Palgrave Macmillan, 2020, p.187.

境，因此也不会消除人们对防止危机和金融债权贬值的最后贷款人的担忧。"①

（五）阶级关系对资本主义信用的影响

约瑟夫·里奇亚迪认为，国家债务可以在阶级斗争中作为推迟分配冲突的手段来"争取时间"，并在此期间巩固国家权力。以拿破仑为例，他在动产信用公司中寻求的就是这种独立的信用机构，它将"为国家服务"，以巩固统治阶级的权力。约瑟夫·里奇亚迪指出，从动产信用公司的运营中看到，通过积极收购私营企业并将其纳入国家手中，目的是控制私有资本。但是国家的这种资本社会化作用有限，因为没有从根本上触动资本的私有制，也不可能消除阶级关系，马克思指出，阶级冲突的扬弃需要国家的扬弃。同时，"马克思指出，1857 年资产阶级最大的绝望是 1848 年革命的胜利——这场胜利是靠信贷买来的——即将崩溃，因为以阶级关系衡量的贷款'到期'了"②。现代市场经济是信用经济，信用的质量直接影响到虚拟经济的质量，尤其对于金融业来说，信用是其生存和发展的基础与灵魂。最后，约瑟夫·里奇亚迪的看法是：信用永远无法克服阶级关系本身的障碍。

四、《资本论》金融思想新阐释的现实意义

对马克思金融理论的研究应该遵循经济发展的历史，重视逻辑演绎分析过程。马克思虚拟资本理论主要体现在《资本论》中，该理论揭示了虚拟资本的历史生成性，阐释了虚拟资本的内在蕴涵，对马克思资本理论进行了新的说明，对虚拟资本扩张中经济发展走向展开科学预判，同时深刻剖析了虚拟资本形态中金融危机发生的根本缘由，在马克思主义理论体系中具有重要的理论价值。

马克思虚拟资本理论是开放的理论体系，会随着时代的发展及虚拟资本形态的升级不断充实完善，并在虚拟资本多样化形态演进、虚拟经济快速发展和诸如金融危机等经济问题的预防及应对中越发彰显其时代价值。当代虚拟资

---

① Joseph M. Ricciardi, "Marx on Financial Intermediation: The Promise of Money as Command Over Future Labor", in *Confronting Capitalism in the 21st Century: Lessons from Marx's Capital*, ed. by Marc Silver, Cham: Palgrave Macmillan, 2020, p.187.

② Joseph M. Ricciardi, "Marx on Financial Intermediation: The Promise of Money as Command Over Future Labor", in *Confronting Capitalism in the 21st Century: Lessons from Marx's Capital*, ed. by Marc Silver, Cham: Palgrave Macmillan, 2020, p.189.

本的发展状况虽然已全然不同于马克思所处时代，但马克思虚拟资本理论所告诫的虚拟资本发展的基本原则及揭示的运行规律依然适用。约瑟夫·里奇亚迪将《资本论》中的虚拟资本与如今的时代背景和时代条件相结合，补充完善了《资本论》中的虚拟资本相关概念，使其成为具有当代价值的新理论，同时对当代资本主义展开新层面的批判，对当代经济发展及经济问题的解决具有重要的理论指导和实践价值。

《资本论》在阐释信用和虚拟资本时，通过引用《商业危机》报告指出，虚拟资本中作为投机汇票的那部分虚拟资本容易导致商业投机和欺诈。动产信用公司从其购买的长期工业票据的应收利息与支付的"重新包装"的利息之间的差额中获得利润，这种"重新包装"的利息存在潜在的风险。对利润的追求对于金融机构的偿付能力、流动性和资本充足率提出了挑战，加剧了周围金融环境的不稳定性。"因此，和资本现实增殖过程的一切联系就彻底消灭干净了。资本是一个自行增殖的自动机的观念就牢固地树立起来了。"[①]动产信用公司制造的虚构的价值产生了深远的破坏性影响，这种虚拟价值不仅会在恐慌的情况下进一步加剧混乱，更会掠夺生产性行业的资本来壮大自己，从而使全社会卷入"赌博"般的经济环境，使人民生活遭受极大的迫害。约瑟夫·里奇亚迪认为，马克思在动产信用公司中看到的是经典的"债务-通缩"危机的种子，但他探究的不仅仅是资产价格和债务之间的关系。最后约瑟夫·里奇亚迪得出结论：马克思考察信用问题的方法与众不同，马克思将金融机构资本特征的虚拟性与在产业资本循环中支配剩余劳动的问题联系起来进行分析。这一观点不仅丰富了对马克思虚拟资本理论的认识，还揭开了金融债权积累的神秘面纱，提供了新的研究方向。

约瑟夫·里奇亚迪对虚拟资本的解构和批判是多方面且思虑长远的，并非片面的、短视的。他从马克思对动产信用公司的批判中分析出金融债权积累的周期，指出产业资本循环中支配剩余劳动的重要性。实际上，金融危机作为经济危机的一种表现形式，其实质仍然是生产相对过剩所形成的危机，简而言之就是整个资本主义社会的生产目的已经不是为公众提供其支付得起的满足其需要的商品，而是生产商为了获取剩余价值的最大化而不断增加生产的产品数量，生产异化为追求剩余价值的手段。[②] 在对剩余劳动控制权的研究中发现问

---

① 《马克思恩格斯全集》第25卷，人民出版社1974年版，第529页。

② 参见李冬：《马克思虚拟资本理论下金融危机分析》，《经济研究导刊》2021年第28期。

题，即在随后贷款时，固定资本债权产生的货币价值是作为资本预付款，还是仅仅作为收入流通？随后从整个社会积累的角度指出，在支付利息是为了清算借款人资产而不是创造新价值的大环境下，价值的流通表现为货币的再分配或货币作为收入的流通，而不是货币作为资本的流通。马克思在其著作中指出的一个重要区别，就是货币作为货币（收入）流通与货币作为资本流通之间的区别。约瑟夫·里奇亚迪对《资本论》分析后得出结论：这些债权在事前作为资本被提出，但在事后，它们只是重新流通了现有的价值存量，而在这中间，他又强调了时间的重要性。全方位多角度地思考问题，厘清各要素的轻重缓急，是约瑟夫·里奇亚迪对马克思主义基本观点的遵循。[①]

辩证唯物主义和历史唯物主义揭示了事物的本质、内在联系及发展规律，是“伟大的认识工具”，是人们观察世界、分析问题的有力思想武器。约瑟夫·里奇亚迪对马克思主义基本方法的运用贯穿全文，在对剩余劳动控制权的重要性的探究中，约瑟夫·里奇亚迪追本溯源，得出“金融都必须与资本约束劳动和在未来收获剩余价值的能力相协调。‘金钱作为资本’的不确定性是阶级斗争本身的不确定性”[②]的方法论，又使用这种方法论将马克思与后凯恩斯主义者区分开来。联系21世纪出现的金融危机，约瑟夫·里奇亚迪从对金融中介在发展中的作用的解读中分析出一系列问题：房地产泡沫、资本是否“固定化”、主权债务危机在世界经济发展中扮演的角色、跨阶级的“通过剥夺而积累”等，这些与当代现实相关的问题都体现出约瑟夫·里奇亚迪对虚拟资本的批判。

约瑟夫·里奇亚迪对于马克思虚拟资本理论抽丝剥茧般的研究，在结论中，约瑟夫·里奇亚迪指出：“改革治标不治本：调整信息获取和交易监管（如多德-弗兰克式改革立法）不会消除投机过度的结构性倾向。没有自我抵抗的危机解决方案，只会通过把损失社会化的方式，以清算贬值资产，从而实现私有化收益。”[③]而在多数人看来善意的“银行国有化”政策呼吁其实未能预见阶级关系

---

① Joseph M. Ricciardi, “Marx on Financial Intermediation: The Promise of Money as Command Over Future Labor”, in *Confronting Capitalism in the 21st Century: Lessons from Marx's Capital*, ed. by Marc Silver, Cham: Palgrave Macmillan, 2020, p.189.

② Joseph M. Ricciardi, “Marx on Financial Intermediation: The Promise of Money as Command Over Future Labor”, in *Confronting Capitalism in the 21st Century: Lessons from Marx's Capital*, ed. by Marc Silver, Cham: Palgrave Macmillan, 2020, p.188.

③ Joseph M. Ricciardi, “Marx on Financial Intermediation: The Promise of Money as Command Over Future Labor”, in *Confronting Capitalism in the 21st Century: Lessons from Marx's Capital*, ed. by Marc Silver, Cham: Palgrave Macmillan, 2020, p.189.

的消除，只会导致信用危机加剧、资本堕落的社会化和国家层面危机不可避免地再次出现。

约瑟夫·里奇亚迪从阶级斗争的目标出发，以全新的视角看待虚拟资本，他指出工人阶级斗争的目标必须是打破货币作为资本的循环，并以此消除生息资本的必要性以及由此产生的社会阶层对劳动的剥削。金融只能以货币循环作为交换媒介来运作，以促进所有人根据时代生命周期的需要改变消费的时间路径，而不存在作为货币时间价值和复利回报的利息主张，这是资本主义积累的前提。金融绝不能为资本服务，否则为促进对社会财富的投机倍增，以产生资本主义资产的集中。工人必须拒绝偿还通过最后贷款人为私人资本解困而发行的国家债务，或拒绝为国家支出提供资金，以在阶级斗争中争取时间，强加剩余劳动。事实上，要想消灭货币资本以及资本对未来劳动力的强制性控制，就需要消除现有的阶级关系，从而彻底改变生产和获得社会财富的基础。马克思虚拟资本理论伴随时代发展及虚拟资本形态的升级不断充实完善，并在虚拟资本多样化形态演进、虚拟经济快速发展和经济中诸如金融危机等问题的预防及应对中越发彰显其时代价值。① 约瑟夫·里奇亚迪对虚拟资本的研究推动了《资本论》中虚拟资本理论的发展，续写了《资本论》在新时代的篇章。

五、几点启示

（一）马克思虚拟资本理论的创立具有坚实的理论基础

马克思虚拟资本理论以其劳动价值论和资本主义资本运行理论为基础。马克思劳动价值论是马克思政治经济学其他理论的基石，是认识和理解马克思政治经济学的关键。② 马克思劳动价值论从根本上揭示了价值是由劳动创造的，抽象的人类劳动才是价值的唯一源泉。马克思就是通过在劳动价值论的基础上引申和深化而提出虚拟资本的。马克思劳动价值论认为，价值实质上是人与人的社会关系，它是凝结在商品中的无差别的人类劳动，但是以股票、国债券为代表的虚拟资本的价值已经脱离了它的实体即无差别的人类劳动，成为没有实体的“价值”，因为它只是代表可以定期获得一定收益的所有权证书。因此，

① 参见靳永茂：《〈资本论〉中的虚拟资本理论及其当代价值研究》，兰州大学博士学位论文，2020 年。
② 参见裴振磊：《〈资本论〉虚拟资本理论及其当代价值》，北京理工大学硕士学位论文，2018 年。

虚拟资本所代表的价值并不是真正的价值，它会受到某些因素影响而出现膨胀或收缩，它只是虚假的、幻想的资本。马克思资本主义资本运行理论论述了资本是能够带来剩余价值的价值以及资本怎样在运动中实现价值增殖。而脱离了直接生产过程的虚拟资本也能够带来利息，所以马克思在这个理论基础上分析了虚拟资本的运行规律。

(二)马克思虚拟资本理论科学地反映了虚拟资本的运动规律

马克思虚拟资本理论诞生于19世纪，当时是工业化和资本主义在全球范围内迅速扩张的关键时期。[①] 一方面，随着西方国家相继完成了工业革命和资产阶级革命，其信用制度得到了高度的发展，股份公司成为资本家进行资本集中的重要手段，19世纪开始在资本主义国家普及和发展，到20世纪已经成为资本主义企业的主要组织形式。股票、债券也随之发展起来，并形成了相对独立的体系，开始影响资本主义社会的经济生活。另一方面，马克思生前经历了七次经济危机。马克思第一次提到“虚拟资本”概念就是在1853年经济危机之后。马克思所经历的资本主义社会的经济危机，很大一部分是由金融危机引发的或者带有金融的性质。因此，马克思在资本主义的条件下关注和研究了经济危机，并且在对经济危机的研究过程中探讨了汇票、股票、债券以及借贷资本的问题，逐渐完成了对虚拟资本的相关论述。马克思通过考察虚拟资本产生的重要前提条件——信用和股份制度，分析了虚拟资本产生的必然性，并通过对虚拟资本在实际经济社会环境中的具体载体、价格的运动及其对经济生活产生的影响等方面的考察、分析、研究，逐渐形成了对虚拟资本产生和发展规律的认识，最终形成了马克思虚拟资本理论。马克思虚拟资本理论是对资本主义条件下虚拟资本的产生及发展的研究，它科学地反映了在资本主义社会虚拟资本运作的客观现实。

(三)虚拟资本的发展推动了资本的全球化

马克思虚拟资本理论指出，虚拟资本极大地便利了资本的扩张，即促进了资本的积累与集聚。二战以后，资本的国际化迅速发展，随之而来的是金融与经济的全球化。以跨国公司为主要载体，通过各种类型国际经济技术合作形式，资本在世界范围内选择技术、利用资源和开拓市场。国与国之间的经济联

① 参见刘骏民:《从虚拟资本到虚拟经济》，山东人民出版社1998年版。

系超越了"互通有无"的贸易关系阶段，进入全方位国际分工联系阶段，国际经济关系得到了全面发展，生产、贸易、金融等方面的国际新格局正在形成。虚拟资本的国际化，在形式上主要表现为金融国际化，是20世纪80年代以来世界经济新格局中的一个重要方面。生产资本的国际化，使价值增殖过程延伸到了国界以外，在全球范围内进行，而虚拟资本国际化则使虚拟价值增殖扩展到整个全球经济体系。国际证券的收益一方面取决于实际价值增殖，另一方面也受政治和经济等各方面的影响。[①] 这在影响国际证券的价格的同时也作用于汇率，而汇率的波动会给虚拟资本带来收益上的变动。这后一部分收益与实际价值增殖无关，它依赖于生产以外的因素，特别是国际性的社会因素。资本的日益社会化发展超出了国界，虚拟资本的国际化运动则集中体现着资本主义经济的高度社会化发展。人们持有国际证券不但要考虑与它有关的实际生产和经营的状况，更重要的是考虑整个国际经济状况以及可能发生的各种国际事件对国际证券收益的影响。显然，国际范围内的虚拟价值增殖运动比国内的虚拟价值增殖运动更依赖生产以外的社会因素。虚拟资本的国际化表明资本正在向着高度社会化方向发展。

（四）虚拟经济危机及对我国的经济启示

当今时代，经济全球化迅速扩张，科学技术飞速发展，新自由主义经济理论在资本主义世界中占据统治地位，国与国之间的金融市场密切联通，金融产品层出不穷。[②] 时代的大背景为全球范围内虚拟经济的发展提供了良好的环境，并推动了虚拟经济在全球的蔓延。伴随着虚拟经济在资本主义世界经济中占据统治地位，当代资本主义国家的经济走向虚拟化。资本主义经济虚拟化程度的加深，造成资本主义实体经济萎缩，激化了资本主义国家中的阶级矛盾，加剧了社会贫富分化，并诱发了新型资本主义经济危机——虚拟经济危机的产生。随着国际金融市场的一体化发展，虚拟经济领域逐渐成为发达资本主义国家向发展中国家转移经济风险和经济危机的庇护场所。对我国而言，探究经济虚拟化现象的发展现状与原因，合理把握虚拟经济双刃剑性质，促进虚拟经济与实体经济相适应，对于促进国民经济持续健康高效运行具有重要意义。

---

① 参见杨文思：《虚拟财富的哲学定位》，中国青年政治学院硕士学位论文，2012年。

② 参见李晓：《论虚拟经济对实体经济的作用》，上海财经大学博士学位论文，2020年。

第四部分

《资本论》视域下的当代资本主义危机的矛盾分析

第八章　《资本论》视域下阿根廷“粉色浪潮”陷入困境的矛盾分析

在《资本论》视域下分析发展中国家面临的发展困境，也是国外马克思主义学者研究的热点问题。在拉美长期的民主化政治进程中，一直存在着左右两翼轮流执政的独特政治现象，被称作“拉美政治钟摆效应”。西方学术界和媒体甚至创造了一个专用名词“粉色浪潮”(pink tide)来形容拉美21世纪初以来从右转左、左翼政党执政的政治现象。“粉色浪潮”也称“粉红色浪潮”，最早出现在2004年美国《纽约时报》对乌拉圭大选的报道中。为何选择“粉色”一词？通常的解释是，西方学界和媒体习惯将共产主义运动界定为“红色的运动”，因而将含有推动社会公正、反对帝国主义等进步因子同时又受西方民主思想影响的拉美左翼运动用比“红色”稍浅的“粉色”来形容。拉美第一轮“粉色浪潮”出现于1999—2016年。① “粉色浪潮”具体表现方式是“新发展主义”，它把国家视为疏导政治矛盾的主要力量。“新发展主义”通过国家的作用促进来自下层和上层的社会需求的衔接，以帮助资本的持续积累，以及社会财富的再分配。“新发展主义”作为一种发展战略，试图将社会冲突控制在资本主义社会结构的范围内，以缓解或“暂停”经济危机的趋势。但是在新自由主义的冲击下，“新发展主义”无法克服一系列严重的经济与政治危机。

2008年以来的全球资本主义危机，对南美新发展主义的发展进程产生了巨大影响，特别是在阿根廷，依赖性经济的发展出现了障碍和限制，受到了全球经济危机的严重冲击，这使人们对这种特殊的资本主义发展战略的连续性产生了

① 参见王冠、吴洪英：《拉丁美洲新一轮“粉红色浪潮”》，《现代国际关系》2022年第12期。

疑问。阿根廷左翼学者马里亚诺·费利兹(Mariano Féliz)[①]根据阿根廷的阶级冲突和形式特殊的依赖性资本主义，详细分析这一进程及其目前的过渡性危机。马里亚诺·费利兹分析了这些斗争的特殊形式和它们的构成方式，同时对阿根廷从属环境中资本主义价值的生产和再生产提出质疑。马里亚诺·费利兹强调了阶级关系的表达、与父权统治的斗争，提出了工人阶级激进社会变革战略的诉求。考察马里亚诺·费利兹提出的重要理论观点，剖析马里亚诺·费利兹对阿根廷"粉色浪潮"问题的分析与解读，这是把握马里亚诺·费利兹对21世纪的资本主义危机进行分析和批判的重要途径，在此基础上概括其对《资本论》当代价值新阐释的理论贡献。

一、相关概念的学术史梳理

(一)阿根廷"粉色浪潮"的相关概念

阿根廷是拉丁美洲所谓的"粉色浪潮"的发源地，在马里亚诺·费利兹看来，被"粉色浪潮"席卷的国家包括委内瑞拉、阿根廷和巴西等，其中，委内瑞拉的社会变革尝试最为激进。这些都是实施资本主义发展的改良主义即新发展主义[②]政策的典型国家。可以说，"粉色浪潮"始于1999年乌戈·查韦斯(全名乌戈·拉斐尔·查韦斯·弗里亚斯，Hugo Rafael Chávez Frías)当选委内瑞拉总统之时，当时该地区由于实施了新自由主义计划，导致了严重的政治和经济危机。"粉色浪潮"大致消亡于2013年乌戈·查韦斯去世时，当时世界经济危机仍在蔓延。可以说，这一进程标志着资本主义发展战略新时代的开始。在阿根廷，新发展主义开始于新自由主义在鼎盛时期(1991—2001年)的崩溃，以及随之而来的社会和政治爆炸。新的时代开始了，表现为被压迫者的新的政治构成和新的社会形态。

21世纪以来，西方学界和媒体普遍使用"粉色浪潮"一词描述拉美地区特殊

① 马里亚诺·费利兹，阿根廷社会活动家，研究方向主要为马克思主义政治经济学、马克思主义依附理论、女权主义。任职于阿根廷人文和社会科学研究所、阿根廷拉普拉塔国立大学国家科学和技术调查委员会。

② 新发展主义是一种以国家为导向的政治矛盾的资本主义发展形式和战略。它以一种有助于持续的资本积累和收入再分配的方式，促进了自上而下的社会需求的表达。作为一种发展战略，它试图将社会冲突控制在资本主义社会结构的范围内，以避免或"终止"危机倾向。

的政治现象,即20世纪末以来拉美多国普遍由左翼政党执政。这些左翼政党推行的政策既具有左翼特征又并不完全是典型的社会主义政策。它们的领导人执政过程中带有明显的民粹主义、民族主义与威权主义特征,因此被西方学界定位为“粉色”。“粉色浪潮”是随着“第三波民主化浪潮”的发展而出现的,是对拉美传统的“保守主义浪潮”的反抗,“粉红政府”在执政时重视保护底层民众的利益、改善民生、促进社会公平,重视维护国家的独立自主,重视提高社会治理水平、促进社会发展,在拉美国家产生了积极的社会影响。但是,2015年以来“粉色浪潮”逐渐进入退潮期,右翼政党在拉美的影响力趋于增强。

依据塞缪尔·亨廷顿(Samuel Huntington)在《第三波:20世纪后期的民主化浪潮》一书中的观点,世界上大致历经了三波民主化浪潮:第一次民主化长波是1828—1926年(起源于美国革命和法国革命);第二次民主化短波是1943—1962年(始于第二次世界大战);第三波民主化始于1974年葡萄牙康乃馨革命。“第三波”是相对于发生在19世纪到20世纪初期的第一次民主化浪潮而言的,在此过程中有30多个国家建立了民主制度;还有发生于二战后的1943—1962年的第二次民主化浪潮,在此过程中许多殖民国家独立,50多个国家建立了民主制度。第三次民主浪潮的标志性事件是1974年葡萄牙发生军事政变,当时结束了独裁政权,1974年爆发了康乃馨革命;西班牙佛朗哥元帅在次年离世后,西班牙又回归君主立宪。

(二)阿根廷新发展主义简史

阿根廷新自由主义[①]时代的危机给阿根廷统治阶级带来了麻烦。2001年是阿根廷统治阶级“生活在危险中”的一年。群众组织和斗争使阿根廷的资本主义计划处于暴力内爆的边缘。这场从1998年持续到2002年年底的经济危机[②],是一场更大的社会和政治危机的表现,它对构成资本主义生产和再生产的

---

① 新自由主义主张在新的历史时期维护个人自由,调解社会矛盾,维护自由竞争的资本主义制度,因而成为一种经济自由主义的复苏形式,19世纪70年代以来在国际经济政策中扮演着越来越重要的角色。新自由主义指的是一种政治经济哲学,反对国家对国内经济的干预。

② 1998年经济危机分为三个阶段:第一阶段,1997年7月2日,泰国宣布放弃固定汇率制,实行浮动汇率制,引发了一场遍及东南亚的金融风暴。当天,泰铢兑换美元的汇率下降了17%,外汇及其他金融市场一片混乱。第二阶段,1998年年初印度尼西亚金融风暴再起,面对有史以来最严重的经济衰退,国际货币基金组织为印度尼西亚开出的药方未能取得预期效果,2月11日印度尼西亚政府宣布将实行印度尼西亚盾与美元保持固定汇率的联系汇率制,以稳定印度尼西亚盾。第三阶段,1998年8月初,趁美国股市动荡、日元汇率持续下跌,国际炒家对中国香港发动新一轮进攻,恒生指数跌至6600多点。

规则提出了质疑。这场危机意味着20世纪90年代的资本主义策略已经崩溃。货币危机表现为替代货币的倍增。资产阶级国家的危机表现在对议会选举的否定、几位总统的下台以及对社会政策残余形式的否定。大规模的动员、路障和街道上的警戒线都是对新自由主义的否定。简言之,这场危机是资本主义管理和发展的新自由主义战略的危机。

通过新自由主义,在一个充满冲突和争议的过程中,一个潜在霸权集团已经渐渐形成:大型跨国资本。跨国资本作为一个整体,在近三十年的新自由主义社会关系重组中取得了胜利。它们在阿根廷经济中无处不在,以至于成为社会景观的一部分;每个"民族"品牌的背后都有一个跨国公司,"阿根廷制造"实际上是跨国公司在阿根廷制造。阿根廷经济与跨国化紧密结合在一起,新自由主义为阿根廷经济的金融化奠定了基础。这意味着新自由主义为阿根廷经济创建了一种制度框架,使信用—债务关系普遍化,并融合到消费和生产的社会关系中。最后,劳动和生活日益不稳定成为阿根廷社会令人头疼的事实。国家已经放弃了管理的职责与作用,社区已经支离破碎,社会无法对流离失所的个人进行补偿。随后,随着新自由主义统治的瓦解,一个新发展主义时代来临了。然而,在新发展主义制度下,新自由主义建立的那些结构上矛盾重重的东西并非被拆除,而是被重新巩固。

二、"粉色浪潮"的性质

(一)"粉色浪潮"是对新自由主义的反抗

2022年7月17日,"今天的马克思列宁主义"网站刊登了美洲人权组织成员罗杰·哈里斯(Roger Harris)于12日写的文章。他在文章中介绍了拉丁美洲各国在此次"粉色浪潮"中的表现和发展,总结了"粉色浪潮"的艰难处境。①

"粉色浪潮"是对新自由主义这一资本主义当代形式的反应和斗争。随着乌戈·查韦斯在1998年当选委内瑞拉总统,这股"粉色浪潮"首次进入上升阶段。随之而来的是一场真正意义上的巨变,对于主权和独立的追求不断发展。象征区域一体化实体的字母缩写出现了:玻利瓦尔美洲联盟(ALBA)、南美洲国

---

① 参见《拉丁美洲的"粉色浪潮"》,2022年7月23日,http://ccnumpfc.cn/index.php/View/3521.html。

家联盟(UNASUR)、南方共同市场(MERCOSUR)、拉美和加勒比国家共同体(CELAC)等。

新兴的左翼政府在掌权后,自相矛盾地延续了引发民众不满的问题,而正是这些不满促进了它们的崛起。

(二)阿根廷"粉色浪潮"的再次高涨

2015年左右,随着阿根廷右翼毛里西奥·马克里(Mauricio Macri)的当选,这股"粉色浪潮"进入了低潮期。2009年,一场由美国支持的洪都拉斯政变推翻了曼努埃尔·塞拉亚(Manuel Zelaya)的左翼政府,后来美国在玻利维亚发起政权更迭行动,于2020年推翻了埃沃·莫拉莱斯(Evo Morales)。巴拉圭和巴西的"司法战争"(Lawfare)政变,以及智利和乌拉圭左翼在选举中的失败,破坏了政治平衡。在巴西,领先者路易斯·伊纳西奥·卢拉·达席尔瓦(Luiz Inácio Lula da Silva,简称"卢拉")因莫须有的指控被迫入狱而缺席总统选举,从而使"热带特朗普"贾伊尔·博索纳罗(Jair Bolsonaro)在2018年的大选中获胜。

2019年10月27日,阿尔韦托·费尔南德斯(Alberto Fernández)取代了毛里西奥·马克里,后者的新自由主义政策破坏了阿根廷的经济,"粉色浪潮"再次高涨。与副总统相比,新总统与庇隆主义内部更为保守的力量保持一致。庇隆主义的两个派系继续就如何将阿根廷从国际货币基金组织和国际金融的债务控制中解救出来而争论不休,而更进步的一方占据了上风。

罗杰·哈里斯指出,"粉色浪潮"在阿根廷取得成功仅仅两周后就发生了重大逆转,美国支持的政变推翻了邻国玻利维亚的左翼总统埃沃·莫拉莱斯。在总部设在华盛顿的美洲国家组织(OAS)的纵容下,埃沃·莫拉莱斯被迫逃亡。右翼参议员珍尼娜·阿涅斯(Jeanine Añez)随后进入玻利维亚总统府,破坏了土著建筑,并宣布自己为临时总统。随后,对主要由土著和贫困人口发起的大规模群众抗议活动进行残酷镇压,造成多人死亡。

几乎是在第一次政变发生整整一年后,埃沃·莫拉莱斯的前财政部部长和他的社会主义运动党(MAS)成员路易斯·阿尔塞(Luis Arce)竞选总统。路易斯·阿尔塞的压倒性胜利证明了埃沃·莫拉莱斯在2019年首次当选总统是正确的。[①]

---

① 参见《拉丁美洲的"粉色浪潮"》,2022年7月23日,http://ccnumpfc.cn/index.php/View/3521.html。

(三)“粉色浪潮”与中国

罗杰·哈里斯指出,高涨的“粉色浪潮”表明,新自由主义越来越明显地无法满足民众的基本需求。拉丁美洲的人民动荡是人们对日益加剧的通货膨胀、贫困、犯罪和毒品相关暴力的反应。2022 年 7 月,基于对燃料价格、债务和非法采矿的不满,厄瓜多尔本土的印第安民族联合会领导的示威活动几乎推翻了右翼银行家吉列尔莫·拉索(Guillermo Lasso)领导的政府。巴拿马正在进行“永久罢工”。

普通劳动者的生活正受到严重侵蚀,美国及其帝国主义盟友对三分之一的人类实施制裁,联合国称之为“单方面的胁迫性措施”。

美国可能仍然是西半球的“霸主”,但这座大厦正在被侵蚀。中国的“一带一路”倡议在拉丁美洲取得了像亚非一样的重大进展。继玻利维亚、智利、乌拉圭、尼加拉瓜和委内瑞拉等 19 个地区国家之后,阿根廷于 2022 年 2 月也加入了“一带一路”倡议。①

中国已成为该地区最大的债权国和仅次于美国的第二大贸易伙伴。从 2000 年到 2020 年,中国与拉丁美洲和加勒比地区的贸易额增长了 26 倍,预计到 2035 年将翻一番以上。中国为受到美国攻击的国家提供了一条至关重要的生命线,也为它们从霸权中重新获得独立提供了空间。

尽管“粉色浪潮”正在卷土重来,但美国针对拉丁美洲社会主义国家的混合战争措施已经创造了一个不稳定和关键的转折点。古巴社会活动家惠特尼(W. T. Whitney)警告说,由于美国的封锁,古巴的经济形势比以往任何时候都更加严峻。②

(四)阿根廷“粉色浪潮”的再次回落

2023 年 12 月,哈维尔·米莱(Javier Milei)当选阿根廷总统,来自极右翼联盟的米莱当选阿根廷总统撕裂了拉美“一片粉红”的政治版图。刚一上台,米莱政府就公布将阿根廷比索汇率贬值超过 50% 等,这是“休克疗法”的第一批措施。而自竞选阶段开始,米莱就将阿根廷经济困境归咎于当时执政的左翼政

① 参见《拉丁美洲的“粉色浪潮”》,2022 年 7 月 23 日,http://ccnumpfc.cn/index.php/View/3521.html。

② 参见《拉丁美洲的“粉色浪潮”》,2022 年 7 月 23 日,http://ccnumpfc.cn/index.php/View/3521.html。

府。与此同时，2023 年左翼掌控下的拉美地区经济复苏大幅放缓，远逊于 2022 年的增长势头，拉美地区经济或面临又一个“失去的十年”。国际货币基金组织发布的《世界经济展望》报告称，拉美和加勒比地区 2023 年经济增长预测值为 2.3%，远低于 2022 年的 4.1%。[①]

拉美经济增速下跌的原因，除了固有的结构性矛盾短期难解，还有几大具体因素：其一，捉襟见肘的财政工具制约了政府的投资空间；其二，脆弱的金融货币体系以及持续增大的债务压力难以赋能经济复苏活动；其三，外资流入一直在低位徘徊；其四，政党缠斗和政府治理失效掣肘经济社会改革；其五，全球地缘政治冲突导致大宗商品价格的不确定性，冲击经济复苏。

阿根廷目前局面形成的原因众多，但是根本上与阿根廷“粉色浪潮”蕴含的深刻矛盾密不可分。

三、马里亚诺·费利兹提出的几个重要问题

（一）新发展主义是否可以“驯服”阶级斗争

在早期即庇隆主义者[②]总统任期，一套新的宏观经济政策付诸实施，以此来启动停滞的经济。货币兑美元贬值 200%，对主要出口产品征收新税，部分公共债务违约，以及对银行系统的救助，通过这些手段来释放资本主义投资的积极性。“在此之前，如果资本主义政策不能迫使各种形式的资本贬值，那么新政府就能够让劳动力贬值，让生产性资本和金融资本贬值，从而创造新的总需求条件，以推动出口导向型资本主义的发展进程。”[③]

马里亚诺·费利兹是阿根廷左翼学者，长期思考阿根廷的经济问题。他认为，阿根廷的经济政策有时是激进的，但随着新的霸权集团的巩固，这些新政策提案通常是被驳回的，有时甚至被使用暴力手段进行镇压。新失业者运动，即

---

① 参见王友明：《拉美“粉红浪潮”困境中有亮点》，2023 年 12 月 14 日，https://baijiahao.baidu.com/s? id=1785208992457068675&wfr=spider&for=pc。

② 庇隆主义，介于资本主义和共产主义之间，通过抑制两个极端达到两者之间的正确的平衡点的学说。该主义主张走第三条中间道路，对内实行劳资合作，对外主张与帝国主义和共产主义保持“等距离”，支持第三世界，摆脱对超级大国的依赖。

③ Mariano Féliz, “Beyond the ‘Pink Tide’: Dependent Capitalismin Crisis in Argentina and Lessons to Be Learnedfor Radical Social Change”, in *Confronting Capitalism in the 21st Century: Lessons from Marx’ s Capital*, ed. by Marc Silver, Cham: Palgrave Macmillan, 2020, p.218.

皮克特罗运动达到最高潮的时刻，并且能够实现社会事业大众化，在很短的时间内几乎没有任何条件地惠及了近200万受益人，尽管支付的金额仅够维持生计。与此同时，随着经济在2002年年底逐渐复苏，失业率下降，被正式雇佣的工人数量也在持续增加。到2003年内斯托尔·基什内尔(Néstor Kirchner)当选阿根廷总统时，阿根廷的经济已经维持了好几个月的持续增长。随着经济的持续增长，就业人数也开始增加，工人要求改善工作条件的斗争开始得到重视，许多要求得到了解决，有些地方甚至是全方位得到了改善。

(二)对自然、劳动的过度依赖和利用问题

新自由主义发展政策中的金融自由化和资本自由化扼杀了阿根廷国家的出口贸易，引发了阿根廷国内的经济萧条。2002年1月3日，在经济危机、政治危机和社会危机三重危机中，正义党①资深议员爱德华多·杜阿尔德(Eduardo Duhalde)经议会选举就任阿根廷总统，并在上台后采取了一系列紧急的经济改革政策，稳住了阿根廷的混乱局面。2003年5月25日，得到杜阿尔德领导的正义党领导人内斯托尔·基什内尔正式就任总统。这段时期阿根廷政府从根本上否定了新自由主义经济模式，进行了一系列重大改革，逐步形成了一种与新自由主义和旧发展主义经济模式均有许多不同特点的新发展模式，即基什内尔模式。

马里亚诺·费利兹指出，基什内尔对新自由主义强调市场万能、市场完全自由化、国家作用最小化的政策持否定态度。他主张放弃这种市场原教旨主义思维，否定市场万能论，但没有否定市场经济本身，也不主张恢复20世纪80年代以前的以国有经济为主的旧经济模式。同时，基什内尔强化对私有化企业的管理，部分恢复国有企业；大力改革金融体制，限制金融自由并强化监管；实行积极的财政政策，以支持经济的复苏和增长；调整产业政策，推动再工业化以拉动经济增长；重视社会发展，强调社会公正和分配制度的改革；调整对外开放力度，贸易保护主义明显抬头。

(三)福利、发展状态的政治经济学和女权主义斗争问题

进入21世纪后，拉美的女权运动获得了很大发展。2001年，阿根廷陷入了

① 1947年，庇隆将其竞选总统时建立的劳工党、激进公民联盟革新委员会和独立党合并为统一革命党，1949年改称庇隆主义党，1964年改称正义党。该党奉行庇隆提出的政治主权、经济独立和社会正义的主张，对内提倡阶级调和、劳资合作，对外奉行与帝国主义和共产主义保持同等距离的“第三立场”。

民主化后最严重的政治经济危机。在阿根廷比索汇率与美元捆绑长达十年后，这一举措曾尝试挽救的严重债务危机，非但没有缓解，反而一路恶化。当政的保守主义总统德拉鲁阿[①]限制购买外汇导致大规模资本外逃和银行挤兑，大量阿根廷人走上街头抗议，与警方发生暴力冲突。最终抗议以大选提前、德拉鲁阿乘坐直升机仓皇逃离玫瑰宫收场。而这些上街的人里，有一大部分正是失去工作和生活来源的妇女。在全国性的反债务、反国际资本主义浪潮中，阿根廷女性的命运和广义上的左翼联盟紧紧联系在一起，阿根廷的女权运动也从根本上转向左翼。[②]

马里亚诺·费利兹强调，反对资本主义、反对帝国主义和反父权制相结合，在阿根廷的"草根"女性中形成了强大的动员力。在她们之中，不可忽视的两股力量是原住民女性和年轻女性。年轻的阿根廷女孩们缔造了整个拉丁美洲声势最浩大、议题最广泛的女权主义运动。2005 年诞生的全国堕胎权运动[③]，让绿色三角巾飘遍了全国，掀起了一波又一波的"绿色浪潮"。她们不断向政客施压，并在 2018 年把这个议案提交众议院；21 世纪前十年，她们推动同性婚姻和跨性别身份合法化。女性青年们抗议生育权的不自由，抗议歧视妇女、抗议妇女薪资不平等，她们的联盟越来越壮大。可以说，在阿根廷只要有抗争的地方，就有女性主义议题的出现。这些无所不包的议题，几乎与每一个女性的生活息息相关，不仅反映了阿根廷女性的平等诉求，还是阿根廷女权主义强大号召力的根源。

四、马里亚诺·费利兹对新发展主义的分析

（一）新发展主义不能"驯服"阶级斗争，反而会进一步激化阶级斗争

新发展主义认为，它可以"驯服"阶级斗争，并将其框定在特定的界限内，这

---

① 德拉鲁阿，即费尔南多·德拉鲁阿·布鲁诺（Fernando de la Rúa Bruno，1937 年 9 月 15 日—2019 年 7 月 9 日），出生于阿根廷科尔多瓦市，毕业于国立科尔多瓦大学法律系，获法学博士学位。阿根廷政治人物，曾任阿根廷总统。

② Mariano Féliz, "Beyond the 'Pink Tide': Dependent Capitalismin Crisis in Argentina and Lessons to Be Learnedfor Radical Social Change", in *Confronting Capitalism in the 21st Century: Lessons from Marx's Capital*, ed. by Marc Silver, Cham: Palgrave Macmillan, 2020, p.225.

③ 拉美女性运动的里程碑事件——阿根廷"绿色浪潮"，经过三十年的抗争，阿根廷成为拉丁美洲首个堕胎合法化国家。

一过程被称为“冲突正常化”(conflictive normalization)。[①] 然而,随着资本积累从复苏转向实际的“增长”,劳工的需求变成非常矛盾的需求。早期阶段,资本积累建立在广泛使用劳动力的基础上,即增强利用现有固定资本存量的能力和增加就业。这使资产阶级有可能接受部分让步,这对于在直接劳动过程和“社会工厂”内部创造政治稳定是必要的。在低工资和不稳定的就业条件下,资本主义增长有可能会成功,因为它增加了绝对剩余价值的生产。

马里亚诺·费利兹评论道:“当然,随着失业率的下降,收益率的压力也在增大。在第一阶段,资本,尤其是大资本,不情愿地接受了价值再分配给一部分劳工组织,但是,随着新发展主义的巩固(2006—2011年),资金方面的压力和不安也在增加。在新自由主义退出后,由于资本的贬值、劳动力剥削率的增加、出口商品价格以及地租拨款的上涨,利润率大大提高。”[②]

劳工组织的要求是通过直接行动如集体谈判立法来实现的。在扩大经济和就业的背景下,工会获得了权力,甚至在冲突管理机构中也是如此。政府试图实施非正式的工资上限和对私有化公用事业价格的公共控制,在新的盈利标准范围内管理需求,希望增加的利润最终会促使投资率提高。然而,跨国公司(资本霸权集团)不愿使其投资模式发生根本性变化,以便能够过渡到实施相对剩余价值生产的战略。随着工资需求的增加,固定价格的资本的反应是通过通货膨胀政策[③]使工资贬值。因此,随着工资的上调,通货膨胀的压力也随之增加。

与此同时,皮克特罗运动(piquetero[④])由于政府的干预而部分分裂。政府通过官方发起的“埃维塔运动”,以及任意利用公共资源来支持社会组织内部的盟友,试图阻止来自劳动阶级中比较不稳定部分的压力的蔓延。尽管就业率不断增长,但相当一部分劳动者并未被“包括在内”;在经历了几年的失业和不稳定后,许多人仍然处于停滞状态,无法立即被资本雇佣。“因此,当新发展主义

① Mariano Féliz, “Beyond the ‘Pink Tide’: Dependent Capitalism in Crisis in Argentina and Lessons to Be Learned for Radical Social Change”, in *Confronting Capitalism in the 21st Century: Lessons from Marx's Capital*, ed. by Marc Silver, Cham: Palgrave Macmillan, 2020, p.218.

② Mariano Féliz, “Beyond the ‘Pink Tide’: Dependent Capitalism in Crisis in Argentina and Lessons to Be Learned for Radical Social Change”, in *Confronting Capitalism in the 21st Century: Lessons from Marx's Capital*, ed. by Marc Silver, Cham: Palgrave Macmillan, 2020, p.219.

③ 通货膨胀政策:用扩大财政赤字和加剧通货膨胀的办法,来扩大总需求以应对经济萧条,促进经济增长的经济政策。通货膨胀政策是早期凯恩斯主义主张的政策。

④ 西班牙语中的一个新词,来自 piquete(英语是 picket,即纠察),具体含义是在重要地点站着或步行示威抗议。皮克特罗是阿根廷的一个为引起政府对特定问题或需求的关注而封锁街道的团体或组织。

作为阿根廷资本主义发展的最新阶段而得到巩固时，新的社会政策继续扩大其影响范围，增加了对公共开支的需求。”[①]与该地区其他国家一样，这些社会政策是由世界银行支持和资助的，这些国家认为，这些政策实际上是遏制整个地区人民起义的一种手段。

统治阶级既不愿意也没有能力通过增加固定资本投资来使生产合理化，导致了生产资本的比例越发难以稳定化。2008 年以来，以新自由主义统治为中心的世界危机加剧了这一局面。不断恶化的通货膨胀削弱了当地资本的竞争力；全球危机减少了资本流入，降低了出口价格；大多数大公司取消了几乎所有的重大投资计划。工人不愿意接受愈演愈烈的剥削，并且要求进一步提高其工资和社会福利。虽然最终没有取得成功，但劳工们的需求给资本的再生产带来了压力：通货膨胀加剧，实际汇率下降，公共赤字增加，国家不得不以发行货币的方式来融资。资本积累、工资和就业的停滞成为 2011—2015 年经济发展的特征。

基什内尔主义是国家政府中的一股政治力量，政府试图保持这样一种状态。在第一个简单的阶段，它以宏观经济以及政治上不断的失衡为代价来遏制矛盾。这促使人们试图通过一系列局部和渐进的政策调整，来避免宏观经济受到冲击，其目的是既避免政治代价，又为资本积累重建宏观经济条件。

2015 年大选结果表明，这种妥协在新发展主义、霸权主义内部是不可能的。保守政治联盟的胜利意味着新发展主义的激进化将需要加速调整。马里亚诺·费利兹强调，“新发展主义方式”不是一套简单的政策，而是一种遏制社会冲突的新策略，尤其是遏制资本主义发展过程中的阶级冲突。这是一种建立在斗争激烈时期的策略，是资本占主导地位的部分——新自由主义时代的产物，试图为霸权创造稳定的条件。[②]

新发展主义与其说是一套明确的政策，不如说是一个阶段。这是建立霸权替代品的战略。这种战略需要包含与工人阶级最相关的斗争。然而，一个潜在的主导战略必须利用最大化可用的价值和剩余价值来源。因此，阿根廷可行的

---

① Mariano Féliz, “Beyond the ‘Pink Tide’: Dependent Capitalism in Crisis in Argentina and Lessons to Be Learned for Radical Social Change”, in *Confronting Capitalism in the 21st Century: Lessons from Marx's Capital*, ed. by Marc Silver, Cham: Palgrave Macmillan, 2020, p.220.

② 新发展主义有两个关键，一方面是制定一项经济政策，以巩固跨国资本领导的新霸权集团，这需要对劳动力和环境进行超级剥削才能实现；另一方面是通过“社会包容性增长”的概念复兴发展“神话”。第一阶段，由于高利润率和高水平（尽管不稳定）的就业，该集团得到巩固。但从 2008 年开始，实际收入和消费十年来首次下降，矛盾开始激化，最终演变为一场过渡危机。

资本主义战略如果不能克服经济的依赖性,就必须面对经济的依赖性,从经济中吸取每一点劳动力和价值。

(二)经济发展过程中的过度依附性导致了各种社会危机

阿根廷的经济依附是历史性的。当然,这是一个多方面的过程,正如有关学者所提出的,依赖关系是资本主义在世界范围内的扩张过程和历史建构的产物,是指外围经济体所扮演的特殊角色。因此,依附性与帝国主义发展目标直接相关,具体来讲,依附性与帝国主义扩大再生产的价值和使用价值的目标密切相关。帝国主义国家的资本通过各种"不平等交换",占有依附性经济体产生的剩余价值。同时,它也意味着跨国资本集中于提取和占有特定形式的资本,这些资本在全球资本循环内对商品的生产和剩余价值具有实际意义。[①]

这些过程对依赖经济体有以下几点影响。首先,剩余价值向帝国主义中心的流动,迫使周边的地方资本广泛使用绝对价值生产策略,以弥补不平等交换造成的价值损失。这导致了普遍的劳动不稳定性,为劳动力市场上广泛的过度剥削创造了条件。这就造成劳动力的报酬低于劳动力的价值,从而迫使劳动者普遍处于生活不稳定状态,例如不稳定的城市住区、糟糕的保健和教育服务等。

其次,随着周边国家资本积累,资本倾向于初级产品及其制造的副产品生产的积累。这些"商品"主要是在与帝国主义或次帝国主义国家(例如美国和欧洲国家)签订的不平等交换协议中为出口而生产的,或作为全球跨国资本内部贸易的重要组成部分。这种使用价值生产的特殊性质,往往会转移用作满足劳动人民直接需求的使用价值生产的必要资源。此外,还有一个过程。一般来说,世界商品的生产与地租的产生和占用息息相关。因此,依赖性参与国际劳动分工产生的力量,除了应计租金的生产以外,其他任何形式的生产都受到了阻碍。

最后,这些生产在本质上倾向于"提取":涉及生产的快速提取,几乎不考虑社会和环境成本。这种对自然的超级剥削成为一个巨大的问题,因为它引发了公共土地的破坏与环境污染,而这是新帝国主义[②]实践的鲜明表现。

---

① Mariano Féliz, "Beyond the 'Pink Tide': Dependent Capitalism in Crisis in Argentina and Lessons to Be Learned for Radical Social Change", in *Confronting Capitalism in the 21st Century: Lessons from Marx's Capital*, ed. by Marc Silver, Cham: Palgrave Macmillan, 2020, p.222.

② 新帝国主义是垄断资本主义在当代经济全球化、金融化条件下的特殊历史发展阶段,其特征和性质可以概括为五个方面:一是生产和流通的新垄断;二是金融资本的新垄断;三是美元和知识产权的垄断;四是国际寡头同盟的新垄断;五是经济本质和大趋势。

对自然和劳动力的过度剥削，产生了一种特别不正常的动态，这种动态在新发展主义时代以新的形式出现。事实上，对劳动力和自然商品的占有相对容易，而积累以一种“渐进式”的方式进行。经济增长的产物部分可能被重新分配，因为有组织的劳动力准备将其需求限制在价值法则的范围内。正如在阿根廷的案例中看到的那样，这是通过集体谈判和财政政策实现的。然而，当商品价格周期崩溃，劳动力的需求开始超过一般盈利预期设定的界限时，首先是价值化受到阻碍，其次是资本积累受到阻碍。2008 年后阿根廷的新发展主义是一场过渡危机。这种危机是地租和剩余劳动力相对枯竭的副产品，是资本占主导地位的经济体在发展过程中没有能力实现生产率大幅度跃升的结果。新发展主义内部的过渡危机表现为其无法在社会资本化的基础上强制提高生产率。[①] 2008 年后，劳动生产率的明显提高仅仅是分散资本普遍试图应对异常盈利能力下降的结果，并迫使积累策略从单纯的过度开采转变为集约化。新发展主义是资本主义发展的一种策略。

尽管 2003 年以来阿根廷经济迅速复苏并保持高增长，人民生活有所改善，基什内尔模式也因此在阿根廷受到普遍欢迎，但是这种模式仍存在诸多问题。

第一，基什内尔政府在发展战略和政策方面存在的致命弱点亟待克服，如依赖少数农牧产品出口的模式和内向型经济状况没有发生根本改变，甚至还更严重；举债增长的方式没有发生根本改变，拖欠的旧债务没有全部解决，新债已在增长；国内市场狭小，国内储蓄率和投资率偏低，对国外市场和国际资本过度依赖。这些弱点仍制约着阿根廷经济的发展，可能妨碍甚至危及新发展模式的形成、实施和前景。

第二，2001 年经济危机[②]后，阿根廷经济连续高速增长是多种因素作用下的结果，这种增长仍是恢复性增长，还不能说明阿根廷已走上健康稳定可持续的发展道路。这种高速增长得益于政府政策和改革措施以及有利的国际经济形势。2008 年国际金融危机爆发，石油和粮食价格大幅下降，阿根廷出口再次遭受重击。所以，不可过分夸大基什内尔模式的作用而低估国际因素的作用。

---

① Mariano Féliz, “Beyond the ‘Pink Tide’: Dependent Capitalism in Crisis in Argentina and Lessons to Be Learned for Radical Social Change”, in *Confronting Capitalism in the 21st Century: Lessons from Marx's Capital*, ed. by Marc Silver, Cham: Palgrave Macmillan, 2020, p.224.

② 2001 年 7 月，由于经济持续衰退，税收下降，阿根廷政府财政赤字居高不下，面临丧失对外支付能力的危险，酝酿已久的债务危机一触即发，短短一个星期内证券市场连续大幅下挫，梅尔瓦指数与公债价格屡创新低，国家风险指数一度上升到 1600 点以上，国内商业银行为寻求自保，纷纷抬高贷款利率，甚至达到 250%—350%。

阿根廷对国际资金和市场的依赖并没有发生很大的变化,经济的周期性和国际经济形势的演变势必对其经济发展产生重大影响。因此,实行基什内尔模式的阿根廷经济仍面临着许多不确定因素。

(三)劳动与就业政策中的性别偏见导致女权主义斗争进一步激化

新发展主义在诞生之初,主要通过伴随经济复苏的劳动政策和社会政策(包容性增长①)来遏制社会冲突。劳动政策主要面向男性正规劳动力。与此同时,社会政策面向不稳定的雇员和失业者,事实上主要是妇女。因此,社会政策具有明显的性别偏见。

资本主义框架下的平等是一个伪命题,劳动政策也就是劳动与就业政策,实际上保障的是男性劳动力,社会政策面向的是以女性为主体的不稳定的雇员和失业者,不管它设想的前提是什么样的平等原则,实际上都有明显的性别偏见。比如,2001 年的金融危机期间阿根廷的贫困现象突出,为了帮助贫困家庭和妇女,阿根廷国家女性委员会实施了家庭强化和社会资本提升项目,但其关注点仅在于贫困而不在于女性——该项目为男性创造了不定期的有偿工作机会,却只象征性地给女性提供了津贴而非工作机会。社会救助政策强化了贫苦女性作为母亲的传统角色,却没有减轻她们的家庭责任,也没有推进女性有偿工作,反而客观上加剧了社会的不平等。

新发展主义不仅是边缘地区资本生产和再生产的新方式,还是处理内部社会斗争的特殊方式。妇女斗争是一般社会斗争的组成部分,父权制统治是资本社会统治的组成部分。父权制是压迫妇女的一种手段,有利于男性统治。虽然资本规则早于资本主义,但它已经开始使用、产生和复制一种特殊形式的资本。在资本主义内部,对妇女的歧视和压迫是用来减少对就业、有薪劳动力(主要是男性)的剥削,并在家庭和社区让妇女付出越来越多的无薪劳动。在阿根廷,新发展主义实施和扩大这种对妇女的压迫和剥削。随着反对新自由主义的社会斗争达到顶峰,社会政策变得规模化、普遍化。事实上,新政策确实使妇女成为直接受益者,因为她们是皮克特罗运动的主要参与者。

---

① 英文为 growth with inclusion/inclusive growth,由亚洲开发银行在 2007 年首次提出,它是一种寻求社会和经济协调发展、可持续发展的增长方式。与单纯追求经济增长相对立,包容性增长倡导机会平等地增长,最基本的含义是公平合理地分享经济增长。包容性增长包括:让更多的人享受全球化成果;让弱势群体得到保护;加强中小企业和个人能力建设;在经济增长过程中保持平衡;强调投资和贸易自由化,反对投资和贸易保护主义;重视社会稳定;等等。

2008 年之后，这些项目与承认女性化身体和持不同政见者身份的某些“权力”齐头并进，比如同性婚姻或性别身份。“再分配”和“承认”的结合是阿根廷女权运动的部分胜利成果，还有父权制国家对妇女权力的承认。20 世纪 80 年代末以来，该国妇女对女权主义的追求达到了前所未有的水平。30 多年来，全国女性大会[①]的参与人数一直在增加(2016 年达到 7 万多人)，这是女权主义者需求和组织倍增的结果。

在新发展主义的第一阶段，妇女可以进入劳动力市场最不稳定的部门(零售、纺织、打扫房屋、照顾儿童和老人)。这意味着家庭收入的提高，也意味着每周工作时间的增加。妇女必须高效利用时间来完成家务，同时增加带薪劳动，在许多情况下，还要在社区或社会组织中工作。

三层工作日[②]已成为女性(尤其是工薪阶层女性)的一种常态，这部分以商品消费的增加补偿，但总体而言，这影响到了她们对家庭的照顾。一方面，在这些任务中，男性没有代替或帮助女性来做；另一方面，医疗体系脆弱。福利的不稳定是劳动和生活不稳定的组成部分。[③]

随着资本增殖危机不断出现，女性面临的“回家”的压力[④]也越来越大，而数量倍增的社会政策加快了“让她们回到属于自己的地方”的进程。虽然越来越多有组织的女权运动表达了女性对父权统治的反抗、对传统角色的抵制，但可悲的是，女性的解放斗争遭到了大多数保守派人士，特别是男性的强烈(甚至是凶残)抵制。因此，反对杀害女性的动员和类似于 2016 年 10 月的妇女罢工运动成倍增加。“虽然我们确实不能责怪受害者来解释男性对女性斗争的反应，但正如塞加托强调的那样，斗争的辩证法是矛盾的，因此，为女性自由而斗争(就像任何为自由而进行的斗争一样)将面临压迫者的反应(通常是暴力的)。”[⑤]

---

① 由“草根”女性自发组织的性别文化和性别政治活动，每年召开一次，在拓宽性别讨论边界的同时也在促成女性团结，并打破固有的女权运动框架，把理论带向实践。如今阿根廷全国女性大会是女权运动不可或缺的阵地。

② 一层是带薪工作；二层是做家务，在家庭里工作；三层是在社区或社会组织中工作。

③ Mariano Féliz, “Beyond the ‘Pink Tide’: Dependent Capitalism in Crisis in Argentina and Lessons to Be Learned for Radical Social Change”, in *Confronting Capitalism in the 21st Century: Lessons from Marx's Capital*, ed. by Marc Silver, Cham: Palgrave Macmillan, 2020, p.226.

④ 运动开始后 3 年里，有 4 次以上的跨国女性罢工都与其相关，其中 2019 年国际妇女节的大罢工规模最大，参与的国家有 57 个。

⑤ Mariano Féliz, “Beyond the ‘Pink Tide’: Dependent Capitalism in Crisis in Argentina and Lessons to Be Learned for Radical Social Change”, in *Confronting Capitalism in the 21st Century: Lessons from Marx's Capital*, ed. by Marc Silver, Cham: Palgrave Macmillan, 2020, p.226.

五、费利兹应用《资本论》分析现实的理论贡献

马里亚诺·费利兹运用矛盾分析法，分析了新发展主义下阿根廷资本主义危机的根源，指出新发展主义并不能“驯服”阶级斗争，反而会进一步激化阶级斗争。新发展主义面临着经济和政治上不可调和的矛盾。经济上，工会要求提高工资的诉求实际上并未得到妥善处理；政治上，政策性干预对劳工组织自发的社会运动产生极大的遏制作用。马里亚诺·费利兹阐释了阿根廷向新发展主义转变的过程，其中着重解释了社会斗争，特别是就业和失业工人、生态环境以及女性权益方面的冲突和矛盾，同时分析了社会斗争如何塑造新时代的结构性对抗，以及新发展主义霸权形式的竞争构成，最后得出初步结论和社会运动带来的经验教训。从马里亚诺·费利兹对阿根廷新发展主义危机的分析中可看出，新发展主义模式具有忽视社会规律及其客观性、严重的相对主义理论倾向和全盘否定传统发展主义、没有根本消除发展过程中出现的弊端的特性，实质上并未解决资本主义社会的根本性问题。

（一）忽视社会发展规律及其客观性

马克思主义认为，社会发展是客观的物质运动，有着自己的必然性和规律。它是不以人的意志为转移的过程。认识当代资本主义，就要认识和把握资本主义社会的规律及其表现形式，把握资本主义制度的当代形态，否则就无法真正把握问题的本质，也难以认清问题的症结所在。新发展主义采取后现代思维，拒斥元叙事，崇奉小叙事，导致只关注细枝末节而忽视了最为根本性的问题。从以往的宏观研究到微观考察，新发展主义的学者走向了另一个极端。他们否认理性主义，这也从根本上限制了他们的视野，导致他们无法给出发展的新出路，而是寻找所谓的“另类”发展模式。事实上，脱离人类文明大道的另类发展模式是不存在的。

（二）严重的相对主义理论倾向

新发展主义将相对主义绝对化，主要是由后现代方法论决定的。作为后现代的历史方法，福柯表述得最为明白，即“拒斥所谓的连续性”[①]。在这里，断裂、

① 陈嘉明等:《现代性与后现代性》，人民出版社 2001 年版，第 296 页。

离散、片段、多元等成为后现代研究的主题。按照这个思路，如果将历史绝对化，那就意味着历史是一堆碎片。这种方法深刻影响了新发展主义学者。诚然，采用新的立场和方法论进行研究，有助于他们冲破传统发展主义的牢笼，站在新的视角审视社会历史，给予发展全新的解释和说明。同时，也有益于他们发现以往发展道路和模式的弊端，然后对症下药，解决资本主义发展遗留下来的难题。但是，相对主义的价值是极为有限的。如果不顾这种有限性，采取极端化的策略思考和解决问题，不仅无助于问题的解决，反而会走向事情的反面。

（三）全盘否定传统发展主义

对于传统发展主义，后现代思想家走向了极端，即在方法论上采取了颠覆和反叛的态度，完全否定了传统发展主义的艰辛努力。后现代思想家认为克服发展过程中工具理性的局限；维护人的真实本质；明确人在发展中的核心地位和作用；不断纠正人类发展中的问题，寻找适合人类的发展道路和发展模式等，统统没有意义。后现代思想家指责这些举措是乌托邦思想，根本无法实现。他们不顾传统发展主义理论中的优秀成分和实践价值，不管以往人们在实践中对世界的巨大贡献，对其完全否定，或采取抛在一旁置之不顾的态度，这是完全错误的做法。新发展主义就抛弃了发展思想的线索，这种理论立场及采用的后现代方法论，只能说明新发展主义的幼稚性、不成熟性。新发展主义取得任何创新，都不可能完全离开以往的发展道路去另辟蹊径，寻找所谓的“另类发展”，必须在以往发展的基础上才有可能前进。

（四）没有根本消除发展过程中出现的弊端

按照新发展主义者的观点，以往的发展观不是幻想就是神话，我们不必寄希望于这种幻想，而是应当从本土化策略和文化多样性的现实出发，走出一条属于自己的发展道路。但是，我们既需要对传统发展主义进行反思，也应当以此为基础，确立新的发展理念和追求，例如坚持以人为本、走可持续发展之路、将本土化与全球化相结合、将传统文化与现代意识相结合等。同样，新发展主义也需要发展。只有在新的实践中，才能不断探索和完善发展之路，任何闭门造车式的苦思冥想，或者脱离历史而故弄玄虚，都对现实毫无助益，也违背了人类理想和发展的美好愿望。在这个意义上，无论是新发展主义的理论成就，还是其探索过程中的明显失误，对我们推进中国特色社会主义事业、坚持以人为本的原则、有效实施可持续发展战略都有着鲜明的启迪。

六、对资本主义批判的意义与当代启示

(一)以本土化为基础的模式

如果说,传统发展主义强调全世界普遍适用的发展模式,那么在新发展主义看来,这种所谓的普遍适用的发展模式是不存在的。每个国家应当根据自己的国情,寻找适合自己的发展模式,选择自己的发展道路,而不必一味模仿西方的城市化、工业化、现代化的发展道路。在这个意义上,以本土化为基础是一种较好的发展策略。所谓“本土化”,就是准确认识自己的优势和不足,然后以此为基础,确立适合自身特点和要求的发展道路和发展模式。近年来,本土化渐渐成为发展理论研究中的新范式。当然,本土化并不排斥国际化,本土化与国际化的关系是辩证的。因为任何本土化都不是闭关自守,都不可能脱离人类文明发展的大道。所以我们既不能片面理解本土化,也要拒斥本土化与国际化的二分法。

班努里认为,传统发展主义的一套尺度是西方颁发的,这种尺度是我们“介入”并遵循他们生活的许可证,资本主义的现代化方案给第三世界人民的福祉造成了损害。现代化工程迫使本土居民将精神和力气从“正面”追求本土意义上的社会变迁,转而耗费在反抗西方主导的文化、政治和经济等“负面”价值目标上。[①] 以往的发展道路是错误的,必须抛弃。资本主义世界主导的几百年的现代化事实证明,传统发展观的幻想已经破灭,我们必须在它之外寻求新的发展道路,进行新的价值选择。世界上的每个民族都有权利保护本民族的历史和文化传统,通过自己的不懈探索争取新的发展道路。走基于本土知识的、传统与现代相结合的发展道路,注定会成为人类未来的最佳选择。

(二)人与自然和谐共生发展

人与自然的关系问题,曾经被传统发展主义理论忽视。这可以追溯到弗兰西斯·培根的自然观。在“知识就是力量”的号召下,人们对自然进行肆无忌惮的掠夺和开采。资本主义发展的历史,尤其是自然科学的发展史,主要是向自然界开战。对自然界的开采、征服和掠夺,不仅为资本主义经济增长带来了巨

---

① 参见周穗明等:《20世纪西方新马克思主义发展史》(下),学习出版社2004年版,第529页。

额财富,也成为西方理性主义哲学思想的重要内涵。然而,资本主义发展几百年的实践证明,以往那种改造自然、征服自然、掠夺自然的态度和行为,已经给人类的未来蒙上了阴影,它造成的资源枯竭、生态危机、气候变暖、物种灭绝等,不仅威胁到动物界的生存,也直接威胁到人类的未来和发展的可持续性。

追求人与自然和谐共生,已经成为当代发展理论的核心内涵。基于对传统发展主义理论的深刻反思,人类必须改变陈旧的发展思维和模式。而发展方式的改变,应当从发展观念入手。经济发展不能以牺牲环境为代价,不能以牺牲人类的未来为代价。其实,马克思主义早就强调,人类史与自然史是相互依存、相互制约的,自然界不是人类之外的某种存在,而是内在于人类生活,是人类生存的前提和组成部分。失去了自然基础,人类生存就丧失了根基。无论是佩鲁,还是埃斯科巴,都非常关注自然对人类发展的意义。他们倡导改变以往浪费资源的粗放式发展,强调"内生式"发展。资源毕竟是有限的,不能仅靠拼资源的方式,获得暂时的经济增长,还应当依靠人力资源的开发和利用,从人的内部去挖掘,追求个人的自我发展、自我实现,以克服经济利益与文化价值的潜在冲突。

(三)尊重多样性的发展路径

发展绝不是简单的模仿,也不是对本民族已有的历史文化特色的否定。世界各民族都有自己的传统文化,也同样有着自己对发展道路和模式的特殊理解。新发展主义倡导的发展观,必须尊重各民族的历史、传统和文化,追求各具特色的发展道路。新发展主义者宣称,对传统发展主义的后现代批判,就是既要肯定每个民族有权保存自己的文化、历史、世界观,又努力争取新的发展道路和发展模式,需要根据南半球人民的知识和需要,而非北半球提出的所谓"专业知识"形成自身发展模式。[①] 这种多样性的发展路径的选择,完全是世界各民族自己的事情,而不是某些发达国家出于某种意识形态的需要强加给别人或别国的,更何况传统的工业化、城市化道路是有严重问题的。即使在西方是"成功"的发展典范,也未必适合其他国家的文化特点和发展要求。

七、研究结论

马里亚诺·费利兹指出,保守政治联盟的胜利意味着新发展主义的激进化

① 参见许宝强、汪晖选编:《发展的幻象》,中央编译出版社 2000 年版,第 341 页。

需要加速调整。新发展主义不是一套简单的政策,而是遏制社会冲突的新策略,尤其是遏制资本主义发展过程中的阶级冲突。它建立在阿根廷国内阶级斗争最激烈时期,是占主导地位的阶级试图为他们的霸权创造稳定的条件而采取的策略。新发展主义与其说是一套明确的政策,不如说是一个阶段。它是建立霸权替代品的战略,这种战略需要包含与工人阶级最相关的斗争。阿根廷政府的主要问题在于它是一个侵扰性的、超支的、膨胀的政府。扭曲市场的、难以负担的补贴制度,以及封闭的、保护主义的经济,这些都是民粹主义遗留的产物,如果无法摆脱这些,那么阿根廷的社会状况就不会出现根本性的好转。

与新自由主义不同,阿根廷的新发展主义重申了国家干预的想法,国家作为一个引导者发挥作用。然而,阿根廷的改良主义导致它走上了依附资本主义的道路,并受其局限性的影响。2008 年国际金融危机暴露了这些局限性,最终导致过渡危机的爆发。新发展主义下的过渡危机是阿根廷依附资本主义的矛盾放大的结果。作为该地区总体"粉红浪潮"的一部分,阿根廷经历了社会力量重组和新霸权计划的构建,而该计划仍处于主导地位。"阿根廷人民没有把新自由主义的有机危机(霸权秩序的全面崩溃)转化为激进社会转型的关键进程。然而,这并不意味着社会变革力量的失败,而是意味着其部分的、不稳定的融合。"①

与委内瑞拉的玻利瓦尔革命②或玻利维亚的改革等相反,新自由主义之后,阿根廷的统治阶级依然能够在国家内外重新获得社会权力,并让现有的社会力量朝着有利的方向发展。新自由主义已经衰落,但它的社会、政治和经济后果却没有消失。一个新的霸权集团——大型跨国资本,建立在统治阶级内部新的资本霸权的盛行之上。人民力量能够迫使阶级关系发生转变,却无法打破发展主义的主导意识。

人们为了争取更好的生活,建立与自然共存的社会,进行不懈的社会斗争。这些社会斗争遭到了新政策与旧制度的联合镇压。社会包容政策对失业者没有什么帮助,这些政策实际上是为了转移资金,失业者在实际获得帮扶和获取公共物品方面没有任何改善。改变社会再生产和保护自然的要求,得到的回应

---

① Mariano Féliz, "Beyond the 'Pink Tide': Dependent Capitalism in Crisis in Argentina and Lessons to Be Learned for Radical Social Change", in *Confronting Capitalism in the 21st Century: Lessons from Marx's Capital*, ed. by Marc Silver, Cham: Palgrave Macmillan, 2020, p.227.

② 玻利瓦尔革命指 1982 年在委内瑞拉进行的大型社会运动,主要的领导者是乌戈·查韦斯,他也是第五共和国运动的创建者。革命涉及政治、经济、社会等多个层面,本质是政治权力的独占化、经济的去市场化及社会政策的超福利化。

是榨取主义发展的倍增，是口头上的“可持续发展”(例如绿色资本主义[①])。传统的阿根廷劳工组织满足了劳动者的一些需求，这些劳工组织试图将工厂内部的冲突正常化。女性主义反对父权统治的斗争也在一定程度上取得了进展，争取到了不少权利。但这些对女性身份的“承认”和经济利益的“再分配”并不意味着彻底解决了女性不平等问题。[②]

新发展主义已经成为当代世界的发展潮流和趋势，但是如何发展、为谁发展等许多基本问题，在以往的发展主义理论中尚未搞清楚，而这些问题直接阻碍进一步发展的可能性。新发展主义反思以往的发展理念、道路、机制、模式，对人类深化对发展问题的研究，追求更好、更快、更有效的发展，无疑做了理念上的铺垫。新发展主义的理论探索和实践指向，在某种意义上进一步明确了未来世界各国发展的基本路向。虽然新发展主义的理论观点还不十分成熟，落实到各国的具体实践中，能否真正改变以往的发展模式，实现人与自然、经济与文化、物质追求与精神需要的和谐发展也未可知，不过，可以肯定的是，转换思路，以全新的理念和思维方式认识发展，把握发展对人类的意义而不是对少数国家的意义，已经成为不可改变的历史趋势。

我国在追求人与人、人与社会、人与自然的和谐发展的伟大实践中，应当合理汲取并利用西方新发展主义理论有价值的东西，指导并促进我们自己又好又快地发展。这就需要我们对东西方的发展理论和实践进行比较研究，准确认识和把握二者的联系与区别；对于西方新发展主义理论中具有创新性的思维和做法，大胆借鉴和利用，在实践中不断提升和完善；对于那些不适合中国国情的内容和做法，坚决摒弃。尊重民族文化传统与借鉴国外先进发展模式，这种开放的态度有助于继续推进中国式现代化事业，有助于实现中华民族伟大复兴，有助于应对和解决当前改革开放中出现的诸多难题，有助于加快建设现代化强国的步伐。

---

① 绿色资本主义以帝国式生活方式为依托，是不可持续的。它是“帝国式的”或“奢靡性的”，建立在对别国资源、空间、劳动力和自然环境的掠夺和破坏的基础之上，并通过政治、法律或者暴力的形式来确保该种生活方式的延续。

② Mariano Féliz, “Beyond the ‘Pink Tide’: Dependent Capitalism in Crisis in Argentina and Lessons to Be Learned for Radical Social Change”, in *Confronting Capitalism in the 21st Century: Lessons from Marx's Capital*, ed. by Marc Silver, Cham: Palgrave Macmillan, 2020, p.227.

第九章 《资本论》视域下“麦道夫诉讼案”的矛盾分析

庞氏骗局作为美国历史上最大的骗局之一，在 2007—2009 年金融危机引发的客户赎回恐慌的重压下崩溃。然而，受托人的追回诉讼，即主张如何处理虚假利润，继续被公众和学者忽视。科琳·埃伦（Colleen P. Eren）是美国新泽西州威廉帕特森大学的教授，是马克思主义理论研究者。她以《资本论》为方法论指导，通过对全球瞩目的诉讼案及其结果的马克思主义解读，揭示其对批判 21 世纪金融资本意识形态的重要意义。同时，科琳·埃伦将追回诉讼和围绕其使用的辩论，置于 21 世纪资本主义的文化逻辑中，她认为这种文化逻辑越来越有意识地、厚颜无耻地对马克思“虚拟资本”与“真实资本”的区别理论进行文化抹黑。

一、麦道夫诉讼案

（一）麦道夫诉讼案与金融监管制度

国内对麦道夫骗局的研究集中于其对于完善我国金融监管制度的启示，同时，国内学者对与此相关的金融资本及金融资本主义和虚拟资本的研究也十分广泛。

麦道夫骗局引发了学者们对欧美金融市场监管体系的关注，他们思考其中的问题，通过对欧美金融监管体系的分析，强调信息披露制度的重要性，最后通过借鉴经验，阐述对我国金融监管制度的启示。[1]

首先，毛玲玲对欧美金融市场中政府部门的宏观监管、行业协会的自律监管和交易所的一线监管构成的三级金融监管体系进行反思，并指出其体系的不足之处。一方面，多头监管使得各监管机构的职责存在重叠，但没有一个机构负责监管美国金融市场和金融体系，而且对于不同的金融产品，各个部门的监管认识存在分歧，不同部门采用的监管标准不统一；另一方面，立法中关于监管的规则大多是弹性条款，具体适用则由司法判例和市场进行细分，这种动态执法的路径虽然使得监管规则得以适应经济社会的发展需要，但无法保证立法应有的前瞻性，监管具有滞后于金融风险与危机的缺陷。[2]

其次，政府需要确保金融市场的安全。庞氏骗局虽然显示了政府监管的缺陷与漏洞，但并不意味着可以取消监管，而是需要改变监管的行为与方式，以完善的制度来提高监管的有效性。

再次，完善信息披露制度是防范欺诈的关键。信息披露制度的理论基础是强制性的信息披露能在相当程度上解决证券市场中的逆向选择问题，从而纠正证券偏差，最终促进资本的有效配置。真实、充分、及时地披露相关信息是投资者进行理性投资决策的先决条件。

最后，毛玲玲认为美国监管理念的变化值得我国借鉴。譬如，金融监管应采用务实态度，要强化功能监管；建立完善统一的监管标准，清除监管真空地带；重视监管部门"人力不足"的事实，加强事前监管和日常监管，发挥综合监管体系的作用。此外，明确各监管机构的部门职责、加强各部门的配合与协调也尤为必要。[3] 吴健毓也认为，庞氏骗局尽管手法"高明"，但骗局终究是骗局，再高明的骗局也难以一直延续。在麦道夫欺诈案中，其案发不是由于监管执法部门的常规稽查，而是麦道夫儿子的"大义灭亲"之举，这也体现了美国金融监管体系的不足。另外，坚持信息披露制度，并非只是立法者的职责，更应深入投资者之心，应建立相应的制度，并得到律师事务所、会计师事务所、证券评级机构等中坚力量的配合与支持，从而在相当程度上解决证券市场中的逆向选择问题，为最终促进资本的有效配置提供有力保障。

吴健毓指出，追溯金融发展史，没有一种制度是完美无缺的。人们能做的，

---

① 参见李维安、黄郑州：《金融风险还是治理风险？——麦道夫骗局带给我们的反思》，《资本市场》2009 年第 3 期。

② 参见毛玲玲：《麦道夫欺诈案对完善金融监管制度的启示》，《南方金融》2009 年第 3 期。

③ 参见毛玲玲：《麦道夫欺诈案对完善金融监管制度的启示》，《南方金融》2009 年第 3 期。

就是吸取经验，适时完善制度。金融危机的演变表明：生产资料私人占有，决定了劳动成果会被资本家剥夺，资本的贪婪和资本间的竞争，使资本最大限度地剥削劳动力，导致劳动群众购买力增长有限，甚至负增长，这必然产生资本主义生产无限扩大和亿万劳动群众购买力相对缩小的矛盾，矛盾尖锐到一定程度，必然发生过剩的经济危机。为刺激经济增长，必须提高劳动群众购买力，垄断资产阶级不愿减少其所得，就通过降低信贷门槛提升劳动群众购买能力，但这只能形成虚假的购买力，最终形成金融风险，催生出各种金融骗局。[①]

（二）金融资本与金融资本主义

国内学者对金融资本的研究与金融资本主义密不可分，大多聚焦于其演变过程、实质、特征等。金融资本作为资本发展的一种历史形态，是垄断资本主义的统治力量。金融资本的实质是生产领域的资本关系，金融资本的发展与变化推动着垄断资本主义发展阶段的变化。从金融资本入手有助于研究资本主义发展变化的基本规律和特点。张帆认为，对当代资本主义发展新阶段的认识，应当把金融资本作为逻辑的起始范畴，得出科学的结论。21 世纪以来，金融资本再次发生巨大的变化，由此推动垄断资本主义进入国际超级金融垄断资本主义的历史阶段。[②] 西方发达国家的金融资本是银行支配并由产业资本家使用的资本。20 世纪后半期，在新自由主义影响下，西方发达国家全面推行金融自由化，工业资本主义向金融资本主义加速演变。这一演变促进了金融资本的扩张，对西方发达国家的政治经济、生产方式、社会文化产生巨大影响，并成为 2008 年国际金融危机爆发的一个重要因素。[③] 周宏和李国平认为，在新自由主义思想的影响下，发达国家进行的全面性金融自由化促成了经济与资本的金融化，促使资本主义从工业资本主义演变为金融资本主义。在这一过程中，经济与资本的金融化对资本主义国家的政治、经济、法律、生产方式、财富积累、金融市场等都产生巨大的影响，同时也隐藏了发生金融危机的巨大风险。[④]

金融资本主义作为资本主义发展迄今的最高阶段，展现出全球性和垄断性的突出特征。金融资本实现了全球性扩张和高度集中，并与其他资本融合，推动资本主义实现更纯粹的全球化。与此同时，也导致了全球范围内空前严重的

① 参见吴健毓：《关于麦道夫骗局的思考及其启示》，《商业时代》2012 年第 26 期。

② 参见张帆：《试论金融资本与当代资本主义发展的新阶段》，《理论月刊》2013 年第 7 期。

③ 参见周宏：《金融资本主义及其反思》，《求是》2015 年第 11 期。

④ 参见周宏、李国平：《金融资本主义：新特征与新影响》，《马克思主义研究》2013 年第 10 期。

产业失衡、贫富差距、生态环境破坏等，酿成全球性金融危机及政治、社会、文化价值观等综合危机；全球金融资产阶级人数空前缩小，反金融资产阶级的群体空前壮大。孙海燕认为，从马克思主义视角看，金融资本主义带来的这些发展变化，为人类社会向更高的新阶段发展做了更充分的准备，无产阶级政党团结最大多数反金融资产阶级力量，引领人类选择并掌握自己的命运，推动构建人类命运共同体，正面临历史机遇。① 刘元琪则结合生产社会化的新发展以及新自由主义、全球化等的新变化，考察金融化的形成过程和基本表现，然后根据马克思主义金融资本理论的本质精神界定金融化的内涵，最后对照列宁论述金融资本的重要结论，进一步考察金融化如何导致其背后的主体——金融资本在其他方面表现出新的特征。他指出，当前的金融资本和列宁时代相比，确实有了很大变化，它的顶层是比二战前更高的超级垄断，它的上层和中层甚至与下层统治者之间有了更多的国际性，因此避免了列强战争，它的统治更多采用了金融市场手段而不是直接控制垄断企业的超经济垄断手段，这是一种更广泛且更深入的垄断。②

（三）金融资本与麦道夫诉讼案

对麦道夫诉讼案的研究，为国外学者提供了研究当代资本主义危机的新见解。例如科琳·埃伦在批判社会学的基础上，分析了媒体对这起具有里程碑意义的案件的报道，并对数十名参与报道的记者和编辑、SEC 公共事务总监以及伯纳德·麦道夫（Bernard Madoff）本人进行了采访。埃伦把麦道夫诉讼案定位在自由市场资本主义的更大范围内，她认为，我们把责任归于个人的意识形态和文化倾向——无论是监管者、受害者，还是像麦道夫这样的“怪物”——分散了我们对更系统性批评的注意力。

金融资本主义方面，路易斯·卡洛斯·布雷塞尔-佩雷拉（Luiz Carlos Bresser-Pereira）将当代资本主义称为“食利者——金融家资本主义”，他认为当代资本主义面临低增长率和工资停滞的危机，当代资本主义的统治阶级已不再是企业家阶级，而主要是食利者资本家阶级，并指出当代资本主义自 2008 年以

---

① 参见孙海燕：《这个世界会好吗？——金融资本主义及其危机的马克思主义批判》，《理论视野》2017 年第 11 期。

② 参见刘元琪：《金融资本的新发展与当代资本主义经济的金融化》，《当代世界与社会主义》2014 年第 1 期。

来一直处于危机中,2016 年后则陷入政治危机之中。[①] 萨米尔·阿明和菲罗兹·曼日(Samir Amin & Firoze Manji)认为,过去三十年中世界体系的权力高度集中,金融寡头掌握了绝对的政治权力,当代资本主义已经丧失了创新性与灵活性。在当前阶段进行实质性的进步改革只是幻想,未来的出路只能是联合工人和一切受压迫群众,进行坚决的社会主义斗争。[②] 同时,随着数字化时代的发展,虚拟资本的地位也水涨船高。对此,科林·埃伦则认为当前金融资本主义进入一个虚拟新阶段,它试图消除虚拟资本与真实资本的界限。这种脱离生产的虚拟资本的扩散,将会导致资本主义的新危机。

"虚拟资本"的概念最早是由英国银行家威廉·里瑟姆提出的。他在《关于通货问题的通信》(1840 年增订第二版)中提出了"虚拟资本"一词,而最早对"虚拟资本"进行系统研究的是马克思。马克思在《资本论》中就提到了"虚拟资本",在《资本论》第三卷中,马克思将虚拟资本分为两种不同的形态:一种是有价证券,如股票、债券等公共有价证券;另一种是信用制度产生的各种信用票据,包括商业汇票、银行汇票和银行券。美国著名进步经济学家赫德森在《虚拟经济论:金融资本与通往奴役之路》中认为美国经济已经虚拟化,即泛金融部门(金融、保险、房地产等)从全世界工人和产业资本那里吸走收入并以日益加重的债务将它们压垮。他认为,新自由主义的关键主张即不再区分生产性收益和非生产性收益是为了掩盖金融垄断资本主义的不劳而获,这是人类历史上的一个巨大倒退。他还认为,新自由主义指责社会主义国家的政府干预是通往奴役之路,而事实上金融垄断资本在全球给工人造成的沉重债务和失业才是真正的通往奴役之路。[③]

二、科琳·埃伦对麦道夫案的马克思主义解读

科琳·埃伦教授长期追踪这个案件,对其深层问题进行了马克思主义解

① Luiz Carlos Bresser-Pereira, "Secular Stagnation, Low Growth, and Financial Instability", *International Journal of Political Economy*, Vol.48, No.1(2019), pp.21-40.

② Samir Amin and Firoze Manji, "Toward the Formation of a Transnational Alliance of Working and Oppressed Peoples", *Monthly Review*, Vol.71, No.3(2019), pp.120-126.

③ 参见[美]赫德森:《虚拟经济论:金融资本与通往奴役之路》,嵇飞译,《国外理论动态》2009 年第 1 期。

读。[1] 科琳·埃伦的解读主要想解决如下几个问题。

（一）公平赔偿的不公平问题

在庞氏骗局曝光十年后，数千起诉讼的清算程序仍在进行，而且一直充满激烈的争议，为不同“阶层”或“阵营”受害者的赔偿带来了不同的障碍。

第一个障碍是间接投资者的赔偿问题。直接投资者是指直接把钱交给伯纳德·麦道夫投资证券公司的投资者，而间接投资者是指通过中介机构间接进行投资。这些分支基金汇集了投资者的资金，并在投资者不知情的情况下投资给伯纳德·麦道夫投资证券公司。但在赔偿间接投资者时出现了问题，证券投资者保护公司（SIPC）对“客户”的定义存在一个很大的漏洞，将间接投资者排除在保险范围之外，受托人皮卡德对追回资金进行分配不能也没有包括这些受害者。事实上，在皮卡德收到的16000多份索赔中，有66％仅凭这一点就被拒绝了。这意味着间接投资者不得不等待他们的中介机构分配从皮卡德那里收到的索赔资金。

第二个障碍是所有受害者（直接或间接投资者、个人或基金）净头寸（net position）的“问题”，再次将他们划分为不同的阵营。净头寸是指交易商在市场上所持的多头与空头头寸的差额。根据麦道夫基金的净头寸[2]，两个受害者“阵营”分别是“净赢家”和“净输家”。其中，“净赢家”是指一些人在骗局被发现前取出了他们所有的钱并关闭了账户。因此，虽然他们是欺诈的受害者，但他们也是欺诈资金的接受者和受益人，这些资金基本上是其他投资者的存款。“净输家”是指一些受害者把钱存在麦道夫的账户里，取走的钱不超过他们存入的本金。2012年美国政府问责局（GAO）的一份报告显示，只有29％的个人或家庭投资者是净输家——他们的损失超过了投资本金（另外是60％的净赢家和11％的零余额）。“庞氏骗局曝光时，大多数个人投资者实际上赚了钱，这一事实并没有在媒体报道或流行文化表象中得到频繁认证。对于机构投资者来说，同样，大多数是净赢家，只有40％的净输家（50％的净赢家和10％的零余额）。

① Colleen P. Eren, “The Final Fiction: Madoff Clawback Suits and Their Implications for Capitalism in the Twenty-First Century”, in *Confronting Capitalism in the 21st Century: Lessons from Marx's Capital*, ed. by Marc Silver, Cham: Palgrave Macmillan, 2020, p.231.

② 参见[美]托马斯·克里特加德、劳拉·威尔：《汇率变动与期货市场投机者净头寸》，黄牧旸译，《中国货币市场》2007年第8期。

然而,个人和机构净亏损的本金是巨大的——之前提到的175亿美元。”[①]诚然,部分损失归因于麦道夫将其用于个人目的,但大部分损失是其他投资者撤资造成的,尽管这些投资者对骗局一无所知。

科琳·埃伦指出,“麦道夫案的追回诉讼假设在‘净赢家’和‘净输家’及‘本金’和‘利润’之间存在绝对的二分法,并以此来确定负债”[②],这种做法肯定是有问题的,是不公平的。

(二)“无辜”受害者和“共谋”受害者问题

除了净赢家和净输家、本金和利润的二分法外,诉讼法庭还将案件分为“善意”和“恶意”两类,将“无辜”投资者与“共谋”投资者区分开来。科琳·埃伦对此展开分析,“无辜”投资者虽然作为“诚信”客户,但如果赎回金额超过其本金,他们会被追回资金,但他们最初投资的本金受到保护。“共谋”投资者作为那些知道或应该知道麦道夫欺诈行为的恶意客户,除了虚假利润外,本金也要被追回。皮卡德追逐这些投资者,试图从他们那里获得近110亿美元。皮卡德还向麦道夫子基金和银行寻求940亿美元的资金,这些银行被指控促成了这起欺诈,未能进行尽职的调查,或者尽管知道这是一起诈骗案件,但仍继续与麦道夫进行交易。

“无辜”或者“共谋”投资者范畴,使人们从法律、社会和道德角度讨论这些问题,围绕“这些受害者应该得到什么”展开激烈的辩论。许多“无辜”或者“共谋”的净赢家投资者,以及一些法律专家反对通过追回诉讼收回虚幻的利润。他们反对重新分配这些资产以弥补其他受害者失去的本金,并提出了主要依靠将个人虚构的损失社会化的赔偿方法。[③]

(三)虚构真相的战术性抹杀

科琳·埃伦进一步总结,即使进行了强有力的游说,但国会并未批准资金

---

① Colleen P. Eren, “The Final Fiction: Madoff Clawback Suits and Their Implications for Capitalism in the Twenty-First Century”, in *Confronting Capitalism in the 21st Century: Lessons from Marx's Capital*, ed. by Marc Silver, Cham: Palgrave Macmillan, 2020, p.235.

② Colleen P. Eren, “The Final Fiction: Madoff Clawback Suits and Their Implications for Capitalism in the Twenty-First Century”, in *Confronting Capitalism in the 21st Century: Lessons from Marx's Capital*, ed. by Marc Silver, Cham: Palgrave Macmillan, 2020, p.231.

③ 参见云杉:《发展中国家需防“利润被私有化、损失被社会化”:专访联合国助理秘书长乔莫·桑德拉姆》,《瞭望》2011年第44期。

用来“补偿”净赢家。从这些结果来看，似乎仍有一些人坚持在虚拟和真实[①]之间划定界限，这是某种防御机制，以防止金融体系通过否认价值本身而最终完全崩溃，这其实是一种幻觉，因为，所谓的“真相”也是虚构的。[②] 2014 年 7 月，曼哈顿联邦地区法院的拉科夫法官阻止皮卡德追回某些欺诈性资金，因为这些资金在两个“外国”实体之间转移。拉科夫驳回了皮卡德的追偿要求，认为《破产法》第 550(a)(2)条在域外不适用。皮卡德无法从亿万富翁和其他实体那里收回近 20 亿美元的虚构利润，因为这些资金要么存放在离岸账户中，要么存放在美国以外的其他地方。2016 年 11 月，纽约南区破产法院的伯恩斯坦法官接受了拉科夫法官的裁决，并驳回了将第 550(a)条适用于外国支线基金和外国投资者之间转账的某些案件。科赫工业、汇丰银行、瑞士信贷、美林和对冲基金经理等在法律上取得了令人震惊的胜利，幻觉也随之破灭，“真相”也是虚构的。

三、科琳·埃伦提出的几个重要观点

(一)追回诉讼实际上加深了资本关系的神秘感

面对间接投资者[③]的赔偿的障碍，相关部门为解决这个问题而出台了对策。2012 年 12 月，在司法部和证券交易委员会前主席理查德·布里登(Richard Breeden)特别负责人的主持下，相关程序启动，试图帮助因漏洞而被排除在保险范围之外的 1.1 万名间接投资者。麦道夫受害者基金(MVF)使用了比皮卡德和 SIPC 更广泛的“受害者”定义：“不管钱是如何进入麦道夫证券的，如果实际上是你用自己的钱在麦道夫投资证券，并且由于麦道夫证券的崩溃造成了金钱损失，那么你就是一个受害者……MVF 指出，是最终的投资者，而不是中介基金拥有索赔权。”[④]现在，那些通过中介投资损失了钱的人可以直接申请赔偿。

---

① 参见曾康霖:《论虚拟经济与实体经济:从虚拟资本述起》,《征信》2018 年第 3 期。

② Colleen P. Eren, “The Final Fiction: Madoff Clawback Suits and Their Implications for Capitalism in the Twenty-First Century”, in *Confronting Capitalism in the 21st Century: Lessons from Marx's Capital*, ed. by Marc Silver, Cham: Palgrave Macmillan, 2020, p.232.

③ 参见杨江涛:《中介机构破产风险与证券投资者权益保护:以间接持有模式为背景》,《东方法学》2010 年第 6 期。

④ Colleen P. Eren, “The Final Fiction: Madoff Clawback Suits and Their Implications for Capitalism in the Twenty-First Century”, in *Confronting Capitalism in the 21st Century: Lessons from Marx's Capital*, ed. by Marc Silver, Cham: Palgrave Macmillan, 2020, p.235.

布里登和他的团队整理了来自135个国家的令人印象深刻的6.5万份索赔，2017年，他们仍在对索赔作出裁决，其中有数千份是不完整或有缺陷的，然后他们将40亿美元资金进行分配，这些资金是纽约南区的州检察官办公室以没收和与摩根大通和解等方式获得的。

面对所有受害者(直接或间接投资者、个人或基金)净头寸的问题，皮卡德表示："一些BLMIS(伯纳德·麦道夫投资证券公司)客户从未全额提取存款，另一些人则无意中提取了资金，而这些资金实际上是麦道夫从其他BLMIS客户那里偷来的。作为受托人，我的法定任务之一就是要求那些取的钱比存的钱多的客户退还那些多余的钱。"[①]也就是说，皮卡德对净赢家发起了数千起"追回"(也被称为回避)诉讼。按照纽约破产法，在允许的六年期限内，超过存款数额的提款将予以回收。同时，采取"不诚信"指控方案，对那些有争议的串通好的资深客户的家庭成员和实体发起诉讼，从这些诉讼中追回了数十亿美元。

科琳·埃伦认为，皮卡德将案件涉及的受害者简单划分为"净赢家""净输家"，将案件中涉及的资本简单地划分为"本金""利润"，这种简单粗暴的"二分法"既不现实也不科学。只有在投入和撤出的资本失去流通性，资本只有使用价值而失去交换价值的条件下，皮卡德的这种二分法才有意义，但这种前提显然是不可能存在的。如果要满足皮卡德的"二分法"条件，这里的资本必须是一种不可替代的东西，既不能作为"真实"资本来吸收更多的剩余价值，也不能作为虚拟资本来使用。所以，皮卡德无视了资本的社会性，掩盖和否认了资本的社会关系，即资本在社会中流通、被用作更多资本积累的交换价值的属性。

(二)虚构的意识与资本主义的双重思维

科琳·埃伦对颠倒事实与虚假的案件进行了理论剖析，认为在追回诉讼中无辜投资者仅仅因为自己对真相的无知，就可以有权获得虚假利润，这种奇怪的逻辑"与支撑20世纪末21世纪初金融资本主义的信念是一致的"[②]。有一种根深蒂固的信念，那就是无止境地积累利润。但同时，伴随这一信念的是一种资本主义的双重思维，这暴露了它最终的精神分裂症的"疯狂"。

---

① Colleen P. Eren, "The Final Fiction: Madoff Clawback Suits and Their Implications for Capitalism in the Twenty-First Century", in *Confronting Capitalism in the 21st Century: Lessons from Marx's Capital*, ed. by Marc Silver, Cham: Palgrave Macmillan, 2020, p.235.

② Colleen P. Eren, "The Final Fiction: Madoff Clawback Suits and Their Implications for Capitalism in the Twenty-First Century", in *Confronting Capitalism in the 21st Century: Lessons from Marx's Capital*, ed. by Marc Silver, Cham: Palgrave Macmillan, 2020, p.239.

双重思维是指“在一个人的头脑中同时持有两种相互矛盾的信念，并同时接受它们的力量……故意说谎同时真诚地相信它们；忘记任何会引起麻烦的事实，然后当它再次成为必要，就把它从遗忘中拉回来；否认客观现实的存在，同时始终考虑到一个人所否认的现实”①。21世纪的金融资本主义及其追随者的逻辑中就带有这种思维的印记。尽管过去危机的废墟中有种种证据，但人们还是愿意相信，不管投机有多大风险，不管标的证券有多糟糕，虚拟资本都能无限地“变出帽子里的兔子”。人们愿意相信，银行和个人可以无限期地获得虚拟收益，而且事实上，银行和个人也有权获得这些收益，因为它们愿意进入市场并且具有创造力或创新能力。科琳·埃伦说，这正是双重思维产生的地方：当虚拟资本的“事实”带来麻烦时，比如当泡沫破裂、危机接踵而至、损失持续时，人们的愿望不是让市场解决问题，也不是让个人承受“真实”损失，承认虚幻炼金术不会产生真金白银。相反，投资者希望基于虚构的损失，要求“真实的”社会提供资金来弥补损失，不管其更广泛的后果如何。在过去的30年里，人们目睹了资本主义国家以戏剧性的方式介入社会化救助，这是一种不切实际又荒谬的方式。

科琳·埃伦概括说：因此，当一个国家面临公众风险时，如果不能通过市场化的方式分散风险，就需要诉诸公共权力机构，需要政府出面承担公共风险。②在金融风险爆发过程中，资本主义政府为抵御风险必须作出选择，“但无论如何应对，都是以牺牲经济发展和社会公众福利为代价的”③。

（三）追回案表明了对金融资本的纵容

在意识形态上，金融资本主义已经进入一个引人瞩目的虚拟新阶段。利润的虚构性质（在这种情况下，是欺诈性利润，而不仅仅是脱离价值的利润）是被公开承认的。然而，类似的虚构边界和实体几乎完全是在耍花招，是为资助非法经营或精英逃税（离岸司法管辖区、空壳公司等）而创建的，这些利润被赋予

---

① Colleen P. Eren, “The Final Fiction: Madoff Clawback Suits and Their Implications for Capitalism in the Twenty-First Century”, in *Confronting Capitalism in the 21st Century: Lessons from Marx's Capital*, ed. by Marc Silver, Cham: Palgrave Macmillan, 2020, p.239.

② 参见鲁良：《论失信行为影响下公众风险感知的演变》，《湖南师范大学社会科学学报》2021年第6期。

③ Colleen P. Eren, “The Final Fiction: Madoff Clawback Suits and Their Implications for Capitalism in the Twenty-First Century”, in *Confronting Capitalism in the 21st Century: Lessons from Marx's Capital*, ed. by Marc Silver, Cham: Palgrave Macmillan, 2020, p.240.

了"现实"性。金融资本主义逻辑中的一个关键矛盾是,资本想要流动性、跨国性、不受限制性,它想凌驾于国家主权之上。然而,当涉及保护从剩余价值中或虚拟资本中或欺诈活动中获得的收益时,它坚持"地方"的万能性,无论那个"地方"有多虚幻。

科琳·埃伦指出,正如人们在危机时刻看到的,这种虚拟结构的具体化和资本与价值的脱离必然导致崩溃。"然而,我们正处于一个文化时刻,正是出于贪婪,坚持消除事实与虚构之间的关系,这不仅体现在金融领域,还体现在政治领域,提供了一种亲和的意识形态环境。"[①]政府坚持认为虚假信息可以是"另类事实",并且有记录的报纸也可能是"假新闻",这表明对现实基础同样程度的漠视。对于虚构,无论是真诚相信还是愤世嫉俗,都会对现实世界产生影响,尤其会对边缘化的人们即平民造成伤害。同样,即使在欺诈的情况下,脱离生产的虚拟资本的扩散也将导致危机,迫使作为资本的社会关系进入人们的视野,带来难以言表的后果。

四、科琳·埃伦对《资本论》当代价值的理论贡献

(一)揭开了虚拟资本的拜物教面目

虚拟经济时代,资产证券化形成的虚拟资本已经发展成为一个庞大的虚拟资本家族[②],通过遍布全球的通信网络和金融体系支配着全球民众的财富。股市、房市和债券市场的价格波动,能够在转瞬之间进行全球性的社会财富大转移,一些人一夜暴富,而更多的人却是财富顷刻间"蒸发",而他们却希望通过虚拟经济的运行重新洗牌来重获已损失的财富,甚至获得更多。于是,虚拟资本受到追捧,虚拟经济狂飙,继马克思主义政治经济学批判下的"商品拜物教""货币拜物教""资本拜物教"之后,形成了新的虚拟资本拜物教。

虚拟资本拜物教虽然是由马克思主义政治经济学批判下的"商品拜物教""货币拜物教""资本拜物教"衍生而来的,却具有与马克思所处时代完全不同的

---

① Colleen P. Eren, "The Final Fiction: Madoff Clawback Suits and Their Implications for Capitalism in the Twenty-First Century", in *Confronting Capitalism in the 21st Century: Lessons from Marx's Capital*, ed. by Marc Silver, Cham: Palgrave Macmillan, 2020, p.241.

② 参见杨丽媛:《浅谈资产债券化》,《商场现代化》2008年第15期。

时代特征，催生了人们对虚拟资本的崇拜。[①] 究其成因，至少有以下三点。

一是在虚拟经济领域，实体经济的市场规律失灵催生出贪婪欲望、投机心态等心理乱象。从本质上来说，这是以虚拟资本为价值追求目标的财富观对人性的侵蚀，是贪婪欲望下的拜金主义对财富心理的扭曲，是短视的投机心态、赌徒心理对理性投资、经济健康发展的威胁。人们对虚拟资本的疯狂崇拜势必造成对劳动价值的忽视、对创造价值的劳动的挤压、对劳动致富观念的摒弃。

二是对当代信息科技、金融创新等工具理性的技术崇拜、符号崇拜。对当代信息科技、金融创新等工具理性的崇拜背后是对虚拟资本扩张意志的遮蔽。高科技智能化工具开辟了虚拟资本扩张的新领域、新边界、新空间，成为"普照之光"，制造出"虚拟资本拜物教"的幻象，强化了"普遍永恒资本"的国家制度是最完善的国家形态的价值认同，延缓并转嫁了资本主义的内在危机。

总之，虚拟经济时代财富创造与运行机制的改变产生了一系列经济现象和精神现象，形成了当代"虚拟资本拜物教"，它在"资本拜物教"的基础上更进一步，使剩余价值分割的权力和实体资本相分离，在现代信息科技、金融创新工具、消费意识形态的合谋下，不断突破资本扩张的时空限制，攫取全球实体经济过去、现在乃至未来创造的剩余价值。

（二）显示出当代资本主义经济的新特征

当代资本主义经济的新特征就是虚实失衡，脱实向虚。资本为了追逐剩余价值，通过资本积累和资本融通两种方式不断扩张，这导致了经济危机和金融危机的爆发。在资本融通的过程中，金融资产不断地被创造出来并且规模越来越大，导致经济趋向虚拟化，衍生出庞大的金融资本。金融资本为了追逐利润，肆意扩大信贷并且投机金融资产，一旦信贷链条断裂或金融资产泡沫破裂，将导致金融危机。此外，金融资本不仅活跃于国内金融市场，而且活跃于国际金融市场，引发其他国家的金融危机。[②] 虚拟经济与实体经济严重背离，逐利达到反常的程度，使虚拟资本与实体资本矛盾激化。20 世纪后期，西方发达国家实体经济资本利润下降，实体经济部门的资本流向金融领域，攫取更高利润，导致金融资本急剧膨胀。实体经济日趋衰落和"空洞化"，虚拟经济成为西方国家经

---

① 参见杨娟：《虚拟资本拜物教批判的时代意义及其进路：马克思主义政治经济学批判的当代追问》，《内蒙古社会科学》（汉文版）2019 年第 1 期。

② 参见张小瑛：《金融资本批判与当代新帝国主义表征》，《聊城大学学报》（社会科学版）2021 年第 4 期。

济主导和支配力量。虚拟经济建立在实体经济的基础上，有实体经济的发展，才能有虚拟经济的发展。以美国为首的西方资本主义发达国家片面追求金融业高额利润，将实体经济部门剥离转移，导致经济发展虚拟化、空心化。因此，在资本主义金融化进程中，金融日益失去为实体经济服务的职能，为自身增值服务；世界储备货币日益背离货币本身的职能，成为金融垄断资本统治的工具，成为金融资本虚拟化、泡沫化的载体。①

但虚拟经济发展是有界限的。资本疯狂追逐利润的本性，使大量实体资本转化为虚拟资本，并且在全球横行游荡，成为全球发展和社会进步的不稳定因素。因此，虚拟经济的总量不能超过实体经济的总量及其发展的要求。虚拟经济和实体经济发展的质与量相适应时，虚拟经济发展是健康的，对生产力发展能起到积极的促进作用。如果虚拟经济总量超过实体经济总量，变成一种单纯牟利的工具，就会产生泡沫，破坏实体经济的发展，甚至引发经济危机。虚拟经济与实体经济越偏离，泡沫越大，其破坏性就越大。资本主义金融化过程包含金融与生产劳动的分离过程，但这种分离是无法完全实现的。因此，从根本上而言，金融利润无法脱离生产过程，无法脱离人们的劳动活动。无论金融资本如何远离产业资本，它所依托的基础和最终利润来源都是产业资本循环过程中剩余价值的积累。金融资本的收益终究是对剩余价值的再分配，是使社会财富向金融垄断寡头手中的再次集中。缺乏产业资本积累过程支持的金融资本积累，必将产生金融危机。对此，我们应该高度重视。

（三）分析了当代资本主义新变化

1.社会矛盾空间化

广义空间化是以物质生产与社会关系生产和再生产为核心的历史辩证法内在的一个基本视野；狭义空间化可归因为资本主义危机的产生和与此相关的重组资本主义积累过程的企图。当代资本主义社会矛盾逐渐变得可视化，由原本的时间性的社会矛盾逐渐转变为空间化的社会矛盾。例如，社会各阶层之间的矛盾冲突甚至可以在贫民区与富人区的鲜明对立中表现出来。

资本主义社会的基本矛盾是生产社会化与资本主义生产资料私有制之间

---

① 参见《美国金融泡沫史》，《新理财》（政府理财）2015年第8期。

的矛盾[①]，其表现在阶级关系上是无产阶级与资产阶级的矛盾，当代资本主义社会矛盾空间化也是以此为基础的。空间具有意识形态性等特征，生活于其中的民众对空间体现出的矛盾性呈默认态度甚至可以欣然接受，人们生活在一个被控制和异化的病态与矛盾的空间而不自知。政治经济学在空间生产的视野下变成了空间的政治经济学，空间中的物不再是关键因素，空间中的物所承载的社会关系才是关键因素，可感知的具体物所承载的抽象权力关系是空间问题的核心。抽象空间成了资产阶级行使权力的载体和依托。资本主义的抽象空间是完全同质的，虽处处表现为一系列的连续性，实际上却不像表面看上去那样处处充满和谐美好。这种表面的和谐美好只是空间意识形态的集中表现，是一种美好的幻象，矛盾和冲突隐藏其间。于是，民众追求生活质量与资本家追求剩余价值之间发生了矛盾。

为实现空间生产和消费的利益最大化，资本主义的抽象空间充分利用了工具性空间大量的重复性和再生产的原则，生产了大量的可计量的空间以供销售。这些空间表面上风格各异，别出心裁，其实都是作为同质性、雷同化的商品被一次性、周期性地生产出来，几乎成了毫无特色的消费空间，而不是具有不同风格和文化特征的空间。同时，资本家追求交换价值与民众真正渴望占有使用价值之间发生矛盾。在追求剩余价值最大化的过程中，资本家往往忽视了商品的使用价值，作为商品的空间生产出现了交换价值与使用价值的矛盾。空间被作为生产性的消费品生产，交换价值相对于使用价值占主导地位，但人们需要的是满足自己个性的使用价值，并且，空间越功能化，越排斥真正的"占有"和使用，交换价值与使用价值是对立的。[②]

2.经济与文化一体化

经济是基础，经济基础决定上层建筑。文化作为上层建筑的一部分，是由经济基础决定的。随着资本主义生产方式出现新的变化，资本主义文化也出现新的变革，呈现出新的特征。毛泽东指出："一定的文化（当作观念形态的文化）是一定社会的政治和经济的反映，又给予伟大影响和作用于一定社会的政治和经济；而经济是基础，政治则是经济的集中的表现。"[③]资本主义文化是资本主义

① 参见辛向阳：《马克思主义创始人"资本主义社会基本矛盾"理论发展史初探》，《马克思主义研究》2017年第1期。

② 参见胡庆忠：《使用价值、价值和交换价值及三者之间的关系》，《商场现代化》2006年第21期。

③ 《毛泽东选集》第2卷，人民出版社1991年版，第663—664页。

社会的政治和经济的观念形态的反映，而资本主义文化表现出的能动性又影响和作用于资本主义的政治和经济。在资本主义的强势推动下，经济全球化浪潮表现为文化的保护功能和服务功能愈加凸显。资本主义文化本质是为资本主义的经济和政治需要服务的，为解决资本主义的内在矛盾而不断提出理论和政策主张。

对经济持续增长的需要，深深根植于资本主义文化之中。它似乎成为所有群体的需求：资本家必须保持经济的不断增长以获取利润；劳动者需要它以获取工资；消费者需要它以获取必要的"东西"；国家需要它以维持权力、收入和合法性。只有经济不断增长才能维持整个社会的运转，但是这种增长是不可持续的，是以牺牲了未来为代价的。西方资本主义文化是建立在工业生产的消费主义、资本贪婪和普遍债务基础上的畸形文化。对当今世界产生了深刻影响的资本主义文化的三大历史性"发展"，即世界贫富分化的加剧、资本组织方式的变化和经济全球化程度的增加。资本主义文化模式的内在本质就在于资本扩张的本质迫使经济无休止地在增长，并把全球所有的民族——国家与一切事物都纳入资本扩张的逻辑，使人们成为纯粹的消费者并服从于资本主义生产过程。

3.历史意识的虚无化

传统的历史主义基本原则和信念，在资本主义当代性的人的物质和精神全面异化不断加深的时代背景下陷入困境、面临危机。生活在西方资本主义当代社会的人不再相信过去的历史价值和历史遗产，人们对于过去的历史的认识和评价不再承继传统的历史价值观。于是，后现代文化为克服资本主义的"异化"问题，敞开了历史怀疑主义、相对主义和主观主义的大门，并最终全面彻底地走向历史虚无主义。[①] 后现代主义采取了和尼采一样的全盘否定柏拉图主义和基督教道德的传统文化彻底的历史虚无主义态度，绝对否定过去的一切信念，绝对肯定其反面：反对现代理性主义和启蒙思想等核心价值，宣扬非理性主义、历史相对主义和历史虚无主义；反对历史本质一元论，宣扬历史价值多元化；反对历史规律的因果必然性，宣扬历史变化的偶然性和机遇性；反对逻辑思维，主张感官直觉；反对历史的整体，主张历史的零散性和碎片化；反对知识的真理性，宣扬知识的商品化；反对生产和创造，宣扬消费和娱乐；反对组织原则和规则，宣扬个人自由和主观任意；反对权力，强调人权；反对传统道德原则，强调自由

---

① 参见郭昌文：《马克思主义历史观视域下历史虚无主义批判研究述评》，《毛泽东邓小平理论研究》2021年第11期。

任意主义。

五、研究小结

科琳·埃伦通过对麦道夫追回诉讼的剖析和对法律问题的解释,提出了以下基本观点。

第一,关于坚持“净赢家”和“净输家”、“本金”和“利润”之间不可渗透的区别问题,科琳·埃伦认为,这些区别其实是庞氏骗局中的幌子。追回诉讼实际上为资本关系保留了一个崇拜的面具,实际上不是为了公平赔偿,反而加深了资本的神秘感。

科琳·埃伦介绍了“无辜”受害者和“共谋”受害者之间的绝对区别,这些区别使法律专家能够作出支持与反对受害者对追回损失的诉求的决策。科琳·埃伦认为这是一种双重思维的标准,是一种对投资者自身盈利起作用的虚幻意识。只要相信虚构的信念就是“诚信”的信念,人们就愿意接受虚构的利润,同时拒绝“真实”的损失。这群受害者和法律专家并不是为了承认虚拟损失带来的真实后果,而是建议国家提供“真实”救助①,正如在2008年美国金融体系救助中人们看到的那样。

第二,科琳·埃伦揭露了2016年11月纽约南区麦道夫追回诉讼的最新裁决如何以惊人的清晰性证据证实了对虚构真相的技术性抹杀。这些情况表明了对金融资本本质的根本性漠视,无视虚拟资本和真实资本之间的区别。② 同时,新自由主义屈从于资本施加的压力,并遵从金融资本虚幻的构造的逻辑,为了模糊虚拟资本和真实资本的区别,提供了相关的政治、文化背景。

麦道夫诉讼案体现了21世纪资本主义金融化的深刻危机,以及对金融资本、虚拟资本过度崇拜的危害。资本主义经济金融化是价值与使用价值进一步相脱离、相割裂的趋势,这并不改变资本主义经济的本质,相反,这种发展是资本主义经济发展的客观趋势。以金融部门为代表的虚拟经济与以制造业部门为核心的实体经济之间如果不能发展出和谐健康的关系,就会在资本的主导下出现工业经济衰落、物质财富生产活动萎缩、工业制造业创造社会财富的能力减弱。进而,金融资本在虚拟经济市场中脱离生产活动循环膨胀,必然将危害

① 参见王三秀:《西方社会救助制度的流变》,《中国社会导刊》2008年第6期。

② 参见齐昊、李钟瑾:《以新自由主义挽救新自由主义:美国危机治理政策批判》,《马克思主义与现实》2012年第4期。

实体经济的发展，使国家经常账户赤字增加、国民经济发展面临风险。在世界正处于大发展、大变革、大调整时期的当下，以美国为首的部分发达资本主义国家中出现的金融化现象为我国的经济发展敲响了警钟。如何处理实体经济与虚拟经济的关系、增强金融服务实体经济能力，如何建立起现代经济体系，巩固我国工业制造业的发展成果，是我国学者当前与未来开展研究的重要方向。

第十章 《资本论》与当代英国劳资关系新变化的辩证分析

马克思在《资本论》中指出，由于资本的逐利性，资本主义社会的劳资关系本质上是不平等的，工人的工作岗位具有很强的不稳定性和偶然性，当代资本主义社会出现大量的"零工劳动"，便是这种不平等现象的具体表现之一。

英国左翼学者克里斯蒂安·加兰德(Christian Garland)以零工劳动为研究对象，应用马克思的劳资关系理论考察灵活性劳资关系的新特点。克里斯蒂安·加兰德认为，尽管这种零工模式只影响总体劳动力中的一小部分人，但这已然成为资本主义社会劳资关系未来发展的一个明确趋势。[①] 以弹性雇佣劳动者为主要特征的雇佣形式客观上给劳动者带来了自由空间，但零工劳动中的激励性工资导致的工人"赶工"现象，以及雇佣者的超视距监管，使得劳动与资本之间呈现出"自由"与"依附"矛盾并存。

一、零工劳动与马克思劳资关系理论的研究现状

马克思劳资关系理论产生的背景是当时西方的资本主义社会，但从最终目的来讲，马克思所要解决的就是劳资矛盾问题，他对劳动与资本的关系及社会制度的深刻分析与论证具有很强的现实意义。"零工经济"概念的提出晚于分享经济，国内外学者对零工经济的研究也晚于分享经济，并且在研究零工经济时会将其与分享经济、平台经济、数字经济等概念进行比较，从而对零工经济的

---

① Christian Garland, "Navigating the Scylla and Charybdis of Precarious Work: Through the Storm of Contingency", in *Confronting Capitalism in the 21st Century: Lessons from Marx's Capital*, ed. by Marc Silver, Cham: Palgrave Macmillan, 2020, p.247.

特点以及劳资关系进行剖析。

(一)零工雇佣形式的研究现状

首先,零工雇佣形式的特征。韩文龙和刘璐认为,零工招工门槛极低,供过于求的情况经常发生,零工劳动力之间竞争较大,雇主可能因此压低工资或提高劳动强度。[①] 王利君提出,我国分享经济发展存在结构不合理、消费者权益保障不足等问题,这些问题也出现在零工经济发展过程中。[②] 其次,零工雇佣中的劳资关系。崔学东和曹樱凡指出,尽管互联网平台招工的形式十分灵活,但是从内容上看,其本质还是一种雇佣劳动关系,因而其中的劳资矛盾不可能被消除。无论是临时、零散地出卖劳动力,还是传统的定期出卖劳动力,都会向资本提供剩余劳动。[③] 孙蚌珠和石先梅指出,随着数字技术的发展,数据日益呈现出生产要素化、商品化、资本化的特征,数字资本在社会生产中的影响力与控制力逐渐增强。数字经济时代,大资本数字平台公司凭借数字技术、数字基础设施、数字化设备以及数字技术专业人才,收集用户生成的海量数据,影响社会生产的各个环节与各个方面。在数字资本的参与和控制下,资本与劳动力结合的形式更为复杂,广大劳动力为大资本数字平台公司创造剩余价值的本质更为隐蔽。分析数字经济资本与劳动结合的四种不同形式,以及对应的劳资关系,可以为协调数字资本劳资关系,发挥数字资本的生产功能,推动数字经济发展提供理论上的借鉴。[④]

零工市场为何越来越受重视?中国劳动关系学院人力资源研究所副所长初浩楠在接受《中国经济时报》记者采访时表示,零工市场越来越受重视的主要原因有三个方面。

第一,零工市场能吸纳更多劳动力。零工市场因具有灵活性、短期性、动态性、流动性和高容纳度成为高就业市场,为劳动者就业提供了更多的选择性和弹性。第二,零工市场符合新经济、新业态的需求。新经济形式和新业态出现,新型用工方式也相伴而出。零工市场的出现满足了新业态、新用工方式的需求,为新业态提供了源源不断的劳动力供给。第三,零工市场使从业者跨度增

---

① 参见韩文龙、刘璐:《数字劳动过程的四种表现形式及价值形成》,《社会科学文摘》2020 年第 3 期。

② 参见王利君:《我国分享经济发展的问题及对策》,《学术界》2016 年第 12 期。

③ 参见崔学东、曹樱凡:《“共享经济”还是“零工经济”?——后工业与金融资本主义下的积累与雇佣劳动关系》,《政治经济学评论》2019 年第 1 期。

④ 参见孙蚌珠、石先梅:《数字经济劳资结合形式与劳资关系》,《上海经济研究》2021 年第 5 期。

加。零工市场上的劳动者传统上是低学历、低技能者，但随着新业态和新型用工方式出现，零工市场的劳动者已经覆盖了知识型、技能型群体。一些具备专业技术、特殊技能的劳动者通过零工市场获得了充分发挥技术优势的机会，也获得了更多报酬。[①]

零工市场也出现了一些新情况与新问题。比如，一些企业为了降低雇佣成本，把长期使用或合作的劳动者划为非正式工，损害了劳动者带薪休假、社保、工作保障等权益。而由于现有的制度不健全，这种做法处于灰色地带，难以被有效监管。一些从事“零工经济”的劳动者，特别是低技能劳动力，其就业稳定性不高，为了保证获得一定收入，他们不得不遵照企业或者零工平台的规则，劳动关系、员工权益等得不到切实保障。针对这些已影响到零工市场健康发展的新情况新问题，国家发改委就业司强调：要确保零工市场“灵活而不零乱”，补齐制度短板让零工保障不为“零”。

第一，补齐“零工经济”运行的制度短板。对于零工市场上出现的一些新情况新问题，国务院已作出重要部署，比如 2021 年 5 月出台的对灵活就业人员参加城乡居民基本养老保险的兜底措施、平台灵活就业人员职业伤害保障试点等。下一步，还有两类制度需要加快出台：一是劳动者与利益相关者关系界定和权利义务划分的制度，这是规范其他权利义务的起点；二是探索建立和完善从业劳动者积极、便利参加社会保险的管理制度。针对零工参保的痛点，依托自贸区、综合试验区等加快试点和经验推广。适应灵活就业人员就业稳定性低的特点，在现行参照城镇单位就业人员平均工资的基础上，适当降低以灵活就业人员身份参加养老和医疗保险的基数。鼓励商业保险公司、人力资源服务机构和用工平台联合开发适合“零工经济”从业人员的商业保险产品。

第二，统筹零工市场和其他人力资源市场建设。出于经济发展阶段、参与主体、管理体制等原因，我国的人力资源市场由人才市场、劳动力市场、零工市场等多个市场组成，这些市场之间不是完全独立而是相互关联的，特别是随着劳动者素质的提升以及劳动力流动性的增强，这些市场之间的边界日趋模糊。因此，零工市场在统筹建设上要注意从顶层设计的角度出发，统筹考虑劳动者在不同市场之间流动的现实需要、切身利益和不同市场的特点，构建一套基本制度体系，以保障劳动力顺畅流动。当前劳动者在不同市场间的流动越来越频繁，这就需要相关的社保、人才评价等制度在不同市场之间衔接得当。

---

① 参见王丽娟：《推进零工市场建设让灵活就业更灵活》，《中国经济时报》2023 年 6 月 2 日。

第三,加强对零工市场的引导、监管和服务。积极引导“零工经济”参与主体建立可持续共享共赢机制,以国内外一些平台公司对从事零工的劳动者实施的职业发展计划为样本,在社会上积极进行宣传。在鼓励雇佣方、发包方、平台方在利用零工市场灵活优势的同时,采取适当向劳动者倾斜的人力资本投资、利益分配等策略。利用市场监管、税务、人社、公安等部门的数据交换机制,对以纯粹降低成本为目的的“化整为零”行为进行监管、纠正和打击。充分发挥工会、妇联等组织作用,为零工从业者职业发展、权益维护等提供合理有力的服务。①

(二)西方学者对劳资关系的理论分析

英国古典经济学家亚当·斯密认为:剩余价值的来源问题是资本主义社会阶级对立的根本来源。同时,亚当·斯密也指出了工人与老板之间的对立性,认为工人协会仅仅具有防守作用,而没有进攻作用,雇主协会却会采取各种进攻手段压低工人的工资。②

凯恩斯从就业与工资的角度阐述了当时劳资关系的现实问题。凯恩斯认为,有效需求的大小决定了社会的就业量,一旦有效需求不足,社会就业量就会下降。而基本心理规律,也就是消费倾向的递减特性,是导致有效需求不足的根本原因。③

美国学者邓洛普在《产业关系系统》中构建了一个全面的分析框架,用来解释影响劳资关系系统的多种因素的相互关系。邓洛普认为,劳资关系是社会系统中的一个子系统,他设计的劳资关系系统包括四个构成要素:行为主体、环境、意识形态、规则。它们构成一个互动均衡的系统:环境对行动主体产生影响,行动主体间相互影响,再通过一系列博弈在劳资关系系统中产生一些规则,共同保持系统均衡,以便维护整个劳资关系和社会体制的稳定。④

国外学者通过不同的角度对西方劳资关系进行了研究,推动了劳资关系理论以及劳工运动的发展。

---

① 参见徐向梅:《不仅“好就业” 更要“就好业”》,《经济日报》2021年11月15日。

② 参见[英]亚当·斯密:《国民财富的性质和原因的研究》,郭大力、王亚南译,商务印书馆1972年版。

③ 参见[英]凯恩斯:《就业、利息和货币通论》,徐毓枬译,商务印书馆1983年版,第3页。

④ 参见张亚:《系统论视角下私营企业和谐劳资关系构建》,《人民论坛》2013年第33期。

（三）马克思主义关于劳资关系的理论研究

马克思在《1844年经济学哲学手稿》中详细地论述了异化劳动问题，用异化分析劳动与资本的关系。随后在《资本论》中，马克思深刻地研究了资本主义社会的生产关系，详尽地论述了资本与劳动的复杂关系。马克思用科学的世界观、历史观和方法论，系统地对资本主义生产关系进行了剖析，揭示了劳资关系的实质。西方马克思主义经济学各流派的学者对马克思劳资关系理论进行了研究和发展。

法国学者约翰·彼尔迪罗在《当前企业中的阶级斗争》中指出，马克思当年在《资本论》中提出的阶级斗争在当今西方企业中仍然存在，因为在资本主义社会中，阶级与阶级矛盾并未消失，所以阶级斗争也不会消失，但阶级斗争的表现形式在不断变化。[①] 随着科技的进步，产业结构的变化以及资本主义社会的发展，资本主义社会的阶级结构也发生了重大变化，除了资产阶级与劳动阶级内部结构的变化，同时也产生了中间阶级。因此西方马克思主义学者针对阶级构成要素展开了激烈的讨论。普兰查斯把国家看作一种阶级关系，认为意识形态和权力在再生产阶级关系中具有巨大作用，权力和意识是阶级构成的主要因素。

美国经济学家保罗·罗默(Paul Romer)从经济活动的角度出发研究阶级，他认为社会阶级是由财富和剥削决定的；而“分析的马克思主义”流派代表人物赖特则认为，当代西方的阶级关系趋向复杂化。例如企业的经理，一方面处于资产阶级，因为他们管理和控制工人，并且参与制定有关生产资料运用和利益分配等方面的决策；但同时，经理又处于无产阶级，因为他们同样被资本家掌控，一般也没有生产资料所有权。当然赖特也认可罗默的观点，主张用财富和剥削来进行阶级划分。[②]

综上所述，马克思资本主义劳资关系理论建立在对资本主义生产关系及其未来趋势深刻分析的基础之上，也是对社会主义劳动关系本质和实现形式的科学预见。然而，现有的对马克思劳资关系理论的研究还不够系统，特别是对马克思劳资关系理论在现代社会延伸出的一些特殊情况的研究还需要进一步深入。

---

① 参见周克明：《法国学者谈西方企业中的劳资关系》，《国外理论动态》1999年第5期。

② 参见陈恕祥、杨培雷：《当代西方发达国家劳资关系研究》，武汉大学出版社1998年版，第43页。

二、马克思主义的劳资关系理论

(一)劳资地位形式上平等而实质上不平等

首先,买卖交易时形式上平等而实质上不平等。在资本主义市场,劳资双方是通过契约确定买卖关系的。劳动力的买卖双方是自由人,并按照自己意愿选择与谁签订契约,劳动力卖者出卖劳动力,劳动力买者承诺给予相应的工资购买劳动力。单从契约关系看,劳资地位在形式上是平等的,但是这种契约在签订之时,劳动力的使用还未作为价值转入资本家手中,劳动力需要在生产过程中实现这一转让,所以劳动力的转让和实现在时间上是分开的。工资的确定是在工人付出劳动力之前,工人在劳动过程完成之后才能拿到报酬,资本家在使用工人的劳动力一段时间之后才付给工人工资。实际上劳资双方形成一种信贷关系。资本家要按照契约,在一段生产时间后,按承诺给工人工资,但是工人要依靠存款生活,在完成劳动的一段时间之后才能拿到自己的报酬。通过市场交易,我们能够判断劳资关系实际上并不平等。

其次,工人的工资事实上不公平。所谓一天的工作,就是消耗工人一天的劳动力,同时又以不损害工人第二天的劳动为限度。所谓工资,就是保证工人必要的生活资料的货币,即保证工人的工作能力和他延续后代所需要的钱。[①]劳动力买卖在此看来是一种合法的公平交易,工人把一天的劳动力转让给了资本家,资本家付给工人一天的工资使其购买生活必需品。但是工人支出的劳动力价值远远大于资本家给工人的工资,这些只够维持工人生存的工资实际上是不公平的。工资是劳动力的价值和价格的转化形式。资本家总是尽可能最大化地使用劳动力,而工作日的有酬部分包含无酬部分等内容的价值或价格,劳动力的价值和价格转化为工资形式,掩盖了事实上的劳资关系。工资有两种占统治地位的基本形式——计时工资和计件工资。计时工资以劳动力的日工资、周工资为表现形式,马克思指出即使劳动价格下降,日工资、周工资也可以保持不变;即使名义上的日工资、周工资提高,劳动价格也可以不变或下降。所以,存在很多以不减少日工资、周工资的名义降低劳动价格的方式、方法,资本家往

① 参见范漪鑫:《论〈资本论〉对19世纪英国工厂制度的批判及其当代价值》,中南财经政法大学硕士学位论文,2020年。

往不顾工作日的道德,延长劳动时间却不给工人相应的报酬。计件工资是计时工资的转化形式,这是资本家对工人进行压榨、降低工资最有利的形式,是资本主义生产的最佳方式。

工资形式本身控制着劳动的质量和强度,并为资本家省去了监督的步骤。那些中间人的厚利完全来自资本家支付的劳动价格和中间人实际付给工人的那部分劳动价格之间的差额。这就是那时普遍存在的“血汗制度”。在资本主义的发展进程中,工人阶级为提高工资进行了不间断的工人运动,这也恰恰说明了资本主义生产过程中工资分配的不公正。

(二)劳资关系与资本剥削关系

在资本主义生产方式下,资本家雇佣以出卖劳动力为生的工人进行生产活动,“劳动过程,就它是资本家消费劳动力的过程来说,显示出两个特殊现象。工人在资本家的监督下劳动,他的劳动属于资本家……其次,产品是资本家的所有物,而不是直接生产者工人的所有物”①。资本是能增殖、能流动的一种特殊的物,但它要实现增殖,就必须有一定的人对它关心,承担它的运转。也就是说,必须使人成为资本的化身和代表。这就是一般意义上的资本人格化。资本不人格化,就没有灵魂,就不能在运动中实现增殖的目的。作为资本化身的人就是资本家。资本家的目的就是使资本增殖,资本家的意志也是使资本增殖。因此,在资本主义生产方式下,资本家处于主导的、统治的地位,劳动力处于从属的、被统治的地位。

此外,工资形式还掩盖了资本家对劳动的剥削。在资本主义社会,劳动的价格是指劳动的价值的货币表现形式,即工资表现为劳动的价格,表现为支付劳动量的货币量。马克思指出,“工人出卖的是他的劳动力。当工人的劳动实际上开始了的时候,它就不再属于工人了,因而也就不再能被工人出卖了。劳动是价值的实体和内在尺度,但是它本身没有价值”②。资本主义所谓的劳动的价值,只是劳动力的价值的不合理用语,劳动力的价值小于劳动的产品价值,在这里,劳动力的价格同它的价值相偏离,劳动的价格同它的价值相偏离。在雇佣劳动条件下,工资的形式掩盖了必要劳动和剩余劳动的区别,抹去了有酬劳动和无酬劳动的区分痕迹,全部劳动表现为有酬劳动,货币关系掩盖了雇佣工

---

① 《资本论》第1卷,人民出版社2004年版,第216页。

② 《资本论》第1卷,人民出版社2004年版,第615页。

人的无酬劳动。工资显示出的劳资平等关系是表面现象,掩盖了现实中资本家对工人劳动的无偿占有和剥削。

随着绝对剩余价值生产向相对剩余价值生产的转变,劳动在形式上隶属资本也转变为劳动在实质上隶属资本。资本主义的生产实质上是剩余价值的生产,是资本家对剩余劳动的占有。在资本主义发展初期,劳动力作为商品出卖给资本家,资本家通过延长工作日创造更多的绝对剩余价值,"在生产过程中,资本发展成为对劳动,即对发挥作用的劳动力或工人本身的指挥权。人格化的资本即资本家,监督工人有规则地并以应有的强度工作。其次,资本发展成为一种强制关系,迫使工人阶级超出自身生活需要的狭隘范围而从事更多的劳动"①。这个时候造成了工人在经济形式上对资本家的依赖,即劳动对资本在经济关系上的从属,劳动和资本在形式上都是自由的,双方除了契约关系,还不存在任何政治上或社会上固定的统治和从属关系。因此,劳动变成价值增殖的手段,变成资本自行增殖即生产剩余价值的手段。劳动过程从属于资本,资本家作为管理者、指挥者进入这个过程。这个过程对资本家来说,同时又是其直接剥削他人劳动的过程。劳动在形式上从属于资本,资本家监督控制劳动的进程,工人仅仅作为工人,在劳动中受到资本家的监督,因而受资本家支配。随着生产方式的改革和科学技术的进步,以绝对剩余价值的生产为主的生产方式转变为以相对剩余价值的生产为主的生产方式,机器和技术的广泛应用,使得工人分工越来越细致、越来越明确,工人从全面发展的人逐渐变为片面的人。工人不仅失去了独立生产者的地位,智力和体力也相分离。工人只需要学会一项简单的操作机器的活就够了,并且这种活十分简单,资本家可以实现对操作工人的经常更换。这样,"工人终于毫无办法,只有依赖整个工厂,从而依赖资本家"②。因此,资本主义条件下的劳资关系是资本对劳动的占有、支配、剥削关系,并且随着资本的再生产过程,这种剥削关系又不断被生产出来,工人被剥削的范围也不断扩大。随着资本的积累,工人的附属程度日益加深,无法改变被资本剥削的命运,工人和资本家逐渐成为根本对立的阶级。

(三)劳资关系实质是两大阶级的利益对立关系

从劳动力买卖关系来看,工人有把劳动力出卖和不出卖给某个资本家的自

① 《资本论》第1卷,人民出版社2004年版,第359页。

② 《资本论》第1卷,人民出版社2004年版,第486页。

由，但是没有不出卖给资本家阶级的自由。在劳动力市场上，工人是劳动力所有者，对自己的劳动力有自由支配的权利，资本家是货币持有者，通过交易购买劳动力。一个是买者，一个是卖者，劳动力持有者和货币持有者“彼此作为身份平等的商品占有者发生关系”，两者在法律上是平等的。工人作为交易的卖者，有选择买者的权利。但是，他没有不把劳动力出卖给资本家阶级的自由。工人是自由人，可以任意支配自己的劳动力，可是他们不占有别的生产资料，也没有别的商品可以出卖。为了维持生存和家庭生活，他们只能出卖劳动力，如果不出卖劳动力就没有经济来源，就失去了生存的基本条件。而资本家是完全自由的，他们凭借着对生产资料的占有可以任意选择劳动力，因为在劳动力市场上不缺乏劳动力，一个工人不与他交易，还有千千万万个工人供他选择。工人和资本家在交易时已经存在利益的不对等，工人的利益微薄又没有保障。

三、零工雇佣形式下的劳资关系

马克思在《资本论》第一卷中指出，劳资关系在很大程度上和结构上是不平等的。在这种劳资关系下，人们的工作变得越来越不稳定或偶然，人们的生存由社会脆弱性和偶然性定义。可以肯定的是，当代英国的就业过程中，这种明显的不稳定性增加。当代英国零工时合同在不同行业激增——所有的接待行业，包括酒店和餐饮业，还有酒吧和咖啡连锁店，以及社会护理的所有劳动力；确实可以说，这本身就是将劳资关系重新配置为体现资本优势的最直接尝试，进一步为劳资关系本身固有的结构性暴力提供了保障。[①]

克里斯蒂安·加兰德认为，这些现象与《资本论》中的论点一致，日益“不稳定”的工作这样一种社会现实，仍然是当代资本主义社会主要的再生产形式，而且必然成为大多数社会成员获取物质生活资料的主要手段。相反，“灵活性”意味着接受这种不确定和不安全条件的现实，适应和调和现有的等级权力、支配和奴役关系。[②] 克里斯蒂安·加兰德的目的是为马克思的资本劳动关系批判理论提供“灵活性”“不确定性”的批判理论，“灵活性”“不确定性”的批判理论也是关于生产关系、劳资关系、阶级关系的理论表达，资本主义的意识形态是对这些

① Christian Garland, "Navigating the Scylla and Charybdis of Precarious Work: Through the Storm of Contingency", in *Confronting Capitalism in the 21st Century: Lessons from Marx's Capital*, ed. by Marc Silver, Cham: Palgrave Macmillan, 2020, p.253.

② 参见郑祁、杨伟国:《零工经济前沿研究述评》,《中国人力资源开发》2019 年第 5 期。

关系的辩护，批判理论的主要任务是揭示意识形态与社会存在的密切关系。

20世纪10年代末，“灵活性”这个概念被用来支持“灵活劳动力市场”的“英美模式”的运作。事实上，马克思在《资本论》中对劳动的阐释有助于定义关于劳动的批判性理论，工人的剩余劳动是剩余价值的源泉，劳动是资本主义经济中财富积累的关键要素，就业仍然是社会再生产中的决定性因素。[①]

尽管“不稳定的”或“偶然的”工作只影响总劳动力中的一小部分人，但这是一个明确的趋势，甚至影响逐渐波及“安全的”和“个人的”工作，包括高技能的“专业职业”，如大学教师等。这在美国和英国中都有明显的例子。全球危机始于2007年的美国，并于2008年首次在全球范围内显现。当然，就严重性和规模而言，这与20世纪30年代大萧条的任何事情都不一样。《资本论》出版以来，经济危机频发，但20世纪末21世纪初，危机程度之深远远超出其他任何直接的经济或金融崩溃，并使整个现存的社会形式受到质疑。自21世纪以来，政治反应表现为特朗普的民粹主义反击、“另类右翼”、“英国脱欧”，甚至是极右翼势力崛起。发达国家为了掩盖新自由主义全球化失败的危机，试图把这些描绘为没有大的影响的失败。[②]

事实上，持续不断的欧洲主权债务危机是另一场始于美国的次贷危机，从次贷危机到信贷紧缩再到大衰退，4个洲将银行救助的债务社会化，并以“紧缩”的形式将成本转移到民众身上。实际上，这意味着削减所有公共服务、社会保障和养老金以及大规模裁员和加税，三驾马车对希腊的惩罚可能是最臭名昭著的例子。全球范围内仍在进行的是资本主义危机，主要是其变体——新自由主义本身的危机。在英国，如果新自由主义的“英美模式”可以追溯到这个词本身的来源，那么工作或“经济活动”的性质就经历了不断的重新配置，以尽可能地将资本与劳动关系转换为资本的优势以及劳工的劣势。[③] 这可以说是过去35—40年的一个明显趋势，在21世纪前二十年，无论是在资本及其社会制度危机之前还是之后，这一趋势都在加剧。今天的全球资本主义危机也是劳资关系本身的危机。

---

① 参见杨滨伊、孟泉：《多样选择与灵活的两面性：零工经济研究中的争论与悖论》，《中国人力资源开发》2020年第3期。

② Gerald Friedmanan, “Workers without Employers: Shadow Corporations and the Rise of the Gig Economy”, *Review of Keynesian Economics*, No.2(2014), pp.171-188.

③ 参见谢富胜、吴越、王生升：《平台经济全球化的政治经济学分析》，《中国社会科学》2019年第12期。

(一)零工模式中的劳资关系更加不稳定

就劳动力而言,零工是指没有固定工作时间提供劳动服务的劳动力。就劳动服务而言,是指劳动力利用碎片化的时间提供的劳动服务。以一项建筑工程为例,建筑工人既可以提供包工服务,也可以提供点工服务。包工服务或者要求建筑工人参与整个建筑的建造过程,或者要求建筑工人在连续一段时间内提供服务;而点工服务或者要求建筑工人在短期内提供服务,或者要求建筑工人完成整个建筑工程的一小部分。点工比包工要灵活得多,代价是付出同样的劳动,点工获得的报酬比包工低。在这个例子中,就劳动服务而言,点工就是零工,但是就劳动力而言,点工是否为零工取决于该建筑工人长期以来提供劳动服务的状况。如果该建筑工人只从事建筑行业或者主要从事建筑行业,那么就建筑这项劳动而言,他是专业的工人而非零工,只不过其提供的劳务以零工的形式出现。如果该建筑工人只是偶尔提供搬砖、筛沙、和稀泥等简单的劳动服务,那么就提供的这些服务而言,他是零工并且提供零工劳务。

当今时代,零工合同在英国迅速扩散,雇员持有的合同几乎都是由第三方机构制定的,不保证固定的工作时长,工资的高低完全取决于雇主的心情。当代英国的许多大雇主都青睐零工合同,事实上,直到最近,运动服装和设备零售商也至少有 90%的员工签着这种极不稳定的合同。对于在英国运营的麦当劳商铺来说,这样的员工占其员工总数的 80%,而英国某家连锁酒吧也是如此。这三家公司表示会努力为签订零工合同的员工提供“正常工作时间”。麦当劳可以说是最激进的,声称这些合同的签署者“喜欢灵活性”。马鲁基斯和卡梅尔很好地定义了零工合同的极端不稳定性:他们希望员工随叫随到,接受任何的任务,这些任务可能只有一天几个小时,也可能有几个任务在几周内完成。

与不同阶段的分工发展和技术创新相适应,零工经济时代的劳资关系经历着用工模式、雇佣制度、薪酬激励方式和管理控制模式等方面的变革。以平台任务化、模块化分工和弹性雇佣为主要特征的关系模式客观上给劳动者带来了自由空间;与此同时,激励性工资带来的赶工游戏和多主体超视距监管又强化了劳动者对平台的从属程度,劳动与资本呈现出“自由”与“依附”并存。工业经济时期,大规模、标准化的流水线生产要求劳动者必须在某一固定工作岗位上完成相应的生产活动。但是随着互联网技术的发展和劳动分工的进一步细化,整项生产和服务任务被细化、拆分、解构为多个微小的项目模块并交由每个劳动者独立完成。

同时，基于数字技术，多个相对独立、碎片化的劳动任务和过程又可被整合到整个生产和服务中，形成一个完整的产业链和服务网。在这种新社会分工出现和劳动组织改变的情境下，模块化、任务化、碎片化的用工安排兴起并日渐成为主流，在降低成本、提高效率和增加企业收益的同时，也拓宽了劳动者的自由空间。[①] 具体来看，在零工经济中，平台连接着劳务的供需方，通过计算机技术将劳务需求者的劳务或工作内容划分为单次、标准化的劳动任务并进行随机分配，劳务供给方在接到平台的匹配需求后开始工作，按要求完成劳动任务后结束工作，前后任务间有一定的时间间隔，呈现出工作时间和工作任务碎片化的特点。[②] 在此模式下，劳动者无须固定、持续地接受平台的派遣，而可以根据个人意愿自由选择空闲时间去完成每单交易，接受和完成任务的个体性和独立性较强，灵活性也较强。在劳动者能够独立承接和完成任务的基础上，传统经济中受企业严格管控或约束的雇员身份在零工经济模式下也随之弥散了。

可以发现，零工劳动者开始作为人格上独立的个体从事工作，他们可以根据自己的意愿、心情和喜好安排自己的工作时间、工作日程、工作种类和工作方式，在一定程度上像"独立承包人"那样自由选择并决定自己在何时何地工作。因而，人格从属性是很弱的。在薪资上，平台与劳动者是间歇性按单聚散的，因此工资一般是按次计酬，平台并不控制劳动者的工资和工作强度，劳动者可根据自己的预期收入弹性化地提供劳动，这样其经济从属性也是弱化的。此外，平台与劳动者之间没有签订固定的劳动合同，劳动者有随意进入和退出劳动力市场的自由，他们可以灵活转换工作，也可同时为多个平台企业提供服务、从事多个项目和兼职工作。从这个意义上说，劳动者对平台的组织从属性也是弱化的，他们以一种"自由劳动者""自我雇佣"的形式活跃在劳动力市场上。在当代英国，就业"灵活性""不确定性"趋势明显增强，这种趋势旨在重新配置劳资关系，强化资本的优势，进一步保障劳资关系中资本的霸权地位。[③] 这种结构性霸权不仅是地位不平等的，而且完全是由资本单方面决定的。

在这种不确定、扭曲的关系中，工资的减少与工作量的增加对称。如果工资是马克思所说的资本的最大成本，那么无论规模多大的个体雇主都可以从寻

---

① 参见初浩楠、夏青云、郑晓晔：《零工经济中的劳动关系》，《哈尔滨师范大学社会科学学报》2019年第6期。

② 参见陈若芳：《零工经济"自由"与"依附"的劳资关系生成根源探析：马克思劳动关系从属理论的启示》，《工会理论研究》(上海工会管理职业学院学报)2022年第1期。

③ 参见刘诗舜：《零工经济前沿研究初探》，《现代工业经济和信息化》2022年第1期。

求减少工资的角度来看待这一点，同时在更短、更窄的时间范围内扩大被压缩的劳动力数量。零工时合同规定了增加工作量的市场规则，即在不增加工资的情况下，将工作量压缩到最小和最窄的时间范围内。处理这一事务的机构工作人员发现自己在不断承受压力的同时，这些要求几乎不可能得到满足，如果得不到满足，必须让劳动力更努力、更长时间工作，这样资本越能创造附加价值，提取利润，因为利润和工资的关系保持不变，即成反比。[①] 事实上，就零工时合同而言，如果工资或多或少地设定在按小时支付维持生计的水平上，那么资本在某种意义上只能压缩工作的小时数。这种工作形式的极端不稳定性质，以及与之抗争的工人因此而陷入的贫困，意味着有工作的穷人必须用某种社会保障"福利"来补充他们的收入。

（二）零工模式下虚假的"自营职业"和"临时工经济"

为了说明当代英国资本劳动关系危机背后的持续工作危机，即所谓的"虚假自营职业"(bogus self-employ)，"自营职业"在官方中被视为"在职"(in employment)，克里斯蒂安·加兰德分析道："事实上，特雷莎·梅(Theresa May)领导的保守党政府非常明显地使用了'虚假自营职业'数据，同前首相戴维·卡梅伦(David Cameron)在2015—2016年短暂执政期间使用了'虚假自营职业'数据一样，以及保守党领导的为期5年(2010—2015年)的英国联盟，以政治和立法形式进一步促进当代英国'工作'术语的重新制定，以便维护资本和雇主投资者阶级的利益。"[②]

"虚假自营职业"有两种形式：大公司通过雇佣"独立承包商"来避免雇佣员工的成本和责任，以及许多以前失业的工人从事实际上报酬微薄的某种计件工作。[③] 各种"虚假自营职业"体现了一种愤世嫉俗的企图，将就业责任转移到个人身上，而从所有意图和目的来看，这是一名雇员对雇主的义务，而法律技术则掩盖了其所展示的严酷的社会现实。英国公民咨询部门在其报告《非此即彼：减少虚假自营职业如何使工人、企业和财政受益》中，对"虚假自营职业"的定义如下："当工人被告知他们是自我雇佣的，而法律审查可能会把他们定义为雇员

① 参见闫境华：《零工经济资本与劳动之间的三重关系分析》，《改革与战略》2021年第10期。

② Christian Garland, "Navigating the Scylla and Charybdis of Precarious Work: Through the Storm of Contingency", in *Confronting Capitalism in the 21st Century: Lessons from Marx's Capital*, ed. by Marc Silver, Cham: Palgrave Macmillan, 2020, p.259.

③ 参见周金梦、薛俊强：《马克思政治经济学批判视域下零工经济本质探析》，《党政干部学刊》2021年第11期。

时，虚假自营职业就出现了。”[①]“虚拟组织”的目的是通过完全个性化的方式来重新调整劳动剥削术语。在20世纪80年代英国乃至欧洲其他地方的阶级斗争中，资本家阶级及其政治代表从上层向工人阶级发动阶级战争，资本的社会关系通过新自由主义进行自我重组。自20世纪70年代末80年代初以来，新自由主义这个概念不仅适用于英国甚至全球的主导资本主义模式，也适用于构成议会政治的东西。对这种现象的特点，克里斯蒂安·加兰德分析道：“为了管理国家而相互竞争的政党，或多或少都致力于推行新自由主义的主张，其中最主要的特色是不惜一切代价分裂社会。所有的立法努力，都旨在使任何形式的集体行动变得几乎都不可能。资本的重组确保了这一点，政治和立法手段又进一步促进了这一进程。”[②]

英国统计部门的数据显示，相当一部分雇员或失业的剩余劳动力被登记为“个体经营者”，已经成为一种明显的趋势。“董事、经理或高级官员”又名“自营商”，是数量最多的职业群体，由于自营职业的性质，许多人管理自己的业务，并会表示尽管他们承担着不同程度的责任，但他们仍扮演管理者角色。每个职业都有增长，但其中增长最大的是历史上很少有自营职业者的职业。护理员、清洁工和厨师属于自2009年以来一直在扩大的自谋职业。报告还指出，70%的新“自营职业”角色要么是“基本职业”（非熟练职业），要么是“客户服务”。以前的低工资或最低工资就业岗位仍然使用从事这些工作的劳动力，但现在将从事这些工作的人归类为“自营职业者”。这种不断变化和不确定性的状态构成了就业不稳定的主要因素，这类群体目前约占英国总劳动力的15%，这也可以被视为掩盖失业和就业不足真实性的宏观政策项目。[③]

在《资本论》第一卷中，马克思将其对政治经济学的批判发展为对资本主义经济的社会关系的全面理论和批判性概述。资本是一种以抽象劳动为基础的抽象社会关系，是一种完全片面的资本劳动关系。在这种关系中，劳动是一个生存问题。然而，资本总是寻求重新组合、重组和重新配置同一关系，以更好地

---

① Christian Garland, “Navigating the Scylla and Charybdis of Precarious Work: Through the Storm of Contingency”, in *Confronting Capitalism in the 21st Century: Lessons from Marx's Capital*, ed. by Marc Silver, Cham: Palgrave Macmillan, 2020, p.260.

② Christian Garland, “Navigating the Scylla and Charybdis of Precarious Work: Through the Storm of Contingency”, in *Confronting Capitalism in the 21st Century: Lessons from Marx's Capital*, ed. by Marc Silver, Cham: Palgrave Macmillan, 2020, p.261.

③ 参见陈永杰、江栋宇：《“零工经济”下企业用工风险探究与防范：以“网约工”为视角》，《法制博览》2021年第27期。

发挥其优势,这种关系本身就不稳定,而且是偶然的,以后这种趋势只会越发明显。

四、马克思劳资关系理论对我国的现实启示

零工模式下的马克思劳资关系理论产生的背景是当时的西方资本主义社会,但从最终目的来讲,其所要解决的仍然是劳资矛盾问题,其对劳动和资本的关系及社会制度的深刻分析与论证,对研究现阶段企业劳动关系仍然提供了重要的理论基础,并具有现实意义。因此,如何利用劳资关系理论指导我国构建和谐稳定的劳动关系,成为中国特色社会主义建设的迫切需要。在中国市场经济快速发展的今天,用马克思劳资关系理论和灵活性劳资关系理论分析中国企业劳动关系的冲突与协调,对于构建社会主义和谐社会有着十分重要的意义。挖掘、整理和归纳马克思的思想和理论,借鉴西方的研究成果,初步构建一个分析劳动关系问题的马克思主义理论分析框架,在对马克思主义理论的研究具体化,深化马克思主义理论研究,并结合中国劳动关系实践进行分析和论证,从而丰富马克思劳资关系理论,为构建我国企业的和谐劳动关系提供与时俱进的指导理论,使马克思主义在解决当代劳资冲突等方面仍然发挥指导作用。

(一)坚持和完善我国基本经济制度和分配制度

公有制为主体、多种所有制经济共同发展是我国社会主义初级阶段的一项基本经济制度,这是我国的基本国情决定的。为了全面建成小康社会,满足人民群众物质精神需要,就必须坚持多种所有制经济共同发展的格局。但必须认识到,在这种混合式的所有制结构中,劳动关系也存在着一定的问题。尤其是在非公有制企业的劳动关系中,生产资料私有化决定了资本对劳动的占有和压制,从而导致劳动关系紧张,使非公有制企业中的劳动矛盾更加凸显。[①] 因此,如何完善现有的所有制结构及与之相匹配的各项制度,在发展非公有制经济的同时,协调好劳动关系就显得尤为重要。

第一,必须坚持公有制经济在国民经济中的主体地位。公有制经济是社会主义经济制度的基础,只有坚持公有制的主体地位,才能更好地引导和推动国

① 参见周晓梅、宋春艳:《马克思劳资关系理论视域下的我国私营企业劳资关系问题研究》,《河北经贸大学学报》2015 年第 2 期。

家经济与社会的发展。公有制是实现广大人民群众根本利益和共同富裕的保证。[①] 只有坚持公有制的主体地位，才能更好地限制整个宏观范围内资本对劳动的压制，并且保证国家劳动关系保持总体稳定。

第二，提高劳动者的地位。在我国，人民是国家的主人，法律赋予人民平等的权利。因此，不仅在公有制企业，而且在非公有制企业中也应提高劳动者的地位。一方面，提高企业用工的基本劳动报酬的标准及福利待遇；另一方面，赋予劳动者更多的民主权利，工人可委派利益代表参与企业决策，对关乎职工利益的决策，应召开听证会，以投票形式进行最后决定。

第三，优化分配制度，加强社会利益共享。一方面，降低按要素分配在国民收入中的份额。企业中劳动关系双方地位不平衡主要是资本具有先天优势，使其凌驾于劳动力之上。劳动关系双方主体地位的不平衡又直接导致了劳资冲突的出现。从分配方面看，应采取诸如立法、税收等有效措施降低按要素分配在国民收入中的份额，加大劳动报酬的比例，以平衡劳动关系双方主体地位。另一方面，优化非公有制企业中的利益分配机制。非公有制企业是我国市场经济中不可或缺的一种经济形式，为我国经济社会的发展起到了积极作用。然而，现阶段非公有制企业中的劳动矛盾却是不可回避的问题。非公有制企业中的劳动矛盾之所以比公有制企业更加突出，最根本的原因就在于企业的私有化。出资者与职工属于两个利益集团，所以必须调整非公有制企业中的利益关系，才能使劳动关系长期处于稳定。[②] 例如，企业可以向职工定量发放一部分股权，使职工获得劳动者和企业股份所有者的双重身份，从而使出资者与劳动者之间的利益联系更加紧密。职工在增强其主体地位的同时，也可以获得资本带来的利润分红，从而均衡在生产领域的初次分配。当然，当职工离开企业时，企业也应有权收回其享有的股份来保证企业全体所有者的利益。

第四，完善劳动就业体制。当前，我国的现状仍然是劳动力资源过剩，就业机会不充分。就业是民生之本，大量失业则是劳资冲突的催化剂，也是社会稳定的绊脚石。所以，促进就业是国家安定、社会和谐的重要基础。[③] 首先，通过

---

① 参见李玲娥：《中国现阶段私营企业劳资关系的属性及特点：马克思主义政治经济学的解释》，《政治经济学评论》2018 年第 5 期。

② 参见姜一鸣：《马克思劳资关系理论视角下我国民营平台企业劳资关系研究》，兰州财经大学硕士学位论文，2021 年。

③ 参见吕梦倩：《马克思劳资关系理论下我国私营企业劳资失衡问题探究》，《金融经济》2016 年第 16 期。

鼓励自主创业促进就业。劳动者自主创业不仅可以解决自身的收入问题，同时无论规模大小，创业企业都会为社会提供相应的工作岗位，拉动社会就业的增长。因此，应鼓励自主创业的行为，为自主创业者提供扶持政策。其次，大力发展第三产业，提供更多岗位。第一和第二产业的企业都具有一定规模，自动化生产居多，形成巨大的就业压力。第三产业对规模大小并无限制。尽管第三产业规模大小不一，但对劳动力的需求却相对更多，可以提供更多的就业岗位。尤其是劳动密集型的第三产业，可以充分吸纳剩余劳动力。因此，提高第三产业，尤其是劳动密集型的第三产业在国民经济中的比重，大力发展现代服务业将是改善就业环境的有效途径。最后，完善公共就业服务体系。公共就业服务部门作为政府出资，向劳动者提供就业服务的公益性机构，是促进就业的主要力量，对促进就业起着至关重要的作用。

第五，完善社会保障体系。完善社会保障体系与促进就业之间是相辅相成的，它们共同促进经济的繁荣和社会的稳定发展，对于劳动关系的和谐稳定具有不可小觑的作用。尽管我国社会保障体系已经取得了较大发展，但无论是覆盖面还是内容都还不够全面，有待继续发展和完善。因此，应通过扩大社会保障覆盖面，增加社会保障项目，完善社会保障内容，同时加强完善社会保障立法，改革原有的社会保障管理体制等办法，继续发展和完善我国社会保障体系，使所有社会成员都能享受基本生活保障，无后顾之忧。

（二）完善劳动合同制度，落实劳动法律法规

中国是法治国家，法律是维持国家正常运行的工具，也是规范公民权利义务的准则。《劳动合同法》的颁布与实施，是从立法层面对劳动关系双方主体进行的界定及协调，是对企业内部劳动关系管理的规范。然而，《劳动法》的实施效果却不尽如人意。新《劳动法》的实施使企业感受到了用工成本增加、用工自主权受限等多方面压力，从而出现大多数企业规避《劳动法》的现象。《劳动法》在实施中的艰难，直接影响了企业劳动关系的和谐，使劳资矛盾不断衍生、企业发展受阻，企业陷入劳资冲突无法应对的怪圈。遵守法律规范，提升企业的社会责任意识，完善企业现行的管理机制，已经成为协调劳动关系的重点。目前，在我国社会主义市场经济体制下，劳动关系表现为企业与劳动者之间的契约关系，劳资双方双向选择，自愿签署劳动合同，使资本与劳动相结合。因此，在劳动关系中，劳动合同是规范双方主体行为的主要依据，劳动合同受法律的保护和约束。

当前,中国企业内部劳动冲突,多数是无劳动合同或劳动合同失范造成的。要减少或避免类似的劳动冲突,就必须完善现行的劳动合同制度,避免无劳动合同或劳动合同不规范的现象发生,通过有效的劳动合同保障劳动者权益不受侵害。同时,法律需要各利益主体的共同执行。[①] 一方面,出资方应严格履行法律义务,依法为劳动者提供良好、安全的工作环境,给劳动者合理的报酬,尊重劳动者的各项权利。另一方面,劳动者应严格守法,履行自己应为企业承担的义务。另外,对于执法部门,应加强对其劳动法律法规实施情况的监督,决不姑息任何违法行为,既能维护法律的严明,同时也规范雇佣双方的行为。只有经过多方共同努力,才能使劳动关系在法律的保护下和谐发展。

（三）政府加强对劳动关系的调理管控

政府作为国家行政机构,是社会各阶层共同利益的代表。依法对国家和社会公共事务进行管理,肩负着国家经济发展、社会稳定的重要职责。在劳动关系上,计划经济时期,劳动关系仅仅是单纯的行政关系,政府直接对企业进行自上而下的管理。到了现在的市场经济时期,发展为资本所有者与劳动者在劳动交易中基于“平等身份”而形成劳动关系。尽管国有企业改革之后,在现代企业制度下,政府已经退出国有企业管理者的角色,但是政府作为超越劳动关系双方主体的公共权力机构,要平衡和代表劳动关系双方的权益,协调劳动关系、缓解劳资矛盾,使劳资冲突在现有的社会秩序范围内得以控制,以确保经济、社会的稳定与发展。[②] 现阶段,我国劳动力市场供大于求,城市下岗职工、进城务工人员、毕业生就业等问题交织在一起的就业压力有增无减。在目前资本缺乏、劳动力过剩的情况下,劳动与资本的力量极为不平衡,仅仅依靠市场规律自发调节,通过企业与雇员双方的沟通来使劳动关系发生根本变化是远远不够的。政府作为公共权力所有者,就要充分发挥其作用,必须承担起纠正市场偏差、维护社会公正的职能,通过行政权力扶助弱势一方,从而形成稳定平衡的劳动关系。

① 参见陈志豪:《马克思劳资关系理论对我国民营企业劳资关系发展的启示》,《现代经济信息》2016 年第 5 期。

② 参见吕景春、李梁栋:《公有资本、“劳动平等”与和谐劳动关系构建:基于马克思劳资关系及其相关理论的拓展分析》,《南开经济研究》2019 年第 6 期。

(四)加强基层工会组织在企业劳动关系中的作用

劳动关系在人类社会生产活动中具有重要地位,它直接影响到企业的效率与发展、社会的稳定与进步。因此,必须有一种机构作为劳动者与用人单位的"桥梁"来化解矛盾、调和关系,从而使劳动关系和谐发展。这种机构就是工会组织。现在我国的工会组织机构应该维护双边的权益,这样讲并不是说鼓励工会形成"两边倒"的局面,而是工会应该作为双边相互联系的"桥梁",起到协调促进作用。[①] 特别是社会主义公有制下的劳动关系更不应该是对立的。人民是国家的主人,工人既是劳动者,又是生产资料最终所有者,劳资双方的根本利益是相一致的。只有在具体决策及日常生产活动中的一些具体实践中,才有出现冲突的可能。所以工会应该做好"桥梁"工作:一方面,维护职工在生产活动及待遇等方面的合法利益;另一方面,应具有教育工人做好本职工作、培养工人的职业技能、提高工人素质等方面的职能。

五、结论

随着数字技术的不断发展,越来越多的产业部门出现了零工化的现象。零工经济在一定时期内仍有继续发展的潜力和空间,直到零工劳动被人工智能替代。当前,大多数不同规模的企业都存在一定程度的零工经济。就零工经济中资本与劳动之间的关系而言,小型企业与零工劳动力处于相对不利的地位。为了缓和数字经济时代的劳资矛盾,促进社会主义市场经济的良好运行,政府应当规范市场准入、企业合并、零工招聘条件等,保障零工劳动力的基本权益,充分发挥竞争机制的作用,让资源更加有效流动。对于市场经济的良好运行而言,雇佣劳动不必通过固定的形式进行。零工经济雇佣劳动形式的灵活性不可否认地降低了交易成本,我们在提倡这种雇佣形式的同时,要清楚地认识到这种雇佣形式下资本与劳动的内在关系并制定相应的市场规范,从而在发展零工经济的同时,促进国民经济又好又快发展。

---

① 参见周晓梅、宋春艳:《马克思劳资关系理论视域下的我国私营企业劳资关系问题研究》,《河北经贸大学学报》2015 年第 2 期。

第五部分

当代资本主义新变化的辩证批判

第十一章　《资本论》与当代资本主义教育制度新变化的辩证批判

从大众教育制度诞生之日起，在美国社会居于统治地位的意识形态集团就深刻影响着教育的发展方向，美国学校中“谁来学、谁来教、学什么、为什么学”的争夺从来没有停止过[①]，这使得美国教育和公共学校从一开始就沦为灌输社会中占统治地位的意识形态的工具，沦为统治集团实现价值观控制的工具，沦为阶级再生产、经济再生产、政治再生产、文化再生产的工具。

随着现代化进程的不断加快和信息化时代的到来，资本主义社会出现了一些新变化。霍夫斯特拉大学的艾伦・辛格[②]（Alan Singer）教授，运用马克思主义唯物实践观和葛兰西有机知识分子理论，结合自身的教育经历，从美国教育史出发，对各时期美国教育中存在的问题进行反思，对美国教育中教育模式僵化、教师作用未能凸显以及教育不公平问题进行批判，提出发挥教师“有机知识分子”的作用，采取措施改变学生不公平待遇，引导学生学习，从而影响政府教育政策，改变美国教育现状。教育问题是全人类的共同问题，尤其在科技高度发展的今天，教育对一个国家和民族的发展与未来起到至关重要的作用。“教育决定着人类的今天，也决定着人类的未来。人类社会需要通过教育不断培养社会需要的人才，需要通过教育来传授已知、更新旧知、开掘新知、探索未知，从

---

① 参见陈露茜：《美国公共学校的“意识形态冲突”》，《教育学报》2011年第2期。

② 纽约长岛霍夫斯特拉大学教学、文学和技术系社会研究的教育家。曾在纽约市的多所中学任教。主要著作有《教育热点：为美国学校而战》（*Education Flashpoints: Fighting for America's Schools*, 2014）、《纽约与奴隶制：该讲授真相的时候了》（*New York and Slavery: Time to Teach the Truth*, 2008）。

而使人们能够更好认识世界和改造世界、更好创造人类的美好未来。"[①]知识与学校从来就不是价值中立的，它体现着社会统治阶级的价值观念与意识形态。

艾伦·辛格以马克思《资本论》的基本观点与方法为分析工具，对美国资本主义教育霸权的本质与表现形式给出了马克思主义的新解读，让人耳目一新，具有重要的启发意义。在《我们的学校是如何运作的：基于上层建筑和教育霸权的解读》一文中，他结合时代背景，引用自己重要著作《教育热点：为美国学校而战》中的基本观点，对美国的教育现状和问题进行分析，并深入揭露了美国教育的历史弊病，联系葛兰西的教育霸权和有机知识分子理论，从马克思《资本论》角度出发探究揭示美国教育本质的方法。[②]

一、学术史梳理与国内外研究述评

19 世纪末 20 世纪初，美国处于大转折的时期，城市化和工业化的发展以及移民浪潮的兴起对美国教育和学校有着深刻的影响。美国公民教育从本质上而言是为美国民主社会培养合格公民的过程。美国公民教育历经几百年的发展与改革，积累了大量有益的经验，在培养资本主义社会的优良公民、实现资产阶级政党的政治目标、促进国家不断发展变革中，展现了巨大的推动力和积极促进作用。但同时也要看到，美国教育是基于意识形态进行教育和培养的，导致随着经济发展和社会变化，在美国部分学校出现了服务于资本主义的教育方式，这种教育方式导致学生在固化的教学方式下都沦为工厂和资本的服务生。

在《我们的学校是如何运作的：基于上层建筑和教育霸权的解读》一文中，艾伦·辛格主要对 19 世纪以来美国的旧教育模式，尤其是初等和中等教育模式中的工厂式教育进行批判。随着工业化的发展，美国中学引起社会的广泛关注与重视，经过一系列改革，到 20 世纪 40 年代，美国中学的角色从大学的附属教育机构逐渐演变为具有独立价值的教育场所，奠定了现代美国中学的基本模式。从美国初等和中等教育这一视角对这一时期具有代表性的美国教育变革及其教育霸权确立的过程进行梳理，联系美国教育史，可以管窥城市化以来美

① 中共中央文献研究室编：《习近平关于社会主义社会建设论述摘编》，中央文献出版社 2017 年版，第 47 页。

② Alan Singer, "What If Our Schools Are Working? Base, Superstructure, and Hegemony in Education", in *Confronting Capitalism in the 21st Century: Lessons from Marx's Capital*, ed. by Marc Silver, Cham: Palgrave Macmillan, 2020, p.270.

国角色与定位转变的轨迹。总结其发展特点，可以为我国社会主义新时代建设中的教育改革提供借鉴。

美国教育一直是我国外国教育史的研究重点。19 世纪末 20 世纪初，美国处于大转折的年代，复杂的时代背景使得美国中学的发展同样具有复杂性，这使得学者们对此颇有研究兴趣。在以往的美国教育史著作及相关论文中，对美国教育问题的研究较多，现将国内对这一时期的美国中学发展研究的成果分述如下。

（一）美国教育宏观研究

《当代美国教育》一书介绍了美国教育的基本知识、现状、教育热点以及焦点问题等，并进行了适当的评论。此外，此书在再版时，新增了对美国近年来教育政策、理念和某些教育改革实践的介绍与分析等。① 《走进美国教育》比较全面地介绍了美国教育的发展，包括对美国基础教育的论述，以及对美国教育与人、教育与科技发展等的论述，回顾了美国教育发展的脉络、教育发展重大政策及历史经验等，同时对美国教育的未来发展作了展望。② 贺国庆、何振海等著的《战后美国教育史》主要以时间为线索，对二战后美国的教育作了整体的梳理，对美国初等教育的发展也作了详细的介绍。③ 郭远珍编著的《美国教育启示录》④分别从初等教育、高等教育、美国教育的特点等方面介绍了美国教育的发展，精确分析了美国教育，全面展现了美国教育的独特魅力，深刻剖析了美国的国情背景，有力地阐述了美国教育的历程。此外，还有滕大春所著的《美国教育史》，在揭示社会历史背景之后，叙述该时期的教育方向或重大变革，然后分别叙述各类学校教育、教育思想、教育家等。⑤ 该书阐述了殖民地时期的教育、美国独立建国后的教育、南北战争以后的教育、二战以后的教育。

近年来，国内学者对美国中学的研究成果比较丰富。关于美国中学演变与发展的整体性研究，杨孔炽和徐宜安在《美国公立中学发展研究》中对 19 世纪末 20 世纪初的美国公立中学发展的背景、学制变化、课程、教学等都有翔实的分析和评论。⑥ 李梅香在《1890—1920 年美国中等教育变革研究》中梳理了

---

① 参见史静寰主编：《当代美国教育》，社会科学文献出版社 2001 年版。

② 参见王定华：《走进美国教育》，人民教育出版社 2004 年版。

③ 参见贺国庆、何振海等：《战后美国教育史》，上海交通大学出版社 2014 年版。

④ 参见郭远珍编著：《美国教育启示录》，光明日报出版社 2015 年版。

⑤ 参见滕大春：《美国教育史》，人民教育出版社 2001 年版。

⑥ 参见杨孔炽、徐宜安：《美国公立中学发展研究》，湖北人民出版社 1996 年版。

1890—1920年美国中等教育领域变革的轨迹，分析美国中等教育在教育目标、学制、课程和学科教学等方面发生的变化，总结了美国中等教育特征的改变。① 李杨在《美国中等教育的发展演化与现代思考》一文中对中等教育的模式、发展脉络进行研究，分析了美国中等教育发展的经验与不足。② 杨孔炽在《美国公立中学学制的变迁》中对美国公立中学学制变化的原因与特点进行了归纳和总结。③ 李松丽在《19至20世纪美国中等教育及其启示》中认为，这一时期美国的中等教育为适应经济和现代化发展的需要，在学制、课程和教学方法等方面进行了改革，这一时期美国的中等教育呈现出大众化及多样性的特征。④ 邓和平在《20世纪美国的普通中等教育改革》中研究了美国20世纪中等教育结构改革，认为20世纪美国的普通教育改革以提升教育质量和改善教育结构为根本任务，处理升学和就业之间的关系。⑤

关于美国综合中学的研究，吴婵和郭法奇在《美国公立中学的重新定位："综合中学计划"的形成研究(1908—1918)》中对美国综合中学形成阶段(1908—1918)进行了专门研究。⑥ 王喜娟在《美国综合高中发展危机研究》中分析了综合高中确立的直接动因与综合高中发展初期的主导目的以及综合高中结构改革的滞后性。⑦ 王芸在论文《美国综合高中制度改革探析》第二部分介绍了19世纪末20年代初期美国综合高中制度建立的背景和初步发展。⑧ 张心蕊在《美国综合高中课程设置中的普职融合研究》第三部分对美国综合高中课程设置中普职融合的制度保障进行了研究，分析了从《史密斯—休斯法》到《中等教育的基本原则》的颁布对综合高中普职融合课程的影响。⑨

朱治军在《效率与民主：20世纪前期美国学校课程变革研究》中梳理了20世纪前期在社会效率和民主取向的影响下美国学校课程变革的历史过程，探讨

① 参见李梅香：《1890—1920年美国中等教育变革研究》，上海师范大学硕士学位论文，2013年。

② 参见李杨：《美国中等教育的发展演化与现代思考》，《科技创新与生产力》2018年第11期。

③ 参见杨孔炽：《美国公立中学学制的变迁》，中国地方教育史志研究会、《教育史研究》编辑部：《纪念〈教育史研究〉创刊二十周年论文集(17)：外国教育政策与制度改革史研究》，北京，2009年，第6页。

④ 参见李松丽：《19至20世纪美国中等教育及其启示》，《内蒙古师范大学学报》(教育科学版)2012年第8期。

⑤ 参见邓和平：《20世纪美国的普通中等教育改革》，《教育与职业》2000年第3期。

⑥ 参见吴婵、郭法奇：《美国公立中学的重新定位："综合中学计划"的形成研究(1908—1918)》，《外国教育研究》2018年第7期。

⑦ 参见王喜娟：《美国综合高中发展危机研究》，东北师范大学博士学位论文，2010年。

⑧ 参见王芸：《美国综合高中制度改革探析》，东北师范大学硕士学位论文，2007年。

⑨ 参见张心蕊：《美国综合高中课程设置中的普职融合研究》，广西师范大学硕士学位论文，2017年。

了社会效率取向对美国20世纪前期的中学课程变革和课程领域专业发展的历史意义，民主取向在中学课程变革中充当了“调制器”的作用。[①] 胡庆芳在《美国高中课程发展研究：从失衡发展到基础振兴》第一部分介绍了美国中学的课程改革。[②] 杜光强在《美国中等教育课程的变革研究：基于“十人委员会”和“中等教育改组委员会”报告的分析》中对“十人委员会”和“中等教育改组委员会”报告形成的社会背景、主要内容和历史意义进行了阐述与分析，揭示了这一时期中等教育课程面临的基本问题，以及采取的主要解决方案，通过对比分析，透视这一时期中等教育课程改革的轨迹。[③] 马云多在《19世纪至20世纪美国课程改革的演变及其启示》中分析了19世纪至20世纪美国课程改革特征，总结了对我国课程改革的启示意义。[④] 在美国初等教育课程改革方面，赵中建在《美国基础教育课程改革的动向与启示》中全面阐释了美国小学教育课程的发展，包括其发展趋势，及对未来初等教育发展的影响。[⑤] 万娟、蒋平在《20世纪80年代以来美国基础教育课程改革的历史回顾与启示》中对初等教育课程进行了研究，涉及其存在的问题、取得的成就，以及对以后教育产生的启示。[⑥] 在初等教育发展特点方面，栗佑城、潘娣在《美国初等教育的特点与启示》中指出，美国教育体系完善，目标明确，美国初等教育具有传授知识时间迟，每天授课时间比较短，校内生活丰富、生动，教学过程及管理气氛轻松，注重个性发展培养，教师负担比较轻等特点。[⑦]

在初等教育发展相关政策中，国家教育发展中心对1991年《美国2000：教育战略》、1994年《2000目标：美国教育法》[⑧]等重大政策作了较详细的翻译介绍工作。《美国教育改革》[⑨]于1990年出版，其中就有对《国家在危急中：教育改革

---

① 参见朱治军：《效率与民主：20世纪前期美国学校课程变革研究》，华东师范大学博士学位论文，2018年。

② 参见胡庆芳：《美国高中课程发展研究：从失衡发展到基础振兴》，华东师范大学博士学位论文，2004年。

③ 参见杜光强：《美国中等教育课程的变革研究：基于“十人委员会”和“中等教育改组委员会”报告的分析》，《中国教育学会教育史分会第十五届学术年会论文集》，杭州，2014年。

④ 参见马云多：《19世纪至20世纪美国课程改革的演变及其启示》，《教育探索》2014年第4期。

⑤ 参见赵中建：《美国基础教育课程改革的动向与启示》，《全球教育展望》2001年第4期。

⑥ 参见万娟、蒋平：《20世纪80年代以来美国基础教育课程改革的历史回顾与启示》，《沈阳工程学院学报》(社会科学版)2008年第1期。

⑦ 参见栗佑城、潘娣：《美国初等教育的特点与启示》，《教育教学论坛》2013年第35期。

⑧ 参见国家教育发展与政策研究中心编：《发达国家教育改革的动向和趋势》，人民教育出版社1986年版。

⑨ 参见瞿葆奎主编、马骥雄选编：《美国教育改革》，人民教育出版社1990年版。

势在必行》的翻译，对美国教育面临的问题进行了分析，并对美国近年来初等教育改革的政策内容进行了阐述。王义高主编的《当代世界教育思潮与各国教改趋势》涉及了美国初等教育的教育思潮和教育政策改革的趋势，以及目前教育面临的问题等，对我们研究美国初等教育有很大帮助。[①]

周梁云、穆美琼的《美国私立教育法律制度的特点及其借鉴》一文探讨了美国私立教育的发展与教育法制体系的关系，包括私立教育的立法、社会的捐赠、政府的管理等问题，还有借鉴问题也有所分析。[②] 吴开华的《美国私立学校与政府关系之法理分析》指出，美国是一个有着很强的私立学校传统的国家。传统上，教育被认为是私事。因此私立教育的发展与这一传统分不开。[③] 程晋宽的《美国私立中小学教育剖析》是一篇全面剖析美国私立教育的论文，他在此基础上，对其特点和面临的风险进行了探讨。[④] 傅松涛、刘亮亮的《美国私立学校与公立学校的比较研究》指出，私立学校是美国社会发展的重要组成部分，近年来发展趋势良好，也有了独立的特征。[⑤] 这两种类型的学校存在着很大的差别，表现在学校环境、学习成绩、教师教学和学校管理方法等方面，他们对造成差别的因素进行了研究，有助于我们对美国初等教育的现状有全面的了解。

国外对美国的教育研究起步较早，而且文献数量较多、种类比较丰富，主要围绕美国的教育发展规划、美国初等教育与中等教育的目标，以及课程设置与改革等方面展开，教育问题的研究体系也较完备。

《美国教育史》[⑥]共三卷，作者是美国人劳伦斯·克雷明，分三个阶段描述了四百年来美国教育的历史，第一卷是1607—1783年殖民地时期的教育历史，第二卷是英国承认美国独立后至南北内战时期美国的教育历史，第三卷是南北战后至20世纪80年代的教育发展。从书中可清晰地看到美国教育发展的脉络。对三卷本进行阅读，可使我们对美国教育有宏观把握，并进行深入研究。《美国教育基础：社会展望》[⑦]是较全面讲述美国初等教育的著作，作者是理查德·D.

---

① 参见王义高主编：《当代世界教育思潮与各国教改趋势》，北京师范大学出版社1998年版。

② 参见周梁云、穆美琼：《美国私立教育法律制度的特点及其借鉴》，《云南师范大学学报》（哲学社会科学版）2006年第3期。

③ 参见吴开华：《美国私立学校与政府关系之法理分析》，《比较教育研究》2000年第5期。

④ 参见程晋宽：《美国私立中小学教育剖析》，《比较教育研究》1998年第3期。

⑤ 参见傅松涛、刘亮亮：《美国私立学校与公立学校的比较研究》，《外国中小学教育》2006年第10期。

⑥ 参见［美］劳伦斯·A. 克雷明：《美国教育史（3）：城市化时期的历程（1876—1980）》，朱旭东等译，北京师范大学出版社2002年版。

⑦ 参见［美］理查德·D. 范斯科德等：《美国教育基础：社会展望》，北京师范大学外国教育研究所译，教育科学出版社1984年版。

范斯科德(Richard D. Fosco)等。该书比较全面地论述了美国的教育历史、教育思潮、教育体制、教育结构,探讨了美国教育中存在的阶级限制、种族歧视、性别歧视、宗教影响等现存问题。书中内容广泛,涉及社会科学众多领域。因此,对我们了解美国初等教育的发展趋势,了解其发展背景及社会发展的历史背景,都具有重要意义。《美国教育学基础》[①]一书内容广泛,如美国教育史、教育社会学、课程理论及一些基本的知识和信息都有涉及,讲述了80年代美国的教育,反映了美国青少年在学校教育方面的一些情况和问题,有许多值得我们学习和研究的地方。《关于美国教育改革的演讲》[②]是欧内斯特·L.博耶(Ernest L. Boyer)演讲内容的一部分。书中汇集了基础教育、高等教育、挑战与对策三方面的内容。其中,在基础教育部分,对初等教育儿童入学问题、学校改革问题进行了详细介绍。在挑战与对策部分,对公立学校的重要性作了阐释。

(二)美国中学发展与变革研究

劳伦斯·克雷明(Lawrence Cremin)的《美国教育史(3):城市化时期的历程(1876—1980)》《学校的变革》、L.迪安·韦布(L. Dean Webb)的《美国教育史:一场伟大的美国实验》、戴维·泰亚克(David Tyack)的《一种最佳体制:美国城市教育史》、韦恩·厄本(Wayne Urban)的《美国教育:一部历史档案》等,都对19世纪、20世纪美国中学的发展和变革进行了详细的介绍与分析。爱德华·克鲁克(Edward Krug)的著作《美国中学的重塑》对20世纪初期的美国中学进行了描述,具体涉及课程、组织中学的社会哲学,并对关于上述问题的各种争论进行了详细的阐述。[③] 德克斯特(Edwin G. Dexter)的论文《〈十人委员会报告〉发表后十年的影响》记录了从1894—1904年中学各个学科的上课年限所占的比例,分析了《十人委员会报告》的发表对美国中学课程设置的影响。[④] 西蒙斯(N. Simmons)的《美国综合中学的新兴设计》是有关中等教育改组委员会的研究,详细论述了中等教育存在的问题、中等教育改组委员会成立的背景和

---

① 参见[美]A. C.奥恩斯坦:《美国教育学基础》,刘付忱等译,人民教育出版社1984年版。

② 参见[美]欧内斯特·L.博耶:《关于美国教育改革的演讲》,涂艳国、方彤译,教育科学出版社2002年版。

③ Edward Krug, *The Shaping of the American High School, 1890-1920*, Madison: University of Wissonsin Press, 1969.

④ Edwin G. Dexter, "Ten Years' Influence of the Report of the Committee of Ten", *The School Review*, Vol.14, No.4(1906), pp.254-269.

过程、中等教育改组委员会发表的《中等教育的基本原则》等。[①] 罗伯特·布洛(Robert V. Bullough)在博士论文《基本原则的报告:教育经典》中认为《中等教育的基本原则》具有与众不同的历史意义,它总结了过去的传统,分析了当前的形势并预测了未来的中等教育发展。[②] 塞耶(V. T. Thayer)等所著的《中等教育的重组》是中学课程委员会(由进步主义教育协会于1932年5月成立)整体工作的唯一报告,这本书的重点内容是中学教育的重组,它对中等教育理念提出了新的方向。[③] 艾金(W. M. Aikin)撰写了《八年研究》,主要总结了"八年研究"实验的实施过程、基本内容、思想基础、中学改革与大学追踪研究的成果以及自我评价。[④]

第一,对中等教育学校的课程研究。赫伯特·M.克利巴德(Herbert M. Kliebard)是美国课程史研究的领军人物,他在著作《美国课程的斗争,1893—1958》中呈现了19世纪末至20世纪前期美国中学学校课程的发展。[⑤] 在《课程的变革:20世纪美国课程改革》中,克利巴德通过专题论文的形式展示了20世纪美国中学课程变革的关键事件。[⑥] 丹尼尔·坦纳(Daniel Tanner)和劳雷尔·坦纳(Laurel N. Tanner)合著的《学校课程史》[⑦]刻画了美国中学教育围绕单轨与双轨、分科课程和综合课程等二元论之间的角逐,并从社会事件中审视对美国中学发展具有重要意义的课程事件。第二,对初等教育课程的研究。M.卡齐姆·巴卡斯(M. Kazim Bacus)在《殖民地时期的小学课程》中对初等教育在早期的发展进行了探讨,主要探讨了初等学校的课程。[⑧] 特雷弗·库凌(Trevor

---

① N. Simmons, *The Emerging Design for the Comprehensive American High School, 1913-1922* (A Study of The Commission on the Reorganization of Secondary Education), Washington University, 1960.

② Robert V. Bullough, *The Forgotten Dream of American Public Education*, Ames: Iowa State University Press, 1988.

③ Vivian T. Thayer, Caroline B. Zachry and Ruth Kotinsky, *Reorganizing Secondary Education*, New York: D. Appleton-Centary Co., 1939.

④ Wilford M. Aikin, *The Story of the Eight-Year Study with Conclusions and Recommendations*, New York: Harper and Brothers, 1942.

⑤ Herbert M. Kliebard, *The Struggle for the American Curriculum, 1893-1958*, London: Routledge, 2004.

⑥ H. M . Kliebard, *Changing Course: American Curriculum Reform in the 20th Century*, New York: Teachers College Press, 2002.

⑦ 参见[美]丹尼尔·坦纳、劳雷尔·坦纳:《学校课程史》,崔允漷等译,教育科学出版社2006年版。

⑧ M. Kazim Bacus, "The Primary School Curriculum in a Colonial Society", *Journal of Curriculum Studies*, Vol.6, No.1(1974), pp.15-29.

Cooling)在《基督教在小学课程中的应用》中指出，基督教的学习是学生的主要任务，对基督教如何影响学生进行了论述；当时人们的宗教信仰强烈，这种意识被带到学校，学校老师在讲台上教授基督教知识，学生在生活中也受到宗教的感染。[①]《小学课程管理》对初等教育课程管理进行了阐述，对初等教育课程如何发展也提出了建议。[②]《小学课程改革》主要介绍了美国初等教育课程中的一些问题，包括问题现状、产生的原因、解决问题的方法等。[③]

《教育券与学校选择》是一部讲述教育券及其择校对教育发展影响的著作。[④] 作者是埃尔查南·科恩(Elchanan Cohn)，书中从不同的角度对教育选择理论进行评述，也对儿童接受教育权利的演变进行了探讨，使其影响逐步得到充分展现。其中包括对政府开办学校的原因、特许学校、公私不同性质的学校的比较、教育质量的比较等问题的讨论与研究。《掌控公立学校教育：地方主义与公平》由凯瑟琳·麦克德莫特(Kathryn A. Mcdermott)所著。[⑤] 书中对美国教育中存在的问题进行了观察和分析，认为教育的发展要重视公平，要以社会和谐、各种族共同发展为目标发展教育；教育是所有人的教育，发展教育必须有公民的参与，这为我们研究美国初等教育提供了新想法。《美国学校体制的生与死：论考试和择校对教育的侵蚀》由戴安·拉维奇(Diane Ravitch)所著。[⑥] 这本书从考试的角度和学校的选择方面对美国初等教育进行了讨论，对圣地亚哥学校教育的启示进行分析，并阐释了学校的考评和惩罚，讲述了择校对孩子教育的影响及初等教育的经验和教训等。书中指出，教育是人力资本发展的关键。我们的教育制度，无论其本质是平庸的还是卓越的，都会给社会带来深远的影响。罗纳德·E. 科德斯(Ronald E. Koetzsch)所著的《学习自由的国度：另类理念学校在美国的实践》全面介绍了世界各地不同学校的教育理念，对各种

---

① Trevor Cooling, "The Use of Christianity in the Primary School Curriculum", *British Journal of Religious Education*, Vol.15, No.13(1993), pp.14-22.

② Yolande Muschamp, Andrew Pollard and Ruth Sharpe, "Curriculum Management in Primary Schools", *Curriculum Journal*, Vol.3, No.1(1992), pp.21-39.

③ M. Frances Klein, John I. Goodlad, *Curriculum Reform in the Elementary School*, New York: Syracuse University Press, 1989.

④ 参见[美]埃尔查南·科恩编著:《教育券与学校选择》,刘笑飞译,北京师范大学出版社2008年版。

⑤ 参见[美]凯瑟琳·麦克德莫特:《掌控公立学校教育:地方主义与公平》,周玲、杨旻译,教育科学出版社2007年版。

⑥ 参见[美]戴安·拉维奇:《美国学校体制的生与死:论考试和择校对教育的侵蚀》,冯颖译,北京大学出版社2014年版。

教育理念的发展也进行了详细论述。[①] 该书较完整地介绍了美国教育的发展，也对美国初等教育的发展趋势作了一些解释，探讨了其教育思想和实践。《美国学校：1642—2004》[②]是约珥・斯普林（Joel Spring）的著作，书中以美国的学校为总体线索，对 1642—2004 年这一时期美国的学校发展进行了探讨，也对美国政府制定的关于初等教育的政策进行了论述。

国内外学者对这一时期美国教育的研究主要集中在美国初中等教育总体的历史演进与课程领域。受到资料获取途径的限制，国内对美国这一时期教育的研究成果虽然也较多，但研究视角比较分散，以中学与大学关系变化的视角对中学发展的研究还不太多，已有的研究主要是基于八年研究计划这一单一事件。此外，相较于对美国高等教育和教育公平的研究而言，对美国初中等教育的研究数量较少，角度有限，研究多围绕一个时期，缺乏整体性研究，且多为硕博士论文，缺乏期刊文献。

通过对以上资料的总结发现，学者尤其是英美学者对美国教育的研究成果颇丰，但是，以马克思主义视角研究美国教育的文章十分稀少。从历史的视角，对美国初中等教育发展的研究不多，缺乏完整性和历史性，文章依然集中于探讨美国高等教育以及公立学校改革。尤其是公立学校改革作为美国教育史研究的一个固有主题和基本焦点，学者对于公立学校运动的研究在不同时期有不同侧重，其研究模式经历了由单一的传统模式向多元化模式转变的历程。

二、艾伦・辛格分析美国教育霸权的问题意识

（一）马克思的话语在我们这个时代的意义

1985 年，最高法院大法官威廉・布伦南（William Brennan，非共产主义者）在乔治敦大学发表演讲，布伦南说："我们现任法官阅读宪法的唯一方式是：作为 20 世纪的美国人，我们应关注制定宪法的历史和介入历史的解读。但最终

① 参见[美]罗纳德・E. 科德斯：《学习自由的国度：另类理念学校在美国的实践》，薛晓华译，华东师范大学出版社 2005 年版。

② Joel Spring, *The American School: 1642-2004*, New York: McGraw-Hill Companies, Inc., 2004.

的问题必须是，文本中的文字在我们这个时代意味着什么？”[①]艾伦·辛格评论道：“作为一个马克思主义者，我觉得布伦南的格言特别有用。当代马克思主义者的终极问题必须是，马克思和几代马克思主义者的话语在我们这个时代意味着什么？”[②]艾伦·辛格强调，马克思主义理论在今天仍然具有鲜活的生命力，仍然是认识资本主义本质特征的有效思想武器。

（二）美国教育体系是否正确

1900—1917 年，美国发生了影响该国和世界的进步运动。作为这一时期进步运动的一部分，进步教育运动发端于 19 世纪 90 年代末，这场运动一开始就显示出一种值得注意的差异，即对教育的批评和教育革新的差异。这场运动从开始起，就是多元论的、常常自相矛盾的，而且总是与更广泛的社会和政治中的进步主义潮流有着密切的关系。[③] 进步教育运动批评传统教育，倡导教育革新和变革，在全国进行了诸多教育革新和实验，对美国学校教育产生了广泛而深远的影响。劳伦斯·克雷明在 1955 年写道：“自从 1918 年以来，这一领域最重要和有影响的运动已单纯地成为这一经典的注释。”[④]1913 年，全国教育协会成立中等教育改组委员会，探求中等教育的改革，以期应对社会变化。1918 年，委员会颁布《中等教育的基本原则》，彻底改变了美国的教育史，美国教育界对此高度评价，但笔者却对由其产生的美国教育模式进行了反思。

美国的现代公共教育系统最初是在 19 世纪上半叶为满足工业资本主义的管理需求而发展起来的。在 20 世纪 20 年代，随着工厂经济模式的成熟，美国的现代公共教育系统也走向成熟，它的基本理念与框架确定下来后，此后几乎没有大的变化；除了为了适应社会变化，满足不同群体和不同职业对知识与技能的需求，进行了一些教育项目的技术性调整，教育制度没有进行根本性的变革。然而，机器人和计算机技术时代的到来，引发新的变化，美国正在进入一个

---

① Dennis Goldford, *The American Constitution and the Debate Over Originalism*, Cambridge: Cambridge University Press, 2005.

② Alan Singer, "What If Our Schools Are Working? Base, Superstructure, and Hegemony in Education", in *Confronting Capitalism in the 21st Century: Lessons from Marx's Capital*, ed. by Marc Silver, Cham: Palgrave Macmillan, 2020, p.269.

③ 参见[美]劳伦斯·克雷明：《学校的变革》，单中惠、马晓斌译，上海教育出版社 1994 年版，第 25—26 页。

④ Lawrence A. Cremin, "The Revolution in American Secondary Education, 1893-1918", *Teachers College Record*, Vol.56, No.6(1955), pp.295-308.

资本主义新阶段，资本主义机构内部和机构之间出现了新的矛盾与新的变化。智能时代正在改变工作的概念，同时也改变了资本主义对工人的需求，在这种情况下，美国教育制度的缺陷显示出来——其不能满足大多数人对教育的需求。

（三）美国教育中出现的错误趋势

艾伦·辛格总结道，在过去的30年里，三个新趋势强化了美国错误教育的资本主义性质：其一是零容忍政策，其二是高风险考试制度，其三是特许学校。[①]艾伦·辛格认为，自动化、机器人技术和全球化降低了发达资本主义经济体对非熟练和半熟练劳动力的需求，使大部分前工人阶级变得多余。解决由失业率上升引起的大规模骚乱的一个办法是建立从学校到监狱的通道。[②]

1.学校的零容忍政策

20世纪90年代以来，学校的零容忍政策将许多正常的青少年学生行为定为犯罪。美国社会和学校对学生的惩罚往往带有种族偏见的色彩。美国监禁的黑人所占比例比种族隔离最高峰时的南非还要高。在华盛顿特区，75％的非洲裔年轻男子在他们生命中的某个时刻遭遇过被捕。1970年以来，尽管犯罪率有所下降，但美国监狱人口已从约30万人增加到200多万人。700多万名儿童的家庭中，有一名家庭成员进过监狱。[③] 对于美国教育出现的资本主义新趋势，艾伦·辛格批判说，美国的教育受历史和社会双重影响，存在很大的弊端，急需采取措施解决，让学校成为公平、有助于学生全面发展的地方。

2.高风险考试制度

美国推动学校考试的国家共同核心标准的制定及其实现，正如有的学者所宣称的那样，这种高风险考试制度弊端重重，导致学习碎片化，考试的目的就是不断地对学生进行分类，导致学习枯燥乏味。学习和备考是让学生为枯燥乏味的考试做好准备，学生容忍枯燥乏味考试的能力决定了他们今后的发展轨迹。

---

① Alan Singer，“What If Our Schools Are Working? Base，Superstructure，and Hegemony in Education”，in *Confronting Capitalism in the 21st Century：Lessons from Marx's Capital*，ed. by Marc Silver，Cham：Palgrave Macmillan，2020，p.276.

② Alan Singer，“What If Our Schools Are Working? Base，Superstructure，and Hegemony in Education”，in *Confronting Capitalism in the 21st Century：Lessons from Marx's Capital*，ed. by Marc Silver，Cham：Palgrave Macmillan，2020，p.276.

③ Michelle Alexander，*The New Jim Crow：Mass Incarceration in the Age of Colorblindness*，New York：The New Press，2010，pp.145-149.

与此同时,学校系统经常被严格地跟踪,学校系统假装不再把学生区分为学术型、商业型、职业型和普通型。

3.特许学校

在纽约市,学生们申请了以“学术”为主题的高中,这些高中基本上以同样的方式划分他们的类别。特许学校的出现为城市地区的划分增添了新的层次。首先,在最低层次上,是失败的公立学校;其次是压迫性的特许备考网络;再次是不同层次的选择性公立学校;最后,顶级的是精英公立考试学校和私立学校。在郊区,根据父母能负担得起多少钱来买房和缴纳学校税,学生被分到和种族、民族和阶级隔离有关的地区学校。①

三、艾伦·辛格分析美国教育霸权的核心观点

(一)学校在一定程度上独立于经济基础

艾伦·辛格首先对自己所处的时代进行了初步概括。数字化时代,新闻可能是虚假的,一切都可能因为互联网的发展而产生变化,因而艾伦·辛格认为谈论虚假意识是没有意义的。意识就是意识,它由许多因素塑造,包括阶级地位和经验、教育、宗教信仰、恐同症、性别歧视和种族主义等。美国总统选举,其实是不同的阶级之间的选举,如代表美国白人和上层阶级等利益的共和党,代表中产阶级等利益的民主党。美国保守主义和自由主义这两大意识形态在公民教育领域展开了长期论战,被称为“文化的战争”。在公民教育的本质上,保守主义主张公民教育在于赋予学生传统的价值观和正确的知识,维护国家的统一性;自由主义要求培养质疑现存价值并参与改造社会的公民。

艾伦·辛格作为一名历史学家和教育家,在研究所中经历身处基层和上层间的挣扎后,提出了这样的观点:“随着时间的推移,学校会适应并转变自身的情况,它在某种程度上独立于经济体系的经济需求。并不是所有的部分都来自一个经济基础,而且还能很好地结合在一起。这种相对自主是至关重要的,因

---

① Alan Singer, “What If Our Schools Are Working? Base, Superstructure, and Hegemony in Education”, in *Confronting Capitalism in the 21st Century: Lessons from Marx's Capital*, ed. by Marc Silver, Cham: Palgrave Macmillan, 2020, p.277.

为社会结构和占主导地位的阶级为对立力量、改革派和革命力量创造了空间。"[①]

艾伦·辛格非常认同人类学家马文·哈里斯(Marvin Harris)对文化唯物主义的讨论。根据哈里斯所说,"在不断变化的内部和外部环境下,一个有助于民族和社会经济体系生存的文化实践得以保存;一个破坏民族和社会经济体系生存能力的文化实践……如果不被抛弃,它就会随着社会一起消失"[②]。非常多的文化实践生来就是中立的,与维护社会和经济体系无关。以2022年北京冬奥会为例,无论意识形态上差距有多大,国内外观众对"冰墩墩"这一冬奥吉祥物的喜爱是一致的,对体育运动和其背后的奥林匹克体育精神是有共鸣的,不会因为国家和政体的不同而产生很大差异。因而笔者认为,教育也不应随着资本、时代的变化而丧失其培养人才的共同价值观的作用以及公平性和有效性。

艾伦·辛格援引美国前总统奥巴马的话,教育的基本工作仍然是让学生准备好满足雇主的劳动力需求,或者称之为21世纪的职业生涯。[③] 但艾伦·辛格的部分论点是:当代"共同核心标准"和高风险的标准化考试是对新计算机技术的适应之举,这些新技术保持了资本主义社会教育的基本目的和学校的功能——对学生进行分类,并说服他们认为这个系统是公平的,但对其本身目的是否合理以及是否公平,则没有提及。

(二)基于教育史的美国教育问题的暴露以及工厂教育模式的弊病

艾伦·辛格从美国教育史的开端出发,基于历史分析了美国教育存在的问题。在教师方面,认为教师和学生受到了同样方式的培训。教师被以同样的方式培训,采用同样的授课原则和提问方式,美国教师的教育模式已经固化,课堂质量更难以得到保障。

查尔斯·狄更斯(Charles Dickens)在他的小说《艰难时世》中讽刺并揭露了美国学校和工厂教育的弊病。他认为,童工和工人沦为可替换的数字,实际

---

① Alan Singer, "What If Our Schools Are Working? Base, Superstructure, and Hegemony in Education", in *Confronting Capitalism in the 21st Century: Lessons from Marx's Capital*, ed. by Marc Silver, Cham: Palgrave Macmillan, 2020, p.270.

② Marvin. Harris, *Cultural Materialism: The Struggle for a Science of Culture*, Lanham: AltaMira Press, 1969, p.341.

③ Alan Singer, "What If Our Schools Are Working? Base, Superstructure, and Hegemony in Education", in *Confronting Capitalism in the 21st Century: Lessons from Marx's Capital*, ed. by Marc Silver, Cham: Palgrave Macmillan, 2020, p.271.

上是被机器奴役。而现状却是，漫画与那个时代和今天的学校现实非常相似。根据历史学家大卫·克雷格的说法，狄更斯这篇小说的前两章，几乎是学校教育穷人的教学系统的直接再现。在曼彻斯特的兰卡斯特学校，一千名孩子在一间大教室里上课，这里实行军事化管理，他们被监察者控制。他们被灌输了许多机械分类的事实，这可能是为了永远遏制孩子们自己去发现或理解东西的冲动。"从文化唯物主义的角度来看，文化是阶级的集合，在阶级之下是社会条件和操作性的反应，社会条件和操作性的反应与特定的人类群体有关，往往在几代人之内和几代人之间重复。"①

在教学模式上，艾伦·辛格对兰卡斯特学校的教学模式进行了批判。这种"机械化教育"是由约翰·兰卡斯特开发的，该模式为教育提供了详细的奖励和惩罚规则，惩罚措施包括"手铐"、"大篷车"、颈手枷，还有"牢笼"。其中，"牢笼"就是用一个麻袋或者篮子把较严重的犯错者从天花板吊下来。19 世纪美国最普遍的教育惩戒观是：惩罚尤其是体罚对教育至关重要。首先，教师可凭借学生对体罚的恐惧来维持课堂纪律；其次，体罚可以训练学生服从的品质。学生只有具备服从品质，才可能成为道德良好的公民。② 19 世纪 50 年代，这种模式在纽约市学校应用得非常广泛，如果一个年轻人能在这种压迫性体制中生存下来，他就准备好"当工人"了。

兰卡斯特教育体系在英国下议院和学术期刊上被讨论而且赢得了赞扬，并得到了更广泛的公众的认可。兰卡斯特学校的宗旨是"每件事都有其位置，每件事都在其位置上"和"每个儿童每一刻都有事做，而且有做事的动力"。整个学校就像一条加工流水线，每个角色都有固定的位置和工作，学校利用严格的奖惩机制维持运作。③ 然而，对兰卡斯特教育模式的批判也层出不穷。一位学校督察在 1847 年发表的一份报告中声称，"破坏意义的精细复杂方法"导致了孩子能力发育迟缓、萎靡不振。

1911 年，弗雷德里克·泰勒（Frederick Taylor）的《科学管理原则》出版。20 世纪前几十年，美国的公共教育使用泰勒提出的科学管理效率概念来实现系统化，这一概念也用于福特汽车公司的装配线生产，被称为泰勒主义。

---

① Marvin Harris, "Cultural Materialism and Behavior Analysis: Common Problems and Radical Solutions", *The Behavior Analyst*, Vol.30(2007), pp.37-47.

② 参见张彦杰、高金锋、王伦信：《美国教育惩戒的历史嬗变、当前做法及启示》，《比较教育学报》2020 年第 6 期。

③ 参见赵康、汪静洁：《美国公立学校运动的先驱兰卡斯特学校研究》，《教育史研究》2021 年第 3 期。

泰勒主义在很大程度上是通过约翰·富兰克林·博比特(John Franklin Bobbitt)的努力进入教育的,他曾多次发表文章支持将泰勒主义引入教育。1912 年,他认为学校应该引导学生到更适合他们能力的领域。1918 年,他指出:“人类生活……包括特殊活动的表演。为生活做准备的教育是为这些特殊活动作好充分准备的教育。”①活动因社会阶层而异,有效的教育也应该不同。1927 年,他提出“学校不是一个社会改革的机构。它的职责宗旨是帮助成长中的人坚持对他来说最实用的生活方式”②。

在此期间,国家教育协会(NEA)专业组织出现,为学校课程披上了科学和人文的外衣。1918 年,国家教育协会发布了《中学教育改组委员会报告》,其中包括《中学教育的基本原则》。它主张中学教育应该“由要服务的社会的需要、要接受教育的个人的性格以及可用的教育理论和实践知识所决定”③。1918 年,中等教育改组,主要关注点是美国作出改变的方式以及学校作出相应改变的必要性。

经济基础决定上层建筑,随着美国工业化和城市化的加快,美国社会发生了一系列变化:第一,“在许多行业中出现了重大变化,如工厂制度取代了家庭工业系统;机械的使用代替了体力劳动;过程的高度专业化和相应的劳动细分;学徒制的崩溃”④。第二,“随着大量不同能力、天资、社会遗传和命运的学生入学,中学人口的特征发生了变化。目前,进入小学一年级的学生中只有大约三分之一进入四年制高中,并且只有九分之一的学生能毕业”⑤。为满足工业资本主义而不是农业社会的劳动力需求,教育变得更加严格和标准化。

美国的高中也随之发生了变化,尤其是在拥有大量移民人口的城市地区,高中分为大学预科、商业高中(为年轻女性未来的办公室工作做准备)、职业高中(工业艺术和家庭经济)和普通高中(不为大学或技术工作做任何准备)。斯坦利·霍尔(Stanley Hall)谴责了以相同的学术标准教育所有学生的提议,因

---

① Herbert Kliebard, *The Struggle for the American Curriculum, 1893-1958*, London: Routledge, 1987, p.97.

② Herbert Kliebard, *The Struggle for the American Curriculum, 1893-1958*, London: Routledge, 1987, p.116.

③ L. Cremin, *The Transformation of the School: Progressivism in American Education, 1876-1957*, New York: Alfred A. Knopf, 1961, p.200.

④ Commission on the Reorganization of Secondary Education, *Cardinal Principles of Secondary Education*, 1918, p.7.

⑤ Commission on the Reorganization of Secondary Education, *Cardinal Principles of Secondary Education*, 1918, p.8.

为那样"大多数高中生都是'无能大军'中的一员……他们应该去为傻子或弱智儿童开设的学校"[①]。美国的教育也在此时呈现畸形，不是每个孩子都能得到所谓公平的教育机会。

（三）美国现阶段的教育存在亟待解决的问题

历史上保留下来的传统的工厂模式至今依然对美国的教育产生影响，这种教学方法在今天美国的学校依然可见。工厂模式仍然受到当代著名作家的拥护，他们把学校教育作为一个周期性的考试准备。

对现在被鼓吹的兰卡斯特教学法（特别是在为移民、非英语国家、工人阶级和贫困家庭的青少年开设的学校）的一个论点是：美国当下的教育模式教育出来的孩子是"高素质的"并符合经济发展要求的，这证明其教学手段、压迫性的课堂和对去语境化信息的死记硬背是合理的。可是作者基于自己作为学生和班主任的经验，认为这种教学方法是失败的，不会起作用。

与此同时，美国学校系统比以前更加严格地分类。学生依然被分为学术、商业、职业和一般轨道。特许学校为城市地区的划分增加了一个新的层次。首先，最低层次的公立学校成绩不佳，紧随其后的是有压制性的考试准备特许网络。其次是不同层次的选择性公立学校，排名靠前的是精英公立考试学校和私立学校。在郊区，学生被分配到人种、民族和阶级隔离的地区学校，其依据是家长能负担得起多少钱买房和缴纳学校税。一系列政策加剧了美国的教育不公平，越来越多的孩子因为非能力问题进入职业高中和普通高中。对于低收入家庭而言，免费、就近、轻松的公立学校看似是不错的选择，但是在教育预算、政策变化、师资招募各类因素的影响下，公立学校的教育质量难以维持稳定，甚至在某些州出现了为节省学校开支而削减课时、课程的情况。[②]

自1983年《国家处在危险之中》报告指责美国受到公立学校"平庸潮"的威胁，这将削弱其在国际市场上的竞争能力以来，美国已经有六位"教育总统"及无数的教育州长和市长，企图采取措施改变美国教育现状，但都徒劳无功。社会公平主要关涉不同阶层、性别和种族群体之间的差异，综观近年来美国社会的发展趋势，人们能够发现群体间的差异在不断扩大——除固有的性别与种族

---

① Jeffrey Mirel, "The Traditional High School: Historical Debates Over Its Nature and Function", *Education Next*, Vol.6, No.1(2006), pp.4-21.

② 参见韩璐：《被经济因素减削的教育公平：由〈乡下人的悲歌〉看"后疫情时代"的美国教育》，《新经济》2021年第3期。

差异正在扩大外,财富分配不公导致的贫富阶层分化也愈演愈烈。[①]

四、基于马克思主义立场对美国教育现状的反思

(一)基于葛兰西"有机知识分子"思想对美国时代问题的反思

艾伦·辛格撰写文章的理论基础是葛兰西的文化霸权理论和有机知识分子理论。葛兰西的有机知识分子理论认为,每个社会集团既然产生于经济社会原初的基本职能领域,它也同时有机地制造出一个或者多个知识分子阶层,这样的阶层不仅在经济领域而且在社会与政治领域将同质性以及对自身功用的认识赋予该社会集团。[②] 葛兰西认为,社会有各个阶级,无论是哪个阶级,都会在发展过程中以自身特有的方式产生从属于自己的阶层,该知识分子阶层能够清晰地反映他们服务的阶级的诉求,他们的任务就是构建意识形态,充分发挥有机意识形态在不同的各个阶级之间的聚合作用,最终实现社会的统一。无产阶级在发展过程中不仅要当好有机知识分子的培育人,利用学校培养自己的有机知识分子,还要对传统的和资产阶级的知识分子进行同化与改造,从而打造一支属于自己的有机知识分子队伍。

文化霸权理论也强调发挥知识分子与政党的作用。人民群众如果不在最广泛的意义上把自己组织起来,就不可能真正独立;而没有形成自觉意识的知识分子也就没有组织者和领导者,形成不了有组织的群体、形成不了明确而坚定的意志。葛兰西强调国家的文化意识形态职能:国家运用思想和文化手段塑造并影响民众的价值观,以使他们认可现存的政治和社会秩序,从而自愿地服从国家的控制和管理。[③]

艾伦·辛格将葛兰西的文化霸权理论和有机知识分子理论与美国时代结合,用文化霸权解释了学校在资本主义等级社会中以何种方式运作。它们是在资本主义意识形态的基础上组织起来的,并支持资本主义。它们把人们分类,

---

① 参见张伟:《谁之教育? 何种公平? ——美国社会教育公平问题审视》,《比较教育学报》2021 年第 3 期。

② 参见[意]安东尼奥·葛兰西:《狱中札记》,曹雷雨、姜丽、张跣译,河南大学出版社 2014 年版,第 9—11 页。

③ 参见刘晓兰:《重返葛兰西:"有机知识分子"理论探析及其当代启示》,《晋中学院学报》2020 年第 2 期。

决定谁得到什么奖励，让失败的人和不同程度成功的人都相信这个体系是公平的，并凭借自己的努力和价值获得奖励。在资本主义社会，或任何社会中，教育的目的都是把人们带到这个体系中，而不是改变它。一些有机知识分子是官僚，他们传递社会制度的霸权思想。但是其他有机知识分子是边缘阶级和圈子的成员，他们有更加宏大的理想并且具备向其他社区成员传达其理想的能力。这些都是社会进步变革的潜在因素。艾伦·辛格希望在资本主义文化霸权之下，美国政府能够重视并发现教育问题，培养资产阶级知识分子，从老师层面出发，改善教育质量，打破美国教育的不公平，转变美国教育的工厂制模式，使得每个孩子都能接受教育，从而改变美国教育。

在我国，政府对知识分子非常重视。注重将知识分子吸收到决策层中，这是我国传统知识分子向有机知识分子转化的重要机遇和路径。将“专家”的智慧充分纳入领导层的决策机制，重视文化层、意识形态层对国家的重要性，这也正是葛兰西思想对当今我国社会的影响。在重视有机知识分子的同时，还必须牢牢把握党对文化的领导。政府要为知识分子发挥“咨政”作用创造有利的政策条件。2016 年，习近平总书记指出：“知识分子是工人阶级的一部分，劳动人民是国家的主人，青年是中国特色社会主义事业接班人、是国家的未来和民族的希望。”[①]这也体现了我国政府正在努力为知识分子创造有利的发展环境。

（二）基于历史视域对美国教育弊端的剖析

艾伦·辛格作为美国教育的优胜者和受益者，并没有因为自身所处阶级和知识水平而忽视美国教育存在的问题，相反，其对美国教育存在的问题高度重视，并以马克思唯物实践观分析美国的教育问题，做到了实事求是，还将理论与实际相结合看待美国教育。

艾伦·辛格并没有因为自身教育经历先入为主地全面肯定美国的教育，反而实事求是地从美国教育史出发，对美国教育情况进行分析，重点对城市化时代美国兰卡斯特教育模式，以及美国将泰特主义引入教育后引发的美国“工厂式”教学模式对教师、课程教学、学生三方面的影响进行了全面分析。结合美国现在教育中存在的三个资本主义错误，对美国初中等教育忽视教育公平、影响学生全面发展的问题提出设想。艾伦·辛格始终实事求是地分析美国教育，并结合自身作为老师的经验，对兰卡斯特教育模式提出反对意见。教育系统盲目

① 习近平：《在知识分子、劳动模范、青年代表座谈会上的讲话》，人民出版社 2016 年版，第 2 页。

借鉴政策，结果学校“生病”了，教师不舒服了，孩子们学得更少了。为了竞争，学校需要更多的自主权，随之而来的是问责制的提出。标准化考试和评估教师效率都是市场竞争的结果。令人遗憾的是，学校也开始相互竞争，它们之间的合作和交流减少。最终，导致学生家长成为教育的消费者并加剧了对学校的选择困难①，这也成为美国中等教育最大的问题。

此外，艾伦·辛格对美国教育的分析和研究始终基于美国的时代背景，将相关教育理念与美国时代背景相结合。他开篇提出问题：“我们身处一个什么样的时代?”兰卡斯特学校流行时，他对美国的时代背景进行了分析，即新移民的暴增导致美国贫困人口激增，犯罪率上升，社会陷入混乱。作为一个合众国，美国由大量来自世界各地的拥有不同宗教信仰和生活方式的新移民组成，他们对这个刚刚独立的国家缺乏忠诚感和责任感。19 世纪初，美国迫切地需要建立一种属于自己国家的统一的文化，教育作为一种新的道德训练和社会控制的手段被寄予厚望；在泰勒主义被引入美国时，他分析当时美国处于工业化的快速发展时期，带动了城市化进程，大量难民涌入美国，加剧了美国的教育负担和社会危机。美国学校的课程设置、教学水平、基础设施难以跟上，加之泰勒《科学管理原理》一书的出版，美国社会对效率的追求达到高潮，此时出现了“工厂式”教学模式也在情理之中。② 在美国当代教育问题上，他开头就提出现在所处网络信息时代，三个新趋势表明了美国错误教育的资本主义性质——零容忍政策、高风险考试和特许学校。自动化、机器人技术和全球化降低了发达资本主义经济体对非熟练和半熟练劳动力的需求，大部分前工人阶级变得多余。20 世纪 90 年代以来，学校的零容忍政策将许多正常形式的青少年学生行为定为犯罪。艾伦·辛格对美国教育持批判态度，但始终与美国时代结合进行分析，是其坚持马克思实践观和实事求是原则的鲜明表现。

新中国成立后，确立了马克思主义作为指导社会主义革命和建设的理论基础的地位，马克思主义哲学也就成为中国教育科学的理论基础。马克思主义哲学在中国教育科学研究中的指导地位的确立，为中国教育科学研究的发展指明了方向。“实事求是”是当代中国教育科学研究应坚持的方法论原则。坚持这一方法论原则，要求我们在教育研究中处理好批判与继承、借鉴与发展、基础研

① 参见吴秉健：《美国高中教育改革的经验及警示》，《中小学信息技术教育》2019 年第 5 期。

② 参见吴井娴：《美国社会效率教育观研究》，华东师范大学硕士学位论文，2017 年。

究与应用研究、马克思主义哲学方法论指导与具体研究方法灵活应用的关系。[①]

习近平总书记高度重视教育问题，多次对教育作出重要论断。“十四五”时期，我们要从党和国家事业发展全局高度，全面贯彻党的教育方针，坚持优先发展教育事业，坚守为党育人、为国育才，努力办好人民满意的教育，在加快推进教育现代化的新征程中培养担当民族复兴大任的时代新人。习近平新时代中国特色社会主义思想是21世纪的马克思主义，其时代特征创新性地继承了马克思主义经典作家关于青年教育的重要思想。在《德意志意识形态》中，马克思、恩格斯深入探究了关于人的自由和全面发展学说，为无产阶级革命培养人才。习近平总书记根据新时代要求，赋予其新的内涵，提出立德树人、培养德智体美劳全面发展的人才，为青年指明发展方向。[②] 这是对马克思主义青年教育思想的继承与发展，也是马克思主义中国化的最新成果。我国教育更应遵循马克思主义基本原理，并将其与中国教育实际紧密结合，充分吸收世界优秀文化，推动我国教育事业迈上新台阶。

（三）运用马克思和葛兰西观点分析美国教育变革路径

美国1983年发布的《国家处在危险之中》报告指责美国受到公立学校“平庸潮”的威胁，这将削弱其在国际市场上的竞争能力。对此美国教育加大了发展和分化力度，以避免平庸化，艾伦·辛格运用马克思对资本主义教育的论述来分析美国教育问题。

艾伦·辛格认为，这一报告的基本前提是错误的，美国的学校没有失败。他指出，马克思的观点即资本主义教育本身包含着自身毁灭性的因素。美国的教育没有宣扬美国民主和公平的主张。学校鼓吹教育可以帮助学生就业，并对其进行分化，但最后能成功就业的只是接受高等教育的学生，这种教育不公平是美国教育的根本问题。艾伦·辛格再次联系葛兰西关于有机知识分子的概念。根据葛兰西的观点，“有机知识分子的作用是将国家和社会的霸权思想传播并强加给其他民众，有机知识分子也可以是边缘化阶级和社区的成员，他们有更广阔的可能性视野，并有能力向其他社区成员传达他们的看法。这些有机知识分子将被招募加入社会上层，但也有些人将留在他们的阶级中。教师成了

---

① 参见肖凤翔：《教育研究必须坚持实事求是的方法论原则》，《河北师范大学学报》（教育科学版）2000年第1期。

② 参见益梦婕：《习近平青年教育思想及其时代价值》，《公关世界》2021年第18期。

被处置者的有机知识分子,他们被雇佣来为系统服务”[①]。但赫伯特·科尔(Herbert Kohl)认为:“教师可以在社会转型中发挥作用。他们可以利用教育系统和社会中的矛盾、裂缝和缝隙,在学生中培养和支持有机知识分子。与市中心被剥夺公民权的年轻人打交道的教师必须学会如何打破武断或压迫性的规则,并从中脱身。他们需要找到操纵制度的方法,以保护学生不受不公正待遇,创造安全的学习场所,设计与学生生活相联系的课程,激励他们学习和组织。”[②]

反观中国的新时代教育发展,习近平总书记高度关注教育强国建设,多次走进校园与教师亲切交谈,致信问候表达对全国教师的关心关怀及对教育改革和教师工作的殷切期望。习近平总书记指出:“各级党委和政府要从战略高度来认识教师工作的极端重要性,把加强教师队伍建设作为基础工作来抓,满腔热情关心教师,改善教师待遇,关心教师健康,维护教师权益,充分信任、紧紧依靠广大教师,支持优秀人才长期从教、终身从教,使教师成为最受社会尊重的职业。”[③]我国各级教师更应该发挥教书育人的作用,承担起教师应有的责任,“坚持教书和育人相统一,坚持言传和身教相统一,坚持潜心问道和关注社会相统一,坚持学术自由和学术规范相统一,引导广大教师以德立身、以德立学、以德施教”[④]。教师应不断教授知识,引导学生树立正确的世界观、人生观、价值观,帮助其扣好人生的第一粒扣子,培养德智体美劳全面发展的社会主义建设者和接班人。

五、艾伦·辛格对美国教育历史批判的启示

(一)随着时代变化积极推进教育改革

艾伦·辛格对美国教育历史进行总结和分析,指出美国教育因历史遗留问

---

① Alan Singer, “What If Our Schools Are Working? Base, Superstructure, and Hegemony in Education”, in *Confronting Capitalism in the 21st Century: Lessons from Marx's Capital*, ed. by Marc Silver, Cham: Palgrave Macmillan, 2020, p.277.

② Herber Kohl, *I Won't Learn from You: And other Thoughts on Creative Maladjustment*, New York: New Press, 1991, p.3.

③ 习近平:《做党和人民满意的好老师:同北京师范大学师生代表座谈时的讲话》,人民出版社2014年版,第13页。

④ 《习近平谈治国理政》第2卷,外文出版社2017年版,第379页。

题和社会发展影响存在许多的弊病。19 世纪后期，特别是在二战后的几十年里，美国工业化、城市化进程迅猛，工业产值跃居世界前列，在经济、外交等方面取得了显著的成绩。在此过程中，美国工业化、城市化带来的问题逐渐暴露出来，包括政治腐败、大财团垄断资本、贫富分化严重等。美国政府为了解决问题，在政治、经济、社会等方面推行了一系列大范围的变革措施，旨在以渐进的方式进行社会改革，谋求社会进步。进步主义时期的一系列变革也影响到教育领域，19 世纪末 20 世纪前半期的进步教育运动就是明显的一例。19 世纪末，随着公立教育运动的发展和初等教育的普及，以及移民浪潮的出现，对教育提出了更高的要求。20 世纪以来，美国教育受效率主义影响，出现了培养资本主义"工具人"的"工厂式"教育。二战后美国教育一直以这种模式培养人才。近三十年，美国教育进入信息化时代，但严重的社会种族歧视加剧了美国教育的弊病。

艾伦·辛格的研究启示我们，要随着时代变化积极推进教育改革，使上层建筑适应经济基础，使教育为社会进步与经济发展服务。中国高等院校文科建设和人才培养取得了巨大进步，但是新时代对教育的发展也提出了新的要求，因此，新文科建设被提上日程。建设新文科就是要立足新时代，回应时代的新需求，促进文科融合，提升时代性，加快中国化、国际化进程，引领人文社会科学的新发展，从而服务于社会主义现代化国家建设目标的实现，服务于"人的现代化"建设目标的实现。①

（二）高度重视教育公平问题

艾伦·辛格认为，美国现阶段最大的问题是教育不公平。自从美国高中被分为四个截然不同的轨道：大学预科、商业高中、职业高中、普通高中，美国的教育不公平加剧，加之种族歧视问题，虽然美国六届总统都对教育公平问题提出方案和口号，但是仍未解决问题，以至于艾伦·辛格感叹道："除了革命和动乱，我们还能做什么来改变我们的学校，消除社会严重的不平等现象。"②

近年来，随着我国社会主义进入新时代，建设中国特色教育强国目标也愈

---

① 参见樊丽明、杨灿明、马骁等：《新文科建设的内涵与发展路径（笔谈）》，《中国高教研究》2019 年第 10 期。

② Alan Singer, "What If Our Schools Are Working? Base, Superstructure, and Hegemony in Education", in *Confronting Capitalism in the 21st Century: Lessons from Marx's Capital*, ed. by Marc Silver, Cham: Palgrave Macmillan, 2020, p.278.

发明晰，教育公平有了更高的发展起点，也面临着更加艰巨的挑战，新时代社会基本矛盾的变化对教育公平的实践样态与发展水平提出了更高要求，我国的教育公平需要升级换代。[①] 美国在教育公平方面已经进行过一系列探索，因此很多人将美国的做法视为解决我国新时期教育公平问题的一条出路。但美国的教育改革依然存在很大弊病，一个国家的政策和制度，需要与国情和实际紧密结合，不能照搬照抄。中国共产党成立一百多年来，始终坚守人民立场，坚持以发展促公平、以制度保公平，这是中国教育公平实现跨越式发展的基本经验。进入新时代，要继续坚持党对教育事业全面科学领导，发挥马克思主义在教育中的主导作用，推动教育公平，实现教育发展全民共享，推动教育公平发展与时俱进，实现从工具价值到育人价值、从平等性原则到差异性原则、从外延式发展到内涵式发展的转变与突破，将教育公平推向新的高度，使中国教育走向新的辉煌。[②]

（三）主张发挥教师作为有机知识分子的作用

艾伦·辛格主张发挥教师作为有机知识分子的作用，教师通过自身教育和理念的传播，努力改变学生不公平待遇，关心学生学习，用知识分子的力量推动美国教育问题的部分解决，从而引起政府政策的转变，实现美国教育的新发展。在中国，我们更应该重视对学生和知识分子的教育。首先，对知识分子要加强马克思主义理论教育。当前，随着经济全球化和人类命运共同体的发展，各国的文化和思想涌入我国，对多元社会思潮进行有效引领是和谐文化建设的首要任务。社会思潮的传播路径一般是先经学术界，再至知识界（以青年学生为主力），最后传达至普通民众。因此，中间的知识界在传播中起着至关重要的作用，决定了传播能否达成。[③] 这也凸显了马克思主义作为主流意识形态对青年学生进行引导的重要性，只有真正学懂、弄通、悟透马克思主义理论和中国特色社会主义理论体系，才能发挥引导的有效性。其次，知识分子要做中华优秀传统文化的传承者。葛兰西当时的思考是无产阶级革命如何避免无谓的流血牺牲而取得胜利，如何通过夺取资产阶级文化领导权以使其集体意识瘫痪，所以

① 参见褚宏启：《新时代需要什么样的教育公平：研究问题域与政策工具箱》，《教育研究》2020年第2期。

② 参见刘丽群：《中国共产党推进教育公平100年：政策轨迹与道路选择》，《高等教育研究》2021年第7期。

③ 参见安师峰、王卓：《葛兰西有机知识分子及其对文化领导权的建构研究》，《法制与社会》2019年第14期。

他十分注重国家精神和政党精神的建构与传播。民族精神和国家精神是民族文化传统的延续，是文化建设的核心部分。美国历史短暂，其教育思想多为殖民时期引入的英国教育思想，没有文化根基的涵养，所以其教育思想才会难以落地。推动教育与传统文化结合，维护优秀传统文化，才是对国家精神的建构和弘扬。这也要求新时代的中国新型知识分子必须具备一定的传统文化底蕴，更好地弘扬、传播传统文化，使中华优秀传统文化走出中国、走向世界。

艾伦·辛格从美国的公共教育起源出发，认为美国教育从城市化时代开始受资本和工业发展影响，出现对老师和学生培育的畸形模式，大多数学生沦为资本的工具，他结合自身教育工作的实际，对美国的教育进行批判。最后，艾伦·辛格总结出三个新趋势增加了美国错误教育的资本主义性质——零容忍政策、高风险考试和特许学校，认为美国的学校并没有失败，没有陷入平庸化，希望美国采取措施解决学校问题。艾伦·辛格将马克思唯物实践观和葛兰西的有机知识分子理论以及文化霸权理论与美国教育结合，为我国分析和解决社会问题提供了借鉴与参考。

第十二章 《资本论》与当代资本主义超期剥削的辩证批判

当代资本主义正在经历长达百年的人口转型，人口再生产出现了前所未有的新特点，表现为死亡率和出生率总体上同时下降，人们的预期寿命在增加，65岁以上人口比例逐渐上升(尤其是妇女)。从马克思主义理论的角度看，人口结构转型改变了资本主义社会中劳动者的年龄构成，以及劳动力再生产的条件和劳动力使用的时间。人口结构变化导致资本主义各国纷纷对养老金制度进行改革，改革的主要方法包括提高最低退休年龄和延长工作寿命。这种变化迫使工人阶级遭受更长时间的剥削，创造更多的剩余价值。

人类社会化正在经历的人口变化是真实存在的，由于出生率和死亡率的下降以及人口数量的增加、人们预期寿命的增加，引发了现有养老基金制度设计和退休安排的一系列改革。从马克思主义的角度来看，这些转变意味着社会阶层组成的变化。在工业资本实际循环的每一刻，几代人积极地以资本家、工人或后备军的身份出现。对资本家来说，劳动力短缺的可能性已经减小了。对于工人来说，退休期使他们能够在一段时间内增加社会劳动的跨消费，而不转让劳动力。

“工人阶级从属资本时间的延伸，即商品劳动力‘有用寿命’(useful life)的增加，而不是150年前马克思在《资本论》中讨论的工作日内的时间的增加，这可以被解释为一种新的累积资本的剥削机制。”①这是由于正在进行的人口转型使相关的养老金改革成为可能。延长工作寿命代表了一种新的剥削机制，不同

① Marcelo Milan, “Demographic Changes, Pension Reforms, and Absolute Surplus Value: Intertemporal Exploi-tation in Contemporary Capitalism? ” in *Confronting Capitalism in the 21st Century: Lessons from Marx's Capital*, ed. by Marc Silver, Cham: Palgrave Macmillan, 2020, p.285.

于传统的绝对和相对剩余价值在“特定时间内”被榨取。延长工人的退休时间显示了一种新的剥削方式，并且引发了剩余价值生产的变化，但这些新变化很复杂，需要认真研究才能把握其本质。另一种情况是，延长工人的退休时间，意味着劳动者的老龄化，劳动者的老龄化也会引发一系列新问题。

一、社会保障制度的学术史梳理

针对当代资本主义的变化，虽然直接对延迟退休影响剩余价值跨期剥削的研究尚在少数，但是许多学者从政治学、经济学、马克思主义等各角度进行了研究，可以此为借鉴。

（一）国内关于社会保障的研究

国内学术界对马克思社会保障思想的研究成果丰富，学者们从不同角度对马克思社会保障思想进行了深入研究。有的学者从微观角度入手，归纳总结了马克思社会保障思想的作用。有的学者则结合中国社会保障发展的实际情况，对马克思社会保障思想进行了理论与现实分析。中国学者对马克思社会保障思想的研究大致可以分为以下四个部分。

第一，对马克思社会保障思想进行了总体性的梳理。梅哲在《马克思恩格斯的社会保障思想研究》一文中，从马克思西方社会保障思想、未来理想的社会保障思想以及社会保障的目的三个角度对马克思社会保障思想进行了总体的脉络梳理。[①] 吴娆在《马克思的社会保障观及其现实性分析》一文中，从社会保障的产生原理、基金来源、保障对象、实际功能和目标取向等方面，总体阐述了马克思社会保障思想。[②] 何海燕在《马克思主义社会保障思想探源》一文中，对马克思社会保障思想的社会和阶级背景、理论基础、主要内容等进行了阐述，这也是现有研究中为数不多的对于马克思社会保障思想的来源、社会背景进行梳理的文章。何海燕看到马克思社会保障思想产生于特定的社会背景、阶级背景，而这些孕育了马克思社会保障思想的背景条件扎根于社会现实生活的土壤当中，只有从历史中去看马克思社会保障思想理论的来源，我们才能深刻感受到马克思深刻的民生思想及对人的发展的远见性。[③]

---

① 参见梅哲：《马克思恩格斯的社会保障思想研究》，《马克思主义研究》2005 年第 6 期。

② 参见吴娆：《马克思的社会保障观及其现实性分析》，《湖北社会科学》2008 年第 7 期。

③ 参见何海燕：《马克思主义社会保障思想探源》，《人民论坛》2013 年第 37 期。

第二，部分国内学者聚焦于对马克思社会保障思想的经济性和现实性的研究。韦樟清在《马克思主义社会保障基金理论及其当代意蕴》一文中，深入探索了社会保障基金的理论基础及资金来源，对各国推进社会保障基金的建设具有指导意义。韦樟清认为，健全的社会保障制度是推动经济增长、维系社会稳定和国家长治久安的重要保证，在新建立社会保障基金规模的过程中要立足国情，与当前的社会生产力相匹配。[①] 陈林从马克思社会保障基金筹集方式对当代社会保障制度建设的启示入手，对马克思社会保障基金的经典论断进行了分析，并对我国社会保障基金的历史发展进行了梳理，在此基础上指出要继续坚持统账结合的社会保障基金筹资模式，要公平筹资，保证社会保障基金筹资总量。[②] 许飞琼在《论马克思的社会保障思想及其时代意义》中首先对于人们对马克思社会保障思想的误解进行了澄清，他认为马克思社会保障思想是对早期资本主义社会的社会保障的批判性剖析，而且马克思对未来的构想蕴含了丰富的社会保障思想。[③] 这对于我国建设社会主义保障制度具有现实性意义。

第三，部分学者致力于马克思社会保障理论作用的研究。徐瑞仙和童星在《马克思主义社会保障思想及其当代价值》中提出，马克思社会保障理论是当代中国建设社会保障制度的理论基础，我国在建设社会保障制度过程中要让资本为民生服务、坚持以人为本，让马克思社会保障思想引领中国社会保障制度的价值建构。[④] 王冰在《马克思的社会保障理论及社会保障对市场经济的作用》中，分析了社会保障在市场经济运行中的重要地位，阐明了社会保障对经济的重要影响。[⑤] 汤兆云则看到了马克思社会保障思想在社会公平方面的作用，他认为马克思社会保障思想的实质就是要实现真正的公平，马克思社会保障是一种对社会生产和社会分配的再构建，这也启示我国社会保障制度从形式普惠走向实质公平，通过社会保障制度这一形式达到社会公平和社会安全的目的。[⑥] 实现社会公平发展是马克思社会保障的应有之义，只有积极建设社会保障制度，才能在发展不平衡不充分的社会中构建出公平之路。

---

① 参见韦樟清：《马克思主义社会保障基金理论及其当代意蕴》，《社会主义研究》2008 年第 1 期。

② 参见陈林：《马克思社会保障基金筹集思想的当代启示》，《广西经济管理干部学院学报》2019 年第 2 期。

③ 参见许飞琼：《论马克思的社会保障思想及其时代意义》，《政治学研究》2013 年第 3 期。

④ 参见徐瑞仙、童星：《马克思主义社会保障思想及其当代价值》，《社会保障评论》2019 年第 4 期。

⑤ 参见王冰：《马克思的社会保障理论及社会保障对市场经济的作用》，《宁波职业技术学院学报》2005 年第 3 期。

⑥ 参见汤兆云：《马克思社会保障公平思想及其启示》，《马克思主义研究》2017 年第 3 期。

第四，部分学者聚焦于中国化的马克思社会保障思想研究。中国化的马克思社会保障思想是马克思社会保障思想的基本原则与当代中国社会实践结合的产物。汪连杰在《马克思的社会保障思想及其中国化研究》中认为，中国共产党对马克思社会保障思想“中国化”进行了不断的探索和发展，积累了丰富的宝贵经验。我国当前的社会保障制度建设应该把马克思社会保障思想与中国实践相结合，从实际出发构建出符合中国国情的社会保障制度。[①]

1.相对过剩人口研究

国内马克思相对过剩人口理论相关研究主要从以下几个方面展开。

第一，从马克思相对过剩人口理论的渊源角度研究。赵涤非在《古典经济学对人口经济理论发展的影响》一文中阐述了资本主义社会的人口问题，论述了人口生产受劳动需求的调节。[②] 钟逢干在《“两种生产革命实践论”是马克思主义人口理论的更好概括》中指出，马克思通过两种生产理论划清了新旧唯物主义的界限。[③] 何建宁在《马克思主义两种生产理论对现实人口问题的几点启示》中谈到，实现人口的均衡发展必须保持劳动人口的数量和构成与生产资料的数量和规模相适应。[④] 李新在《马克思主义两种生产理论研究》中，在两种生产的发展历程基础上论述物质资料生产和人口生产之间的尖锐矛盾，并指出两种生产在社会发展中的不同作用。厘清两种生产的关系不但丰富了马克思的唯物史观，而且为之后的研究提供了科学的方法。[⑤] 宋严等在《略论唯物史观的创立》中阐述唯物史观的形成过程，从准备阶段、开创阶段、成熟阶段和完成阶段分别来阐述，最终形成了唯物主义历史观，为解决问题提供了方法论指导。[⑥]

第二，从马克思相对过剩人口理论的内涵方面研究。张学安在《对〈资本论〉论述的劳动力成为商品条件的思考》一文中指出，除了《资本论》中阐述的劳动力成为商品的两个条件之外，还应该与生产力的发展状况相联系，并且应该

---

① 参见汪连杰：《马克思的社会保障思想及其中国化研究》，《经济学家》2018年第6期。

② 参见赵涤非：《古典经济学对人口经济理论发展的影响》，《沈阳农业大学学报》（社会科学版）2006年第3期。

③ 参见钟逢干：《“两种生产革命实践论”是马克思主义人口理论的更好概括》，《人口研究》2009年第5期。

④ 参见何建宁：《马克思主义两种生产理论对现实人口问题的几点启示》，《当代经济研究》2011年第4期。

⑤ 参见李新：《马克思主义两种生产理论研究》，河北大学硕士学位论文，2010年。

⑥ 参见宋严、栾亚丽：《略论唯物史观的创立》，《辽宁师范大学学报》（社会科学版）2004年第2期。

历史地、发展地看待劳动力成为商品的条件。[①] 高峰在《马克思的资本有机构成理论与现实》一文中讨论了资本有机构成的意义以及资本有机构成日益提高的规律。[②] 户晓坤在《〈剩余价值学说史〉中的资本逻辑:马克思对资本主义物质生产的前提性批判》一文中,在阐释资本作为抽象的社会权利、劳动力与劳动条件的分离以及生产性劳动与非生产性劳动区别的基础上,揭示资本主义物质生产过程中剩余价值的秘密。[③] 林美萍、蔡华杰在《解读马克思机器观的逻辑进程:从〈哲学的贫困〉到〈资本论〉的文本分析》一文中考察了马克思以唯物史观视域对普鲁东的批判。马克思科学地论述机器的产生与分工的关系,区分了机器与机器的资本主义应用,在学术界产生了深远的影响。[④]

第三,从马克思相对过剩人口理论的当代价值方面研究。张立伟和刘晓静在《对马克思相对过剩人口理论的发展与验证:基于中国就业状况的实证研究》一文中通过建模的研究方法对相对过剩人口进行定量分析,结合中国的实际,指出当今中国相对过剩人口存在的类型。[⑤] 王宁西在《马克思的相对过剩人口理论与当前我国的失业人口问题》一文中通过分析我国失业的现状、原因和影响,指出失业人口和相对过剩人口都是社会化大生产的产物,进而用马克思相对过剩人口理论来指导失业问题的解决。[⑥] 张立伟在《基于中国实际对马克思相对过剩人口理论的深入研究》中,论述了在社会主义市场经济条件下也会存在相对过剩人口,这是经济发展规律必然出现的结果,马克思的相对过剩人口理论仍然适合分析我国现阶段出现的失业现象,对解决我国的就业问题仍然具有巨大的指导意义。[⑦]

---

① 参见张学安:《对〈资本论〉论述的劳动力成为商品条件的思考》,《当代经济研究》1999 年第 7 期。

② 参见高峰:《马克思的资本有机构成理论与现实》,《中国社会科学》1983 年第 2 期。

③ 参见户晓坤:《〈剩余价值学说史〉中的资本逻辑:马克思对资本主义物质生产的前提性批判》,《现代哲学》2012 年第 3 期。

④ 参见林美萍、蔡华杰:《解读马克思机器观的逻辑进程:从〈哲学的贫困〉到〈资本论〉的文本分析》,《南华大学学报》(社会科学版)2010 年第 3 期。

⑤ 参见张立伟、刘晓静:《对马克思相对过剩人口理论的发展与验证:基于中国就业状况的实证研究》,《内蒙古财经学院学报》2012 年第 3 期。

⑥ 参见王宁西:《马克思的相对过剩人口理论与当前我国的失业人口问题》,《北方交通大学学报》(社会科学版)2003 年第 4 期。

⑦ 参见张立伟:《基于中国实际对马克思相对过剩人口理论的深入研究》,东北师范大学硕士学位论文,2008 年。

2.对人口老龄化的研究

我国学者对人口老龄化问题的研究较为深入,成果颇丰。

首先,大部分学者研究了延迟退休政策能否减轻养老金的支付压力这一问题。延迟退休年龄通过“增收减支”的作用机理,增强了职工基本养老保险制度的可持续性。[①] 王晓军和赵明分性别测算,以 60 岁退休的养老金支付额为基准,当退休年龄延迟到 65 岁时,男性平均降低21.46%,女性平均降低21.66%。[②] 于洪和曾益考虑了生育率的变化,假定男女退休年龄均延迟到 65 岁,那么到 2070 年养老保险基金不但没有支付缺口,还会有 36.55 万亿元的累计结余。[③] 刘万的估算结果表明,延迟退休年龄能够有效遏制职工养老金缺口的扩大趋势,特别是短期内就能够缩减职工养老金的收支缺口。[④]

其次,部分学者对延迟退休是否会引发挤进效应进行了研究。延迟退休年龄可以通过“岗位创造效应”促进就业,具体传导路径有两条:一是延迟退休年龄会提高适龄劳动人口数和降低制度赡养率,降低养老保险基金平衡必需的缴费率水平,减轻企业用工成本,从而刺激企业用工需求,增加就业[⑤];二是基于工作搜寻理论,在劳动力市场信息不完全、求职者的搜寻成本会随着求职时间的延长而提高、求职时间越长预期工资越高三个假设条件下,就业人数会随着求职者数量的增加而增加。延迟退休年龄无疑会增加求职者数量,从而导致就业人数上升。[⑥] 姚东旻将工作搜寻模型从单一部门单一产品拓展至高技术行业和普通行业两个部门,发现当产业结构为外生变量时,延迟退休年龄会降低青壮年劳动者失业率,而老年劳动者失业率会上升;当产业结构为内生变量时,延迟退休年龄会促进劳动者从普通行业向高技术行业转移,在这一过程中青壮年劳

① 参见杨钒:《延迟退休对养老金可持续性影响研究》,《宏观经济研究》2020 年第 5 期。

② 参见王晓军、赵明:《寿命延长与延迟退休:国际比较与我国实证》,《数量经济技术经济研究》2015 年第 3 期。

③ 参见于洪、曾益:《退休年龄、生育政策与中国基本养老保险基金的可持续性》,《财经研究》2015 年第 6 期。

④ 参见刘万:《延迟退休对城镇职工养老保险收支影响的净效应估计:基于 2025 年起渐进式延迟退休年龄的假设》,《保险研究》2020 年第 3 期。

⑤ 参见刘阳、彭雪梅、王东明:《延迟退休年龄对青年就业的影响:基于挤出和产出效应的比较研究》,《保险研究》2017 年第 2 期。

⑥ Mathieu Lefèbvre, “Unemployment and Retirement in a Model with Age-specific Heterogeneity”, *Labour*, Vol.26, No.2(2012), pp.137-155.

动者的失业率先下降后上升。[①] 阳义南和谢予昭对21个实施延迟退休年龄政策的国家进行分析,发现有16个国家的青年失业率降低了,只有5个国家的青年失业率有所上升。[②] 总的来看,延迟退休年龄政策对就业的挤出效应更多的是静态结果和短期效应。在动态和长期的视角下,延迟退休年龄政策能够通过"岗位创造效应"促进就业,尤其是能够促进年轻人就业。

再次,还有学者对延迟退休带来的再收入分配效应进行了研究。姜向群的研究表明,因为不同群体的预期寿命有着明显的差距,所以延迟退休年龄会造成不同群体间养老权益的逆向分配。[③] 余桔云通过模拟测算表明,如果延迟退休年龄,女性、新参保人员以及缴费年限短的人群获利程度较高。[④] 林熙和林义根据选择价值模型的预测结果认为,延迟退休年龄会对男性劳动者和低收入劳动者造成明显的经济损失。[⑤] 何立新认为延迟退休年龄能够缓解代际间严重的逆向收入转移效应,这必将缓解代际冲突。[⑥]

最后,不少学者还对延迟退休对经济增长的影响进行了研究,特别是延迟退休对生育率的影响。"延迟退休年龄能够直接提高老年人劳动参与率,甚至还有可能提高年轻人劳动参与率,即短期内可以扩大劳动供给。"[⑦]延迟退休年龄对长期劳动力供给的影响,取决于延迟退休年龄对生育率的影响。"一方面,延迟退休年龄会缩短老年期,这使得工作期的储蓄需求减少,劳动者会选择减少工作时间,将更多的时间用于抚育子女,从而提高了生育率;另一方面,延迟退休年龄会造成资本存量降低,个体会通过增加工作时间以满足其消费,从而导致生育率下降。"[⑧]并且,"即便延迟退休年龄能够提高生育率,其对经济增长

---

① 参见姚东旻:《产业结构升级背景下延迟退休与失业率的关系》,《中国工业经济》2016年第1期。

② 参见阳义南、谢予昭:《推迟退休年龄对青年失业率的影响:来自OECD国家的经验证据》,《中国人口科学》2014年第4期。

③ 参见姜向群:《推迟退休年龄对养老金总量以及个人养老金获取量的影响》,《人口研究》2012年第6期。

④ 参见余桔云:《延迟退休与养老金财富关系的定量考察》,《人口与经济》2014年第4期。

⑤ 参见林熙、林义:《延迟退休对我国劳动者养老金收入的影响:基于Option Value模型的预测》,《人口与经济》2015年第6期。

⑥ 参见何立新:《中国城镇养老保险制度改革的收入分配效应》,《经济研究》2007年第3期。

⑦ Jonathan Gruber and David Wise, "Social Security Programs and Retirement around the World", *Social Science Electronic Publishing*, Vol.1(2010), pp.277-300.

⑧ Helmuth Cremer, Firouz Gahvari and Pierre Pestieau, "Pensions with Endogenous and Stochastic Fertility", *Journal of Public Economics*, Vol.90, No.12(2004), pp.2303-2321.

的影响也是由经济增长模式决定"[①]。严成樑对这个问题也提出了自己的观点：如果经济体遵循新古典增长模式，延迟退休年龄能够提高生育率、促进经济增长；如果经济体遵循内生增长模式，延迟退休年龄通过抑制资本积累对经济增长的负向影响，会超过延迟退休年龄通过提高生育率对经济增长的积极影响。[②]

（二）国外的相关研究综述

1.国外对福利制度的研究

在福利制度学者看来，福利制度是指福利生产过程中资源在国家、市场和家庭之间形成的配置关系。在马克思主义的语境下，"国家、市场和家庭"大体上可以对应于"国家、资本和劳动"。许多马克思主义者认为福利制度的核心是福利国家，因此他们对福利制度的研究基本上集中于对福利国家的研究。

20 世纪 50 年代，随着福利国家在欧美兴起，西方马克思主义学者对福利制度进行了广泛研究，并形成了以下不同的观点。英国新左派认为，福利国家应视为对工人阶级进行社会控制的工具，它服务于资本积累的长期利益，这种观点被认为与马克思的论述相符。资产阶级建立福利国家的目的是确保资本主义形式的劳动力生产和再生产。不能否认福利国家给工人阶级带来的好处，但是，它们在很大程度上是确保资本利益的副产品。因此就不难理解福利改革由保守主义或自由主义精英发起，也不难理解福利国家并不必然带来跨阶级的收入再分配。马克思主义的女性主义者特别重视家庭这一劳动力再生产场所，她们认为劳动力再生产的变化是理解福利国家人口结构变化的窗口。"人口结构的变化对资本主义的内驱力产生了影响。例如，出生率下降的一个重要结果是，在缓慢变化的性别分工下，女性用于育儿的时间减少了，可供资本剥削的劳动时间增加了。与传统性别角色相比，女性照顾下一代的时间更短了，这可能会使她们参加劳动的时间更长了，或者对资本主义女性来说，在较小的范围内剥削其他女性和男性的劳动力。尽管如此，与没有其他变化的情况相比，劳动

---

① Gary S. Becker, Kevin M. Murphy and Robert F. Tamura, "Human Capital, Fertility, and Economic Growth", *Journal of Political Economy*, Vol.98, No.5(1990), pp.323-350.

② 参见严成樑：《延迟退休、内生出生率与经济增长》，《经济研究》2016 年第 11 期。

力变得更加女性化了。"[①]

在工业化时代,基于性别刻板印象的家庭模式特别有利于资本积累,因为这可以压低男性工人的劳动力再生产成本。出于意识形态的考虑,资本主义无法对作为私人领域的家庭进行直接干预,而只能通过福利政策对这种家庭模式进行支持。

英国著名马克思主义学者鲍勃·杰索普(Bob Jessop)对当代资本主义的四种福利体制作出解释:"第一类,自由主义类型。此种类型国家福利依赖三个重要支柱,分别是弱化国家的作用(即使在提供社会福利方面,国家也仅扮演剩余的角色)、劳动市场参与方面风险个人化而非社会化、以市场解决经济与社会问题。第二类,保守主义类型。这种类型国家福利包含中等程度的去商品化。第三类,社会民主福利型。这种福利体制在北欧经济体中发展得最为成熟。这种福利体制接受国家扮演解决市场失灵问题的补充角色,并将风险社会化,同时提供高水平的福利补助和制定再分配措施。第四类,家庭式或南欧式福利体制。这种体制在面对市场偶发状况时,依赖延展的大家庭进行经济和社会再生产,在这种大家庭中,主要由男性承担生计重任。"[②]

杰索普进一步从福利体制如何与经济增长模式(包括其嵌入国际劳动分工的方式,以及更为广泛的调节模式)相契合的角度,将欧洲国家和北美国家的福利模式分为四种类型:"第一类,自由主义福利体制。这种福利体制与以金融为基础、依靠市场调节的资本主义体制密切相关,在这种体制中资本的货币概念占据主导地位。第二类,社会民主福利体制。这种福利体制与小型开放经济体相关,这些经济体有强大的以福特主义为特征的出口导向部门,以利基市场为导向,拥有高技能、高生产力、高工资的出口部门。第三类,保守主义和合作主义型福利体制。这种福利体制与较大的经济体(无论是开放的还是封闭的)相关。这种福利体制在工业与金融之间、大型工业企业与中小企业之间进行协调,强调工艺生产以及协会组织、传统阶级和新的小资产阶级的作用。在这种福利体制中,资本的生产性概念占据主导地位。第四类,南欧福利体制。这种福利体制与发展中的外围福特主义经济体相关,有大型农业部门、传统社会结

---

① Marcelo Milan, "Demographic Changes, Pension Reforms, and Absolute Surplus Value: Intertemporal Exploitation in Contemporary Capitalism?", in *Confronting Capitalism in the 21st Century: Lessons from Marx's Capital*, ed. by Marc Silver, Cham: Palgrave Macmillan, 2020, pp.284-285.

② Bob Jessop, *The Future of the Capitalist State*, Cambridge: Polity Press, 2002, p.62.

构，具有家庭资本主义特征。”[①]

国外学者从资本积累的基本矛盾出发研究福利国家，将福利国家视为资本家联合起来管理基本矛盾的尝试。他们强调资本家无法如愿以偿地解决资本积累的基本矛盾，资本主义国家政策只能暂时地缓和矛盾或转移矛盾。这些政策不仅可以解释福利国家的兴起，还可以解释福利国家的衰落。在福利国家维度上，结构性的系统危机主要表现为经济危机、财政金融危机、政治危机、社会危机和话语危机。[②]

2.国外对相对过剩人口的研究

国外对马克思相对过剩人口理论的研究主要从以下两个角度展开。

第一，马克思相对过剩人口产生的原因角度。M. C. 霍华德和 J. E. 金在《马克思主义经济学史》中指出，马克思从资本有机构成提高角度分析相对过剩人口的出现是存在缺陷的，因为马克思没有看到剩余价值率提高对劳动需求的影响以及劳动力供给数量的增长超过了劳动力的需求。技术进步带来的影响是对劳动力需求减少，要避免这种情况发生就应该通过足够的产出增长来补偿技术削减的劳动力。费恩伯格结合当时的社会背景研究相对过剩人口问题，并指出技术进步只要与社会背景相联系就会出现相对过剩人口。

第二，分工对劳动力的影响角度。哈里·布雷弗曼在《劳动与垄断资本：二十世纪中劳动的退化》中阐述了机器应用于生产过程对劳动力的影响以及科学技术提高对劳动者的影响。在生产过程中，机器逐渐取代劳动力，劳动力逐渐退化为随时可以被更换的劳动者，分工加强了工人对资本的依附。

以上研究针对性较强，研究范围较小，缺乏宏观视野，没有对马克思相对过剩人口理论作出根本阐释和深度解析。并且国外学者对相对过剩人口理论的研究都基于特定的环境和特定的背景，没有用历史的、发展的眼光分析相对过剩人口问题。整体来看，随着科技和生产力的进步，全球人口预期寿命明显增加，这使得相对过剩人口也发生了变化。

3.国外对提高最低退休年龄的研究

马塞罗·米兰认为退休问题是一个重要的理论问题，如果我们要对“提高最低退休年龄”有关提案进行剖析，目前没有现成的研究成果可供借鉴，因为马

---

① Bob Jessop, *The Future of the Capitalist State*, Cambridge: Polity Press, 2002, p.68.

② 何子英：《从凯恩斯主义福利民族国家理论到熊彼特主义竞争国家理论：杰索普论福利国家的危机及其出路》，《马克思主义与现实》2006 年第 6 期。

克思主义相关文献没有特别强调退休规则。提高最低退休年龄会产生什么样的影响,可以从两个方面进行分析:“一方面,它可能会改变工人退出劳动力市场时所获得的社会总劳动的份额,从而减少他们潜在的终身消费。另一方面,这种变化使可供消费的跨期商业组合在去商业化的退休收入中缩水,迫使工人阶级继续受制于工资制度和资本更长时间的剥削,这可能会导致累积剩余劳动力的增长。”①对此,有必要了解人口结构是如何转变的,它影响着劳动力再生产的条件,直接影响剩余价值的生产和分配,因此也会影响资本积累方式。

二、美国超期剥削制度的新特点

马塞罗·米兰(Marcelo Milan)是巴西南大河州联邦大学教授,是研究美国养老金制度的专家。关于美国养老金制度改革的特点与形式,他重点讨论了如下四个问题:人口结构的变化是否导致人口危机;延长退休年龄对资本主义剥削有何好处;寿命延长是避免了劳动力短缺,还是促成了跨期剥削;终身额外社会必要劳动和终身额外剩余劳动。前两个问题探讨了美国养老金制度改革的特点,后两个问题分析了当代资本主义剥削的新形式。

(一)老龄化与延长退休时间

首先,马塞罗·米兰梳理了人口结构变化可能对资本主义社会产生的影响。一是对资本积累产生影响。它可能会改变庞大的“产业后备军”的性质,更多的退休人员成为潜在劳动力。工人通常提前开始工作,在停止工作退休之前死亡。因此,延长劳动者的退休时间成为强制节省养老金的一种形式。同时,在发达国家,人口呈下降趋势,劳动力可能出现短缺,养老金可能减少。在此情况下,推迟支付老年人的养老金能够缓解社会养老金总额的短缺状况。二是对劳动力市场的影响。妇女花在抚养孩子上的时间减少了,将可利用的劳动释放到资本中。考虑到劳动力市场上的性别歧视,以及父权关系的持续存在,资本家为同样的社会必要劳动时间支付的工资变低,这种变化允许对劳动力进一步剥削。三是对工人阶级的再生产产生影响,因为工薪家庭的出生率也在下降。

---

① Marcelo Milan, “Demographic Changes, Pension Reforms, and Absolute Surplus Value: Intertemporal Exploitation in Contemporary Capitalism?”, in *Confronting Capitalism in the 21st Century: Lessons from Marx's Capital*, ed. by Marc Silver, Cham: Palgrave Macmillan, 2020, p.282.

其次，马塞罗·米兰认为，人口的变化特别是人口老龄化凸显养恤金危机，尤其是在发达国家。他列举了两位学者的相反观点。一是贝克认为目前并不存在人口危机。工人和资本家的减少并不意味着美国退休人员或在职工人的潜在转移的减少。近几十年来生产率有了极大提高，以此可以抵消劳动人口的减少。从某种程度上来说，劳动人口减少对工人阶级甚至有利，因为他们有了更大的议价能力，以提高薪资水平。二是布莱克本强调了对人口老龄化节奏的预测的夸大，以及减少养老金支出或将养老金体系私有化的必要性。他认为医学进步带来的寿命延长、移民、技术进步等因素是解决劳动人口短缺的方法。

马塞罗·米兰同时也指出了他们的问题。一是预期寿命的增加并不是平均分布的。预期寿命和死亡率的变化也遵循了明确的阶级划分。资产阶级的预期寿命明显提高，而工人阶级的预期寿命则没有明显提高，甚至在某一时期不升反降。二是马塞罗·米兰认为移民只有在国家之间存在显著人口差异时才可能存在。布莱克本忽略了种族主义、民族主义、仇外心理、特朗普修建的"隔离墙"以及贫穷和富裕国家之间的边界等问题。这些因素可能导致移民失败。三是劳动力的生育成本降低，因为年轻人口通常由成年人直接给予个人支持，而 60 岁以上的人口通常通过国家间接维持，并可能实现规模经济。如果资本家决定雇佣工人，就可以增加剩余劳动时间和相对剩余价值，但这并不能解决劳动人口短缺的问题。

综上，马塞罗·米兰认为，从马克思剥削理论的角度来看，提高最低退休年龄带来的临时工作寿命的延长，扩大了绝对剩余价值的累积量。

(二)养老金的改革与退休制度的改变

当前，美国养老金改革的特点是什么？美国拟议的养老金改革通常是寻求改变劳动人口的年龄结构。马塞罗·米兰考察了一些学者关于这些问题的观点，形成了自己的基本看法。

第一，现代养老金制度显著增加了劳动者的预期寿命。

养老金制度建立的历史并不长，是在资本主义时代才产生的，是工业革命的结果。在前期的资本主义社会中，劳动者工作到死亡或感染致残疾病才停止劳动，否则就没有经济来源。马塞罗·米兰同意学界的观点："自现代养老金制度建立以来，预期寿命平均增长了 10 年。另外，现代养老金制度的建立也是阶级斗争的产物，在资本主义统治下，国家和地区的阶级斗争塑造了养老金制度的不同特点,特别是一般的社会保障制度。”①

第二,美国养老保险制度的嬗变。

美国养老保险制度经历了从传统的现收现付制到多支柱体系的转变。20世纪70年代以前,美国实行的是现收现付制的养老保险制度,即在职的一代人赡养已经退休的一代人。然而,随着人口老龄化的加剧和经济滞胀,这种制度的可持续性受到严重挑战。为了应对这些挑战,美国逐渐建立了三支柱养老金体系,包括社会保障、雇主发起式退休计划和个人养老金账户。这种转变旨在通过政府、雇主和个人的共同参与,确保养老保险的可持续性和稳定性。

第三,美国养老保险制度的特点。

三支柱体系:美国的养老保险体系由三支柱组成。第一支柱是社会保障,由政府主导,资金来源于社会保障税。第二支柱是雇主发起式退休计划,企业主导,由雇主和雇员共同出资。第三支柱是个人养老金账户,为养老保险提供了重要的补充。

多层次的保障:除了三支柱体系外,美国的养老金体系还包括自有住房和其他金融资产,这些资产在退休收入中也占有重要地位。自有住房的价值在退休后可以作为重要的经济来源,而其他金融资产则提供了多样化的投资选择。

立法和税收优惠:美国通过一系列法律法规和税收优惠政策来保障养老保险制度的运行。例如,《社会保障法》《雇员退休收入保障法》等为养老保险制度提供了坚实的法律基础,而税收优惠政策则鼓励企业和个人参与养老保险计划。

第四,提高退休年龄和延迟领取养老金。

鉴于人口老龄化趋势,以及经济发展放缓和财政收入降低,美国通过立法提高了法定退休年龄,以实现劳动者延迟领取养老金,以缓解养老金支付压力,确保养老金制度的可持续性。马塞罗·米兰强调“美国的最低退休年龄将从65岁提升到67岁,这一增长足以抵消累积的退休寿命增长”②。发达资本主义国家的社会保障支出占GDP的比例大幅增加,养老金制度也面临着困境,为了延缓养老金支付压力,政府出台了许多措施,包括在65岁之前设置退休障碍,提

① Marcelo Milan, “Demographic Changes, Pension Reforms, and Absolute Surplus Value: Intertemporal Exploitation in Contemporary Capitalism?”, in *Confronting Capitalism in the 21st Century: Lessons from Marx's Capital*, ed. by Marc Silver, Cham: Palgrave Macmillan, 2020, p.289.

② Marcelo Milan, “Demographic Changes, Pension Reforms, and Absolute Surplus Value: Intertemporal Exploitation in Contemporary Capitalism?”, in *Confronting Capitalism in the 21st Century: Lessons from Marx's Capital*, ed. by Marc Silver, Cham: Palgrave Macmillan, 2020, p.290.

高享受全额退休福利的最低年龄，以及养老金从现收现付到资本化制度转型。

马塞罗·米兰再次强调，“在讨论社会保障制度和人口变化时，人们不能忽视阶级方面。特别是，有必要了解其如何影响生产和劳动剥削的社会关系”①。

三、从《资本论》的剥削理论角度看延长退休年龄

马塞罗·米兰提出了一个观点：提高最低退休年龄，打破了劳动力在活跃商品时期和因退休而成为潜在商品之间的时间分离。也就是说，改革的目标是征用部分退休时间，推迟劳动力停止流通的退休年龄，从而允许资本继续剥削劳动力。“正如马克思提出的那样，劳动时间的基本问题仍然是当代资本主义的核心问题，尽管需要不同的处理方式。实际上，这种征用退休时间可以看作更为普遍现象的一部分，即榨取工人阶级所有可用的时间，以便让他们用更多的时间去生产剩余价值。”②

（一）延长退休年龄与新的剥削形式

在这里，马塞罗·米兰区分了日内工作强度。假设在一个工人和一个资本家之间的对话中，前者说：如果一个工人的平均生活时间（同时做合理的工作）是 30 年，那么你每天付给我的劳动力的价值是 1/(365×30)或总价值的 1/10950。但如果你在 10 年内消费它，你每天付给我 1/10950，而不是总价值的 1/3650，即只有日价值的三分之一，因此你每天都抢劫我创造的商品价值的三分之二。如果工人平均劳动 40 年，用马克思使用的所有其他参数计算，他的日工资是 1/(365×40)或 1/14600。“这意味着增加预期寿命可以降低劳动力的价值，增加相对剩余价值。在之前的‘慷慨’工资下，工人们的生活时间超过了提供资本所需的劳动时间。”③

---

① Marcelo Milan, “Demographic Changes, Pension Reforms, and Absolute Surplus Value: Intertemporal Exploitation in Contemporary Capitalism?”, in *Confronting Capitalism in the 21st Century: Lessons from Marx's Capital*, ed. by Marc Silver, Cham: Palgrave Macmillan, 2020, p.290.

② Marcelo Milan, “Demographic Changes, Pension Reforms, and Absolute Surplus Value: Intertemporal Exploitation in Contemporary Capitalism?”, in *Confronting Capitalism in the 21st Century: Lessons from Marx's Capital*, ed. by Marc Silver, Cham: Palgrave Macmillan, 2020, p.291.

③ Marcelo Milan, “Demographic Changes, Pension Reforms, and Absolute Surplus Value: Intertemporal Exploitation in Contemporary Capitalism?”, in *Confronting Capitalism in the 21st Century: Lessons from Marx's Capital*, ed. by Marc Silver, Cham: Palgrave Macmillan, 2020, p.285.

马克思认为，资产阶级获取剩余价值的方式主要有两种：一是提高绝对剩余价值，二是提高相对剩余价值。绝对剩余价值的生产是指劳动力在必要劳动时间已定的情况下，绝对延长工作日或者提高工作强度从而使剩余劳动时间延长所进行的剩余价值生产。主要途径有二：延长劳动时间或提高劳动强度。相对剩余价值是指在工作日长度不变的条件下缩短必要劳动时间而相应延长剩余劳动时间所产生的剩余价值。资本主义社会初期往往采用提高绝对剩余价值方式来增加剩余价值。然而工人的寿命有限，每天的时间也是有限的，随着资本主义的发展，逐渐采用提高相对剩余价值方式。随着社会发展和人口变化，这种方式也表现出了局限性，它往往取决于推动资本积累的竞争以及工作日的法律限制。而延长退休年龄这种提高绝对剩余价值的理想形式，没有法律限制和竞争压力。因此，增加劳动力的使用寿命可以使资本家阶级受益更长的时间。

然而，有一个观点是，更长的预期寿命对长期的额外剥削并不重要，只能定期避免劳动力短缺。更重要的是，这些变化重新调整了工人必要的工作寿命与剩余的非工作寿命的比例，也就是说，从工人的整个生命结构考察其新变化，而不仅仅是从传统的工作日角度考察其变化。从工人的角度来看，退休是强制性的。劳动力的价值应当考虑延长劳动者生育期限所必需的手段，包括劳动者不能转移劳动力的期限。如果没有，那么延长劳动寿命就类似于提取绝对剩余价值。它可以被认为是一种新的剥削方法，延长了劳动力进入资本循环的周期，避免了劳动力短缺，从而能够产生更多的剩余价值，从而使资本家进行更大的资本累积。

长寿是避免了劳动力短缺还是促成了跨期剥削（intertemporal exploition）？马塞罗·米兰认为，在资本主义生产方式下，工人阶级预期寿命的增加，一般来说，代表着持续剥削的预期的增加，工资奴役的再生产时间更长。资产阶级预期寿命的增加代表了在更长时间内占有更多剩余价值的期望的增加，尽管不一定是雇佣同一代工人。如果人口结构的变化不能被资本的欲望和其不稳定的劳动关系扭转，社会保障改革也不被通过，那么剥削将越来越多地发生在同一代人身上，而且被剥削者的年龄也会越来越大。

（二）跨期剩余劳动和跨期剩余价值生产

马塞罗·米兰认为，对工人阶级来说，养老金制度改革后，预期寿命的增加和随之而来的劳动被纳入资本的时间的延长，代表着资本剥削劳动者的情形得以持续，劳动者从属资本的时间被延长了。也就是说，人口预期寿命的总体增加，特别是工人阶级的预期寿命增加，允许更多的劳动力供给满足资本对劳动力的需求，维护了劳动力市场的稳定，无论是以主动劳动的形式还是以工业后备军队的形式。从劳动力再生产的角度看，几代劳动者的共存促进了劳动力的替代；从时间的角度看，促进了每个劳动者个人累积剩余价值的增加。由于预期寿命的增长在社会各阶层之间不均，寿命相对较长的资本家最终"不得不"剥削寿命稍长一些的不同一代的工人，但人口结构的变化和改革允许改变这一点，并建立同一代工人和资本家的长期服从关系，即使资本家"退休"更早。

马塞罗·米兰用图 12-1 和图 12-2 说明劳动时间的跨期分布与和跨期变化，并且分析了对跨期劳动和跨期剩余价值生产的影响。

(i) A′--------------------------B′-------------------------C′--------------H

(ii) A′-------------------------B′------------------------------C′----------H

(iii) A′-----------------B′------------------------C′------------------------H

图 12-1　日内劳动时间分配

(i) A-------------------------B---------------------------C-------------D

(ii) A-------------------------B---------------------------------C-----------D

(iii) A------------------B----------------------------C------------D

图 12-2　劳动者一生的跨期划分

图 12-1 是用时间维度表示的图，表示日内劳动时间分配的情况。

A′—B′段表示使用必要劳动力来重现劳动力价值的时期；

B′—C′段对应剩余劳动时间；

C′—H 段代表休息或非工作时间。

情况(i)说明了典型的工作日划分；情况(ii)显示了通过延长工作日（延长 B′—C′和剥夺工人的自由时间）获得的绝对剩余价值；情况(iii)显示了相对剩余价值情况。在最后一种情况下，工作日甚至可以缩短（较短的段 A′—C′），但不会影响剩余价值的生产。

图 12-2 代表了一个人一生的跨期划分，分为：童年（A—B）、工作寿命（B—C）和退休（C—D）。

情况(i)代表工人的典型生命周期,从出生(A)到死亡(D)。情况(ii)中,劳动者生命周期中劳动时间延长了,表明了预期寿命增加产生的影响。阶级斗争和女权主义斗争导致出生率和死亡率降低,养老金取代了劳动力价值中的老年人家庭护理,但没有减薪。这降低了劳动力短缺的可能性,从而有可能延长平均工作寿命(资本家的人口红利)。它还显示了养老金制度改革的效果,将C推向了图的右侧。C(i)和C(ii)之间的差异用于再生产劳动力的价值。第一部分可以被称为"超额社会必要劳动生命时间"(extra socially necessary labor for lifetime);另一部分致力于剩余价值的生产,可以称为"超额剩余劳动生命时间"(extra surplus labor for lifetime)。[①] 情况(iii)"可以被描述为再现了马克思所处的时代的情况,童年较短(劳动力成熟得更快),虽然整个寿命缩短了,但生命的被剥削期延长了"[②]。这也可能被视为与工作时间增加相关的预期寿命延长的结果。

图12-2中的情况(iii),可以被理解为图12-1中的情况(ii),图12-2中的情况(ii),反映了上一代劳动者劳动时间变化的最终结果。图12-2的情况(ii)意味着图12-1(i、ii和iii)的情形,在一个典型工人的一生中可以重复更多次。也就是说,在工人的一生中,跨时间剥削允许资本在更多的时间内循环剥削,这种情况导致资本能够在不同的维度增加剥削的程度。另外,预期寿命的增加减少了可变资本的代际轮换,同一代人在劳动过程中可以被使用更长的时间。如果更长的预期寿命允许日内绝对剩余价值生产时间更多地延长,就会加剧新型剥削机制。但即使不是这样的情况,工人在其一生中创造的累计剩余价值也必然会大幅度增加。

综上,马塞罗·米兰概括道:人口寿命的增加特别是工人阶级寿命的增加使得更多的劳动力加入产业循环中。从某一时期来看,几代劳动者的共存促进了劳动力的替代;从跨时期维度看,劳动者预期寿命的增加促进了每个劳动者累积剩余价值能力的提高。

---

① Marcelo Milan, "Demographic Changes, Pension Reforms, and Absolute Surplus Value: Intertemporal Exploitation in Contemporary Capitalism?", in *Confronting Capitalism in the 21st Century: Lessons from Marx's Capital*, ed. by Marc Silver, Cham: Palgrave Macmillan, 2020, p.301.

② Marcelo Milan, "Demographic Changes, Pension Reforms, and Absolute Surplus Value: Intertemporal Exploitation in Contemporary Capitalism?", in *Confronting Capitalism in the 21st Century: Lessons from Marx's Capital*, ed. by Marc Silver, Cham: Palgrave Macmillan, 2020, p.301.

四、结论

马塞罗·米兰是巴西的马克思主义学者，他关注当代资本主义的延长退休政策与资本剥削方式的新变化。他认为几十年来新自由主义在世界范围内推行养老保险制度改革，如延长最低退休年龄，减少实际养老金支付，以及废除公共养老金制度，并且通过延长工作时间来增强剥削，这些改革构成了对工人生活方式的严重侵犯。他强调，公共养老金体系的废除使工人的社会保障体制变得更加不确定，在社会机器变得先进和生活水平预期不断提高的背景下，改革养老金制度迫使工人出卖更多的劳动力，相当于增加了工作时间，实际是增加了资本家对劳动者的剥削。

马塞罗·米兰站在工人阶级立场，运用历史唯物主义和辩证唯物主义方法，从当代社会人口结构变化入手，创新性地解读了剩余价值在当代社会的体现，提出了终身额外社会必要劳动和终身额外剩余劳动的概念，揭示了当代养老金制度改革的剥削性质。近些年新自由主义对社会保障的改革以及通过延长劳动者的劳动时间进行过度剥削的事实，马塞罗·米兰认为这对工人生活方式造成了严重侵犯。应当按照马克思主义依赖理论中详述的劳动力过度剥削范畴的思想加以揭露，同时赋予马克思这一理论新的解读。

第一，马塞罗·米兰坚定地站在无产阶级立场上。他指出当代资本主义社会虽然人口结构总体呈现老龄化趋势，但是这种分布并不均匀。资产阶级的预期寿命的增加幅度明显大于工人阶级。社会阶层较低的人预期寿命增加较少，工人阶级尤其是受教育程度较低的人，甚至在某一段时间内预期寿命不增反降。

第二，马塞罗·米兰运用历史唯物主义和辩证唯物主义的方法进行分析。促成养老金制度改革的一大前提是人口结构变化。近代以来，尤其是近几十年来，科学技术迅速发展，医疗水平不断提高，世界人口的整体预期寿命不断延长。按照国际规定，一个国家或地区 60 岁及以上人口占比达到 10%，或 65 岁及以上人口占比达到 7%，即可认为达到老龄化程度。就这一标准来看，几乎所有发达国家都已进入老龄化社会，日本等国家更是进入了超老龄化社会。

第三，马塞罗·米兰分析了人口结构的变化对当代资本主义社会产生的巨大影响。它首先影响了资本积累。延迟退休年龄使得大量的退休人员成为潜在劳动力，扩大了产业资本的后备军团。其次在发达国家可能会出现劳动力短缺。2008年国际金融危机后，很多国家实施经济紧缩政策，大幅度消减包括养老金在内的社会福利，这可能意味着工人工作时间的延长。同样，在人口变化的条件下，有的研究者指出，新政策可以通过对老年人的社会剥削来平衡预算短缺，这是阶级斗争的新动态。再次对劳动力市场也会产生影响，劳动力市场将变得更女性化，因为妇女花费在抚养孩子上的时间减少，将可利用的劳动释放到资本中。最后，对与这一趋势有关的工人阶级的生产和生殖也有重大影响，因为工薪家庭的出生率有所下降。

第四，马塞罗·米兰创新性地提出了终身额外社会必要劳动和终身额外剩余劳动这两个概念，并对其进行定量分析，揭露了在人口结构变化背景下当代资本主义进行养老金制度改革的剥削性质，体现了《资本论》的当代价值。

马塞罗·米兰强调，在这种新的剥削背景下，工人阶级应该团结起来，通过斗争争取自己的利益，抵制资本通过推迟退休时间消耗劳动者的寿命，抵制延长劳动时间。同时，工人阶级应该争取对养老金的社会控制权，争取国家对额外的社会必要劳动寿命的"补偿"，努力改变养老金制度维护资本对工人阶级的剥削和服从资本利益的制度安排。

第十三章　当代资本主义危机与反抗不平等运动的辩证法

今天为什么要重构马克思的解放理论，提倡21世纪的解放运动有何意义？在法兰克福学派第三代学者南茜·弗雷泽（Nancy Fraser）看来，一方面这是发展马克思主义的需要，争取人类的全面解放是马克思主义的终极目标和价值追求；另一方面这也是批判当代资本主义的需要，“今天，资本主义的所有矛盾都达到了沸点。几乎没有人能摆脱政治混乱、经济不稳定和社会再生产枯竭的影响。当然，气候变化威胁着地球上所有的生命。人们也越来越认识到，这些灾难性的事态发展是如此紧密地交织在一起，任何一个问题的解决都不能脱离其他问题的解决”①。因此，为了摆脱资本主义制度给人类造成的灾难性后果，在21世纪重新思考人类解放事业，推动西方解放运动深入发展，具有重要的理论价值与现实意义。

一、南茜·弗雷泽对20世纪西方解放运动的反思

南茜·弗雷泽以她的女性主义正义理论享誉学界，她把西方马克思主义女权主义理论和正义论推到发展的新高度②，正义理论必然蕴含着解放的逻辑，南茜·弗雷泽的社会正义理论是带有解放意图的跨学科的完整社会批判理论③。

---

① Cinzia Arruzza, Tithi Bhattacharya, Nancy Fraser, *Feminism for the 99 Percent: A Manifesto*, London: Verso, 2019, p.31.

② 参见李丙清、付文忠：《弗雷泽的女权主义性别正义理论建构逻辑探析》，《兰州学刊》2016年第12期。

③ 参见［美］南茜·弗雷泽：《正义的中断》，于海青译，上海人民出版社2009年版，第46页。

根据正义理论的展开逻辑，社会解放是实现社会正义的唯一途径。20 世纪 80 年代以来，南茜·弗雷泽的研究重心从正义理论转向解放理论。南茜·弗雷泽立足于西方马克思主义的批判理论传统，基于战后资本主义社会运动及女性解放运动视野，借鉴马克思在《资本论》中采用的研究方法，开始反思 20 世纪资本主义危机与西方解放运动的辩证关系，总结 20 世纪西方解放运动的成败得失。

首先是对战后西方资本主义危机新特点的反思。南茜·弗雷泽认为，传统马克思主义的危机分析主要从政治经济学的角度展开，这种分析角度当然非常重要，但也不能忽略对资本主义其他方面危机的考察。匈牙利思想家卡尔·波兰尼(Karl Polanyi)把资本主义危机描述为其超越了经济危机的范畴，是一个多方面的历史进程，他把地方反抗、国家政治、国际事务和全球金融体制等方面的矛盾也纳入资本主义危机的考察范围内。南茜·弗雷泽很赞同波兰尼对西方资本主义危机的综合性认识，认为波兰尼的分析框架有助于克服"狭隘的"经济主义。

在波兰尼的影响下，南茜·弗雷泽提出了对资本主义危机的分析框架，概括了战后资本主义危机的四个特点：经济层面，在全球化背景下，全球金融体系摇摇欲坠，世界各地的生产和就业一落千丈，长期衰退的前景即将到来；社会层面，当代资本主义的社会危机日益凸显，比如社区被摧毁，许多家庭流离失所，很多地区被战争和疾病毁坏；生态层面，全球变暖不断加剧，环境污染日益严重，资源枯竭不可避免；政治层面，资本主义的政治危机表现为现代国家统治的危机，美国霸权主义引发了全球深刻的政治危机，引发了全球治理的困境与危机。[①] 由此，南茜·弗雷泽认为，当今资本主义危机是多维度的，不仅有经济危机、金融危机，而且有生态危机、社会危机和政治危机。南茜·弗雷泽强调对当今资本主义危机的性质和根源的反思，不能只专注于经济系统的"逻辑"，而应该以一种扩展的多维视角进行理论剖析。

其次，南茜·弗雷泽强调，为了更好地澄清资本主义危机的本质和根源，更好地理解社会危机与解放运动的辩证关系，需要对战后西方资本主义解放运动进行全面考察。南茜·弗雷泽指出，二战前几乎所有重要的政治斗争都是以"解放"的名义进行的，"如废除奴隶制、妇女的解放、殖民地人民的抗争等。二战后，特别是 20 世纪 60 年代以后，解放运动的范围扩大了，包括反种族主义、反帝国主义、反战运动、新左派运动、女性主义运动、环保主义运动、文化多元主

---

① 参见陈良斌：《南希·弗雷泽的资本主义危机新论》，《国外理论动态》2019 年第 10 期。

义运动等"[①]。

波兰尼把战后资本主义的社会运动描述为市场力量和社会保护运动之间的"社会冲突范式"[②]。根据他在《巨变:当代政治与经济的起源》一书中提出的"双重运动"分析框架,市场力量的逻辑是把人类与自然环境彻底商品化,必然会导致对社会与自然环境的严重破坏;社会保护运动的逻辑是对抗市场力量的商品化逻辑,阻止彻底的商品化给经济与社会带来灾难性后果。[③] 尽管波兰尼的社会运动分析框架受到了南茜·弗雷泽的重视,但是她不完全赞同波兰尼的观点,因为波兰尼的框架缺乏解放维度。南茜·弗雷泽认为,西方国家战后的诸多社会运动既不支持市场化运动,也不支持反对市场化的社会保护运动,这些社会运动是政治解放运动,它们追求和信奉的是"全面解放的构思"[④]。南茜·弗雷泽指出,战后世界范围内争取解放的政治斗争与社会运动应该受到重视,这些解放运动内在逻辑超越了波兰尼的"双重运动"逻辑,解放逻辑是反抗资本主义的"第三种逻辑"。南茜·弗雷泽通过系统考察战后解放运动和政治斗争的内在逻辑,对 20 世纪资本主义社会解放运动有了新的认识,为重构 21 世纪的解放理论奠定了基础。

再次,妇女解放运动是战后解放运动的重要组成部分,南茜·弗雷泽对战后女性主义解放运动也进行了系统反思。南茜·弗雷泽认为,西方女性主义运动专注于反对市场化、商品化的社会保护运动,导致西方女性主义争取解放的政治运动被困于市场化与反市场化的双重斗争之中。许多女性主义者没有意识到女性主义运动的目标在于争取解放,导致其参与的政治斗争偏离了争取妇女解放的宗旨。面对自由主义市场化的扩张,妇女为了保护自己的平等权利,希望依靠国家的力量来对抗市场力量的扩张,但这是不现实的。因为社会保护的主体不是社会,实际上是有政治权力的国家,国家可以和社会联合,限制市场,也可以和市场联手限制社会。在南茜·弗雷泽看来,对于女性主义运动而言,只有坚持马克思主义的解放理论立场,才能够把握妇女解放运动的发展方

① Nancy Fraser, *Fortunes of Feminism: From State-Managed Capitalism to Neoliberal Crisis*, London: Verso, 2013, p.227.

② Nancy Fraser, *Fortunes of Feminism: From State-Managed Capitalism to Neoliberal Crisis*, London: Verso, 2013, p.228.

③ 参见[波兰]卡尔·波兰尼:《巨变:当代政治与经济的起源》,黄树民译,社会科学文献出版社 2013 年版,第 26 页。

④ Nancy Fraser, "A Triple Movement? Parsing the Politics of Crisis after Polanyi", *New Left Review*, No.81(2013), pp.119-132.

向。事实上，女性主义者在每个时代都提出了自己的解放诉求，当然，女性主义运动在不同时期解放诉求的指向有所不同：有时指向经济不平等，有时指向政治不平等，有时指向身份不平等。南茜·弗雷泽强调，从马克思主义立场看，女性主义者提出的解放诉求应该重构，把清除一切形式的资本主义统治纳入妇女解放诉求之中。

最后是对新自由主义政治霸权压迫性特征的解读。南茜·弗雷泽尖锐地指出，新自由主义在全球的扩散引发了“两种灾难性的后果：一方面是经济体系的严重不稳定，另一方面是自然和社会的不稳定”①，新自由主义成为全球不稳定的根源。南茜·弗雷泽审视了战后资本主义福利国家的压迫性特征，指出西方社会保障制度提供经济救济的意图是巩固其政治统治。从 20 世纪 60 年代开始，马克思主义者、社会主义者和左翼女性主义者对资本主义社会保障的压迫性特征进行了揭露。南茜·弗雷泽认为，资本主义的社会保障存在两种模式：“等级保障”和“错误建构保障”。等级保障的压迫性体现为设置了许多先决条件，依凭这些先决条件，否认某些特定人群具有参与社会保障的权利；错误建构保障的压迫性体现在规模上的不匹配，把需要被保障的群体错误地排除在保障之外，同时让他们承受保障其他群体的代价。所以，南茜·弗雷泽说：“等级保障否认了内部的平等，而错误建构保障则建构了外部的他者。”②在此基础上，南茜·弗雷泽对 20 世纪解放运动面临的困境进行了解读。20 世纪解放政治斗争主要集中在对社会保障制度的批判上，偏离了解放目标，造成了西方解放运动的两个困境：一方面对精英个人主义和私有化的消费主义不加批判地接受，另一方面忽视了劳动者群体的合法性诉求。这些解放运动的困境，导致解放运动陷入了“士气低落，处于守势，缺乏信念”的局面。因此，重新确立 21 世纪西方解放政治的斗争目标，深入揭露资本主义的压迫性特征，旗帜鲜明地反对新自由主义的政治霸权，揭露新自由主义对资本主义的辩护，是 21 世纪解放理论需要回应的重要课题。

---

① Nancy Fraser, “A Triple Movement? Parsing the Politics of Crisis after Polanyi”, *New Left Review*, No.81(2013), pp.119-132.

② Nancy Fraser, “Marketization, Social Protection, Emancipation, Toward a Neo-Polanyian Conception of Capitalist Crisis”, in *Business as Usual: The Roots of the Global Financial Meltdown*, ed. by Craig Calhoun and Georgi Derluguian, New York: New York University Press, 2011, pp.137-159.

二、南茜·弗雷泽对21世纪解放运动的理论重构

通过对20世纪特别是战后西方解放运动的深刻反思，南茜·弗雷泽发现了20世纪解放运动存在若干迫切需要解决的问题：一是解放运动的内涵不清晰，造成了理论与实践混乱；二是解放运动目标与价值诉求也亟待澄清；三是需要对解放运动批判维度进行重构；四是21世纪妇女解放运动需要新的规划；五是21世纪解放运动的任务需要明确阐释。

首先是南茜·弗雷泽对21世纪解放运动内涵的重构。为什么要重新界定解放概念？南茜·弗雷泽指出，虽然解放运动一直在进行，但女性主义、反帝国主义、多元文化主义和新左派等运动并没有对解放运动的内涵给出一个明确的解释。为了明确当代资本主义解放政治斗争的方向，不被新自由主义意识形态霸权干扰与破坏，南茜·弗雷泽对当代解放政治概念内涵进行了重新界定。南茜·弗雷泽认为，解放概念重构必须立足于马克思主义理论传统，同时把当代资本主义的新变化纳入概念规定性之中，当代西方左翼解放政治概念内涵应该包含以下三点。

第一，解放斗争就是要反对一切形式的统治。南茜·弗雷泽强调解放"旨在揭露植根于经济与社会中的任何统治形式"①。解放不是社会改良，让资本主义变得更公平、更自由；解放就是追求社会结构的彻底改变，终结资本主义的经济压迫与政治统治。第二，解放批判的主旨是从正义的立场对所有类型的规范进行批判性审视，这些规范包括市场交换规范和伦理、道德等非市场规范。南茜·弗雷泽认为资本主义就是不平等的统治制度，这种不平等在资本主义制度内无法解决。第三，解放政治的首要任务或最高价值是实现平等，推翻一切形式的不平等与压迫，实现人的真正解放；这是一个后资本主义社会，是一个实现了公平正义的美好社会。综上所述，南茜·弗雷泽的解放概念可以概括为：消除等级秩序，克服统治与压迫，追求主体间的平等以及实现正义。南茜·弗雷泽把解放运动看作一种超越资本主义的历史选择。

其次是南茜·弗雷泽对21世纪解放运动目标与价值诉求的重构。她指出，女性主义、反帝国主义、多元文化主义等社会斗争，在社会运动中提出的解

---

① Nancy Fraser, "A Triple Movement? Parsing the Politics of Crisis after Polanyi", *New Left Review*, No.81(2013), pp.119-132.

放诉求不同,反抗的统治领域也不同,但他们的解放诉求包含了一个共同的原则,即平等参与,平等参与原则也是解放运动的重要推动力。她还考察了当代资本主义不平等的不同表现,资本主义统治分布于社会领域、经济领域、市民社会领域或国家领域,形成了阻碍平等参与的不同形式,由此也决定了解放的不同目标与内容。

南茜·弗雷泽区分了四种解放目标:①当要消除地位不平等的等级制时,解放意味着身份秩序的转变;②为了克服核心国和边缘国之间的分野,保证所有人公平地、充分地获得资源的资格,解放意味着改变全球政治——经济领域的不平等秩序;③让少数社会成员也能平等地参与社会生活,解放意味着公共领域参与规范的改变;④为了促进平等参与并消除统治,解放意味着社会结构与公共权力运行模式的改变。无论哪一种情况,她都强调消除平等参与的障碍是包含在不同解放诉求之中的核心价值观。

由于解放目标与价值的不明确,解放运动困在两方对抗力量之间:一方是资本逻辑把一切社会关系市场化与商品化的力量,另一方是保护社会免于商品化危害的力量。南茜·弗雷泽指出,市场化的力量是把既有阶级意识转变为消费主义意识,把群众转变为原子化大众,这极大地削弱与瓦解了解放运动的团结;而资本主义反市场化的社会保护力量,反抗的对象是经济领域,但真正的权力压迫是在政治领域,这样就转移了解放运动的斗争目标与方向。因此,争取解放的政治斗争必须把握市场化的社会保护力量与反对市场化力量之间冲突的辩证关系,牢牢把握当代解放政治斗争的方向。[①] 只有这样才能够克服解放运动的内在矛盾与困境,开创 21 世纪解放运动的新局面。

再次是南茜·弗雷泽对 21 世纪解放运动批判维度的重构。南茜·弗雷泽对解放运动的批判维度进行了分析。当代解放运动包括反种族主义运动、女性主义运动、和平主义运动、环保主义运动、多元文化主义运动、新左派反抗运动等,这些运动具有不同的政治诉求,具有多样性的解放主张。这些解放斗争集中体现了反对资本主义统治方式的多样化。当代资本主义主要统治形式包括身份统治、经济统治、政治统治和官僚机构统治。针对当代资本主义的主要统治形式,南茜·弗雷泽提出了当代西方社会解放政治斗争运动的三个新维度:在文化领域,对身份的"错误承认"展开批判;在经济领域,对"错误分配"展开批

---

① Nancy Fraser, "A Triple Movement: Parsing the Politics of Crisis after Polanyi", *New Left Review*, No.81(2013), pp.119-132.

判;在政治领域,对"错误代表"展开批判。南茜·弗雷泽明确强调,解放批判是挑战资本主义的身份统治方式、经济统治方式和政治统治方式的重要途径。南茜·弗雷泽的理论创新表现在把解放运动的三个批判维度与资本主义社会、经济、国家的统治方式辩证地联系起来,然后展开系统批判。这一解放批判策略具有重要意义,因为南茜·弗雷泽极大地扩展了解放理论对资本主义统治方式的批判范围。从南茜·弗雷泽的解放理论角度来看,21 世纪反资本主义的解放斗争比传统西方马克思主义者主张的范围要广泛得多,不只是经济领域劳资之间的斗争,也不仅是反抗经济剥削,还包括反抗身份压迫、文化压迫和政治压迫。南茜·弗雷泽对 21 世纪解放运动批判维度的重构具有重要的批判理论创新性。

从次是南茜·弗雷泽对 21 世纪妇女解放规划的重构。南茜·弗雷泽强调,对 21 世纪妇女解放规划的重构,首先要恢复女性主义思想在解放目标中的重要地位,需要"追问并探索女权主义怎样才能恢复解放承诺"[①]。因此,"女性主义理论不能逃避资本主义的社会问题"[②]。她还分析了当代资本主义新发展导致的一系列后果:资本积累的主要引擎不再是对劳动的开发;新技术降低了劳动的作用;工人阶级的力量和影响力急剧减小,劳资之间的阶级划分变得模糊;劳工组织不再像以前一样具有强大的影响力。根据资本主义工作场所与工作方式的新变化,女性主义运动必须调整自己的斗争策略,提出新的主张与纲领,重新凝聚反抗资本主义霸权的社会力量,这是女性主义解放运动新规划的重要内容。为了实现这一目标,"我们需要超越自由主义女性主义所倡导的工作理想化,开拓关乎性别正义的解放事业的更全面的视野"[③]。

关于 21 世纪妇女解放的可能性,南茜·弗雷泽指出,当代资本主义矛盾积累就蕴含着解放的可能性。南茜·弗雷泽详细剖析了新自由主义霸权危机的破坏性政治后果,西方反抗资本主义的各种政治力量能够利用资本积累危机,诉诸解放政治的斗争。这种新的解放可能性为受压迫妇女提供了解放斗争的方向,"她们不仅寻求收入与安全,而且寻求尊严、自我完善,还有从权力压迫下

① 李丙清、付文忠:《弗雷泽的女权主义性别正义理论建构逻辑探析》,《兰州学刊》2016 年第 12 期。

② Nancy Fraser, *Fortunes of Feminism: From State-Managed Capitalism to Neoliberal Crisis*, London: Verso, 2013, p.227.

③ [美]玛德琳·施华兹:《从国家管理资本主义到新自由主义危机:评南希·弗雷泽主编〈女性主义之幸〉》,杨侠译,《国外理论动态》2013 年第 12 期。

的解放”[①]。从权力压迫下解放出来，就是推翻资本主义不平等的社会结构，把广大妇女从资本主义的多重压迫下彻底解放出来，这是南茜·弗雷泽为21世纪妇女解放新规划设定的目标。

最后是南茜·弗雷泽对21世纪解放任务的重构。她说："所有关于资本主义的讨论都表明，一种日益增长的直觉，即围绕我们的各种各样的弊病——金融、经济、生态、政治、社会——都可以追溯到一个共同的根源上。"[②]资本主义危机"共同的根源"就是资本主义制度本身。在资本主义制度框架下，经济危机、政治危机、环境危机、社会危机都无法解决，社会不平等问题、贫富差距问题、性别不平等问题也无法克服。因此，重构解放理论的革命目标、政治任务、依靠主体、实现途径，都离不开对不平等、不正义制度根源的认识与批判。

南茜·弗雷泽在继承批判理论传统的基础上，努力推进21世纪马克思主义解放任务的重构，把解放理论的建构奠基于当代资本主义真实的历史现实，努力挖掘当代西方社会反抗运动内在的解放潜力，致力于把这些解放潜力转变为反对资本主义不平等的政治斗争，增强"促进人类真正解放的伟大斗争的动力"。南茜·弗雷泽对21世纪的解放任务从四个方面进行了重构：①引领当代解放运动的走向，纠正认识偏差，克服解放运动面临的挑战与矛盾；②建立多样性联盟，把新社会运动联合起来，把各国反对资本主义的力量联合起来；③发展马克思主义解放理论内容，解放运动不仅仅是反对劳资对立与阶级冲突，还要反对男女不平等、种族不平等、文化不平等、生态不平等；④解放是实现真正平等的唯一途径，只有推翻"真正存在的"资本主义，才能实现马克思所说的真正"人类的解放"。

三、南茜·弗雷泽解放理论的最新发展及其意义

南茜·弗雷泽对21世纪解放运动的理论重构是在2008年以前完成的，2008年席卷全球的金融危机爆发后，西方左翼学者纷纷提出了取代资本主义的最新反思。詹姆逊在2011年指出，全球化已经造成这样一个局面，资本主义系统空前巨大，任何可以想象的形式与个人抵抗都奈何不了它，但面对处于绝无

① Nancy Fraser, *Fortunes of Feminism: From State-Managed Capitalism to Neoliberal Crisis*, London: Verso, 2013, p.240.

② Nancy Fraser, *Fortunes of Feminism: From State-Managed Capitalism to Neoliberal Crisis*, London: Verso, 2014, p.55.

仅有的金融危机阵痛之中的资本主义系统，我们完全不能说，我们处于一个资本主义体系非常稳定，任何主体力量和行动可能都不存在的历史时期。[①] 托尔斯·皮凯蒂(Thomas Piketty)指出：资本主义无法解决不平等问题，参与式社会主义新规划是超越资本主义的新策略。"我认为，今天的认同政治是失败的，原因是缺乏有说服力的国际性的平等主义纲领，换句话说，缺乏一个真正可信的社会联邦主义，"皮凯蒂强调，"我们应该从历史经验中吸取教训，并展望21世纪的参与式社会主义"。[②]

作为法兰克福学派的重量级代表人物，南茜·弗雷泽当然也不例外，她针对资本主义金融危机的新特点，对当代资本主义危机的新变化与解放运动的辩证发展过程进行新的理论考察。她在《女性主义宣言》和《资本主义：批判理论的对话》两部重要著作中，提出了自己对解放运动的最新思考。

其一，提出了对解放运动与非解放运动的判断标准。金融危机爆发以来，西方社会反抗运动风起云涌，民粹主义异军突起，如何辨认解放运动？有没有一定的判断标准？南茜·弗雷泽在2019年关于"资本主义"的访谈中回答了这个问题。在后马克思主义代表拉克劳看来，今天的解放是小写的解放，含义不确定、具有多样性；解放主张没有普遍性的标准，任何解放主张和"任何斗争都不能声称代表了'人类的全面解放'"[③]。南茜·弗雷泽不但提出了标准，而且认为各种解放运动具有共同的基础，强调确立"判定标准至关重要"，还提出了三个区分解放和非解放运动的标准。第一个标准是非支配性(nondomination)：非支配原则主张扬弃把社会群体从属关系制度化的社会秩序，资本主义的制度性分离巩固了根深蒂固的统治关系，包括性别、种族/人族和阶级。任何想改变这些制度的主张，如果加强或巩固了资本主义的支配性，那就不是解放主张，如果削弱了共支配性就是可接受的解放主张。第二个标准是功能的可持续性(persistence)：任何解放主张都必须是可持续的，必须能够在新社会秩序中制度化，并有能力随着时间的推移确保自我稳定。新社会秩序不能建立在导致持续动荡的基础上，也不能以自身基础的不稳定为前提。解放运动确实需要可持续发展。第三个标准是民主性(democracy)：任何可接受的解放主张必须能够制

---

① 参见[美]弗雷德里克·詹姆逊：《重读〈资本论〉》，胡志国、陈清贵译，中国人民大学出版社2013年版，第116页。

② Thomas Piketty, *Capital and Ideology*, Cambridge: Harvard University Press, 2020, p.47.

③ [英]恩斯特·拉克劳：《我们时代革命的新反思》，孔明安译，黑龙江人民出版社2006年版，第272页。

度化，能够让参与者可以继续反思、质疑这些主张，决定这些主张是否对他们有用，并在必要时进行修改与完善。南茜·弗雷泽说："作为一个判断工具，这三个标准应该一起使用。"[①]这三个标准具有现实意义，为辨认改变资本主义社会结构的解放主张与解放运动提供了依据。

其二，提出了辨认资本主义矛盾与危机的新框架——"4D"结构图。弗雷泽在《资本主义：批判理论的对话》一书中提出了最新的分析模式，解读资本主义危机趋势与特点，引起学界的广泛重视。[②] 南茜·弗雷泽认为，资本主义的矛盾和危机倾向不是表面的，而是内在的、深层次的。2008年金融危机表明，当代资本主义矛盾和危机有四个显著特点，由四个"D"构成：分离（dissociation）、依赖（dependence）、否认（disavowal）和不稳定（instability）。

第一个"D"是分离，指的是资本主义的生产与再生产的制度性分离、经济与政治的分离、人类社会与自然界的分离。这些分离在以前的社会形态中并不存在，它们是资本主义的产物，它们之间的紧张关系也是。

第二个"D"是依赖，资本主义不仅将经济与政治、自然和社会再生产区分开来，而且使经济依赖于它所塑造的"他者"，把"他者"作为经济可能依靠的背景性条件。资本主义经济发展离不开社会的公共权力、社会再生产和自然资源的投入，这就是经济的依赖性，也是危机与矛盾的根源，因为这些背景条件经常遭到破坏。

第三个"D"是否认。资本主义社会不仅把经济与经济依赖的必要背景条件分开，同时又使前者紧密依赖后者。但是，它否认或否定资本主义经济从"非经济"领域中汲取了价值。南茜·弗雷泽说这是矛盾的核心：资本主义经济不断地从这些领域吸取价值，同时又否认这些领域具有的价值。结果是，资本家假设社会再生产、公共权力和自然资源投入几乎都是无限的，把这些东西当作免费的礼物，他们不但不关心如何补充这些投入，而且破坏他们依赖的这些投入。

第四个"D"是不稳定。不稳定是用来描述资本主义社会有一种内在的不稳定倾向，沿着它的三个构成边界——生产/再生产、政治/经济、人类社会/非人类自然展开，构成资本主义内在的危机趋势。当把资本主义的四个不稳定因素结合在一起时，就把资本主义置于危机与矛盾结构图中。

---

① Nancy Fraser and Rahel Jaeggi, *Capitalism: A Conversation in Critical Theory*, London: Polity Press, 2018, p.178.

② Nancy Fraser and Rahel Jaeggi, *Capitalism: A Conversation in Critical Theory*, London: Polity Press, 2018, p.155.

"4D"结构图以新的方式表现了资本主义特有的、内在的危机趋势，令人耳目一新。南茜·弗雷泽说这是一幅重新绘制的资本主义社会危机的"4D"结构图，其理论创新性主要表现在：以一种"伦理方式"①，来解释资本主义的危机趋势与矛盾结构。

其三，强调用一种发展的马克思主义认识解放运动的多样性。南茜·弗雷泽在《女性主义宣言》中指出，马克思主义对当代解放运动的潜在影响是非常深远的；同时，当代西方的解放运动的发展也为马克思主义解放理论的发展提供了可能性。"正如我们在《女性主义宣言》中所指出的，女权运动迫使我们重新思考什么是阶级，什么是阶级斗争。卡尔·马克思把工人阶级理论化为普遍阶级，他的意思是，工人阶级通过斗争来推翻资本主义的剥削和统治，同时也在挑战一个压迫世界绝大多数人口的社会制度，从而推动人类事业的发展。"②但是，她也强调西方一些马克思的追随者并不总是明白，无论是工人阶级还是其他阶级，都不是一个没有差别的、同质的实体，忽视了他们的内在差异就不可能实现普遍性的主张。她说："今天如果不能发展马克思的工人阶级概念，就会为这些政治和思想上的失误付出代价。但仍有许多的左翼人士陷入旧的普遍性模式之中，认为让我们团结起来是一个同质的阶级概念，女权主义和反种族主义的'多样性'可能会分裂我们的队伍，因为新自由主义者利用'多样性'在美化资本的掠夺行为。"③

南茜·弗雷泽强调，承认解放运动多样性很重要，但在认同解放运动多样性的同时，必须纠正新自由主义利用多样性对解放运动的干扰与瓦解，确保解放运动的目标不被扭曲，这一认识具有重要的现实意义。"对我们来说，特别重要的是纠正我们这个时代的解放运动，现有的解放运动已成为助长新自由主义

---

① "伦理方式"示例：南茜·弗雷泽分析了一位母亲向儿子讨要赡养费的诉讼案例，认为案例表现了资本主义危机结构的三个基本特征。一是分离性。它公开了一个资本主义更愿意忽视并试图掩盖的普遍性现象：人类的诞生、照顾和抚养需要数量巨大的时间和资源投入。二是依赖性。它强调创造和/或维持人类的大部分工作仍由社会中的女性承担。三是否认性。它揭示了在正常情况下，资本主义社会对这些重要工作的看法是毫无价值，尽管资本主义的发展完全依赖于它们。三者结合就是不稳定性。Cinzia Arruzza, Tithi Bhattacharya and Nancy Fraser, *Feminism for the 99 Percent: A Manifesto*, London: Verso, 2019, p.26.

② Cinzia Arruzza, Tithi Bhattacharya and Nancy Fraser, *Feminism for the 99 Percent: A Manifesto*, London: Verso, 2019, p.31.

③ Cinzia Arruzza, Tithi Bhattacharya and Nancy Fraser, *Feminism for the 99 Percent: A Manifesto*, London: Verso, 2019, p.31.

力量的盟友和借口。”[①]南茜·弗雷泽直面西方马克思主义的女性主义解放运动面临的新困境与新挑战，提醒左翼女权主义抵制新自由主义意识形态的影响，用发展的马克思主义对抗新自由主义意识形态霸权的影响。

其四，强调工会、工人阶级联盟在解放运动中的重要作用。南茜·弗雷泽在2019年关于“超越新自由主义与特朗普的民粹主义”的访谈中，对解放规划组织问题提出新看法。她认为当代社会的解放运动对工会、政党和其他形式的工人阶级组织考虑得不够，今天左派解放事业“至少在两个方面处于危机之中——我们既缺乏纲领性的远见，也缺乏组织化的观念”[②]。解放事业纲领性远见与组织化的观念的缺乏，导致了解放事业不能健康发展，左翼人士直接变成了新无政府主义者。弗雷泽说“如果真的想从根本上改变世界”，解放纲领很重要，但组织问题更重要，解放纲领规划得再好，没有组织去实现也是空谈。

关于组织问题，南茜·弗雷泽说，在美国这样的国家，人们不能低估工会的潜在力量和重要性。美国需要一个能够将服务业工人、快餐业工人、家政工人、农业工人、公共部门工人的工会联合起来的规划组织的纲领。纲领会保护现有的工会，还要在没有工会的地方组织工会，扩大工会组织的范围。在这个问题上，如果没有一个可信的政治立场，没有一个可行的组织战略来解决这些问题，解放斗争就不可能走出困境。

为了更好地扩大工会组织，必须重构工人阶级概念，如果左派希望建立一个新的反霸权集团，就不得不以一种新的方式来设想这个“工人阶级”，“工人阶级”将包括制造业和采矿业工人、白人、异性恋、男性、多数族裔，也包括其他有薪与无酬的职业人群，如移民、妇女和有色人种。如果能用这种方式重构工人阶级概念，就可以建构工人阶级中的领导集团，其中应该包括各级工会组织、各劳动阶层代表人物，这将是一个强大的新联盟，有可能成为一个新的领导集团联盟。南茜·弗雷泽说：“认识到工会的重要作用，社会解放运动需要重塑工会的形象。”[③]这一重要论断指引西方解放运动沿着正确轨道发展，只有推翻资本主义的压迫性统治，才能实现真正的平等。

---

① Cinzia Arruzza, Tithi Bhattacharya and Nancy Fraser, *Feminism for the 99 Percent: A Manifesto*, London: Verso, 2019, p.24.

② Nancy Fraser and Bhaskar Sunkara, *The Old Is Dying and the New Cannot Be Born: From Progressive Neoliberalism to Trump and Beyond*, London: Verso, 2019, p.22.

③ Nancy Fraser and Bhaskar Sunkara, *The Old Is Dying and the New Cannot Be Born: From Progressive NeoliberaLism to Trump and Beyond*, London: Verso, 2019, p.22.

四、结语

南茜·弗雷泽努力把马克思主义的解放理论与西方马克思主义批判理论的正义理论结合起来，全面描述了当代西方社会解放斗争经历的困境与挑战，对21世纪解放运动的现状与发展趋势进行了具体分析，力图把马克思主义解放运动的根本宗旨作为重构解放运动最重要的任务，这具有十分重要的理论价值与现实意义。

尽管南茜·弗雷泽的21世纪解放新规划还不完善，还存在许多问题，她也在苦苦寻求超越资本主义的实践途径，但南茜·弗雷泽解放理论的局限性并没有掩盖她的解放新规划的现实意义与当代价值。针对资本主义危机的新变化，南茜·弗雷泽提出了许多创新性观点，这些新观点对认识当代资本主义的社会解放运动具有重要的意义。南茜·弗雷泽的解放新规划，阐明了当代资本主义的制度性危机，并且进行了全面而深刻的批判，为我们分析和认识资本主义当今的危机提供了一个新的视域。通过对当代解放运动的新思考，我们可以进一步探索21世纪人类解放运动的方向和前途。

结语 《资本论》的当代意义：马克思对数字化时代的预测与阐释

马克思的《资本论》对我们在21世纪初面临的经济、政治、环境问题是否有启示？马克思主义理论如何帮助我们理解与马克思所处时代如此不同的21世纪呢？马克思在《资本论》的手稿（《1857—1858年经济学手稿》）中提出了著名的“一般智力”理论。马克思指出，随着一般智力的发展，智能化技术的出现，知识与智力在创造财富中的作用越来越重要，而直接劳动所占的比例会越来越小，生产方式的深刻变革将会引发人类社会历史的重大变迁。

马克思的“机器论片段”文本于1972年在英国《经济与社会》杂志首次以英文形式公开发表。“机器论片段”一问世就引发了热烈争论与研究热潮，成为国外马克思主义研究的前沿热点，历时50年经久不衰。

国内外学界对一般智力理论的研究已经取得了许多成果，特别是在国际学术界影响力很大的意大利自治主义学派的成果。但是，也有一些学者否认马克思的一般智力的理论意义，认为这是一个错误的概念、存在严重缺陷、是被《资本论》抛弃的观点等。我们不赞同这些看法，因为这不仅是对马克思《政治经济学批判大纲》与“机器论片段”的误读，也是对生产智能化、数字化时代的误读。马克思认为，大机器工业的发展和科学技术在生产中的应用，是人类一般智力水平不断提高的结果，生产更多地围绕知识而不是体力劳动进行。生产自动化将人类从劳动中解放出来，直接劳动时间在生活中的作用降到最低限度，生产方式的深刻变革引发了人类社会历史的重大变迁。马克思关于一般智力发展的未来情景，已经不再是一种理论预测，在如今的生产智能化时代，正在被数字化、计算机、互联网、新信息技术引发的生产方式与生活方式新变化证明。马克思的一般智力范畴对认识当代世界生产智能化引发的社会历史重大变迁，把握当代资本主义的新变化与新特点，具有重要的理论价值与现实意义。

西方马克思主义学者通过对马克思一般智力范畴的重构，探析生产智能化对当代资本主义资本积累方式的影响，剖析资本主义雇佣工人和资本对抗关系的新特点，这些研究成果推动了马克思一般智力理论的广泛传播，具有重要的启发意义与借鉴价值。但是，国外马克思主义学者研究聚焦于一般智力对资本逻辑的颠覆作用及智能化生产开启新解放规划的可能性，对于社会主义条件下的一般智力的理论价值与现实意义论述还比较少。因此，在借鉴国外研究的基础上，重读马克思的文本，考察数字化背景下一般智力理论对当代中国智能化生产的指导作用，深化对中国现代化进程中数字化发展战略重要性认识，是非常有学术意义的研究课题。

一、马克思一般智力理论的核心命题

建构社会主义语境下一般智力范畴的解释框架，需要认真解读马克思的文本，从马克思的文本中发掘其蕴含的理论逻辑与历史逻辑，汲取其中的思想资源与研究方法。为了达到这一研究目标，首先需要考察一般智力范畴的话语逻辑，在此基础上梳理和概括"机器论片段"的核心命题与创新之处。

（一）马克思一般智力范畴的话语逻辑

马克思的《政治经济学批判大纲》具有创造性。马克思开创了政治经济学批判的先河，其创新的思绪奔腾、理论的浪花飞溅，"机器论片段"展示了丰富的理论想象力与影响深远的历史穿透力，闪耀着历史唯物主义的思想光辉。

从机器论建构逻辑看，马克思在写作《政治经济学批判大纲》的后期，重读黑格尔《逻辑学》，对辩证法的认识发生了第三次质的飞跃。马克思从《1844 年哲学经济学手稿》开始批判黑格尔的辩证法，直到写作《政治经济学批判大纲》才彻底解决了黑格尔辩证法的"三重颠倒"问题，终于完成了对黑格尔辩证法的批判改造。必须强调，马克思创立辩证法经历了三个漫长的历史阶段，形成辩证法的三个维度，并在此基础上确立了三重建构逻辑。辩证法的三个维度是历史辩证法、自由辩证法、体系辩证法。三者的关系是：以自由辩证法的解放逻辑为核心，以历史辩证法的科学逻辑为基础，以体系辩证法的批判逻辑为理论形态。辩证法三重建构逻辑是理解马克思《政治经济学批判大纲》中三大话语逻辑的关键。"机器论片段"三大话语逻辑，以揭示资本逻辑的生产与再生产的机制与规律为科学任务;以资本逻辑引发的现代社会的重大历史变迁为批判对象;以剖析资本逻辑的矛盾对抗性、内在否定性与历史暂时性为理论叙事。三大话语逻辑对于理解“机器论片段”的一般智力理论至关重要。正如詹姆逊强调的那样,辩证法能够让人们做好准备,理解资本主义的复杂性与矛盾性,即定义真正的资本主义现代性,并把资本主义标识为辩证地特异于人类历史上迄今出现的任何其他生产方式的生产方式与剩余价值榨取方式的复杂新程序。[①]

(二)一般智力范畴的四个核心命题

在“机器论片段”中,马克思通过四个命题描述“复杂新程序”,展开三大话语逻辑分析。首先是科学逻辑,揭示了一般智力在资本主义条件下的发展规律与实现机制。其次是批判逻辑,揭示一般智力发展导致资本主义重大历史变迁的机制,并对其进行解释性批判,作出“一般智力的共产主义”取代“一般智力的资本主义”的预测。最后是解放逻辑,也是社会革命的逻辑,一般智力蕴含的内在矛盾性、否定性、对抗性,导致资本主义生产方式的崩溃,财富不再是剩余劳动时间,“财富就是可以自由支配的时间”[②]。以下是对四个命题的描述。

1.命题一:着重揭示了资本相互矛盾的两个趋势

只有劳动才能生产剩余价值,资本家应该雇佣更多的工人,但是实际上资本家会想方设法减少雇佣工人的数量。马克思指出,“尽量减少自己雇佣的工人人数的趋势”,同“资本要生产尽可能多的剩余价值量的趋势”相互矛盾。资本的这一矛盾趋势是一般智力出场的基本语境,因为“提高劳动生产力和最大限度否定必要劳动,正如我们已经看到的,是资本的必然趋势。劳动资料转变为机器体系,就是这一趋势的实现”[③]。在“机器论片段”中,首先,马克思描述了资本主义生产关系的发展,资本将工人正式纳入资本主义的生产过程中。资本分为不变资本和可变资本,机器厂房属于不变资本,工人的工资是资本构成中的可变资本,工人的劳动由资本代表来监督。虽然劳动过程本身仍然处于工人的直接控制之下,但剩余价值是通过强制延长工作日从活劳动中提取出来的。其次,马克思指出,当工作日有限制时,资本就转向对劳动的实际吸纳,通过生产力的提高来获得相对剩余价值,从而减少了工作日中用于必要劳动的时间,

---

① 参见[美]弗雷德里克·詹姆逊:《重读〈资本论〉》,胡志国、陈清贵译,中国人民大学出版社2013年版,第41页。

② 《马克思恩格斯全集》第35卷,人民出版社2013年版,第228页。

③ 《马克思恩格斯全集》第31卷,人民出版社1998年版,第92页。

即通过否定必要劳动来增加剩余劳动。这种矛盾趋势为一般智力的发展提供了内生动力。

2.命题二:阐释了“死劳动”与“活劳动”对立的生成逻辑

马克思指出,工业资本主义条件下,工人对资本的从属性从形式从属转变为实际从属,为死劳动与活劳动的对抗奠定了基础。伴随科学技术知识,也就是一般智力成果的充分发展,机械系统被引入。于是活劳动沦为制度的“附属物”:在机械体系中,对象化的劳动在劳动过程中与活劳动对抗,而活劳动本身就是支配它的力量。就其形式而言,对活劳动的占有就是资本。“科学通过机器的构造驱使那些没有生命的机器肢体有目的地作为自动机来运转,这种科学并不存在于工人的意识中,而是作为异己的力量,作为机器本身的力量,通过机器对工人发生作用。”①

将劳动过程纳入资本的价值化过程,仅仅是资本的一个发展阶段,这在物质上是通过将劳动手段转化为机械,将活劳动转化为这一机械的活的附属物。同工人无足轻重的动作相比,这种机器体系在工人面前表现为一个强大的机体。在机器体系中,对象化劳动在劳动过程中与活劳动相对立而成为支配活劳动的力量,占有活劳动的资本就形式来说就是这样的力量。“工人不再是生产过程的主要作用者,而是站在生产过程的旁边”,成为机器的附庸;“相反,机器则代替工人而具有技能和力量”,“具有自己的灵魂”,“于是,劳动的一切力量都转化为资本的力量”。②

3.命题三:社会生活过程受到一般智力的控制并按照这种智力得到改造

马克思指出:“自然界没有造出任何机器,没有造出机车、铁路、电报、自动走锭精纺机等等。它们是人的产业劳动的产物,是转化为人的意志驾驭自然界的器官或者说在自然界实现人的意志的器官的自然物质。它们是人的手创造出来的人脑的器官;是对象化的知识力量。”③马克思关于一般智力的描述,是对达尔文进化论的新阐释,人在文明时代的进化,用社会形式取代了自然形式。火车和铁路是腿的进化,望远镜是眼睛的进化,自动化的机器就是人脑的进化。这些进化的结果就是“社会器官”,是驾驭自然界的器官、能够体现人的意志的社会器官。马克思进一步指出,资本主义的发展表明,体现一般智力的一般社

① 《马克思恩格斯全集》第31卷,人民出版社1998年版,第91页。

② 《马克思恩格斯全集》第31卷,人民出版社1998年版,第100、91、91、96页。

③ 《马克思恩格斯全集》第31卷,人民出版社1998年版,第102页。

会知识,“已经在多么大的程度上变成了直接的生产力,从而社会生活过程的条件本身在多么大的程度上受到一般智力的控制并按照这种智力得到改造”[①]。一般智力能够控制并且改造社会生活,根本原因是其已经转变为直接生产力。一般智力不仅是一种精神形态的存在,同时也是一种物质形态的存在,它表明社会生产力已经在多么大的程度上,不仅以知识的形式,“而且作为社会实践的直接器官,作为实际生活过程的直接器官被生产出来”[②]。能够制约社会生活的一般智力,在本质上就是一种社会实践,是社会直接生产力。

4.命题四:自由时间取代剩余劳动时间成为财富的尺度

自由时间取代剩余劳动时间成为财富的尺度的命题,是最具创新性的一个命题。在“机器论片段”中,马克思提出了未来发展情景,认为社会生活过程按照一般智力的发展得到改造,一般智力不断转化为生产力,机器和知识在生产中的应用不断扩大,整个社会的一般智力水平不断提高。伴随知识和技能的积累、社会智力的一般生产力的积累,社会生产发生根本性的变化,财富的生产更多地围绕着知识而不是体力劳动进行。而这种生产是在矛盾中进行的,“资本本身是处于过程中的矛盾,因为它竭力把劳动时间缩减到最低限度,另一方面又使劳动时间成为财富的唯一尺度和源泉”[③],“于是,资本就违背自己的意志,成了为社会可以自由支配的时间创造条件的工具”。[④]

这个矛盾越发展,下述情况就越明显:生产力的增长再也不能被占有他人的剩余劳动束缚了,工人群众应当占有自己的剩余劳动。当他们已经这样做的时候,工人群众可以自由支配的时间就不再是与剩余劳动时间对立的存在物,剩余劳动时间与自由时间的对立被扬弃了。马克思得出结论:“一方面,社会的个人的需要将成为必要劳动时间的尺度,另一方面,社会生产力的发展将如此迅速,以致尽管生产将以所有的人富裕为目的,所有的人的可以自由支配的时间还是会增加。因为真正的财富就是所有个人的发达的生产力。那时,财富的尺度[Ⅶ—4]决不再是劳动时间,而是可以自由支配的时间。”[⑤]

用劳动时间作为财富尺度的社会,是贫困的社会。以劳动时间作为财富的尺度表明财富本身是建立在贫困基础之上的,而以能够自由支配的时间作为财

① 《马克思恩格斯全集》第31卷,人民出版社1998年版,第102页。
② 《马克思恩格斯全集》第31卷,人民出版社1998年版,第102页。
③ 《马克思恩格斯全集》第31卷,人民出版社1998年版,第101页。
④ 《马克思恩格斯全集》第31卷,人民出版社1998年版,第103页。
⑤ 《马克思恩格斯全集》第31卷,人民出版社1998年版,第104页。

富的尺度是对贫困的否定。以自由支配的时间作为财富的尺度的社会,才是真正富裕的社会,真正的财富建立在基于一般智力充分积累的发达生产力的基础上。那时,可以自由支配的时间成为财富的尺度,而劳动时间度量财富的时代结束了,这个新社会就是"一般智力的共产主义社会"。

二、马克思一般智力范畴的展开逻辑

新辩证法学派的代表人物托尼·史密斯(Tony Smith)概括了马克思"机器论片段"一般智力范畴的建构逻辑。他的概括具有较高的学术价值,内容如下。

(1)追求资本的发展必然会提高生产力,生产力的发展是建立在一般智力基础之上的。

(2)社会主体享有进行创造性学习和实验的自由时间越多,一般智力就会越发达。

(3)资本主义生产力的进步减少了必要劳动时间。至少在原则上,这允许所有的社会成员拥有充分的自由时间使一般智力得到发展。

(4)资本减少必要劳动时间只是为了增加剩余劳动时间,增加剩余劳动时间的动力阻碍了大多数工人进行创造性学习和实验。换句话说,资本一方面为一般智力的发展建立了物质前提,另一方面又削弱了其实际发展的可能性。

(5)只要资本继续统治下去,这种矛盾就会随着时间的推移而恶化,导致社会不合理性日益加剧。

(6)越来越多的社会不合理性激发人们为另一种社会而奋斗,这个社会为所有人提供自由时间进行创造性学习和实验,这个替代性的社会就是"共产主义"①。

史密斯前五个概括基本符合马克思的思想逻辑,但是第六个概括并不完全符合马克思的理论推理。在一般智力的共产主义条件下,完全实现了从劳动价值论向一般智力价值论的转型,这个历史重大变迁不仅是财富度量尺度的转换,用可支配的自由时间取代剩余劳动时间,同时还要扬弃三个分裂,实现三个统一,即解决体力劳动与脑力劳动的分离问题、一般智力发展与劳动主体发展的分离问题、物质性生产劳动与非物质性生产劳动的分离问题,把三个分裂重

① Riccardo Bellofiore, Guido Starosta and Peter D. Thomas, ed., *In Marx's Laboratory: Critical Interpretations of the Grundriss*, Leiden: Brill Academic Press, 2013, p.215.

新统一起来是一般智力共产主义实现的重要条件。

三、马克思一般智力理论的当代发展

西方马克思主义结合当代资本主义的新变化与科学技术的新发展，在继承马克思"机器论片段"思想的基础上，在一般智力理论方面取得了一系列非常重要的新发展。这些新发展拓展了我们对马克思一般智力理论的理解，系统梳理他们有价值的理论成果，借鉴他们的提问方式与研究方法，对建构中国语境下的一般智力阐释模式具有启发价值。

1978 年，奈格里接受阿尔都塞的邀请，赴巴黎高等师范学院举办关于《政治经济学批判大纲》的系列演讲，系统阐释了马克思"机器论片段"中一般智力理论的当代意义。演讲稿后来以《大纲：马克思超越马克思》为书名出版。奈格里对马克思"机器论片段"的解读产生了巨大影响，激发了一大批马克思主义学者的研究热情。2001 年，哈特和奈格里在新著《帝国》中宣布，随着资本主义新经济的发展，马克思在"机器论片段"中描述的场景已经出现，从而掀起了新一轮马克思一般智力思想的解读热潮，诸多成果纷纷问世，先后出现了认知资本主义解读模式、加速主义解读模式、后资本主义解读模式、后现代马克思主义解读模式和第四次工业革命论解读模式。

这些解读模式虽然切入视角与思想观点差异很大，但是都坚持三个基本立场：强调马克思的《政治经济学批判大纲》是认识资本主义新变化的理论指南；《政治经济学批判大纲》是重构解放新规划的重要思想资源；马克思的一般智力理论在当代需要创新与发展。这三个基本理论立场对我们把握马克思一般智力理论在当代的新发展提供了参考。

（一）认知资本主义解读模式

何为认知资本主义（cognitive capitalism）？亚恩·穆利尔·布唐（Yann Moulier Boutang）认为，资本主义历史上有三种主要形态：首先是商业资本主义，它建立在商人和金融积累机制的基础上，发展于 16 世纪初至 17 世纪末；其次是工业资本主义，其基础是物质资本积累和大规模标准化商品生产；最后是认知资本主义，其基础是非物质资本的积累、知识的传播和知识经济的发展。[①]

① Yann Moulier Boutang, *Cognitive Capitalism*, Cambridge: Polity Press, 2011, p.50.

认知资本主义具有三个特征：它是一种资本积累模式，在这种模式中，积累的对象主要是知识，而知识是价值的基本来源以及价值增殖的主要领域；它也是一种生产方式，涵盖了很多不同情况的生产形式，包括物质商品、服务、标志和符号的生产，是人们通过计算机在网络中连接在一起的合作性劳动；在认知资本主义中，获取的知识和创新产生的经济收益是资本积累的核心。

对认知资本主义的解释模式也是从马克思一般智力范畴中汲取思想资源与理论启示。认知资本主义代表人物卡罗·维塞隆(Carlo Vercellone)指出："马克思的一般智力范畴为我们理解工业资本主义危机带来的新劳动分工及认知资本主义发展的基础和矛盾，提供了极其丰富的遗产。"[①]在《政治经济学批判大纲》中，马克思深入思考劳动分工的动力，这种动力能够对科学和工人进行重组。科学技术的进步，能够将"活劳动"时间重新转化为自由时间，实际从属逻辑的拓展可以创造出有利于集体知识重新分配的条件。

自福特主义危机以来，资本主义的显著特点是知识发挥着越来越重要的作用，认知劳动兴起。知识的新作用是对资本与劳动的关系转变产生了影响。从这个角度出发，维塞隆指出，马克思对分工发展中知识与权力关系的分析是有效的。维塞隆用历史与逻辑相统一的方法，分析劳动从属资本的不同机制，以及它们产生的冲突和危机的类型。通过对形式从属、实际从属和一般智力等概念的分析，解释认知资本主义中劳资关系的新变化。通过对从属形式变化的分析，在马克思一般智力范畴的指引下，发现了认知资本主义对工业资本主义实际从属扬弃的基本逻辑。

维塞隆指出，对认知资本主义一般智力发展的分析，是为了解放承诺，确保马克思在《政治经济学批判大纲》中的共产主义呼吁在今天仍保持着充分的生命力。"我们可以将共产主义定义为真正的运动，通过这种解放，社会知识将有效地从吸纳它的资本主义逻辑中解放出来，释放出建立在经济民主基础之上的社会知识自由流通的解放潜力。"[②]由此设定了政治经济学批判的核心问题，超越了认知资本主义的左翼解放规划。

---

① Carlo Vercellone, "From Formal Subsumption to General Intellect: Elements for a Marxist Reading of the Thesis of Cognitive Capitalism", *Historical Materialism*, Vol.15, No.1(2007), pp.13-36.

② Carlo Vercellone, "From Formal Subsumption to General Intellect: Elements for a Marxist Reading of the Thesis of Cognitive Capitalism", *Historical Materialism*, Vol.15, No.1(2007), pp.13-36.

（二）加速主义解读模式

2013年，亚历克斯·威廉姆斯（Alex Williams）与尼克·斯尼塞克（Nick Srnicek）在网络平台发表了《加速：加速主义政治的宣言》，引起了很大反响，被迅速翻译成多种文字广泛传播。亚历克斯·威廉姆斯与尼克·斯尼塞克以马克思为榜样，他们认为“马克思是一位典范式的加速主义思想家”[①]。马克思《政治经济学批判大纲》中的“机器论片段”是加速主义的开山之作。另一位加速主义者马克·费舍（Mark Fisher）甚至说，现在“每个人都是加速主义者”。[②] 这是因为，加速主义强调社会进步，强调人的活力与解放。威廉姆斯和斯尼塞克认为，对于今天任何进步的政治理论和行动来说，必须有精确的认知图谱，从而实现认识论的加速。当代新自由主义主导的资本主义作为一种制度不仅是不公平和不正义的，而且成为社会活力与进步的障碍。

威廉姆斯和斯尼塞克的《加速：加速主义政治的宣言》的核心论点是：资本主义曾经推动了科学技术的发展，但如今资本主义制度已成为科学技术发展的桎梏；资本主义的知识产权保护和垄断资本排除了大多数竞争，资本主义成为技术发展的阻碍。左翼应该建立自己的“智识平台”，按照自己的方式使用已有的科技成果，建构新的意识形态，把握媒体话语权，重建阶级力量；加速主义可以通过解放潜在的生产力，从而实现解放工人阶级的政治规划。

安东尼奥·奈格里2014年发文对《加速：加速主义政治的宣言》进行了评论，指出加速主义的理论假设是解放劳动潜力，反对资本主义对技术发展的阻碍，解放的过程只能通过加快资本主义的发展来实现，但是有一点很重要：不能把加速和速度混淆，因为在资本主义规定的可能性空间内，加速具有引擎设备的所有特征，具有发现和创造的所有特征。奈格里对《加速：加速主义政治的宣言》中的技术决定论倾向提出了批评，但同时也认为《加速：加速主义政治的宣言》中“在最关键的段落中，关于机器剩余价值和社会合作之间的关系，不能真正脱离技术层面来理解”[③]的思想值得肯定。他提醒说，“在这一点上，我们不应忘记开启另一个主题：主体性的生产、斗争激情的运用，以及这一主题开启的反

① Robin Mackay and Armen Avanessian, ed., *Accelerate: The Accelerationist Reader*, Cornwall: Urbanomic, 2014, p.25.

② Robin Mackay and Armen Avanessian, ed., *Accelerate: The Accelerationist Reader*, Cornwall: Urbanomic, 2014, p.340.

③ Robin Mackay and Armen Avanessian, ed., *Accelerate: The Accelerationist Reader*, Cornwall: Urbanomic, 2014, p.26.

对资本主义和权力控制的历史辩证法”①。

威廉姆斯和斯尼塞克在2015年出版的新著《创造未来:后资本主义与无工作世界》中更详细地阐释了其解放规划。他们认为,对于任何试图摆脱新自由主义、建设更好社会的运动来说,一般的政治斗争方式是不够的。取而代之的是,需要构建新的解放规划,这一解放新规划的主要目标是夺回对未来的控制权,并建设一个比资本主义更现代、更合理的世界。21世纪的乌托邦想象“必须被一个雄心勃勃的左派选择所解放,新自由主义失败了,社会民主不可能实现;只有新的愿景才能带来普遍繁荣和解放,阐明并实现这个更美好的世界愿景是今天左派的根本任务”②。

(三)后资本主义解读模式

当代后资本主义理论家保罗·梅森(Paul Mason)在马克思机器论思想影响下,吸收安东尼奥·奈格里等自由主义者的研究成果,提出了一般智力的后资本主义解读模式。梅森说:“以知识为基础的生产、自由时间的扩大、必要劳动力的减少以及机器中体现的‘一般智力’,共同‘摧毁了创造价格和利润的旧机制’”③,并随之摧毁了资本主义本身。

梅森指出,后资本主义理论主要阐释三个问题:为什么现在取代资本主义不再是一个乌托邦式的梦想?在当前的体系中如何超越资本主义经济的基本途径?如何快速扩张这些瓦解资本主义的具体举措与方式?

何为后资本主义?梅森说,后资本主义是一个摆脱了资本主义弊端的新型社会,这是一个新的、整体性的社会,它可以自主运行,并切实带来更美好的希望。后资本主义基于微观机制,而不是命令或政策,它是一个理想的社会。梅森论证说,这是“一个明确的替代方案,它可以是全球性的,而且到21世纪中叶,它可以带来一个比以前的资本主义更好的未来。这就被称作后资本主义”④。

后资本主义之所以成为可能,是因为在过去25年里新技术产生了三种影

① Robin Mackay and Armen Avanessian, ed., *Accelerate: The Accelerationist Reader*, Cornwall: Urbanomic, 2014, p.378.

② Nick Srnicek and Alex Williams, *Inventing the Future: Postcapitalism and a World Without Work*, London: Verso, 2015, p.8.

③ Paul Mason, *Postcapitalism: A Guide to Our Future*, New York: Allen Lane, 2015, p.138.

④ Paul Mason, *Postcapitalism: A Guide to Our Future*, New York: Allen Lane, 2015, p.3.

响。首先，信息技术减少了对工作的需求，模糊了工作和自由时间之间的界限，放松了工作和工资之间的关系。其次，信息商品正在侵蚀市场正确定价的能力，这是因为市场信息是丰富的，而信息是稀缺的。该体系的防御机制是形成过去200年未曾见过的大规模的垄断，但这种垄断无法持续。最后，可以看到新型协作生产自发兴起：商品、服务和组织正在出现，它们不再响应市场和管理阶层的要求。以世界上最大的信息产品维基百科为例，由2.7万名志愿者免费制作，取消了百科全书的传统业务，剥夺了广告业每年约30亿美元的收入。①

梅森认为，后资本主义时代，工人阶级发生变异，历史"代理人"的角色被赋予新的形式——"网络化的工人阶级"。这不仅是另一个样子的工人阶级，而且是"网络化的人"和"普遍受教育的人"的结合，他们是拿着智能手机的"新社会力量"，是"历史变革的执行人"，他们有能力团结传统工人阶级对抗资本主义的等级制度。

（四）后现代马克思主义解读模式

斯拉沃热·齐泽克（Slavoj Žižek）对马克思一般智力范畴的阐释是从当代资本主义"一般智力"的私有化问题展开的。他认为一般智力的私有化是"新型的私有化形式"，围绕"知识产权"的斗争是一般智力私有化的核心问题。② 资本主义剥削的新形式，必须不断地依靠直接的法律措施得以保障，也就是说，需要依靠一种非经济力量。

由于一般智力（知识和社会协作）在社会财富创造中具有非常关键的作用，当财富的形式越来越与其生产花费的直接劳动时间不成比例时，资本主义把剥削劳动产生的利润逐渐转变为一般智力私有化所获得的租金。斯拉沃热·齐泽克以比尔·盖茨（Bill Gates）为例，阐释了一般智力私有化的后果。比尔·盖茨的财富与微软所销售产品的生产成本无关，甚至可以说微软向其智力工作者支付了较高的工资。盖茨的巨大财富既不是因为他以低于竞争对手的价格生产出优质软件，也不是因为他对雇佣的知识工作者进行了更高程度的剥削，而是因为微软成功地将自己制定的标准强化为世界通用的标准，几乎垄断了该领

---

① Paul Mason, *Postcapitalism: A Guide to Our Future*, New York: Allen Lane, 2015, p.6.

② Slavoj Žižek, "How to Begin from the Beginning", in Slavoj Žižek and Costas Douzinas, ed., *The Idea Of Communism*, London: Verso, 2010, p.224.

域，这是一般智力私有化的一种具体形式。[①] 几十年间，比尔·盖茨使得数百万的知识劳工置身于他控制的一般智力私有化形式之中，通过收取租金，他成为世界上最富有的人。

斯拉沃热·齐泽克还对解放规划进行了思考。由于资本主义资本积累方式的新变化。工人阶级内部结构也发生了变化，工人阶级分化成三部分：知识劳工、传统的体力劳动者，以及被抛弃者（失业者）。“因此，无产阶级在这个意义上被一分为三，每一个部分都反对其余两个部分：知识劳工充满了文化偏见，看不起‘粗鲁的’体力劳动者；劳动者对于知识劳工和被抛弃者抱有民粹式的厌恶；被抛弃者与整个社会相对抗。过去的宣言‘全世界无产者，联合起来！’在今天显得更为迫切：在这一后工业资本主义新境况之中，工人阶级三部分的成功联合已然是其胜利的重要标志。”[②]这就是斯拉沃热·齐泽克的解放新规划。

（五）第四次工业革命论解读模式

“第四次工业革命论”是英国左翼学者新近提出来的，他们认为当代生产机器人化、数字化及生物技术、大数据和人工智能的快速发展标志着第四次工业革命的到来。而随着劳动力被自动化取代，工作岗位越来越少了，这加深了资本主义的内在矛盾——生产能力增加了，而消费能力下降了。“我们借鉴马克思的著作，帮助调查和分析第四次工业革命对劳工的意义。”[③]

第四次工业革命将更多的权力从劳动力转移到了资本，并将工人阶级的不稳定性提高到前所未有的程度。卡尔·休斯（Carl Hughes）和艾伦·萨瑟恩（Alan Southern）认为，优步（Uber）和其他大型科技公司，在生产过程中对从业人员具有绝对支配权。优步和其竞争对手都野心勃勃，比如谷歌和特斯拉，这些公司都提出了全球无人驾驶汽车的计划，这是资本“创造性破坏”的具体事例。全球无人驾驶汽车的目标是通过使用 GPS 技术和智能算法来控制汽车，将驾驶员简化为机器中的一个“齿轮”，最终把驾驶员从驾驶工作中完全去除。

这波自动化浪潮体现在知识驱动的人工智能（AI）与机器人化、大数据数字

---

① Slavoj Žižek, “How to Begin from the Beginning”, in Slavoj Žižek and Costas Douzinas, ed., *The Idea Of Communism*, London: Verso, 2010, p.225.

② Slavoj Žižek, “How to Begin from the Beginning”, in Slavoj Žižek and Costas Douzinas, ed., *The Idea Of Communism*, London: Verso, 2010, p.225.

③ Carl Hughes and Alan Southern, “The World of Work and the Crisis of Capitalism: Marx and the Fourth Industrial Revolution”, *Journal of Classical Sociology*, Vol.19, No.1(2019), p.59.

化和生物技术的高度融合。资本有机构成比例提高后，人力资本投入大幅度减少，现在到处可以看到工人被挤出工作领域，而满载信息的智能机器取代了工人的位置。

在这个变化过程中，资本不考虑承担任何社会责任，这意味着智能技术和自动化摧毁就业岗位的速度超过了创造新就业岗位的速度。这样的事实把马克思描述的资本主义矛盾凸显出来，在一般智力驱动下，这一矛盾的表现是资本创造就业机会的能力一直受到制约，资本破坏就业机会的能力没有受到约束。

卡尔·休斯和艾伦·萨瑟恩指出，在那些代表资本主义高科技的经济领域，例如先进制造业、互联网平台，资本和劳动力之间的不平等关系进一步加深，工人受到自动化取代其工作岗位的威胁，反抗资本压迫的能力进一步被削弱，在生产智能化与数字化的条件下，传统工会的作用也越来越弱。越来越多的迹象表明，第四次工业革命并没有把工人解放出来，反而加剧了当前的社会不平等。因此，"我们需要运用马克思主义理论来思考第四次工业革命，并对我们承诺的智能和自给自足的机器寻求新的概念性洞见，询问这是否代表着资本主义制度自我毁灭的速度更快"①。

综上所述，西方左翼学者对马克思一般智力理论作出了非常重要的拓展，提升了马克思一般智力理论的影响力，推动了这一理论在世界范围内的广泛传播。在此基础上，西方左翼学者从不同角度回答了如下三个重要问题：一般智力是不是一个成熟范畴；马克思关于一般智力发展会引发重大历史变迁的预测是否准确；一般智力范畴对理解当代生产智能化、数字化趋势有没有重要价值。西方左翼学者对一般智力的阐释路径各不相同，但是对这三个问题的回答是一致的，认为一般智力是一个成熟的范畴；马克思关于一般智力会引发历史重大变迁的科学预测被今天的现实证实；一般智力范畴对理解当代生产智能化趋势具有不可替代的价值。

五、马克思一般智力理论的当代价值

西方左翼学者对马克思一般智力理论的重构，为其当代发展作出了重要贡

① Carl Hughes and Alan Southern, "The World of Work and the Crisis of Capitalism: Marx and the Fourth Industrial Revolution", *Journal of Classical Sociology*, Vol.19, No.1(2019), p.71.

献,为我们提供了丰富的思想资源与理论启示。在当代科学技术、信息技术、数字化技术迅速发展的情况下,积极吸收国外学界的研究成果,探析一般智力理论的基本问题,阐释马克思一般智力理论的当代价值,对于拓展我们对一般智力范畴的理解,深化对当代生产智能化、数字化与自动化发展趋势的认识具有重要意义。概括地讲,我们对马克思一般智力理论当代价值的理解主要体现在如下几个方面。

(一)马克思一般智力理论现实意义的新理解

1.经济发展方式的新理解

从当代生产的数字化与智能化趋势来看,认知能力与认知劳动越来越重要,认知能力与认知劳动是马克思一般智力概念的当代形式。这样的认识可以在知识经济理论框架内得到阐释。知识经济提出了“知识资本”的新概念,知识资本就是不同于货币资本的新型资本。而且,知识经济生产也从以货币资本为中心转为以知识资本为中心,智力劳动在知识经济发展中占据核心地位。例如比尔·盖茨不是传统意义上的资本家,而是新型的“知本家”,他获取巨额财富依赖的是知识资本,而不是传统意义上的货币资本。

马克思的一般智力概念,用现在的术语来说就是知识资本、智力资本、认知资本,这些新型的资本成为创造财富的重要源泉与重要手段。特别是在数字化时代,知识资本、认知资本非常关键,成为重要的生产要素。有的西方马克思主义学者认为,伴随着知识资本、智力资本的出场,已经完全超越了马克思劳动价值论的解释范围。甚至个别西方学者认为,马克思的劳动创造价值理论在知识经济时代已经过时了。这样的判断与认识,我们是不同意的,因为这种观点明显存在着片面性,不符合马克思劳动价值论的科学论述。应该深化对马克思劳动价值论的认识。在数字化时代,应该扩大劳动概念的范围。除了传统的直接生产劳动外,现在出现的知识生产、认知劳动、数字劳动都是劳动的新形式,都属于劳动的范畴,都能创造价值,而且是主要的价值创造领域。这些新型劳动形式的出现与发展是对马克思劳动价值论范围的扩展,而不是超越与否定。

由此可见,马克思一般智力理论对于我们理解知识资本、智力资本、认知资本有着非常重要的现实意义,因为这些智力资本都是重要的生产要素,是新型的生产要素,在数字化时代经济发展过程中具有举足轻重的作用。

2.社会发展方式的新理解

从马克思对一般智力与社会发展关系的重要论述出发，结合西方马克思主义学者对新经济发展方式的分析，取得了如下认识。

第一，马克思强调智力水平决定社会发展水平。反过来说，社会发展程度反映了社会智力水平，社会进步程度与一般智力发展程度具有密切联系。对这样一个重要原理的新认识，弥补了以前对这个问题关注度不够的缺憾，深化了我们对一般智力在推动社会发展与进步中的重要作用的理解。

第二，马克思为什么说社会发展水平受到一般智力发展水平制约，为什么提出要按照一般智力的发展程度来对社会进行改造呢？这是因为一般智力就是直接生产力，二者是可以互换的概念。一般智力在现代社会可以直接转化为生产力，或者说一般智力就是直接生产力。一般智力的发展水平就是直接生产力的发展水平，直接生产力的发展水平就体现了社会发展的水平。

第三，一般智力发展水平越高，创造出的自由时间就越多。劳动者拥有更多的自由时间，从事各种发展自己能力和实现自己价值的活动，结果提高了劳动者的认知水平、科学素养、创新意识、合作精神，这些结果对提高全社会的一般智力水平非常重要。劳动者在自由时间可以发展自己的各种能力，如社会交往能力、学术研究、技术创新、艺术绘画等。

充分的自由时间，有效地创造了提高社会全体成员一般智力水平的条件。反过来，一般智力水平的提高又推动了社会的进一步发展，这是一种良性循环。随着社会全体成员一般智力水平提高，社会发展程度也提高。因此我们可以看到，推进社会发展的内在逻辑是：一般智力水平带来了自由时间，自由时间则提高了一般智力水平，一般智力发展反过来又促进了社会更高水平的发展与进步。

因此，在当代中国特色社会主义现代化建设中，马克思对于一般智力发展水平和社会发展水平关系的重要论述，对更有效地推进社会全面进步与发展，具有重要的理论启示意义；对探索当代中国新型社会发展方式，探索当代中国的数字化社会建设途径具有重要的现实意义。

3.财富生产方式的新理解

过去知识就是力量，现在知识就是财富。在数字化背景下，认知资本主义理论提出了“认知能力”“认知资本”“认知劳动”等概念，具有创新性。因为新型的财富生产方式已经扩大价值生产的范围，知识、认知、信息、数据都已经成为重要的生产要素与经济资源,都是经济发展与财富创造的重要手段和途径。许多在过去没有价值的东西,现在已经被纳入价值增殖的过程中,成为创造价值的生产方式。例如,"注意力"过去不是商品,也不能销售。但是,在今天的"流量社会",注意力已经被商品化,成为价格不菲的稀缺资源。根据诺贝尔经济学奖获得者赫伯特·西蒙(Herbert Simon)的研究,信息时代,信息越来越丰富,导致注意力越来越稀缺。由于注意力是稀缺资源,就被纳入资本逻辑的范畴,成为重要的创造财富的新方式。"注意力不仅必须被理解为一种有价值的商品,而且必须被理解为一种劳动形式。"[①]商品信息与品牌传播都需要注意力,西方经济学者强调说,现在的经济竞争是围绕争夺注意力的竞争,没有被关注的品牌就一文不值。过去我们看一个抖音短视频,纯粹是一种文化消费行为,现在这不仅仅是一种消费行为,同时也是一种注意力的生产劳动。所以,数字化时代,注意力成为非常重要的稀缺资源,成为新兴的财富源泉。例如一些短视频创作者通过记录日常生活,传播中国优秀传统文化,在海外走红,获得了巨额的利润回报。这就是数字化时代的注意力经济形式,是"非物质劳动"创造财富的一种新形式。

对于这种新型的财富创造形式,需要从理论上思考这种变化的意义。这些新型的财富创造形式打破了传统的理论框架,过去生产和消费具有明确的界限,生产就不是消费,消费就不是生产,但是今天这样的界限正在消失。例如上网购物与浏览商品信息是一种消费行为,同时也是一种生产行为。因为消费者在购买商品与浏览商品信息时产生了数据,这些数据不断积累就成了大数据,反映出消费者的购物偏好与购物类型,为生产商与广告商提供了非常有用的数据参考。

因此,马克思的一般智力理论在今天为我们认识新型财富创造手段提供了有益的理论指导。早在100多年前,马克思就说过,随着一般智力发展,智能化技术的出现,知识与智力在创造财富中的作用越来越重要,而直接劳动所占的比例会越来越小。所以,今天在推进社会现代化建设的过程中,提升对新型财富创造方式重要性的认识,在理论上给出有学理性的解释,显得尤为重要。

4.共同富裕的新理解

马克思的一般智力理论也为实现共同富裕提供了新思路与新途径。在数

---

① Claudio Celis Bueno, *The Attention Economy Labour, Time and Power in Cognitive Capitalism*, Lanham: Rowman & Littlefield, 2017, p.9.

字化时代，一般智力在当代中国实现共同富裕的过程中发挥着非常重要的作用。中国特色社会主义的共同富裕，不仅是实现物质生活层面的共同富裕，而且包括实现一般智力层面的共同富裕，也就是说要提升全民的教育水平、科学素养、认知能力、道德品质、创新意识与创造热情。一般智力层面的共同富裕，是更高层次的共同富裕，也是美好生活的重要内容。一般智力层面的共同富裕，可以更好地满足广大劳动者对更具创造性、灵活性、沟通性、联系性、创新性工作能力培养的需求，可以创新性地提供更能让劳动者体验到自我价值实现的劳动形式与创新环境，可以不断满足广大劳动者发展自己的认知能力、创新能力和社会合作能力的需要，更好地满足人民对美好生活的新期待。伴随着经济的发展和社会的进步，社会必要劳动时间会越来越少，而人们的需要会越来越多，要满足人们日益增长的多样性需要，依靠科学技术推动社会生产力迅速发展，以所有人富裕为目的，增加所有人的可以自由支配的时间，是真正的共同富裕。“因为真正的财富就是所有个人的发达的生产力。那时，财富的尺度（Ⅶ—4）决不再是劳动时间，而是可以自由支配的时间。”[①]

5.人的全面发展的新理解

从马克思的一般智力理论看，一般智力的发展与人的全面发展具有密切联系。随着自由时间增加，人自由而全面发展的机会也在增加。在社会主义条件下一般智力的社会化程度不断加深，相当一部分劳动力再生产的成本已经社会化，或者正在社会化。政府开辟一系列帮助劳动者获取知识的多样化途径，大力培养各个层次的人才，努力提升全民族的科学文化水平与科技创新能力。另外，随着人民生活水平的显著提高，一般智力为劳动者创造了大量的自由时间，使人们能够利用自由时间更多地参与自我发展的各种活动，如艺术创作、学术研究、科学试验，以及人际交往和情感交流。在社会主义条件下，推进人的自由全面发展，全面提升每个人的一般智力水平是非常重要的途径，智力水平的提高是实现人的全面发展的基础。一般智力就是所有人的发达生产力，广大劳动者可以参与一般智力的社会积累，并共享社会智力积累的成果。每个人既是社会智力的创造者，也是社会智力成果的共享者。二者的紧密结合，为每一个人的全面发展奠定了物质基础，为实现个人价值创造了现实条件，这也是社会主义条件下一般智力发展过程中的一个鲜明特征。

① 《马克思恩格斯全集》第31卷，人民出版社1998年版，第104页。

（二）马克思一般智力理论基本问题的新认识

1.一般智力的内涵

马克思认为劳动者创造的一般智力，资本对其客观化，并使其与劳动者分离，封装于机器体系中成为固定资本。在工业资本主义的福特时代，资本对一般智力的控制达到顶峰，但是伴随着后福特、后工业时代的到来，一般智力的内涵发生了深刻变化，资本已经不可能像从前一样把一般智力控制在手里。

从当代资本主义的发展情况看，随着数字工业的发展、计算机与互联网信息技术的高速发展，特别是生产智能化的出现，资本对一般智力的控制具有了二重性：一般智力既有被资本客观化的一面，也有摆脱资本控制的一面。这就导致了“死劳动”与“活劳动”的对立转变为“死知识”与“活知识”的对立。“活知识”是社会化的一般智力，是存在于劳动者头脑中的“大众智力”与“集体智慧”。根据卡罗·维塞隆的界定，情感、意志、直觉、灵感与认知能力等要素就是活知识。在当代，用奈格里的术语说，它就是非物质劳动（immaterial labour）。非物质劳动有多种定义，它涉及大脑的、情感的、交往性的或关系性的东西，有助于商品信息或文化内容的传播，因此，它以知识劳动为主导，体现了社会化的“智力扩散”。这些研究加深了我们对一般智力内涵的理解。

2.一般智力的性质

从意大利自治主义的马克思主义的理论立场看，一般智力属于智力资本、软资本，是重要的生产要素。在数字化、信息化、智能化的知识经济时代，一般智力成为创造财富的重要手段与主要来源，这些认识也符合马克思阐释的机器论观点。马克思认为，在资本主义条件下，一般智力成为资本贬低劳动者与控制劳动者的工具，资本借助科学技术把劳动者物化为机器系统的一个零部件，工人从属于机器，随时担心被机器代替，被抛到大街上。在社会主义条件下，一般智力对劳动者的控制被扬弃，劳动者对资本的依附关系被废除，资本对劳动者的去技能化趋势被扭转。劳动者的教育与技能培训社会化，为推动劳动者的智力发展与认知能力提高提供了有力支持。在今天生产数字化、智能化、自动化的大趋势下，中国创造的一般智力扮演着越来越重要的角色，显示出鲜明的中国特色与优势。

3.一般智力的发展规律

目前，我们对社会主义条件下一般智力的发展规律的认识还有待提高，需要借鉴西方马克思主义学者的研究成果。根据卡罗·维塞隆的研究，从理论逻辑看，一般智力的发展经历了形式从属、实际从属和一般智力对实际从属的扬弃三个阶段。从历史逻辑看，商业资本主义对一般智力的控制是形式从属，工业资本主义对一般智力的控制是实际从属，后工业资本主义是一般智力对实际从属的扬弃。这些研究对我们考察社会主义条件下一般智力的发展规律非常重要。比较来看，中国一般智力的发展规律具有特殊性，在社会主义改造完成以后，一般智力的发展直接进入第三个阶段，即一般智力对实际从属的扬弃阶段，这是其理论逻辑，历史逻辑却不对应于后工业文明时代，中国现在处于工业现代化发展阶段。由此可见，进一步探索一般智力在社会主义条件下的发展规律，是一个重要课题。

4.一般智力的运行机制

在资本主义条件下，一般智力的运行机制受资本逻辑的支配，资本积累规律起决定性作用，也就是说，一般智力的发展的根本任务是为资本增殖服务。而在社会主义条件下，一般智力的发展的根本任务是为社会主义现代化建设服务，围绕一般智力组织生产的目的是满足人民日益增长的美好生活需要。因此，这是两种性质不同的一般智力运行机制。根据马克思在“机器论片段”提出的观点，“一般社会知识，已经在多么大的程度上变成了直接的生产力，从而社会生活过程的条件本身在多么大的程度上受到一般智力的控制并按照这种智力得到改造”①，一般智力就是现实的生产力，它的发展水平制约着社会生活的全过程，社会按照一般智力的发展水平得到改造。一般智力、直接生产力与社会生活过程的关系，也是理解一般智力实现机制的一个重要方面。从价值取向看，一般智力的社会主义运行机制是为大多数人的利益服务，为社会全面发展、积累财富服务。

5.一般智力的治理体系

新自由主义奉行自由放任政策，对资本控制一般智力采取“价值中立”态度，对大垄断资本把属于社会财富的一般智力私有化视而不见，任其大规模扩张、形成霸权性垄断、排除竞争，严重阻碍科学技术的发展。一般智力在资本主义条件下呈现出“创造性破坏”的特征。而在社会主义条件下，公有制为主体，多种所有制经济共同发展，中国特色社会主义市场经济监管治理体系对各类资

① 《马克思恩格斯全集》第31卷，人民出版社1998年版，第102页。

本的运行进行行之有效的引导与规范，保证资本市场健康稳定地发展。对一般智力资本密集的各种平台，也建立了具体的监管体系与治理法规，对平台资本的垄断化、无序扩张有约束机制，极大地促进了一般智力的快速发展。目前，在社会主义市场经济体系中有多种形式的资本在运行。比如，数字化与智能化时代，一些大的互联网平台资本为国内就业市场提供了大量就业岗位，促进了经济与社会的快速发展。尽管有个别互联网平台企业损害劳动者利益，如在劳资关系发生矛盾时，平台员工处于不平等地位，员工维护自己利益的话语权被削弱等，但是这些问题已经得到了管理部门的重视，也处在被规范与治理的过程中。简而言之，完善一般智力的治理体系，探索给各类智力资本安装“红绿灯”，是一个新课题。

综上所述，马克思《资本论》及其手稿关于一般智力的重要论述的科学性在数字化时代得到越来越多的数据支撑，其理论价值与现实意义也获得了越来越多的现实证明。当今世界，在综合国力的竞争中，一般智力的竞争占据着非常重要的地位。提升中国的国际竞争力，主要是集中力量提升中国一般智力的发展水平，因为一般智力既是创造财富的主要手段，也是经济与社会高质量发展的重要源泉。数字化时代，一般智力的重要性概括如下：“①知识和非物质成为价值的主要来源，取代了工业资本主义中生产率、产量和直接劳动时间的标准；②劳动力拥有的各种知识比固定资本中的知识更占优势，推动了设计和执行任务、制造和创新活动的重组；③持续性创新制度取代了工业资本主义的论资排辈制度，这一发展过程与建立在认知原则基础上的新的国际分工齐头并进；④基础研究和应用研究日益紧密地交织在一起，尤其是在软件和生物技术行业，这催生了一种新的创新范式，它的社会产出密切依赖于与之相关的知识产权制度。”[①]

由此可见，《资本论》明确告诉我们，当代生产数字化、信息化、智能化的高速发展，离不开一个国家、一个民族一般智力发展水平的支撑。

---

① Andrea Fumagalli, Alfonso Giuliani, Stefano Lucarelli and Carlo Vercellone, *Cognitive Capitalism, Welfare and Labour: The Commonfare Hypothesis*, London: Routledge, 2019, p.30.

参考文献

一、中文部分

[1]《马克思恩格斯文集》第1—10卷，人民出版社2009年版。

[2]《马克思恩格斯全集》第30卷，人民出版社1995年版。

[3]《马克思恩格斯全集》第31卷，人民出版社1998年版。

[4]《习近平著作选读》第2卷，人民出版社2023年版。

[5][德]黑格尔：《小逻辑》，贺麟译，上海人民出版社2009年版。

[6][德]黑格尔：《逻辑学》，杨一芝译，商务印书馆2019年版。

[7]李建平：《〈资本论〉辩证法探索》，福建人民出版社1986年版。

[8]章士嵘：《〈资本论〉的逻辑》，湖南人民出版社1983年版。

[9]田光：《〈资本论〉的逻辑》，山东人民出版社1993年版。

[10]马平：《〈资本论〉辩证法》，求实出版社1989年版。

[11]庄忠正：《政治经济学批判：黑格尔与马克思》，人民出版社2018年版。

[12]刘伟：《〈资本论〉社会发展辩证法及其中国化》，中国社会科学出版社2018年版。

[13]杨洪源：《政治经济学批判的逻辑建构："1857—1858年手稿"再研究》，中国人民大学出版社2018年版。

[14]付文忠：《辩证法的当代价值：英美马克思主义辩证法理论新进展研究》，山东大学出版社2016年版。

[15]王嘉：《"资本一般"与政治经济学批判："1861—1863年手稿"再研究》，中国人民大学出版社2018年版。

[16]彭宏伟:《资本社会的结构与逻辑:〈资本论〉议题再审视》,中国人民大学出版社 2018 年版。

[17][英]克里斯多夫·约翰·阿瑟:《新辩证法与马克思的〈资本论〉》,高飞译,北京师范大学出版社 2018 年版。

[18][美]弗雷德里克·詹姆逊:《重读〈资本论〉》,胡志国、陈清贵译,中国人民大学出版社 2005 年版。

[19][法]路易·阿尔都塞等:《读〈资本论〉》,李其庆、冯文广、刘冰菁等译,中央编译出版社 2024 年版。

[20][日]见田石介:《资本论的研究方法》,张小金等译,中国书籍出版社 2015 年版。

[21][美]伯特尔·奥尔曼:《辩证法的舞蹈:马克思方法的步骤》,田世锭、何霜梅译,高等教育出版社 2006 年版。

[22][美]卡罗尔·C.古尔德:《马克思的社会本体论》,王虎学译,北京师范大学出版社 2018 年版。

[23][日]广松涉:《资本论的哲学》,邓习议译,南京师范大学出版社 2013 年版。

[24][意]理查德·贝洛菲尔、罗伯特·芬奇主编:《重读马克思:历史考证之后的新视野》,徐素华译,东方出版社 2010 年版。

[25][加]罗伯特·阿尔布瑞顿:《政治经济学中的辩证法与解构》,李彬彬译,北京师范大学出版社 2018 年版。

[26][德]施密特等:《历史和结构:论黑格尔马克思主义和结构主义的历史学说》,张伟译,重庆出版社 1993 年版。

[27]鲁克俭:《体系辩证法与马克思新阅读:一个比较视角的考察》,《国外理论动态》2024 年第 1 期。

[28]白刚:《体系辩证法还是历史辩证法:评阿瑟的新辩证法对〈资本论〉的解读》,《马克思主义与现实》2023 年第 5 期。

[29]白刚:《辩证法的历险:从"德国观念论"到〈资本论〉》,《马克思主义与现实》2017 年第 5 期。

[30]王庆丰:《〈资本论〉与辩证法的高阶问题》,《哲学动态》2019 年第 2 期。

[31]李乾坤:《马克思价值形式理论研究的历史演进与当代展望》,《社会科学》2022 年第 11 期。

[32]王凤才:《法兰克福学派:否定的辩证法的形成与发展》,《山东大学学

报》(哲学社会科学版)1994 年第 1 期。

[33]付文忠:《马克思辩证法的三个维度:英美马克思主义学者关于辩证法形态争论的启示》,《学术月刊》2013 年第 3 期。

[34]唐正东:《唯物史观具体化视域中的〈资本论〉》,《南京社会科学》2024 年第 12 期。

二、英文部分

[1]Marc Silver, ed., *The 21st Century: Lessons from Marx's Capital*, Cham: Palgrave Macmillan, 2020.

[2]Fred Moseley and Tony Smith, ed., *Marx's Capital and Hegel's Logic: A Reexamination*, Leiden: Brill Academic Publishers, 2014.

[3]Thomas T. Sekine, *An Outline of the Dialectic of Capital: Volume 1*, Cham: Palgrave Macmillan, 1997.

[4]Geert Reuten, *The Unity of the Capitalist Economy and State: A Systematic-Dialectical Exposition of the Capitalist System*, Leiden: Brill Academic Publishers, 2019.

[5]Russell Rockwell, *Hegel, Marx and the Necessity and Freedom Dialectic*, Cham: Palgrave Macmillan, 2018.

[6]Fred Moseley, ed., *Marx's Economic Manuscript of 1864—1865*, Leiden: Brill Academic Publishers, 2015.

[7]Tony Smith, ed., *The Logic of Marx's Capital: Replies to Hegelian Criticisms*, New York: State University of New York Press, 1990.

[8]Guido Starosta, *Marx's Capital, Method and Revolutionary Subjectivity*, Leiden: Brill Academic Publishers, 2015.

[9]Richard Westra, Dennis Badeen and Robert Albritton, ed., *The Future of Capitalism After the Financial Crisis: The Varieties of Capitalism Debate in the Age of Austerity*, London: Routledge, 2015.

[10]Riccardo Bellofiore, Guido Starosta and Peter D. Thomas, ed., *In Marx's Laboratory: Critical Interpretations of the Grundrisse*, Leiden: Brill Academic Publishers, 2013.

[11]Robert Albritton, Bob Jessop and Richard Westra, ed., *The 21st*

Century, *Present and Future*, London: Anthem Press, 2010.

[12]Riccardo Bellofiore and Roberto Fineschi, ed., *Re-reading Marx*: *New Perspectives after the Critical Edition*, Cham: Palgrave Macmillan, 2009.

[13] Bertell Ollman and Tony Smith, ed., *Dialectics for the New Century*, Cham: Palgrave Macmillan, 2008.

[14] Martha Campbell, Geert Reuten, *The Culmination of Capital*: *Essays on Volume Ⅲ of Marx's Capital*, Cham: Palgrave Macmillan, 2002.

[15]Bill Bowring, "Spinoza, Marx, and Ilyenkov (Who Did not Know Marx's Transcription of Spinoza)", *Studies in East European Thought*, Vol. 74, No.3(2022), pp.297-317.

[16]LouAnn Wurst, "'Working as Though For Their Self': Coalwood, Class Struggle and Capitalism's Cracks", *International Journal of Historical Archaeology*, Vol.28 (2024), pp.120-139.

[17]Sergio Cesaratto, "Three Approaches to Institutions in Economic Analysis: Polanyi, North and the Surplus Approach's Third Way", *Economia Politica*, Vol.41(2024), pp.267-293.

[18]Bryan Nelson, "Politics of the Senses: Karl Marx and Empirical Subjectivity", *Subjectivity*, Vol.4(2011), pp.395-412.

[19] Rafael Alarcón-Medina, "Digital Dialectics: Culture, Labor and Power in Informational Capitalism", *Dialectical Anthropology*, Vol. 47 (2023), pp.275-293.

[20]Evgeny G. Malkovich, "Dialectics as Dynamics of Non-conservative Systems", *Axiomathes*, Vol.32, No.2(2022), pp.485-498.

[21]Scott F. Aikin and John Casey, "Ilyenkov's Cry from the Heart: Dialectics and the Critique of Positivism", *Studies in East European Thought*, Vol.76, No.3(2024), pp.425-438.

[22]Giannis Ninos, "The Significance of the Relation of the Logical and the Historical in Ilyenkov's Approach to Dialectics", *Studies in East European Thought*, Vol.76, No.3(2024), pp.389-405.

后　记

本书聚焦于国外马克思主义学者对《资本论》的新阐释，着重讨论国外学界对《资本论》辩证法研究的新发展，关注他们提出的新观点与新方法，关注其对资本主义新变化的剖析与批判，揭示其创新性的研究成果的理论价值与现实意义。

山东大学马克思主义学院把承担科研项目作为培养研究生学术研究能力的重要手段与学术研究训练的重要平台。本书是教育部人文社科规划项目成果，书稿内容在2021级马克思主义理论专业研究生的专业英语课程中进行了详细讨论，在书稿修改过程中也参考了同学们提出的修改意见。对书稿修改提供重要帮助的同学及具体工作情况说明如下：第1章，韩璐；第2章，顾戈；第3章，何俊茹；第4章，石竹欣；第5章，苏雪；第6章，王翠；第7章，王晓悦；第8章，谢沁儒；第9章，王燕君；第10章，谢姝凡；第11章，申泽睿；第12章，李东旭。对以上参与课题研究与书稿讨论的同学，表示衷心感谢！

在本书出版之际，感谢教育部人文社科规划项目对本书出版的资助，感谢山东大学马克思主义学院（威海）对本项目研究工作的资助与支持。同时，也感谢山东大学出版社编辑老师在本书出版过程中付出辛勤劳动。

作　者

2024年秋于山东大学（威海）